Peter Matthiessen · Am Fluß des neunköpfigen Drachen

Peter Matthiessen

Am Fluß des neunköpfigen Drachen

Begegnungen
und Erfahrungen
auf dem Weg
des Zen

Otto Wilhelm Barth Verlag

Meinem hervorragenden Meister und gütigen Freund
Bernard Tetsugen Glassman Sensei in Bewunderung,
Dankbarkeit und tiefer Zuneigung gewidmet.

1. Auflage 1987
Einzig berechtigte Übersetzung
aus dem Amerikanischen von Jochen Eggert.
Titel des Originals: «Nine-Headed Dragon River».

Published by arrangement with Shambhala Publications, Inc., Boston, MA 02 116.
Gesamtdeutsche Rechte beim Scherz Verlag, Bern, München,
Wien, für den Otto Wilhelm Barth Verlag.

Schutzumschlag von Graupner & Partner unter Verwendung
eines Fotos von Werner Forman.

Der große Weg der Buddhas ist tiefgründig, wundersam, unausdenklich; wie könnte es einfach sein, ihn zu gehen? Sahst du nicht die Alten ihren Körper und ihr Leben aufgeben, ihr Land, ihre Stadt und ihre Familie hinter sich lassen wie Ziegelscherben? Danach verbrachten sie Äonen allein in den Bergen und Wäldern, an Körper und Geist wie tote Bäume; erst dann wurden sie eins mit dem Weg. Dann konnten sie Berge und Flüsse als Worte nehmen, Wind und Regen zu Sprache entfesseln und die große Leere darlegen . . .

Eihei Dōgen, *Shōbōgenzō*

Inhalt

Geleitwort von Meister Hakuyū Taizan Maezumi 9

Vorwort 11

AMERIKA
Rinzai-Tagebücher 1969–1976 15

NEPAL
Himālaya-Tagebücher 1973 81

JAPAN
Sōtō-Tagebücher 1976–1982 125

Danksagung 267

Quellen 269

Anmerkungen 271

Glossar 283

Tendōs erster Spruch vom Winter:

Alter Pflaumenbaum, gebeugt und knorrig,
öffnet unversehens eine Blüte, zwei Blüten,
nicht stolz auf Reinheit,
nicht stolz auf Duft;
fallend, werden sie Frühling,
wehen über Gras und Bäume,
entblößen das Haupt eines flickengewandeten Mönchs,
wirbeln, werden zu Wind, unbändigem Regen,
fallen, Schnee, über die ganze Erde.
Der alte Pflaumenbaum ist grenzenlos.
Harte Kälte beißt in der Nase.

Tendō Nyojō Zenji

Geleitwort

von Meister Hakuyū Taizan Maezumi

Das Gedicht von Tendō Nyojō Zenji aus dem *Shōbōgenzō (Das Schatzkammer-Auge des Wahren Dharma)* atmet den Geist dessen, was sein Schüler Dōgen Zenji mit seinem ganzen Sein bis in die Tiefe durchdrang; mit ihm trieb der alte Pflaumenbaum, mitten aus dem Leben aller Buddhas und Patriarchen heraus, einen neuen Zweig, und das war der Beginn des japanischen Sōtō-Zen.

Wie Peter Muryō Matthiessen darstellt, sind in Japan zahlreiche Versuche unternommen worden, Dōgen Zenjis Schriften unter verschiedensten Gesichtspunkten zu interpretieren: philosophisch, literarisch, historisch, psychologisch und so weiter. Dadurch wurden auch im Westen immer mehr Gelehrte und Zen-Übende angeregt, Dōgen Zenji zu studieren. Zen hat im Abendland einen neuen Wirkungsbereich gefunden. Seine sich ausbreitenden Wurzeln sind identisch mit dem Leben der hier Geborenen, die ebenso eifrig wie hingabevoll diesen Weg gehen.

Wenn ich mir die Vielfältigkeit des sozialen, kulturellen und spirituellen Klimas vor Augen halte, in dem wir atmen, fällt mir eine Fülle und Fruchtbarkeit auf, die teils offenkundig und teils als Potential vorhanden ist. Unter meinen Schülern befinden sich Juden und Katholiken, Protestanten und Atheisten, Physiker, Zimmerleute, Krankenschwestern, Künstler, Ärzte, Lehrer und viele andere. Alle Berufszweige, alle sozialen oder religiösen Gruppierungen haben ihre eigene Art, die Welt zu betrachten und zu erkunden. Mein erster Dharma-Nachfolger, Bernard Tetsugen Glassman Sensei, ein ehemaliger Mathematiker, gehört mit seiner Familie der jüdischen Tradition an. Muryō Matthiessen selbst ist ein vielfältig begabter Protestant, bekannter Autor, Naturkundler und Forschungsreisender, stets auf der Jagd nach den Schätzen des Lebens; er steht vor dem Abschluß seiner formalen Schulung im Zen unter Glassman Sensei. Ich selbst, amerikanischer Staatsbürger seit etwa fünfundzwanzig Jahren, bin von Geburt Japaner, aufgewachsen im Tempel meines Vaters. Wenn wir diesen komplexen kulturellen und geistigen Hintergrund übersehen und uns blindlings und ausschließlich der japanischen Tradition verschreiben, ertrinken wir in einem stehenden Gewässer; ignorieren wir andererseits die Tradition, so treiben wir hilflos in einer Sturzflut von Ideen und Meinungen. Die Menschen, die ich um mich her sehe, sind jedenfalls alle Schüler des Weges, «unzählige Blüten» in Spielarten, wie man sie in Japan nirgendwo findet.

Wenn Gautamas Augapfel verschwindet,
blüht der Pflaumenbaum im Schnee, nur ein Zweig,
wird zu Dornbüschen hier, überall, eben jetzt.
Lachen, ausgelassen tobt der Frühlingswind.

Nyojō Zenji

Um unser wahres Wesen zu verwirklichen, müssen wir Gautamas Augapfel zum Verschwinden bringen. Dann offenbart sich unser Leben als Pflaumenblüte und unser tagtägliches Leben wird zu Dornbüschen.

Die Pflaumenblüte leitet den Frühling ein, der Frühling verbreitet sich über die ganze Welt, und die Welt öffnet sich als Lotosblüte. Sie ist der alte Pflaumenbaum, und sie ist die unzähligen Blüten, die Buddhas und alle Lebewesen, Geburt und Tod, Verblendung und Erleuchtung, Berge und Flüsse, Mond und Wolken.

Es ist mein Wunsch, daß alle, die wie Muryō Matthiessen durch einen strengen Winter mit Schneestürmen und schneidend kalten Winden gegangen sind, sich selbst als den immer schon vorhandenen zeitlosen Frühling erkennen. Die Zehn Richtungen sind die grenzenlosen Blüten, in keiner Weise stolz auf ihren Duft. Ich wünsche von Herzen, daß dieses neue Zeitalter der Zen-Übung dem Abendland die Tür zum Schatzhaus des Wahren Dharma öffnet.

Nyojō Zenji feiert –
Der erste Tag des Jahres verheißt Gutes.
Ganz neu sind die zehntausend Dinge.
Die große Gemeinschaft in Verehrung –
Pflaumenblüten leiten den Frühling ein.

Vorwort

Was der arglose Leser in Händen hält, ist ein wider besseren Instinkt geschriebenes «Zen-Buch», dessen Autor es eigentlich gar nicht zusteht, über ein so unvollkommen verstandenes Thema zu schreiben – zumal es grundsätzlich unmöglich ist, *über* Zen zu schreiben.

Die Tagebücher, die ich über fünfzehn Jahre meiner Zen-Schulung führte, geben nicht mehr als ein wackliges Gerüst ab für Gedichte, Geschichten und Lehren, jene von Zen-Meistern der Vergangenheit und Gegenwart stammenden strahlenden Zeugnisse tiefer Einsicht, die mich begeisterten und meinem Leben neuen Auftrieb gaben. Dieses Buch wird nur gerechtfertigt sein, wenn es genug von dieser Begeisterung wiedergibt und dadurch vielleicht andere für den Zen-Weg öffnet.

Ich hoffe, daß meine tiefe Dankbarkeit gegenüber meinen Meistern aus der Rinzai- und der Sōtō-Schule des Zen deutlich wird in diesem Buch, das nicht «mein Buch» ist, sondern ein Kompendium von Unterweisungen, dessen eigentlicher Urheber die Zen-Gemeinschaft von New York ist. In meinem Leben gab es viele andere Lehrer, die nicht Zen-Meister waren; auch ihnen danke ich von ganzem Herzen. Viele waren Dharma-Schwestern und Dharma-Brüder in verschiedenen Zen-Gruppen der Vereinigten Staaten, andere einfach Freunde oder Fremde, die einen klaren Blick besaßen – Indianer, Sherpas, Fischer – und spontan ein Leben im Geist des Zen führten.

Man hat Zen «die Religion vor der Religion» genannt, und das heißt, daß ein jeder Zen üben kann, welchem Bekenntnis er auch angehören mag. Der Ausdruck gemahnt auch an die naturhafte Religiosität unserer frühen Kindheit, als der Himmel und eine herrliche Erde noch eins waren. Doch bald legen sich die Nebel der Ideen und Vorstellungen, der vorgefaßten Meinungen und Abstraktionen über das klare Kinderauge. Einfaches freies *Sein* wird überkrustet vom drückenden Panzer des Ego. Erst Jahre später regt sich bei manchem eine Ahnung, daß etwas Lebenswichtiges in uns verkümmert ist, die Fähigkeit zu staunender Verzauberung. Dann mag die Sonne durch die Kiefern blitzen, und plötzlich spüren wir im Herzen den seltsam schmerzhaften Stich vergessener Schönheit, der wie eine Erinnerung ans Paradies ist.

Von diesem Tag an fühlen wir am Grund eines jeden Atemzugs eine leere Stelle, die sich mit Sehnsucht füllt. Wir werden Suchende, ohne zu wissen, daß wir suchen, und anfangs sehnen wir uns nach etwas, das «größer» ist als wir selbst, das außerhalb liegt und weit weg. Es ist keine Rückkehr in die Kindheit, denn Kindheit ist kein wahrhaft erleuchteter Zustand. Dennoch, die Suche nach dem eigenen wahren Wesen ist, wie ein Zen-Meister einmal gesagt hat, «ein Weg, der dich in deine längst verlorene Heimat führt».

Zen zu üben bedeutet, daß man sein Dasein Augenblick für Augenblick in vollkommener Wachheit lebt, anstatt es zwischen Bedauern über Vergangenes und Tagträumen von Künftigem zu zerfasern. «In der Gegenwart zu ruhen», ist ein Zustand vollkommener Einfachheit – aber zu diesem Zustand zu gelangen, ist nicht so einfach, wie es vielleicht klingt. Die Zen-Übung im Sitzen, Zazen genannt, erzeugt aber zuallermindest ein starkes Gefühl des Wohlbefindens, wenn das lärmende Gewirr der Ideen und Emotionen abfällt und Körper und Geist zu ihrer natürlichen Harmonie mit der gesamten Schöpfung zurückfinden. Aus dieser Leerheit kann wahre Einsicht in das Wesen des Seins erwachsen, das sich nicht von unserem Buddha-Wesen unterscheidet. Um diesen Weg zu gehen, braucht man kein Zen-Buddhist zu sein – auch das ist nur eine der Ideen, die abzulegen oder besser zu vergessen sind, ähnlich wie «Erleuchtung» oder «Buddha» oder «Gott».

Zur Begriffssprache und Schreibung

Da das abendländische Zen seinen Ursprung in Japan hat, sind diejenigen, die im Westen aktiv Zen üben, in der Regel mit den japanischen Ausdrücken und Namen und mit deren Gebrauch vertraut. Deshalb erscheinen die Namen chinesischer Ch'an-(Zen-)Meister in ihrer japanischen Lesart (z. B. Rinzai, Jōshū, Ummon). Wo die chinesische Lesart bekannter erscheint (Hui-neng, Huang-po), wird sie beim ersten Auftauchen des Namens hinter der japanischen Schreibweise angeführt.

Fremdsprachige Wörter und esoterische Zen-Ausdrücke wurden in diesem Buch weitgehend vermieden, aber einige wichtige Begriffe werden gewiß auch in das abendländische Zen übernommen, weil es für sie keine zufriedenstellenden Übersetzungen gibt. Jene japanischen Begriffe, die ich hier aufgenommen habe, sind meines Erachtens den bislang versuchten Übersetzungen in europäische Sprachen vorzuziehen, da diese im allgemeinen nicht nur verschwommen und blaß, sondern auch noch unrichtig sind. Die meisten dieser Begriffe sind definiert, wo sie im Text das erstemal erscheinen; außerdem kann man sie im Glossar nachschlagen.

Da die japanische Sprache keinen Plural kennt, ist es unkorrekt, Sessins, Rōshis, Koans und dergleichen zu schreiben. Ich habe mich hier an diese Regel gehalten und hoffe, daß der Leser sich ohne große Mühe daran gewöhnen wird.

Titel wie Rōshi (alter Meister) und Sensei (Lehrer) werden da, wo sie nicht selbst als Anrede gebraucht werden, stets dem Namen des Betreffenden angehängt. Daß diese Titel im vorliegenden Text gelegentlich weggelassen werden, ist kein Ausdruck mangelnder Achtung, sondern einfach auf den Umstand zurückzuführen, daß ihre ständige Wiederholung den Sprachfluß an vielen Stellen hemmen und den Stil umständlich machen würde: diese wohlverdienten Titel schwingen im Geist stets mit, ob sie nun als Wort erscheinen oder nicht.

AMERIKA

Rinzai-Tagebücher
1969–1976

> Das Zazen, von dem ich spreche, ist nicht das Erlernen der Meditation ... Es ist die Manifestation der höchsten Wirklichkeit ... Ist sein Herz erst begriffen, so bist du wie der Drache, wenn er ins Wasser eintaucht, wie der Tiger, wenn er in die Berge gelangt. Formen und Substanz sind wie der Tau auf dem Gras, Schicksal ist wie ein Blitzpfeil – entleert im Nu, blitzschnell zum Verschwinden gebracht.
> Wozu den Sitzplatz zurücklassen, den es in deinem eigenen Zuhause gibt, und ziellos fortwandern zu den staubigen Weiten anderer Länder? ... Hege keinen Argwohn gegen den wahren Drachen. Widme deine Kräfte einem Weg, der direkt auf das Absolute hindeutet, und bringe dich in Übereinstimmung mit der Erleuchtung der Buddhas.
>
> Eihei Dōgen, *Fukan Zazengi*

I

An einem Augusttag des Jahres 1969, ich kehrte gerade von einem siebenmonatigen Aufenthalt in Afrika heim nach Sagaponack, Long Island, traf ich in der Einfahrt meines Grundstücks zu meiner Überraschung auf drei unergründliche kleine Männer – japanische Zen-Meister, wie sich herausstellte. Yasutani Hakuun Rōshi, vierundachtzig Jahre alt, war von leichter, hagerer Statur und besaß tiefliegende Augen und runde, abstehende Ohren; wie ich später hörte, hatte er einen großen Teil des Vormittags auf dem Kopf stehend zugebracht. Nakagawa Sōen Rōshi, schlitzäugig, elfenhaft klein und munter, gänzlich gelöst und doch von hellwacher Aufmerksamkeit wie eine ausruhende Schwalbe, verströmte eine verhaltene Kraft, die ihn viel größer erscheinen ließ als er war. In Begleitung der beiden Meister (Rōshi) befand sich Tai-san (heute Shimano Eido Rōshi), ein untersetzter junger Mönch mit selbstsicherem Gesichtsausdruck und der Haltung eines Samurai. Ihm fehlte zwar die seltsame «transparente» Präsenz seiner Meister, doch auch er vermittelte denselben Eindruck verhaltener Kraft.

Die drei waren Gäste meiner Frau, Deborah Love, einer frischgebackenen Zen-Schülerin, aber davon wußte ich an jenem längst vergangenen Sommertag ebenso wenig wie von vielem anderen. Wegen meiner langen Abwesenheit und der unverhofften Heimkehr herrschte abwartende Zurückhaltung zwischen Deborah und mir, und meine erste Begegnung mit Zen-Meistern verlief noch weniger vielversprechend als eine andere Begegnung, die mit ziemlicher Sicherheit in den neunziger Jahren des vorigen Jahrhunderts zwischen Sōen Shaku, dem ersten Zen-Meister in Amerika, und dem Seniorchef der Fabrik seines Gastgebers stattfand, der, wie das Karma (und der Dharma) es fügte, niemand anders als mein Vorfahr Frederick Matthiessen war. (Diese problematische Begegnung muß in der Tat sehr unergiebig gewesen sein, da sie in den Annalen beider Seiten nirgendwo Erwähnung findet.) Zweifellos reagierte ich, wie vermutlich schon mein Urgroßvater auf plötzlich auftauchende Orientalen in abenteuerlicher Bekleidung reagiert hatte: mißtrauisch. Noch jahrelang gab Tai-san immer wieder zum besten, wie Nakagawa Sōen und Yasutani Rōshi, meinen unerleuchteten Zustand mit einem Blick erfassend, ihre kahlglänzenden Häupter geschüttelt und «Arme Debbo-lah!» geseufzt hatten.

In den nächsten paar Jahren war ich häufig auf Expeditionen. Aber auch wenn ich zu Hause war, hielt meine Frau mich auf gehörigem Abstand zu ihrer Zen-Schulung, denn unsere Uneinigkeit sollte die Zendō-Atmosphäre nicht verunreinigen. Dennoch, irgendwo keimte ein Same; diese Männer in meiner Zufahrt wußten etwas, das auch ich wissen wollte. Ich durchstöberte die Zen-Literatur und löcherte meine Frau um Inside-Informationen.

Im Dezember 1970 – vielleicht um mein neues Interesse gleich im Keim zu ersticken – nahm Deborah mich zu einem Wochenend-Sesshin (Tage besonders intensiver und strenger Zazen-Übung) im New York Zendō mit. Ich besaß noch keinerlei Erfahrung oder gar Schulung in Zazen – wörtlich «Sitzen in Versunkenheit» – und litt furchtbare Schmerzen in der Sitzhaltung mit verschränkten Beinen, die ich aber mit der Sturheit ohnmächtiger Wut zwölf Stunden am Tag beibehielt, während ich in den Ruhezeiten nur noch völlig verstört weinen konnte. Obwohl der Zendō-Masochist, Mönch D., mich in höchsten Tönen lobte, schwor ich mir, diese barbarische Erfahrung niemals zu wiederholen; von den Schmerzen abgesehen, war es auch noch entsetzlich langweilig gewesen! Nur zu gern machte ich mich eine Woche später auf nach Italien, Afrika und Australien, um mich vernünftigeren Leuten anzuschließen und im Meer mit der Kamera Jagd auf den großen weißen Hai zu machen.

In diesem Winter übte ich zu meiner eigenen Verwunderung jeden Tag Zazen, und das nicht nur in meinem Hotelzimmer in Australien, sondern sogar an Bord des Schiffes. Im folgenden Sommer arbeitete ich eine Weile in Kalifornien. Einem vagen Drang zur Pilgerschaft folgend, überquerte ich zu Fuß die Berge und besuchte Tassajara, wo in der Abgeschiedenheit die Meditationsklause des San Francisco Zen Center liegt. Suzuki Shunryū Rōshi (dessen wunderbare Teishō oder «Darlegungen der Zen-Erfahrung» erst kurz zuvor unter dem Titel *Zen-Geist, Anfänger-Geist* als Buch erschienen waren) bewegte sich in weißem T-shirt und weißer Sitzhose mit weichen Schritten umher, hantierte mit Blumentöpfen, begutachtete anerkennend unsere Ausbesserungsarbeiten an seinem Hüttendach und sprach am Abend in seinem Teishō über Zen-Geist. Er wirkte gebrechlich, aber keineswegs wie ein Mensch, der wenige Monate später sterben würde.

Ich habe oft versucht, das «Zenhafte» dingfest zu machen, das mich so unwiderstehlich zur Literatur und später zur Praxis des Zen hinzog. Aber wenn das Wesen des Zen tatsächlich «das Erwachen des Geistes von Augenblick zu Augenblick» ist, wie ein Meister gesagt hat, dürfte es wenig darüber zu sagen geben, wenn man nicht in jene atemlose, schwärmerisch mystifizierende Prosa verfallen will, die so viele ernsthaft Interessierte abschreckt. In der Übung des Zazen mag es gelingen, in die klingende Stille des universalen Bewußtseins einzudringen, und dieser «Wink der Unsterblichkeit», wie Wordsworth sagte, leuchtet auch hervor aus den kurzen, abgründigen Zen-Texten, die indirekt auf jene absolute Wirklichkeit hindeuten, welche außerhalb der Reichweite unserer linearen Sprache liegt und doch in diesem Augenblick unmittelbar gegenwärtig ist, in diesem Papier mit seiner Druckerschwärze, im Geräusch beim Umblättern dieser Seite.

Im Spätsommer desselben Jahres fanden meine Frau und ich endlich zueinander, und jeder söhnte sich mit den Schwächen des anderen aus – ohne daß wir zu sagen gewußt hätten, woher das kam. Freudestrahlend lud sie mich ein, an einem von Sōen Rōshi und Taisan geleiteten Erkundungsgang durch eine bergige Gegend am Beecher Lake (Oberlauf des Beaverkill River in den Catskill-Bergen) teilzunehmen. In dieser wunderschönen Gegend sollte das Dai Bosatsu (Großer Bodhisattva) entstehen, das erste Zen-Kloster, das in Amerika gebaut wurde.[1] Am meisten beeindruckte mich bei dieser Besichtigung die stille Bestimmtheit, die Kraft und der hinreißende Humor von Sōen Rōshi, der mein Zen-Meister wurde noch bevor ich bemerkte, daß ich ein Schüler war.

Daß Sōen Rōshi und Hakuun Rōshi nach Amerika kamen, war den wegbereitenden Bemühungen des schon erwähnten Sōen Shaku zu verdanken, der Abt des Engaku-ji (Kloster der Vollkommenen Erleuchtung) in Kamakura war und als erster Zen-Meister die USA bereiste und dort lehrte. Nach Sōen Shakus Auffassung war Zen in Japan so heruntergekommen, daß es nicht mehr der Spiegel des Dharma sein konnte, der «Lehre» oder, besser, «Großen Ordnung», wie sie dem Buddha Shākyamuni im sechsten vorchristlichen Jahrhundert in seiner Erleuchtungserfahrung offenbar wurde. In seiner ursprünglichen Theravāda-Gestalt war der Buddhismus südwärts nach Ceylon und ostwärts nach Burma und Thailand gewandert; der Mahāyāna-Buddhismus, der sich im ersten nachchristlichen Jahrhundert entwickelte, verbreitete sich nach China, Korea, Japan und Tibet. (Auch in den Ländern, in denen der Buddhismus später unterdrückt wurde oder durch innere Entkräftung abstarb, blieb eine erstaunlich tief eingedrungene religiöse und kulturelle Energie zurück; über Japan ist gesagt worden, hier verdanke eine ganze Kultur ihren Charakter dem Zen.)

Als Mahāyāna-Richtung mit starken taoistischen Einflüssen schüttelte Zen den Ballast des priesterlichen Ritualismus und des mechanischen Rezitierens der Sutra (Aufzeichnungen der Lehren des Buddha) ab und kehrte zum schlichten Sitzen in tiefer Versunkenheit zurück, das schon Shākyamuni Buddha als wichtigste Übung herausgestellt hatte. Eine Aussage, die Bodhidharma, dem ersten chinesischen Patriarchen des Zen, zugeschrieben wird, einem alten Mönch aus Indien, der für die Entstehung des Zen von entscheidender Bedeutung war, beschreibt die neue Schule so: «Eine besondere Überlieferung außerhalb der orthodoxen Lehre, Unabhängigkeit von heiligen Schriften und das unmittelbare Deuten auf des Menschen Herz führen zur Schau des eigenen Wesens und zur Buddha-Werdung.»

Der illustre Meister aus Indien wurde bald nach seinem Eintreffen in China vom Kaiser Wu zur Audienz gebeten. Wu-ti war ein Anhänger des Buddhismus und Sūtra-Lehrer, er hatte Klöster bauen lassen und unterstützte die Mönche – dafür verehrte man ihn als den

«Buddha-Geist-Kaiser». (Das chinesische Schriftzeichen Wu kann «absolutes Sein» oder «Erwachen» beziehungsweise «Erleuchtung» bedeuten.) Er berichtete, was er studiert und vollbracht hatte und fragte dann, welche Verdienste er sich damit erworben habe.

«Keine Verdienste», erwiderte Bodhidharma.

Mit dieser schroffen Antwort weist der alte indische Meister direkt auf das Absolute hin, in dem keine Verdienste angerechnet werden und es weder einen Gebenden noch einen Empfangenden gibt. Auch aus der relativen Perspektive gibt es kein Verdienst, solange der Kaiser sich noch an den Gedanken des Verdienstes klammert: Wirkliches Verdienst erwächst aus der Schau des eigenen wahren Wesens oder Buddha-Wesens, worin sich die eigene freie verdienstlose Natur Augenblick für Augenblick manifestiert wie ein Fisch oder Vogel – nur Wu-ti, nur Vogel.

Zweifellos schockiert von dieser Antwort, verlangt der Kaiser zu wissen: «Wenn all das ohne Verdienst ist, was *ist* dann der höchste Sinn der heiligen Wahrheit?» Vermutlich spielt er hier auf die Nicht-Zweiheit der universalen und der alltäglichen Wahrheit an, auf die grundlegende Einheit des Relativen und Absoluten, die der Kern der Mahāyāna-Lehre ist. Und vielleicht will er den alten Gauner herausfordern, die Essenz seiner Lehre darzulegen. Doch Bodhidharma, der den spirituellen Reifegrad dieses Sūtra-Lehrers mit einem Blick erfaßt, erkennt hier eine eher theoretische Frage, die auf eine Erläuterung des Dharma abzielt – und so weist er einmal mehr unmittelbar auf den Bereich des Absoluten oder Universalen und erwidert:

«Leere Weite – nichts Heiliges.»

Diese dröhnende Antwort macht in ihrer Knappheit und Kompromißlosigkeit klar, daß Zen-Lehren nicht aus Erörterungen bestehen. Sie ist auch von geheimnisvoller Tiefe und großer Kraft, denn diese «Leere» ist keineswegs einfach die Abwesenheit von Dingen oder ein Nichts. Das chinesische Schriftzeichen dafür liest sich K'ung (jap. Ku); es bezeichnet auch den klaren blauen Himmel – ohne Norden oder Süden, Vergangenheit oder Zukunft, ohne Grenzen oder Dimensionen. Wie der leere Spiegel, über den alle Dinge hinziehen, ohne eine Spur zu hinterlassen, enthält Ku alle Formen und Phänomene und ist daher ein Symbol der universalen Essenz. Diese Leere ist also auch die Fülle, birgt alle Formen und Phänomene über und unter den Himmeln, erfüllt das gesamte Universum. In dieser universalen oder absoluten Wirklichkeit gibt es nichts Heiliges (oder Nicht-Heiliges), nur die Unmittelbarkeit des Himmels, wie er in diesem Augenblick gerade ist, mit oder ohne Wolken oder Fesselballons, Drachen oder Feuerwerk, Vögeln oder Schnee oder Wind.

Bodhidharma zieht hier nicht über die Heiligkeit her. Vorstellungen und Begriffe sind wichtig für die relative oder praktische Seite des Lebens, das die Grundlage des Zen bildet, und das Religiöse stellt auf dieser Ebene etwas besonders Kostbares dar. («Reis in einer Schale, Wasser in einem Kübel: wie gefallen dir solche gewöhnlichen Wunder?») Wenn wir aber dieser relativen Welt gänzlich verfallen und nie den Blick zum Wunderbaren erheben, verkümmert unser Leben und verliert seine Ganzheit. Wir sind voller sehnsüchtigem Verlangen nach dem Paradies, das wir verloren, als wir in der frühen Kindheit die unmittelbare spontane Erfahrung der Dinge selbst in der ganzen Schönheit und Klarheit des gegenwärtigen Augenblicks ersetzten durch Wörter, Ideen und Abstraktionen wie Verdienst, wie Vergangenheit, Gegenwart und Zukunft. Wir identifizieren, benennen und interpretieren unsere Umgebung und schaffen uns so eine Welt aus abstrakten Begriffen, die allesamt einer weiteren abstrakten Vorstellung gegenüberstehen, nämlich unserer Identität, unserem von allem anderen getrennten Ego. Damit berauben wir uns auch selbst des Heiligen und verlagern es in einen Himmel, den ein Gott bewohnt.

Man kann gewiß dem «Buddha-Geist-Kaiser» sein Mitgefühl nicht verweigern. Huldigungen erwartend, muß er sich nun von diesem hergelaufenen Kerl bieten lassen, daß er zu all seinen guten Taten «Keine Verdienste!» sagt und zu seiner großen Frage nach der heiligen Wahrheit «Nichts Heiliges!» – eine unerhörte Szene. Nach seinen Porträts zu urteilen, muß Bodhidharma ein ebenso vitaler und wilder Bursche gewesen sein, wie er kurz angebunden war – und furchtlos dazu: Den Kaiser zu brüskieren, hätte ihn leicht den Kopf kosten können. Wenn man ihn auf diesen Bildern sieht mit seinen runden Schultern unter der Mönchskutte, dem großen Kopf, dem Bart, den abgebrochenen Zähnen, den hervorstehenden stechenden Augen unter borstigen Brauen, glaubt man schier, seine vielfach geflickte Kutte mit Flecken von indischem Butterfett riechen zu können und eine Wolke aus Kochdünsten und Schweiß. Vielleicht kratzt er sich bei dieser Unterredung und rülpst vernehmlich, oder er fragt: *Wann gibt's was zu essen?*

Wu-ti aber möchte wissen: «Wer ist das Uns gegenüber?»

Schließlich ist er ja kein Anfänger mehr im Studium des Buddha-Dharma, und vielleicht hat er tatsächlich schon etwas erfaßt. Trotzdem scheint er ein bißchen gekränkt zu sein, und seine Frage kann man vielleicht etwa so auffassen: Ihr sagt: «Nichts Heiliges!» – und doch führt Ihr Euch hier als heiliger Mann aus Indien auf! Oder: Wenn alles leere Weite ist, wer ist dann dieser schreckliche alte Kerl, der da vor mir steht? Er sieht nicht die Einheit des Seins, den Einen Körper, auf den Bodhidharma hinweist; er bleibt nach wie vor der relativen Welt verhaftet, dem Wahnglauben an ein Ich als in sich selbst abgeschlossene Wesenheit, getrennt von allen anderen Wesenheiten dieser Art: «Wer ist das Uns gegenüber?» Anscheinend fühlt er seine Würde untergraben und möchte ihr neue Geltung verschaffen.

Bodhidharma steht der Sinn nicht nach langen Erklärungen. Er hat den Dharma von Indien nach China zu bringen und ist schon einhundertzehn Jahre alt, hat also keine Zeit zu verlieren. So sagt er einfach:

«Weiß nicht.»

Das ist die letzte Antwort des Zen. *Nicht-Wissen* ist ein Widerhall der *leeren Weite,* dringt aber noch tiefer vor zu jener unnennbaren Quelle, wo es nichts mehr zu wissen gibt, wo es nichts mehr außerhalb des *Tuns* und *Seins* dieses gegenwärtigen Augenblicks gibt, ohne Vergangenheit und Zukunft – so wenig meßbar wie das Auffliegen eines Vogels von einem Zweig. (Wo sollte man anfangen? Beim Sich-Lösen der Klauen? Bei dem Moment, wo das Auge den Habicht erblickt und der Instinkt sich einschaltet? In diesem reinen Geschehen, der Bewegung des Vogels, gibt es weder Zeit noch Raum, nur das freie Tun-Sein dieses Augenblicks – *Jetzt!* Der Vogel hat keine Entscheidungen zu fällen, bevor er auffliegt: Weg ist er.) Mit unserem Element eins zu sein wie dieser Vogel – *das* ist das Absolute, unser erleuchtetes Buddha-Wesen. Sobald wir uns aber dieses Elementes *gedanklich* bewußt werden, stellen wir uns abseits unseres eigenen wahren Wesens, unseres Buddha-Wesens, und verharren in der Ideenwelt von Raum und Zeit, Leben und Tod. Auch diese Welt ist real, aber es ist eine unvollständige Realität.

Wie die leere Weite ist das Nicht-Wissen uns sehr nahe und deshalb schwer zu sehen. Es ist Ursprung oder Essenz unseres Lebens und der Zen-Übung. Im Zazen fällt alles «Wissen» ab, und wir *sind* nur noch. Und das ist der erleuchtete Zustand, ob der Übende die sogenannte Erleuchtungserfahrung nun hat oder nicht.

Da der Kaiser nicht begriff, überquerte Bodhidharma den Yangtse und wandte sich nordwärts zum Kloster Shōrin (chin. Shao-lin), wo er neun Jahre lang, «der Wand gegenüber», unerschütterlich Zazen übte. Als er den Kaiser verlassen hatte, wurde dieser von seinem Minister, dem verehrungswürdigen Shikō, sanft darauf aufmerksam gemacht, daß dieser alte Meister eine Manifestation des großen erbarmenden Bodhisattva Avalokiteshvara (Padmapāni in Indien, Kuan Yin in China, Kwannon oder Kannon in Japan) war, der den Buddha-Geist übermittelte. Tief betroffen wollte Wu-ti nach ihm schicken lassen, aber Shikō redete es ihm aus: Wie könnt Ihr außerhalb Eurer selbst nach Eurem eigenen Buddha-Wesen suchen? Wie könnt Ihr nach dem «Innerlich Geschauten Herrn» schicken?

Nach Bodhidharmas Tod schrieb der Kaiser ein Gedicht:

> Weh mir! Ich sah und sah ihn nicht!
> Ich traf und traf ihn nicht!
> Empfing ihn und empfing ihn nicht!
> Heute wie vor Jahren schon
> klage ich es an, hasse mich darob!

Der chinesische Zen-Meister Setchō (980–1052) nahm diese Episode in seine Kōan-Sammlung auf, die etwa ein Jahrhundert später zum Grundstock des *Hekigan-roku (Niederschrift von der blaugrünen Felswand)*, der ältesten der großen Kōan-Sammlungen des Zen, wurde. Er bemerkt dazu, daß Wu-ti, so weise er auch war, nicht klar sah und das lebendige Wesen des gegenwärtigen Augenblicks durch das Festhalten an Vergangenem trübte. «Laßt ab von diesem Sehnen!» sagt Meister Setchō. «Der reine Wind geht um das Erdenrund – welch eine Grenze gäb es da?»

In Nordamerika sind die Anishnabi- (Ojibwa-) Indianer zur gleichen Einsicht gelangt:

> Manchmal ergehe ich mich in Selbstmitleid, wo doch stets und ständig ein großer Wind mich über den Himmel trägt.

Durch Bodhidharmas Wirken erlebte das Zen vier Jahrhunderte lang eine hohe Blüte in China und breitete sich nach Korea und Japan aus. In neuerer Zeit befand sich der Buddha-Weg jedoch auf Grund der Schwäche seiner eigenen Priesterschaft fast überall auf dem Niedergang, und Meister Sōen Shaku glaubte, die Zeit sei nun reif, daß die Lehre erneut ostwärts und in die Neue Welt wanderte. Dort war durch den Transzendentalismus eines Emerson und Thoreau bereits die Auseinandersetzung mit etwas in Gang gekommen, was Emerson «die weise Stille, die universale Schönheit, zu der jeder

Teil und jedes Teilchen in Beziehung steht, das ewige Eine» genannt hat. Er bekannte sich zu einem «Idealismus der Himmelsleere», offenbar in Anlehnung an den Mahāyāna-Begriff der universalen Leere, des Einen, welches alles enthält; diese Himmelsleere setzte er «dem Ewigen Buddha» gleich. Thoreau, von dem, was er «meinen Buddha» nannte, inspiriert, wollte sich «bald aufmachen und fernab am Weiher leben, wo ich nur den Wind im Schilf flüstern höre. Wenn ich mein Ich hinter mir zurücklasse, wird erreicht sein, was zu erreichen war.» In eben dieser Zeit hatte Gustave Flaubert, vielleicht als Muse, einen goldenen Buddha auf seinem Schreibtisch stehen.

Sōen Shaku, ein energischer und wagemutiger Meister (von sich selbst sagte er: «Mein Herz brennt wie Feuer, aber meine Augen sind so kalt wie tote Asche»), ging nach Ceylon, um den Theravāda-Buddhismus zu studieren, und nahm später als Vertreter des Zen-Buddhismus an der Weltkonferenz der Religionen in Chicago teil (1883). Von dort kam er auf Einladung von Dr. Paul Carus, Autor von *The Gospel of Buddha* und über fünfzig anderen Büchern über verwandte Themen, nach LaSalle in Illinois. Carus war Herausgeber der Zeitschrift *Open Court*, damals eine der angesehensten Publikationen, die Bertrand Russel und John Dewey zu ihren Autoren zählte. Der Gründer der Open Court Publishing Company war sein Schwiegervater, Edward Hegeler (der Partner meines Urgroßvaters bei der Zinkverarbeitung), der sich nicht nur für ökumenische Bemühungen einsetzte, sondern auch für die Aussöhnung von Naturwissenschaft und Religion, die während der industriellen Revolution im Streit auseinandergegangen waren. Der Buddhismus, der nicht vom Glauben an eine Gottheit, an das Übernatürliche oder Okkulte abhängt, schien sich diesen ehrenwerten Absichten besonders gut zu leihen. Auch Sōen Shaku schrieb: «Religion heißt nicht, zu Gott zu gehen, indem man die Welt aufgibt, sondern Ihn in der Welt zu finden. Unser Glaube ist der Glaube an unsere wesenhafte Einheit mit ihm. ‹Gott ist in uns, und wir sind in Ihm›, muß zur fundamentalen Aussage aller Religionen werden.»

Vier Jahre später sandte Sōen Shaku, zu dessen in *Open Court* erscheinenden Artikeln sich Leo Tolstoi bewundernd äußerte, seinen Schüler Teitaro Suzuki nach Illinois; er sollte Carus bei der Übersetzung des *Tao-te ching* und bei der redaktionellen Arbeit an seiner Zeitschrift helfen. Bevor Suzuki das Kloster Engaku-ji verließ, war er zu einem tiefen «Durchbruch», einem Erleuchtungserlebnis, gekommen und hatte den Dharma-Namen Daisetz oder «Große Torheit» erhalten (abgeleitet von *setsu*, «ungeschickt» oder «dumm»: Hier ist der «nicht-wissende» Geist gemeint, der frei und spontan ist und alle Fesseln der Begriffe und Illusionen abgestreift hat). Diesen Namen hat er sein Leben lang getragen. 1905 und 1906, bei Shaku Rōshis Besuchen in Amerika, diente Suzuki ihm als Übersetzer seiner Vorträge; im übrigen verbrachte er elf Jahre in dieser kleinen Gemeinde südlich von Chicago. Hier begann er mit der Arbeit an *The Outlines of Mahayana Buddhism*, der ersten von zahlreichen Veröffentlichungen unter dem Namen D. T. Suzuki, die wegbereitend sein sollten für die Ausbreitung des Buddhismus in den Westen.

«Soweit ich das beurteilen kann», schrieb Sōen Shaku, «lieben es die Abendländer, all ihren Besitz so offenherzig zur Schau zu stellen, wie es Kinder tun. Und sie neigen zu einem strapaziösen und zerfahrenen Leben, das die ihnen zu Gebote stehende Nervenkraft bald aufzehren wird ... Sie sind zweifellos unvoreingenommen und offenherzig – Züge, die bei Orientalen häufig zu fehlen scheinen. Gewiß mangelt ihnen aber die Unergründlichkeit der Orientalen, die man kaum jemals enthusiastisch oder lärmend oder unbeherrscht erlebt ... Natürlich gibt es im Westen wie im Osten Ausnahmen.»[2]

Als Sōen Shaku 1905 nach San Francisco reiste, um dort einem amerikanischen Ehepaar, das ihn im Engaku-ji besucht hatte, Zen-Unterweisungen zu geben, reiste ein anderer Schüler mit ihm, Nyōgen Senzaki, der von dem Ehepaar als Hausdiener angestellt wurde. Dieser junge Mönch hatte als ein dem sibirischen Winter preisgegebener Findling einen recht prekären Start ins Leben gehabt (sein Vater war möglicherweise Russe), und sein Dharma-Name Nyōgen, «Wie ein Trugbild»,[3] bringt zum Ausdruck, als was er sich selbst sah: als heimatlosen Wanderer, «ein Pilz ohne allzu tiefe Wurzeln, ohne Zweige, ohne Blüten und wohl auch ohne Samen». Als er 1896 im Engaku-ji auftauchte, war er zwanzig Jahre alt und schwer tuberkulosekrank, und er fragte Sōen Shaku: «Was wird, wenn ich sterbe?» Dieser Meister «mit dem durchdringenden Blick und dem strengen Mund» erwiderte: «Wenn du stirbst, stirb einfach!» Eilends genesend, ordnete Nyōgen sich in das Leben im Kloster ein und teilte das Zimmer mit dem jungen Laienschüler Teitaro Suzuki. Nach fünf Jahren der Schulung unter Sōen Rōshi verließ er das Engaku-ji, um einen Kindergarten zu gründen. Er machte keinen Versuch, den Kindern religiöse Unterweisungen zu erteilen, sondern «leitete sie an und wachte über sie und half ihnen so, beim Spielen die Natur kennenzulernen».

Der Titel seiner frühen Schriften, *A Grass in the Field,* ist Ausdruck seiner Sehnsucht nach Selbstauslöschung, und Sōen Shaku spricht zwar in einem Vorwort voller Hochachtung von diesem «namenlosen und besitzlosen Mönch, der in den Klöstern ebenso unerkannt bleibt wie außerhalb, der nur das Verlangen nach liebendem Erbarmen kennt, womit keine noch so geachtete Position sich messen kann», aber er hat ihn anscheinend nie offiziell als Schüler angenommen – vielleicht aus Achtung vor Nyōgens Ideal der Nicht-Verwurzelung. Es scheint sogar, daß er Nyōgens lebenslanger Ergebenheit nicht gerade mit liebevoller Freundlichkeit begegnet ist, aber zweifellos wußten beide, worum es dabei ging. Als Nyōgen aus seiner Stellung als Hausdiener entlassen wurde – er arbeitete hart, besaß aber keine Erfahrung und sprach kaum Englisch –, begleitete Sōen Shaku ihn zu einem japanischen Hotel in San Francisco. Mitten im Golden Gate Park blieb der Meister plötzlich stehen und sagte: «Anstatt als mein Aufwärter gebunden und behindert zu sein, wäre das hier vielleicht besser für dich. Stelle dich dieser großen Stadt, sieh zu, ob du sie besiegen kannst oder von ihr besiegt wirst.» Damit wandte er sich ab und ging im Abendlicht davon; sein Schüler sah ihn nie wieder.

Nach Sōen Shakus Tod im Jahre 1919 gedachte Nyōgen seines Meisters jedes Jahr mit Versen der Dankbarkeit. «Dreizehn Jahre in Amerika habe ich mich vorangearbeitet, um ihm zu antworten, habe ein Buddha-Feld in diesem fremden Land bebaut», schrieb er 1935, bald nachdem er in Los Angeles in verschiedenen, jeweils für einen Abend gemieteten Räumen ein «schwebendes Zendō» eingerichtet hatte. «In diesem Herbst – wie in jedem vergangenen Herbst – habe ich keine Ernte vorzuweisen als das Wachsen dieses weißen Haars ...» Er schrieb auch: «Ich wurde in Amerika zurückgelassen, um etwas für den Buddhismus zu tun, aber ich besitze weder den kämpferischen Geist ... noch den anziehenden Charakter, viele Menschen zu mobilisieren. Lebte mein Meister noch, er wäre enttäuscht von mir.»

Nyōgen war rigoros und in seinen Äußerungen unverblümt. «Heute sind viele Amerikaner auf der Suche nach Wahrheit, besuchen einen Philosophie-Kurs nach dem anderen und üben sich unter verschiedenen östlichen Meistern in Meditation. Aber wieviele von ihnen sind bereit oder fähig, den Baum gänzlich durchzusägen? Sie kratzen halbherzig an der Rinde herum und erwarten, daß jemand anderes den Baum für sie fällt. Solche Leute sollten in der Kirche bleiben, wo sie auch hingehören, und dort ein Höchstes Wesen anbeten, damit Es die Arbeit für sie tut. Zen will mit solchen Weichlingen nichts zu tun haben!» Dennoch war er überzeugt, daß Zen dem amerikanischen Bewußtsein gemäß sei, daß Amerika ein «fruchtbarer Boden für Zen» sei, denn die Philosophie dieses Landes sei rational und praktisch, und die Ethik gründe sich auf die Moralität des Einzelnen und die Vorstellung, daß das Glück in universaler Brüderlichkeit liegt. Außerdem seien die meisten Amerikaner optimistisch, ungezwungen und naturliebend, und zusammen mit ihrer praktischen Tüchtigkeit seien das gute Voraussetzungen für das einfache Leben, das die beste Grundlage für beharrliche Zen-Praxis abgibt.[4]

Obgleich Nyōgen Sensei Titel, Zeremonien und priesterlichen Staat strikt ablehnte, wurde er von seinen amerikanischen Schülern verehrt. Er war der erste Zen-Lehrer in Amerika, der großes Gewicht auf Zazen legte, worunter nicht bloß ein «Meditieren» im Sitzen zu verstehen ist, sondern eine stille Schulung, die auf das Einswerden von Körper, Gemüt und Geist mit dem universalen Bewußtsein abzielt, eine Verschmelzung, die Einssein oder Zen-Geist oder Buddha-Wesen genannt wird. Zazen war schon für Shākyamuni Buddha der wichtigste Teil spiritueller Übung gewesen. «Dhyāna [Zazen] möchte uns mit der ganz konkreten *und* mit der universalen Tatsächlichkeit des Lebens vertraut machen», hatte Sōen Shaku geschrieben. «Das Hantieren mit trockenen, leblosen, uninteressanten Verallgemeinerungen ist Sache der Philosophen. Buddhisten haben mit dergleichen nichts zu schaffen. Sie möchten das Tatsächliche direkt sehen, nicht durch das Medium philosophischer Abstraktionen. Vielleicht gibt es einen Gott, der Himmel und Erde erschuf, und vielleicht nicht; vielleicht werden wir erlöst, indem wir einfach an seine Güte glauben, vielleicht aber auch nicht ... Echte Buddhisten befassen sich nicht mit Behauptungen ... Buddhisten dringen durch Dhyāna zum Grund der Dinge vor, um dort mit ihren eigenen Händen die Lebendigkeit des Universums zu ergreifen, die die Sonne am Morgen aufgehen und die Vögel im milden Frühlingswind fröhlich singen macht und den Zweibeiner namens Mensch sich verzehren läßt nach Liebe, Redlichkeit, Freiheit, Wahrheit und Güte. In Dhyāna gibt es daher nichts Abstraktes, nichts Knochentrockenes und Leichenkaltes – alles ist Leben, Bewegung und ewige Offenbarung.»[5]

Doch Sōen Shaku unterwies die Amerikaner nicht im Zazen, ebensowenig wie Sōkei-An es tat, ein weiterer seiner Schüler, der in den dreißiger Jahren der erste Zen-Lehrer von New York wurde.

Sōkei-An bezweifelte, daß Amerikaner bereit seien, für längere Zeitabschnitte stillzusitzen, und beschränkte sich auf Teishō (oder «Darlegungen» des Dharma) und Dokusan, die Begegnung des Zen-Schülers mit seinem Meister unter vier Augen.[6] D.T. Suzuki schließlich war in erster Linie ein Zen-Gelehrter, der zwar die Bedeutung des Erleuchtungserlebnisses betonte (die beiden japanischen Ausdrücke dafür – Satori und Kenshō – werden mehr oder weniger synonym verwendet und meist als «Selbst-Wesensschau» übersetzt), aus dem die Lehre des Buddha hervorging, selbst aber wenig über die Zazen-Schulung sagte, die in der Regel dieser Erfahrung vorausgehen muß.

1934 stieß Nyōgen Sensei in einer der zahlreichen japanischen Zeitschriften für Haiku-Dichtung auf die Verse eines jungen Mönchs namens Nakagawa Sōen, der als Einsiedler auf dem Dai-Bosatsu-Berg in der Nähe des Fuji lebte. Es entspann sich ein Briefwechsel, der über zwanzig Jahre fortgeführt und nur durch den Zweiten Weltkrieg unterbrochen wurde, da Nyōgen sich während dieser Zeit in einem Internierungslager für Japaner amerikanischer Staatsbürgerschaft in Wyoming aufhalten mußte. Erst am 8. April 1949 trafen sie sich auf einer Pier in San Francisco. Nyōgen Senzaki hatte damit den ersten Amerikabesuch eines Mannes in die Wege geleitet, der als einer der großen Zen-Meister unserer Zeit gilt und als inspirierter Wegbereiter einer tatsächlichen Ausübung des Zen im Abendland. Der Mönch Sōen schrieb über diese denkwürdige Begegnung:

> Wie lange ich diese Teeschale auch anschaue,
> sie ist immer noch – eine Teeschale!
> *So* komme ich in San Francisco an.

«Der südliche Sommerwind hat zwei wandernde Mönche nach San Francisco geweht.» Mit diesen Worten stellte der zweiundvierzigjährige Nyōgen seinen Freund bei einer Versammlung der Theosophischen Gesellschaft vor. Sōen sprach über das, was Sōen Shaku beinah ein halbes Jahrhundert zuvor bei seiner Ankunft in dieser Stadt gesagt hatte: daß er nach vierzig Jahren Studium des Buddhismus erst jüngst zu verstehen begonnen habe, «daß ich letztlich doch gar nichts verstehe». Das bezieht sich natürlich auf Bodhidharmas «Nicht-Wissen», auf den vollkommen freien, spontanen Geist, der im tibetischen Buddhismus «verrückte Weisheit» genannt wird; doch der Mönch Sōen erntete nur enttäuschtes Gelächter von diesem verständlicherweise verständnislosen Publikum. Aus Goethes *Faust* zitierend – «Heiße Magister, heiße Doktor gar, und ziehe schon an die zehen Jahr' herauf, herab und quer und krumm meine Schüler an der Nase herum – und sehe, daß wir nichts wissen können!» –, erläuterte Sōen, daß dieses Nicht-Wissen das ist, worum es im Zen geht: die ebenso flüchtigen wie illusorischen Wolken der Ideen und Emotionen zu vertreiben, um den strahlenden Mond des universalen Geistes hervortreten zu lassen. «Heutzutage», bemerkte er in jenem abgründigen und für ihn so kennzeichnenden Englisch, das ihm in der Neuen Welt gute Dienste leisten sollte, «ist niemand mehr fähig, richtig sprachlos zu sein.» *(Nowadays there is no one capable of being dumbfounded.)*

Als Sōen Rōshi im nächsten Jahr als Abt des Klosters Ryūtaku-ji (unterhalb des Berges Fuji) eingesetzt wurde, folgten ihm etliche amerikanische Schüler, um sich dort weiter unter ihm zu schulen. In der Zeit der «Gegenkultur» nach dem Zweiten Weltkrieg interessierten sich viele Amerikaner für Zen, auch für das «Beat-Zen» eines Allen Ginsberg, Jack Kerouac oder Gary Snyder.[7] Dann gab es noch die nachgemachten Zen-Lehren geschäftstüchtiger Seelenfänger, die in den sechziger Jahren schamlos die Sehnsüchte der Jugend ausschlachteten. Die ausgezeichneten Darstellungen Dr. Suzukis mißachtend, verdrehten diese Leute die dramatischen Lehrmethoden großer Zen-Meister derart, daß Zen in den unverdienten Ruf kam (der ihm bis heute anhaftet), eine Schule kultischer Unverständlichkeit, wilder mystischer Exzesse und hemmungsloser Exzentrik zu sein.[8]

Alles andere als «exzentrisch», in welchem Sinn auch immer, ist Zen (wie Dr. Suzuki schrieb) «das erste und letzte *Faktum* aller Philosophie. Dieses letzte Faktum stellt sich ein, wenn das religiöse Bewußtsein bis zum Äußersten gesteigert wird. Ob das im Buddhismus, im Christentum oder bei einem Philosophen geschieht, ist für Zen letzten Endes nebensächlich.» In der Tat hat Zen diese ganzheitliche Sicht des Universums, «einer Wirklichkeit, die sogar Himmel und Erde vorausgeht»,[9] mit fast allen überlieferten Weisheitslehren der Menschheit gemeinsam.

Nach dem Zweiten Weltkrieg hielt Dr. Suzuki in Hawaii und Kalifornien Vorträge über Buddhismus und war von 1951 an für einige Jahre Professor an der Columbia University in New York City. In Europa befanden sich unter seinen Bewunderern bereits Leute wie C. G. Jung, Martin Heidegger[10] und Arnold Toynbee (der die Ansicht vertrat, die Übertragung des Buddhismus in den Westen werde eines Tages als eines der wichtigsten Ereignisse der Geschichte erkannt werden). In den Vereinigten Staaten führten Aldous Huxley, Karen Horney und Erich Fromm ihre Erkenntnisse zum Teil auf seine Aussagen zurück; zwei seiner Schüler, der Komponist John Cage und der Maler Mark Tobey, sprachen von einem tiefgreifenden Einfluß des Zen auf ihre Arbeit. Dr. Suzukis ungeheure Belesenheit, seine spielerische Leichtigkeit, seine heitere und liebenswürdige Art führten dazu, daß nicht nur seine Kurse großes Interesse fanden, sondern auch die Zen-Lehren, die er mit seinem Auftreten verkörperte. So wurde in New York eine Zen Studies Society eingerichtet, die sich zum Ziel machte, seine Bemühungen zu unterstützen.

Thomas Merton schrieb einmal: «Wenn man ihm begegnet, glaubt man, den Wahren Menschen ohne Rang[11] gefunden zu haben, dem man immer schon begegnen wollte. Von wem könnte man das sonst noch sagen? Dr. Suzuki kennenzulernen und eine Tasse Tee mit ihm zu trinken, hat mir das Gefühl gegeben, diesem einen Menschen begegnet zu sein. Es war, als käme man endlich heim.» Jack Kerouac, der ihn mit Ginsberg besuchte, schrie ihn an: «Ich möchte den Rest meines Lebens mit Ihnen verbringen!», worauf Dr. Suzuki mit erhobenem Finger kichernd erwiderte: «Irgendwann mal.» 1959 kehrte Suzuki nach Japan zurück, wo er auf dem Gelände des Engaku-ji eine Hütte bewohnte und in seinem Haus unten in Kamakura eine umfassende Bibliothek aufbaute.

Auch Nyōgen Senzaki führte 1955, nach einem halben Jahrhundert in Amerika, eine Pilgerreise zum Engaku-ji und ans Grab seines Lehrers Sōen Shaku zurück; den größten Teil seines kurzen Aufenthalts in Japan verbrachte er jedoch im Kloster Ryūtaku-ji, wo er Nakagawa Sōen Rōshi davon zu überzeugen suchte, daß die Zukunft des Zen im Westen liege. Drei Jahre später verstarb Nyōgen Senzaki im Alter von zweiundachtzig Jahren in Amerika. Ein Teil seiner Asche wurde Sōen Rōshi geschickt, und den Rest begrub man auf einem «unbekannten, nicht bebauten Stück Land ... Stellt keinen Grabstein auf! Der kalifornische Mohn ist Grabstein genug ... Ich möchte sein wie der Pilz tief im Gebirge: keine Blüten, keine Zweige und keine Wurzeln; ich möchte höchst unauffällig vermodern.»[12]

Sōen Rōshi kam zu dem schlichten Begräbnis nach Los Angeles und leitete anschließend zwei Gedächtnis-Sesshin – nach den Worten von Robert Aitken (heute Aitken Rōshi), einem Schüler Nyōgens, der Sōen als Jisha oder Aufwärter diente, die ersten Sieben-

Tage-Sesshin, die je in Amerika durchgeführt wurden. 1960 sandte Sōen einen seiner Schüler, den Mönch Tai-san, um Aitken beim Aufbau seines Zendō in Hawaii zu helfen, und zwei Jahre darauf setzte Sōen sich für die Durchführung einer Reihe von Sesshin in Amerika ein; sie standen unter der Leitung von Yasutani Hakuun Rōshi, dem Meister, unter dem sich Aitken und Philip Kapleau, ein amerikanischer Geschäftsmann, auf Sōens Empfehlung in Japan geschult hatten.

Mit seinen siebenundsiebzig Jahren war Yasutani Hakuun Rōshi eine energische, kraftvolle Erscheinung; er legte großes Gewicht auf Kenshō, die Durchbruchs- oder Erleuchtungserfahrung, und wie Tai-san sagt, war das erste Sesshin in Amerika (Hawaii 1962) «ebenso hysterisch wie historisch». Immerhin kamen fünf der Teilnehmer zu Durchbruchserfahrungen von einer gewissen Tiefe, und Yasutanis energische Methoden waren bald berühmt unter den wenigen Zen-Schülern Amerikas, das er zwischen 1962 und 1969 siebenmal besuchte. (*Die drei Pfeiler des Zen*, ein von Philip Kapleau herausgegebenes Buch, beruht auf seinen Unterweisungen.*) Sein Übersetzer und Jisha war bei diesen Sesshin-Reisen Tai-san, der von 1965 an in New York blieb und der Zen Studies Society neue Impulse gab. Tai-san baute auch das New York Zendō auf, dessen Ehren-Abt Sōen Rōshi wurde. Inzwischen hatten sich Lehrer des Rinzai-Zen wie Jōshū Sasaki und Isshi Miura und die Sōtō-Zen-Meister Taizan Maezumi, Shunryū Suzuki und Dainin Katagiri in Amerika etabliert. Bekannt wurden außerdem Seung Sa Nim, ein koreanischer Zen-Meister, und Chögyam Trungpa Rinpoche, einer unter etlichen nach Amerika übersiedelten tibetischen Lamas.

Ab 1962 kam Yasutani Rōshi regelmäßig in die Vereinigten Staaten (eine Zeitlang hatte er sogar vor, für immer dort zu bleiben), aber Sōen Rōshi war durch seine Pflichten als Abt des Ryūtaku-ji in Japan gebunden. Als er Yasutani Rōshi im Sommer 1968 nach Amerika begleitete, war das sein erster Besuch seit Nyōgen Senzakis Begräbnis zehn Jahre zuvor. Yasutani leitete ein Sesshin für Maezumi Senseis Sōtō-Zengruppe in Los Angeles und besuchte dann das Tassajara-Bergzentrum des San Francisco Zen Center in den kalifornischen Küstenbergen, wo Sōen einen bewegenden Nachruf auf seinen verstorbenen Freund Nyōgen hielt. Anschließend leitete Yasutani in der Nähe von New York zwei Sesshin für Tai-sans Rinzai-

* Philip Kapleau (Hrsg.): *Die Drei Pfeiler des Zen.* Lehre – Übung – Erleuchtung, O.W. Barth Verlag, 7. Auflage 1986.

Schüler; wenige Wochen später, am 15. September 1968, eröffneten Yasutani und Sōen das New York Zendō. Im folgenden Jahr reisten beide wiederum in die Vereinigten Staaten, und diesmal führte ein Besuch bei Schülern auf Long Island zur ersten jener Begegnungen mit Zen-Meistern aus Vergangenheit und Gegenwart, die die Seele dieses Buchs bilden.

Erleuchtung zu erlangen, ist wie der Mond, der sich im Wasser spiegelt.
Der Mond wird nicht naß, das Wasser nicht aufgerührt.
Obgleich sein Licht weit und groß ist . . .
spiegelt sich der ganze Mond, der ganze Himmel
in einem Tautropfen im Gras, in einem einzigen Wassertropfen.
Erleuchtung rührt den Menschen nicht auf,
wie auch der Mond das Wasser nicht aufrührt.
Ein Mensch steht der Erleuchtung nicht entgegen, wie auch ein Tautropfen
dem Mond am Himmel nicht entgegensteht.
Die Tiefe des Tropfens ist die Höhe des Mondes.

Eihei Dōgen, *Shōbōgenzō, Genjō-kōan*

2

Mitte November 1971 nahmen Deborah und ich an einem Wochenend-Sesshin im New York Zendō teil. Seit zwei Monaten litt Deborah an Schmerzen, die sich jeder Diagnose entzogen, und so faßte sie den Entschluß, ihre Teilnahme auf den Sonntag zu beschränken. Als ich am Samstagabend nach Hause kam, machte sie mir auf und stand da in ihrem neuen braunen Kleid, lächelnd, aber es war nicht die seltsam durchsichtige Schönheit in ihrem Gesicht, die mir den Atem verschlug. Ich hatte seit den frühen Morgenstunden Zazen geübt, mein Geist war klar, und ich sah, wie der Tod mich durch diese großen dunklen Augen anblickte. Da gab es keinen Zweifel, und die Gewißheit durchfuhr mich so jäh, daß ich Deborah nicht begrüßen konnte. Als ich mich an ihr vorbeidrückte, um im Bad erst einmal wieder meine Fassung zu gewinnen, nahm sie gewiß an, daß ich nur das während eines Sesshin gültige Schweigegebot beachtete.

Am Sonntag fügte es sich so, daß Deborah mir genau gegenüber saß in der anderen der beiden einander zugewandten Reihen von

Buddhafiguren. Bei der Morgenrezitation, immer noch gegen das ankämpfend, was ich am Abend zuvor gesehen hatte, und in Sorge, dieser Tag könnte zu sehr an ihren Kräften zehren, rezitierte ich mit solcher Inbrunst für sie, daß ich mich gänzlich darin verlor, mein Ich vergaß – wozu das zehnzeilige *Kannonsūtra* sich besonders eignet; es ist dem Bodhisattva Avalokiteshvara geweiht und wird zum Klang von Holztrommel und Glocken dreiunddreißigmal mit wachsender Lautstärke und Intensität rezitiert. Den Abschluß bildet ein lautes MU! (eine mantrische Silbe, die dem OM entspricht, dem Symbol des Absoluten und der Ewigkeit) und dann ein jähes Verstummen, eine sausende Stille, als hielte das Universum lauschend den Atem an. Aber an diesem Morgen – es war noch fast dunkel und die Altarkerze das einzige Licht im Raum – schwoll diese ungeheure Stille immer weiter, als öffnete sich dieses «Ich» für die Unendlichkeit. Da war keine Halluzination, nur ehrfürchtiges Staunen – «Ich» war verschwunden, aber «Ich» war auch überall.

Dann ließ ich meinem Atem seinen Lauf, überließ mich dem Versinken in allen Dingen, einer so überwältigenden Erfahrung der *Zugehörigkeit,* daß die Tränen der Erleichterung mir nur so aus den Augen stürzten. Zum ersten Mal seit längst vergessenen Kindertagen war ich nicht allein, gab es kein von allem anderen getrenntes Ich. Wunden und Zorn, alle Zerrissenheit und innere Leere waren fort, alles war geheilt. Mein Herz war das Herz der Schöpfung. Nichts bedurfte es mehr, nichts fehlte, alles war schon immer und für immer gegenwärtig und gekannt. Selbst Deborahs Sterben, wenn es denn sein mußte, war im Gefüge aller Dinge vollkommen «in Ordnung». Den ganzen Tag weinte und lachte ich.

Zwei Wochen später berichtete ich Tai-san, was geschehen war, und erstaunte mich selbst (ihn allerdings nicht; er nickte nur und verneigte sich leicht) mit einem unerwarteten Ausbruch von Tränen und Lachen, Tränen so leicht und frei wie Regentropfen im Sonnenlicht.

Der Zustand der Gnade, in den ich an jenem Novembermorgen im New York Zendō versetzt wurde, bestand diesen ganzen Winter, in dem meine Frau starb – eine innere Ruhe, in der ich stets genau wußte, was zu tun war, und keine Kraft mit Unentschlossenheit und Bedauern verschwendete. Als ich Tai-san von dieser Geistesgegenwart und Kraft erzählte und eine Art Verzückungszustand eingestand, sagte er leise: «Sie haben transzendiert.» Ich nahm an, er meinte «das Ego transzendiert» und mit ihm alles Grauen und alle Gewissensqualen. Wie aus einem bösen Traum erwacht, fand ich mich als einer, dem vergeben worden war, und nicht nur von Deborah, sondern von mir selbst.

An den ersten acht Dezembertagen fand das alljährliche Rōhatsu-Sesshin zum Gedenken an Buddhas Erleuchtung statt. Am Tag vor dem Beginn des Sesshin kam Deborah ins Roosevelt Hospital, wo sie untersucht werden sollte, und am ersten Dezember wurde eine Knochenbiopsie vorgenommen. Natürlich kam und ging ich während des Sesshin. Am Morgen des vierten Dezember – der Tag, an dem Suzuki Shunryū Rōshi in San Francisco starb – überbrachte ich Tai-san die gute Nachricht, daß der Biopsie-Befund negativ ausgefallen war. Ich sagte ihm auch, daß ich zwei Wochen zuvor, am 20. November, mit einer Gewißheit, die man nicht Wissen nennen kann, gesehen hatte, daß Deborah sterben würde.

Am Tag nach dem Sesshin – der Krebsverdacht bestand weiterhin, obgleich keine entsprechende Diagnose vorlag – brachte ich Deborah heim nach Sagaponack, wo sie völlig erschöpft sofort ins Bett ging. Innerhalb weniger Tage bildeten sich zwei kleine Knoten unter ihrer Haut, und am 14. Dezember stellte die örtliche Klinik metastasierenden Krebs fest. Als ich Tai-san zwei Tage später davon unterrichtete, blieben wir einige Minuten stumm zusammen sitzen. Dann sagte er leise: «O Peter», und gab mir seinen wunderschönen roten Fächer als Geschenk für Deborah. Die Kalligraphie auf dem Fächer, von Sōen Rōshi ausgeführt, bedeutet «Heimgehen».

Deborah war Lehrerin an der New School for Social Research und nahm sich Bücher mit ins Memorial Hospital in New York. Zwei Wochen später lagen die Bücher noch unberührt da. Still versunken stopfte sie einen Weihnachtssocken, wie er dort allen Patienten gestellt wird, und während ich ihr zuschaute, fiel mir zum erstenmal auf, wie sehr die Krankheit und die brutale Therapie sie betäubt hatten.

Heiligabend fuhr ich heim nach Sagaponack, um für die Kinder irgendwie eine Art Weihnachtsfest auf die Beine zu stellen. Unsere Freundin Milly Johnstone und Hisashi-san, der Cha-No-Yu-Meister (Meister der japanischen Teezeremonie) der beiden, wollten Deborah am ersten Weihnachtstag ausführen, aber sie fühlte sich zu schwach und zu krank, und so veranstalteten wir am nächsten Tag mit einigen Zendō-Freunden eine Champagner-und-Austern-Party in ihrem Zimmer – ihr erstes Vergnügen seit Wochen und das letzte Fest ihres Lebens. Tai-san würdigte ihre Entschlossenheit als Zen-Schülerin und gab ihr die buddhistischen Gebote und einen Dharma-Namen. Er hatte ein braunes Zazen-Gewand mitgebracht und einen schwarzen, das Mönchsgewand symbolisierenden Latz namens Rakusu, auf dessen Rückseite die Zeichen Hō Kō (Dharma Licht) geschrieben waren. Sheila gab uns ein Gedicht des japanischen Dichters Chora:

Ich verliebte mich
in die Flügel der Vögel –
Das Frühlingslicht auf ihnen!

Unter ihrer Decke war Hōkō schon eine alte Frau mit eingefallenen und von den vielen Einstichen blauschwarzen Beinen, aber wenn sie aufrecht in ihren Kissen saß, war sie immer noch schön, und sie trug ihr Rakusu wie ein stolzes Kind. Bewunderung für diese tapfere, ruhige, lächelnde Frau spiegelte sich in den Gesichtern unserer Freunde. Auch ich bewunderte sie trotz all der anderen Tage, an denen ihr Sterben weder ruhig noch schön gewesen war.

Mit Beginn des neuen Jahres verfiel sie zusehends, fast gänzlich betäubt durch Bestrahlung und Chemotherapie. Ich konnte weder ihren Schmerz und die Angst vor der Einsamkeit lindern noch in jene Schattenwelt eintreten, in die sie nun versank. Am dritten Januar traten schwere Komplikationen ein, die beinah ihren Tod bedeuteten, und als ihr Zustand sich nach einer rapiden Verfallsphase wieder stabilisierte, verfiel sie in tiefe Verwirrung, delirierte von Reisen, die ihr bevorstanden, und wurde von rasenden Anfällen der Furcht vor dem Tod und entsetzlichen Schmerzen geschüttelt.

Tai-san erzählte mir von Sōen Rōshis Mutter, die im Ryūtaku-ji und ohne Betäubungsmittel an Krebs gestorben war, anstatt sich von der bewußten Erfahrung von Leben und Tod abzuschneiden – aber als er Hōkō am 18. Januar zum ersten Mal seit unserer Weihnachtsfeier wiedersah, da weinte er und sagte nichts mehr. Wie eine wahnsinnige alte Frau, niemanden erkennend, nichts als Schmerz gewärtigend, wehrte sie jeden ab, der ihr helfen wollte. Die meisten der wenigen Leute, die ich in ihr Zimmer ließ, brachen bei ihrem Anblick augenblicklich in Tränen aus.

Zen-Schüler stellten sich als Pfleger zur Verfügung, und die Gegenwart von Zen-Leuten beruhigte sie offenbar, auch wenn sie bewußtlos schien. Die Oberschwester, die jeden Tag in den blumenüberladenen Zimmern die beklemmende Begegnung von Lebenden und Sterbenden erlebte, erzählte mir, in all den Jahren auf der Krebsstation hätte sie solch eine Atmosphäre von Hilfsbereitschaft und Liebe noch nicht erlebt. «Ich weiß nicht, was ihr Zen-Leute macht», sagte sie, «aber *irgendwas* macht ihr richtig.» Die Hausordnung unterlaufend, zeigte sie mir, wie ich meiner Frau mit dem Gerät zum Schleimabsaugen helfen konnte, wenn sie in Atemnot kam, und ließ mich nachts in ihrem Zimmer schlafen; ich durfte sie baden und sie zur Toilette tragen, wo man sie über dem Sitz halten mußte, damit sie nicht vor Schmerzen schrie. Schließlich setzte ich allen Untersuchungen ein Ende; sie waren nur noch eine Folter, demütigend und sinnlos. Deborahs Tapferkeit war nun doch erschöpft, und sie wehrte sich nur noch und wimmerte, so oft man sie anhob. Die letzten Schläuche wurden angeschlossen, und sie verließ das Bett nicht mehr.

Zum ersten Mal seit zwei Wochen ging ich nach Hause zu unserem kleinen Jungen. Noch nach Stunden der Fahrt in jener kalten Januarnacht hatte ich den üblen Geruch von Blumen vermischt mit Bodenglanzmittel in der Nase, der auf diesem Korridor des Todes herrschte. Dann flitzte ein Kaninchen im Mondlicht über die reifglatte Straße, und in diesem Augenblick wurde mein Kopf wieder klar; ich war ins Leben zurückgekehrt und bereit, mich allem zu stellen, was morgen bei der Rückkehr in die Stadt auf mich warten mochte.

Deborah war weit weg, im terminalen Koma, wie es die Ärzte nannten. Sie würde nicht wieder zu sich kommen und so gut wie sicher in den nächsten Tagen sterben. Aber Mittwoch früh, am 20. Januar, rief mich eine Schwester an und sagte, meine Frau wolle mich sprechen! Ich sagte, da müsse ein Irrtum vorliegen, und sie erwiderte, das Personal sei ebenso erstaunt wie ich. Dann Deborah, mit der Stimme eines kleinen Kindes: «Peter? Ich muß dir was sagen, Peter. Ich bin ganz furchtbar krank! Komm schnell!» Weinend lief ich durch die frühmorgendlichen Straßen zur Klinik, aber als ich ankam, war sie wieder in jene Welt versunken, in die ihr niemand folgen konnte.

Zwei Tage darauf, beim Wochenend-Sesshin, erhielt ich einen Platz an der Tür, damit ich ohne zu stören kommen und gehen konnte. Normalerweise schwieg Tai-san die ersten Stunden, während die Leute langsam zur Ruhe kamen, aber diesmal begann er mitten in der ersten Sitzperiode plötzlich zu sprechen, sehr langsam: «Ein paar Straßen weiter liegt unsere geliebte Schwester Hōkō im *Sterben!* Der Schmerz in Euern Knien ist nichts gegen den Schmerz, den *Krebs* macht! Sie lehrt uns immer noch, hilft uns, und wenn wir mit großer Sammlung sitzen – *Mu!* – werden wir ihr helfen, ihr schlechtes Karma auszulöschen.» Nachdem er das Sesshin Hōkō gewidmet hatte, schwieg er lange. Dann fuhr er leise fort: «Im letzten Monat, während des Rōhatsu-Sesshin, starb Suzuki Rōshi an Krebs. In diesem Monat stirbt Deborah Matthiessen an Krebs.» Wieder schwieg er endlose, spannungsgeladene Sekunden. «Wer von Euch ... wird der *nächste* sein? Und jetzt ... *sitzen* Sie!»

Die Worte *nächste* und *sitzen* kamen mit schneidender Schärfe; sie klangen nach wie Peitschenhiebe, und es ging wie ein Ruck durch die Reihen. Später waren sich alle darin einig, daß die Sitzzeiten dieses Nachmittags und Abends die intensivsten gewesen waren, die wir je erlebt hatten. Die Rezitation im Morgengrauen des nächsten Tages war von nie gekannter Eindringlichkeit und gipfelte in einem machtvollen MU! Unmittelbar danach ging ich in die Klinik, wo eine völlig fassungslose Schwester mir mitteilte, meine Frau sei bei Bewußtsein.

Deborahs Gesicht war klar und schön; sie lächelte sanft und sagte: «Ich liebe dich», und fand tatsächlich die Kraft, mir den Arm um den Hals zu legen. Tai-san kam und brachte einige der älteren Schüler mit. Deborah erkannte sie alle und umarmte sie. Glücklich und strahlend in ihrer Wachheit nach drei Tagen und Nächten qualvollen Deliriums, verzauberte sie uns alle mit einem Lächeln von kindlicher Lieblichkeit und flüsterte: «Oh, ich liebe euch so!» Später fragte sie mich zaghaft: «Werde ich sterben?», und als ich die Frage wiederholte – «Wirst du sterben?» – um sicherzugehen, daß sie eine Antwort wollte, da nickte sie furchtlos und kehrte sich dann sanft von dieser Frage ab, wie um mich zu schonen. Auch am nächsten Tag war sie gelassen und heiter, wenn auch weniger klar, und am Montagmorgen lächelte sie mich an und flüsterte: «Peter.» Sie sprach nie mehr, kehrte aber auch nicht mehr in den früheren Zustand wilder Angst und Verzweiflung zurück. Sie schien in einem glückseligen Zustand zu sein, und Tai-san fragte sich, ob sie vielleicht ein spontanes Kenshō erlebt hatte. Am Nachmittag fiel sie ins Koma zurück, und drei Nächte später starb sie friedlich; Tai-san und ich hielten ihre erkaltenden Hände. Nach drei langen Pausen zwischen den Atemzügen machte meine wunderbare Frau – wie unfaßbar! – keine Anstalten mehr, noch einmal einzuatmen. Zwei Stunden blieben wir noch bei ihr sitzen, bis sie zur Autopsie abgeholt wurde.

Zum Ärger der Bediensteten in der Leichenhalle und im Krematorium, die uns von der ersten bis zur letzten Sekunde hetzten und schikanierten, begleiteten Tai-san und ich Hōkō bis zur Tür des

Verbrennungsofens in einem seltsamen fensterlosen Tempel weit draußen in der Winteröde des riesenhaften grauen Friedhofs von Queens. Sie trug ihre Perlen, das braune Leinengewand und das Rakusu zu diesem großen Anlaß. Jahre zuvor hatte ich mich in Paris von meinem kleinen Sohn verabschiedet, indem ich meine Finger küßte und seine Stirn berührte; das war bei einer kleinen Feier im Krankenhaushof, geführt von einem weinfleckigen Geistlichen und zwei zwangsrekrutierten Zeugen, die noch ihre Besen hielten. Doch das New Yorker Gesetz verbietet das Berühren der Toten durch Unbefugte; zwei Wärter in engen, breitschultrigen Anzügen zischten wie Cobras, als ich die Hand ausstreckte. Als die Bahre in den Ofen glitt, rezitierten wir unter ihren geringschätzigen Blicken die Vier Gelübde, wie wir es bei Hōkō's Tod getan hatten. Dann schloß sich die Eisentür hinter der hoheitsvollen, graugesichtigen Gestalt, die so geschickt wieder zusammengefügt worden war, nachdem die Autopsie den Krebs bis ins Gehirn verfolgt hatte.

Wir verbeugten uns und nahmen unter dem vollen Mond am grauen Himmel des New Yorker Winternachmittags Abschied von Hōkō. Inzwischen hatte der lästermäulige Leichenfahrer wohl mitbekommen, daß hier etwas nicht ganz so Alltägliches im Gang war, und während der ganzen Rückfahrt in die Stadt versuchte er behutsam, Näheres in Erfahrung zu bringen.

Um dem sechsjährigen Alex mitzuteilen, daß seine Mutter gestorben sei, nahm ich ihn mit zu einem Winterspaziergang am Strand. Er versicherte mir, sie könne nicht tot sein. «Wenn sie tot wäre», erklärte er in dem Versuch, uns beide zu trösten, «dann würde ich weinen.»

Im dunkelsten Teil der leeren Monate, die folgten, war mein Herz ruhig und klar, als hätte das schlechte Karma unserer gemeinsamen Vergangenheit sich an jenem frühen Novembermorgen aufgelöst. Die Erfahrung, die mich auf den Tod meiner Frau vorbereitet hatte, erfüllte mich mit Dankbarkeit, einer ganz anderen Dankbarkeit als der, welche ich für Tai-san und meine Zen-Gefährten, für meine verständnisvolle Familie, für meine Freunde und Kinder empfand. Mir selbst gegenüber konnte ich kaum Dankbarkeit empfinden, und doch: Wo sollte das Buddha-Selbst wohnen, wenn nicht in meinem eigenen Sein? Als ich das *Kannon-Sūtra* mit solcher Hingabe rezitierte, rief ich den Bodhisattva Avalokiteshvara an, doch ich achtete nicht auf die Worte. Alle Energie war auf Deborah konzentriert, die mir gegenübersaß. Avalokiteshvara war auch Deborah, auch ich selbst, kurz, es war, wie Meister Eckehart sagte: «Das Auge, mit dem ich Gott sehe, ist das Auge, mit dem Gott mich sieht.» Oder Jesus Christus: «Ich und der Vater sind eins.»

Fast ein Jahr verging, bis mir durch die Worte eines älteren Schülers klar wurde, was damals geschehen sein muß. Tai-san bestätigte es beim Dokusan. Doch ein Durchbruch oder Kenshō ist kein Maß der Erleuchtung, da ein Einblick in das eigene «wahre Wesen» von sehr unterschiedlicher Tiefe und Nachhaltigkeit sein kann. Manche können das Dasein grundstürzend verändern, während andere nur flüchtige, oberflächliche Einblicke sind, «die wie ein Nebel verfliegen». Die Mauer mit dem Finger zu durchstoßen, genügt nicht – sie muß auf ganzer Länge krachend zum Einsturz gebracht werden. Es war ein vorzeitiger Durchbruch gewesen, und seine Kraft schwand Monat um Monat. Das machte mich traurig, obgleich ich verstand, daß ich gerade am Anfang des Weges war, daß ich ohne Deborahs Krankheit, die vierzig Jahre Zynismus und Verhärtung durchschlug, vielleicht keine solche Erfahrung gemacht hätte, daß dieser kleine Durchbruch noch weit entfernt war von großer Erleuchtung, Dai-Kenshō, bei dem das Ich im Einen aufgeht, ohne eine Spur zu hinterlassen.

Das Februar-Sesshin, einige Wochen später, wurde Hōkō gewidmet, deren Knochen und Photo sich den Altar mit großen weißen Nelken teilten. Am Morgen des zweiten Tages bekräftigte Tai-san die Widmung, und danach rezitierten wir das *Kannon-Sūtra* dreiunddreißigmal mit wachsender Intensität, gefolgt von einem lauten MU! Es war Sonntagmorgen, und so waren alle Türen sorgsam geschlossen worden, um die Nachbarschaft nicht gegen absonderliche Zen-Praktiken aufzubringen. Kein Lüftchen regte sich in dem fensterlosen Raum, in dem die Altarkerzen stets vollkommen ruhig brannten. Aber an diesem Morgen, in der klingenden Stille nach der Rezitation, flackerte die Kerze plötzlich hoch und hell auf, mindestens zehn Sekunden lang, bevor die Flamme langsam zurücksank und dann still wie immer weiterbrannte.

In der Nähe des Altars saß jemand, der in seiner unstillbaren Neugier stets alles mitbekam, aber als ich ihn später wegen der Kerze befragte, meinte er nur, daß ich wohl nicht ganz richtig im Kopf sei. Auch sonst hatte niemand das Aufflackern der Flamme bemerkt; offenbar war ich wirklich nicht ganz richtig im Kopf. Als ich aber beim Dokusan erwähnte, ich sei nach dem lauten Mu am Ende der Rezitation durch etwas abgelenkt worden, da lächelte Tai-san und nickte, bevor ich aussprechen konnte. «Die Kerze», sagte er leise. Wir starrten einander nur an und sprachen kein Wort mehr.

Im März 1972 fand das erste Dai-Bosatsu-Sesshin in einer alten Hütte am Beecher Lake statt. In dem kleinen Zendō unterm Dach stand die Buddha-Statue schwarz gegen das strahlende Winterfenster; die Wälder funkelten von Schneeblüten aus Eis und Sonne. In dieser Woche hob ich mit der Spitzhacke am Fuß eines flechtenbewachsenen Felsbrockens in der Wiese eine Grube aus. Am letzten Sesshin-Tag wurde der neue Friedhof in einer Zeremonie geweiht, und Hōkōs Knochen waren die ersten, die in der «Sangha-Wiese» des Dai Bosatsu beerdigt wurden. Ich deckte die Grube mit einem kleinen Schlußstein ab, legte eine große Steinplatte darüber und streute Kiefernzweige über die frische Erde. Wenn sie vermodert waren, würde von Deborah Loves Rückkehr in die Erde nichts mehr zu sehen sein.

Die übrigen Knochen gingen heim nach Sagaponack, wo ich mit Alex am vierten Mai ein Grab auf dem alten Friedhof aushob. Wir wählten eine Stelle, wo eine Wanderdrossel ihr blaues Ei im Frühlingsgras gelassen hatte. Gemeinsam bepflanzten wir das Grab mit Erika und Ringelblumen. Es war ein verhangener Tag gewesen, aber als wir fertig waren, fiel helles Gewitterlicht auf die blassen Vogelmiereblüten, die wie eine leichte Schneedecke auf dem Friedhof lagen. Wintergänse zogen rastlos mit dem Frühlingswind; ein Indigofink saß zwischen den kupfernen Blättern eines alten Kirschbaums. Ich machte einen langen Spaziergang an den Dünen entlang.

Am sechsten Mai kam Tai-san mit seinen Dharma-Brüdern Dōsan und Dōkyū-san (jetzt Kyūdō Rōshi) und einigen Zen-Schülern. Meine vier Kinder nahmen an der schlichten Feier teil und warfen nacheinander Erde in die Grube. (Alex sagte: «Das Schaufeln gefiel mir am besten. Da hab ich mich richtig wie ein Arbeiter gefühlt!» Später sah man ihn das Grab seinen Freunden zeigen, wobei er den Arm vertraut um den Grabstein legte.) Am Nachmittag gingen wir Muscheln suchen. Nie zuvor oder seither habe ich Tai-san so entspannt und fröhlich gesehen wie an jenem Tag, als er mit seinen Brudermönchen vom Ryūtaku-ji Muscheln ausbuddelte. Später in jenem Jahr sollte er von seinem Lehrer Inka, «das Siegel der Bestätigung», erhalten, und Sōen Rōshi nannte ihn bereits Eido-shi, was die Kurzform von Eido Rōshi ist.

Unser Muschelmahl am Abend war eine kleine Feier. «So . . . jetzt ist es also vorbei», sagte Tai-san leise zu mir. Aber ausgestanden war es natürlich nicht. Immer noch nicht von Hōkō loslassend, hatte ich mir ein braunes Knochenstückchen zurückbehalten und in unserem kleinen Zendō an ihrer kleinen Gedenkplakette befestigt. In der nächsten Woche überfiel mich plötzlich die Traurigkeit, als ich Ōzus großen Film *Tōkyō Story* sah, wo die alten Leutchen vom Land bei dem Versuch, ihre verheirateten Kinder in Tōkyō zu besuchen, in ein protziges, lautes Strandhotel verfrachtet werden und sich zaghaft eingestehen, daß sie Heimweh nach ihrem Dorf haben.

Da bin ich nun in Sagaponack,
und mein Herz sehnt sich nach Sagaponack.

Begreife nur, daß Geburt und Tod selbst Nirvāna sind, und du wirst weder das eine als Geburt und Tod hassen noch das andere als Nirvāna verehren. Nur dann kannst du frei sein von Geburt und Tod.
Diese gegenwärtige Geburt und dieser Tod, das ist das Leben des Buddha. Wenn du es verächtlich abweist, verlierst du das Leben des Buddha. Verweilst du dabei und haftest an Geburt und Tod, so verlierst du ebenfalls das Leben des Buddha. Doch versuche es nicht mit dem Verstand zu ermessen noch in Worte zu kleiden. Wenn du einfach losläßt und Körper und Geist vergißt und dich in das Haus des Buddha wirfst, so wirst du ohne Aufwand an Kraft und ohne Bemühung des Denkens, frei von Leben und Tod, ein Buddha. Dann kann es kein Hindernis geben in irgendeines Menschen Geist.
Es gibt einen überaus einfachen Weg, Buddha zu werden. Dich von allem Bösen fernhalten, nicht an Geburt und Tod haften, aus tiefem Erbarmen für alle Wesen wirken, die über dir Stehenden achten, mit den unter dir Stehenden empfinden, ohne Abscheu oder Begierde, ohne Sorgen und Klagen – das ist es, was Buddha genannt wird. Suche nicht darüber hinaus.

Eihei Dōgen, *Shōbōgenzō, Shōji*

3

Im Sommer 1972 kam Sōen Rōshi wieder nach Amerika und leitete im katholischen Exerzitienhaus in Litchfield, Connecticut, «das beste Sesshin, das jetzt in der Welt stattfindet!» Mit ihm kam der Bambusflötenmeister Watazumi Sensei, der jeden Morgen und jeden Abend im Zendō spielte. In «Geist und Mond» entfesselte die Flöte einen heftigen Wind, dann schuf sie einen Baum und einen Bambusstamm, die sich im Wind wiegten, dann friedliche Ruhe, und die Grillen sangen mit in der langen Dämmerung. Ein weißer Nachtfalter kam und vertiefte die Schatten des letzten Abendlichts vor meinem schwarzen Kissen.

Watazumi Sensei sprach über die Ähnlichkeit der Flötenmusik und des Zen als Manifestation des wahren Selbst. Für gewöhnlich spielte er allein, völlig zurückgezogen, und so hatten wir sein Spiel nicht als musikalische Darbietung zu betrachten, sondern als Ausdruck des überall gegenwärtigen Buddha-Wesens. Siebzehn Jahre, so erzählte er, brauchte man, wenn man dieses Instrument dazu bringen wollte, sich selbst zu erfüllen – eine echte Zen-Übung, denn fast alles, was er spielte, blieb ungehört, und er hatte keinen Schüler gefunden, der sein Nachfolger werden konnte. Wir konnten uns glücklich schätzen, das Flötenspiel eines so großen Meisters zu hören, sagte Sōen Rōshi, denn selbst von seinen eigenen Schülern hatten nur wenige ihn je gehört.

Beim Dokusan verbeugte sich der Rōshi und sagte: «Eido-shi hat mir von Ihrer Frau erzählt. Es ist gut so. Sie leben am Meer . . . die Wellen kommen und gehen, aber das Meer ist immer noch da. Sie sterben, ich sterbe, auch das ist gut so. Das Meer ist immer da.»

In seinem ersten Teishō sprach Sōen Rōshi vom «Werden und Vergehen, Vergehen und Werden, der reine Wind, ho-o-o-o-o!» Er drängte uns, «die Grillen wirklich zu hören; das ist dasselbe wie Zazen zu üben». Und später während des Kinhin (Zen-Übung im Gehen) wies er uns an, dieses *Hō* (Dharma) zu singen, wie es die Mönche des Ryūtaku-ji tun, wenn sie mit der Takuhatsu-Schale durch die Straßen ziehen und Opfergaben empfangen. Anfangs gehemmt und leise, wurden unsere Stimmen bald immer gelöster und lauter, die Masken fielen, und wir ließen unserem Zorn, unserem Schmerz, unserem Kummer und unserem Lachen freien Lauf.

Sōen Rōshi erzählte von einer Autofahrt zu einem Sesshin in Kalifornien; irgendwo in der Wildnis, weit und breit keine Ortschaft, war dem uralten Vehikel das Benzin ausgegangen, und die ganze Gruppe rezitierte das *Kannon-Sūtra,* immer und immer wieder, und derart angefeuert fuhr das Auto Meile für Meile mit leerem Tank weiter und gab erst auf, als sie in die Auffahrt einer Tankstelle der Marke «Enco» einbogen. «In Japan bedeutet dieses Wort, *enko,* soviel wie ‹eine Panne haben›, wie bei Tank leer, Auto kaputt – wun-derbar? Aber selbst wenn der Wagen früher stehengeblieben wäre, wäre das eine wun-derbare Übung gewesen: Alle singen zusammen *Kanzeon,* und niemand ist böse auf den Fahrer. Jeden Tag gibt es solch eine Situation im Leben.»

Der Rōshi war mit dem Wagen gekommen und hatte unterwegs den Grand Canyon besucht («Vielleicht das erste Mal, daß dem Grand Canyon Tee dargebracht wurde? Am nächsten Morgen gingen wir zu einer bestimmten Stelle, um die Sonne aufgehen zu sehen; ich vergoß eine Träne.») und die heißen Quellen im Yellowstone-Park («Fahrer sagt, das ist gegen die amerikanischen Regeln, aber Eido-shi hat sich nackt ausgezogen und ist reingesprungen, und ich und Dō-san sind auch reingesprungen, wun-derbar! Und schließlich ist der Fahrer auch reingesprungen!»). Er war entzückt von einem kleinen Säulenkaktus im Zendō, dessen Blüte sich abends öffnete und am Morgen tot war. Er sprang auf die Fensterbretter, um Tod und Leben dieser Blüte zu feiern. «Leben und Tod sind dasselbe! Nur die Wörter sind verschieden! Kaktus nicht sogenannt schön! Nicht sogenannt häßlich! Das sind nur *Wörter!* Kakuts kommt vom Universum, Sie kommen vom Universum, alles kommt vom Universum – Wolken, Himmel, Feuer, Regen, Stein, Ich! Blüte spiegelt etwas Schönes in *Ihnen* wider!»

Sōen Rōshi hat geschrieben:

Alle sind nichts als Blüten
In einem blühenden Universum.

Die ganze Woche leuchtete und tanzte der Rōshi in wilder Freude, die den ganzen Dokusan-Raum erfüllte («Wenn Sie glücklich sind beim Dokusan, dann will ich nur mit Ihnen tanzen!») und auch sein Teishō. *Tei* bedeutet «tragen, vorbringen», *shō* «vortragen, darbringen». Sōen's Lehrer, Yamamoto Gempō Rōshi, hat gesagt, Teishō ereigne sich dann, wenn ein Meister die Essenz des Buddha-Dharma auf lebendige Weise, also ohne «tote» Erklärungen und Analysen tragen und darbringen könne. Sōen Rōshi sprach voller Hochachtung von dem großen chinesischen Meister Jōshū, dessen berühmtes «MU!» (als Antwort auf die Frage eines Mönchs: «Hat ein Hund wirklich Buddha-Wesen?») seit dem 9. Jahrhundert als Schulungswort benutzt wird, eine mantrische Entsprechung des Geistes oder Buddha-Wesens, der universalen Essenz, die Himmel und Erde zugrundeliegt. («Dies ist der Jōshū aus dieser schreck-lichen Geschichte. *Töten* wir solch einen Hund!») Selbst alle, die nicht mit diesem klassischen Kōan übten, wurden dringend ermahnt, sich mit jedem Atemzug, im Zendō und außerhalb, auf Mu zu sammeln. «Es Mu zu nennen, ist eine Verletzung seiner Unnennbarkeit; dennoch ... atmen Sie diese universale Essenz ein: MU! Atmen Sie das Ich aus ins Universum: MU!»

«Lesen Sie keine Illustrierten, wenn Sie im Flugzeug sitzen! Schauen Sie hinaus! Wun-derbar! Alles ist sehr wichtig, in allem, was geschieht, in jedem Augenblick, ist alles dieses MU! Alles ist eben jetzt hier! Wir alle sind Buddhas, alle Bodhisattvas, all diese e-len-den Kreaturen – weg mit diesem e-len-den Wort *Kenshō!* Wenn ich ein Dieb sein will, stehle ich einfach. Wenn ich ein Buddha sein will, *bin* ich einfach einer! *Seien* Sie der Buddha! Da muß man gar nicht so todernst sein. Seien Sie leicht, licht – voller Licht!»

In der Nacht führt Sōen Rōshi uns nach draußen und deutet auf den Orion; er liebt es, die Nacht, die Sonne und das Wasser zu feiern. «Nehmen Sie die Sterne in sich auf», raunt er, «bis Sie eins sind mit dem Universum, mit dem alles durchdringenden universalen Leben.»

Beim Zazen im Morgengrauen sehe ich mich als Hirsch im Wald. Das herbstlich spröde Anschlagen eines Blauhähers läßt die Haare im tausilbrigen Fell des Hirschs erzittern, er setzt seine Schritte fest und sicher und doch völlig geräuschlos. Solche Bilder helfen mir, den Atem zu stabilisieren, straff und hellwach zu werden. Später werden sie abfallen wie ein provisorisches Gerüst, und ich werde sie nicht mehr brauchen. Beim Dokusan frage ich Sōen Rōshi, ob es in Ordnung ist, sich solcher Hilfsmittel zu bedienen, oder ob ich mich bemühen solle, meinen Geist leer zu machen. Er sagt, es sei in Ordnung: «Leeren Geist gibt es nicht. Es gibt nur *gewärtigen* Geist.»

Ich verbeuge mich und erwarte, daß er die kleine Glocke schwingt, die das Ende des Dokusan anzeigt, aber er fährt leise fort: «Bei der Fahrt hierher fiel mir ein wun-derbarer Dharma-Name ein – Isshin. Ein Geist. Universaler Geist. Wun-derbarer Name! Sagen Sie ihn!» (Ich sage ihn. «Isshin!») «Ich fragte Eido-shi, wer ihn erhalten sollte, und er sagte nichts. Aber gestern abend sprachen wir noch einmal darüber und kamen überein, daß Sie ihn erhalten werden.» Unversehens schießen mir die Tränen in die Augen, ich verbeuge mich tief und verlasse den Raum. Der Rōshi sitzt lächelnd im Sonnenlicht.

In der Ruhezeit spaziere ich durch Kiefernwald und Wiesen, im Dufthauch von Wegwarte und frühen Astern und spätsommerlicher Goldrute. Alles erscheint mir so, wie es sein muß, alles ist einfach so, wie es ist, vollkommen «richtig» – wie in Deborahs Lieblings-Zenspruch: «Keine Schneeflocke fällt auf die falsche Stelle.»

Überall streue ich kleine Verse in meine Aufzeichnungen ein.

Krähenverschwörung im heißen Augustwald:
Krah! Krah!
Wer *ist* Es?

Am letzten Sesshin-Morgen besuchte der weiße Nachtfalter mich auf meinem schwarzen Kissen, flatterte gegen meinen Kopf, um meine Aufmerksamkeit zu sammeln. Ich sprang federnd die Treppe hinauf zu meinem letzten Dokusan bei Sōen Rōshi. Er trat mir auf dem Absatz entgegen, packte mich, wirbelte mich herum und deutete durch das Fenster auf die eben aufgehende Sonne, die wie donnerndes Feuer in einer hohen schwarzen Kiefer loderte. Für einen Moment sah ich, *Wer* das ist, der einen flüchtigen Blick auf die lang verlorene Heimat erhaschte, und in der überwältigenden Klarheit und Schlichtheit dieses Augenblicks strömten die heilenden Tränen mir übers Gesicht. Und ein Mann mit harten Augen, der noch bis vor kurzem für zwanzig Jahre kaum eine Träne vergossen hatte, weinte Sitzrunde um Sitzrunde, und das Weinen wechselte sich ab mit köstlichem stillem Lachen. Beim Frühstück schüttelte das Lachen mich derart, daß ich nicht weiteressen konnte und mir auf die Lippen biß, um die dichte Sesshin-Atmosphäre nicht zu stören.

Während der Vormittags-Sitzrunden wurde ich eine junge Kiefer, von der Sonne gewärmt, vom Wind gewiegt, Wind, Wasser und Mineralien einatmend, warmes, duftendes, bernsteinfarbenes Harz verströmend. Starke Wurzeln wachsen um tieferliegende Steine herum, der Stamm streckt sich, sehnige Äste fangen weit oben das Licht ein, neue Nadeln glänzen in neuer Sonne, neuem Wind, bis die hohe Kiefer unverrückbar und doch biegsam und von Leben pulsierend feststeht und ihre Pfahlwurzel immer tiefer in die Erde treibt. Dann verflüchtigt sich der Baum, und da ist nichts mehr, und nichts fehlt, alles ist Leere und Licht.

«Seien Sie leicht, licht», flüstert Sōen Rōshi. «Voller Licht.»

Irgendwo weit weg im goldenen Dunst sagt der Rōshi: «Dies ist also nicht ‹letzter Tag›, es ist immerwährender Tag, Anfangstag.»

Das Sesshin endete mit einer Abbitte-Zeremonie und einigen Worten über die buddhistischen Gebote. «Sesshin ist nichts weiter als Läuterung», sagte Sōen Rōshi. «Das beste Zen ist unser Alltagsleben, das wir nicht auf einem schwarzen Kissen zubringen können. Hören Sie den Leuten zu. Sprechen Sie nicht über Ihre wunderbaren Erfahrungen im Sesshin; vielleicht werden sie in Ihrem Verhalten, in Ihrem Auftreten sichtbar.»

Ich versuche das Aussprechen meiner «wunderbaren Erfahrungen» auf diese Tagebücher zu beschränken – und soweit ich sehen kann, hat diese Erfahrung nichts an meinem Hang zu dem geändert, was im Gatha der Läuterung als «Ärger, Gier und Torheit» bezeichnet wird. Meine Kinder behaupten allerdings, einen Unterschied wahrzunehmen, und ohne die Läuterung durch die Sesshin wäre ich vielleicht erstarrt wie eine alte Seepocke, den Winter schon im Herzen.

Anfang September 1972 wurde Shimano Eido Rōshi als Abt des Shōbō-ji und des International Dai Bosatsu Zendō eingesetzt. Die eindrucksvollen Zeremonien leitete Sōen Rōshi, der sein Amt als Abt des Ryūtaku-ji niedergelegt hatte, um als Ehrenbegründer dieser Meditationszentren nach Amerika zu kommen. Unter seinen Begleitern war ein junger Sōtō-Zen-Lehrer aus Los Angeles, Maezumi Sensei. In dieser Zeit wurde auch der Baugrund für das neue Kloster auf einem bewaldeten Hang am Beecher Lake ausgehoben.

Mit dem wehmütigen Licht des Spätsommers, den wehenden Bäuschen des Schwalbenwurz, den stillen, silbernen Krähen kam die Einsamkeit. Am ersten Herbsttag kam Sōen Rōshi mit Eido-shi und einigen Zen-Schülern nach Sagaponack, um für Hōkō eine Gedenkfeier zu halten in dem kleinen Teeraum-Zendō, das sie im oberen Stockwerk geschaffen hatte. Beim Abendessen gab er mir einen wie gefirnistes Holz schimmernden Pflaumenkern, in den mit winzigen Schriftzeichen das *Kannon-Sūtra* eingeritzt war. Im Morgengrauen des nächsten Tages fand eine weitere Feier statt. Als wir Hōkōs Grab auf dem alten Friedhof besuchten, flogen drei Schwäne mit sausenden Flügeln über uns hin, während er den Segen spendete.

Am Vormittag legte der Rōshi Rollenpapier, Pinsel und Tusche auf dem Wohnzimmerboden aus. Er ließ uns rezitieren und sammelte sich lange Zeit; dann schnellte er mit einem Schrei vor und schuf in Sekunden einen wunderbaren Mu-Schriftzug für das Zendō im oberen Stockwerk.

Anschließend trank er, um die Spannung zu lösen, ein Gläschen von jeder Sorte Alkohol, die sich im Haus fand. «Machen Sie keine Unterschiede», mahnte er uns und probierte unerschrocken das letzte Tröpfchen, einen hochkonzentrierten Magenbitter, den man lieber nur gegen schweren Kater einsetzen sollte. «Dieses Tier versteht mich nicht», sagte Sōen Rōshi, die kaum sichtbaren Brauen alarmiert hochziehend. Doch da Verschwendung ihm ein Greuel war, tauchte er sofort den Finger ins Glas, malte mit meisterlichem Schwung ein lächelndes Magenbitter-Gesicht auf ein Shikishi – eine steife Kartonkarte, die für Kalligraphien verwendet wird – und schrieb dazu «Vor Christus, vor Buddha». Dann verbeugte er sich vor dieser nützlichen Substanz und signierte das Shikishi mit dem letzten Rest.

Bei einer schlichten Zeremonie vor dem Oktober-Sesshin, in der ich mich offiziell zum Buddhismus bekannte, gab Eido-shi mir die buddhistischen Gebote und ein Rakusu mit der Kalligraphie meines Dharma-Namens, Isshin. Ich war stolz, ein Rakusu tragen zu können, doch nach ein paar Sitzrunden legte ich es wieder ab. Ich war erst seit einem Jahr Zen-Schüler, während Deborah fünf Jahre lang mit aufrichtigem Bemühen geübt hatte, bevor sie wenige Wochen vor ihrem Tod die Gebote erhielt. So zerfahren, wie ich war, so weit entfernt vom Zustand des «Einen Geistes», hatte ich die Laien-Ordination noch nicht verdient.

Beim Dokusan fragte Eido-shi mich scharf, weshalb ich kein Rakusu trug, und ich erinnerte ihn daran, was er uns im Teishō über seinen eigenen Status als Rōshi gesagt hatte, der ihm, so fand er, wegen seiner Stellung als Abt und Zen-Lehrer hier in New York von Sōen Rōshi frühzeitig aufgenötigt wurde. Zwar hatte er die Kōan-Schulung schon Jahre zuvor abgeschlossen, aber er fühlte sich noch nicht reif für Inka, das Siegel der Bestätigung, das ihn zu einem «alten Meister» machte. Während Nyōgen Senzaki ein «wa-a-ahrer Meister» gewesen sei, ohne jemals von einem bestätigten Meister Inka erhalten zu haben, betrachtete er sich noch als «technischen Rōshi», als «gelbgrüner-Apfel-Roshi», der eines Tages reif und rot zu werden hoffte.

Wie oft hatte dieser Mann uns mit Bescheidenheit und Demut entwaffnet, wenn wir ihn gerade für anmaßend und egozentrisch hielten! Aber nach Neujahr, so sagte er, würde er nicht mehr auf «Tai-san» antworten; er ist jetzt Eido-shi oder Eido Rōshi. Gelbgrün oder nicht, seit er Inka erhielt, wirkt er sanfter, humorvoller, weniger selbstherrlich, ja sogar spiritueller, wenn er auch das durchscheinende Wesen seiner Meister noch nicht erreicht hat.

Nickend sagt er, ich solle mein Rakusu tragen, wenn ich bereit dazu sei, und ich lege es weg.

Auf dem Heimweg am Samstag abend des November-Sesshin habe ich ein Gefühl, als sei noch jemand da, als könnte Deborah mir aufmachen wie vor einem Jahr an jenem Sesshin-Abend, an dem ich sah, daß sie sterben würde.

Im Haus wurde dieses Gefühl noch stärker, und obgleich das Licht brannte, sah ich, wie ein Leuchten sich dem Bett näherte und dort eine Weile blieb. Das hatte gar nichts Spukhaftes, sondern war sehr sanft und voller Einverständnis. Ich forderte sie auf, sich zu manifestieren und mitzuteilen, aber sie tat es nicht. Das Licht zog sich zurück und verschwand, und der «Traum» von ihrer Anwesenheit, wenn es denn einer war, kam nie wieder.

Einst fragte ein Mönch: «Ich höre, Ihr habt gesagt, das All des Universums sei eine glänzende Perle. Wie kann ich das Begreifen dessen erlangen?» Der Meister sagte: «Das ganze Universum ist eine glänzende Perle. Was bedarf es da des Begreifens?»

Eine glänzende Perle kann die Wirklichkeit zum Ausdruck bringen, ohne sie zu benennen, und wir können diese Perle als ihren Namen erkennen. Eine glänzende Perle teilt sich direkt mit, durch alle Zeit ... Es gibt zwar jetzt einen Körper, jetzt einen Geist, doch sie sind die glänzende Perle. Jener Grashalm, dieser Baum, ist kein Grashalm, ist kein Baum; die Berge und Flüsse dieser Welt sind nicht die Berge und Flüsse dieser Welt. Sie sind die glänzende Perle.
Wesenhaft unverborgen vom ersten bis zum letzten, ist die Perle das Ur-Antlitz und das erleuchtete Auge ... Daher sind die Wirklichkeit und die Anfanglosigkeit der Perle jenseits der Erfaßbarkeit. *Das gesamte Universum ist eine glänzende Perle* – wir sprechen nicht von zwei Perlen oder drei Perlen ... Dein ganzer Körper ist strahlendes Licht. Dein ganzer Körper ist Geist in seiner Gesamtheit ... dein ganzer Körper kennt kein Hindernis. Überall ist rund, rund, dreht sich um und um ...

Eihei Dōgen, *Shōbōgenzō, Ikka Myōju*

4

Im Winter 1972/73 leitete Eido Rōshi im damaligen Dai Bosatsu in New York zwei aufreibende Winter-Sesshin. In Japan sitzen die Rinzai-Schüler die ganzen acht oder zehn Tage des Rōhatsu-Sesshin Tag und Nacht, dürfen allerdings zwischen ein Uhr und drei Uhr früh ein wenig schlummern auf ihrem Kissen. Unser amerikanischer Zeitplan ist viel weniger streng, aber auch wir sitzen vierzehn Stunden am Tag Zazen, die Mahlzeiten auf dem schwarzen Kissen nicht mitgerechnet. An jedem Nachmittag rezitieren wir aus dem *Dia-*

mant-Sūtra. Abends um halb sieben liest der Mönch Dō-san aus dem *Hakuin Jishu,* den Zazen-Ratschlägen des großen Rinzai-Meisters Hakuin Ekaku, der Ehrengründer des Ryūtaku-ji war. Eido-shis Teishō liegt der Text *Die eiserne Flöte* zugrunde – eine umgekehrte Flöte ohne Löcher und Mundstück, die man spielt, wie eine Mücke einen eisernen Ochsen sticht. Beide Bilder sind Zen-Metaphern für den vergeblichen Versuch, das Geheimnis der Existenz mit Hilfe der Logik zu lüften.

Bei der Morgenrezitation während der dreiunddreißig *Kanzeon* und dem abschließenden MU! geht Eido-shi zwischen den Reihen auf und ab und schreit: «Lauter! Lauter!» Der Schatten der schwarzgewandeten Gestalt mit dem erhobenen Stock tanzt über die Wände; klatschend fällt der Keisaku (oder Kyosaku, der flache «Erweckungs-Stock», der Spannungen und Schläfrigkeit vertreibt und den Schüler anfeuert) auf unsere Schulter.

Beim Tagesanbruchs-Zazen gewinne ich schnell meine Sammlung, indem ich ein Adler auf einem Felsgrat werde, ganz wach und präsent, ganz erfüllt von seiner Adler-Natur. Blutspuren auf den Beinfedern, glitzernde Klauen, der Wind fährt unter dunkles Gefieder, als der Kopf sich wendet und ein wildes, goldenes Auge sich auf den ersten Dämmerstreifen am Horizont heftet ... Und langsam beruhigt sich der Atem, wird «natürlich», bis kaum merkliche Atemzüge genügen und alles still ist. Die Atmung übernimmt die Führung, das Universum überflutet alles. In einem Schauer des Verschmelzens kommt das Erkennen, daß alles eben jetzt hier ist. Nichts ist außerhalb dieses gegenwärtigen Augenblicks. Zugleich sammelt und verdichtet sich dieses «Alles» – «Etwas» geschieht ...

«Stillsitzen!»

Eido-shis Ruf gilt einem ruhelos herumrutschenden Schüler, und was immer dieses «Etwas» war, verfliegt. Gehobener Zustand und Herzklopfen die nächsten drei Tage. Ich fühle mich wie eine Stimmgabel kurz bevor sie angeschlagen wird, wie ein Diamant kurz vor dem Zerspringen. Zugleich bin ich völlig gelassen, Geräusche und Ablenkungen stören mich nicht, auch der Schmerz nicht. Da ist nur diese stille Gestrafftheit, diese weiche Intensität, dieses unmittelbar bevorstehende In-Eins-Zusammenstürzen bei jedem Atemzug. Beim Dokusan akzeptiert Eido-shi meine Kōan-Antwort; er versetzt mir einen Streich mit dem Keisaku, um mich anzufeuern, und berührt dann selbst mit der Stirn den Boden.

Im Teishō erzählt er die Geschichte von einem Gelehrten des *Diamant-Sūtra,* der sich, seine gelehrten Kommentare auf dem

Rücken, auf Reisen befindet. Bei einer alten Frau, die Ölkuchen verkauft (der chinesische Name dieser Ölkuchen bedeutet auch «Stärkung des Herz-Geistes»), möchte er seinen Hunger stillen, doch sie stellt ihm, auf das *Diamant-Sūtra* anspielend, zuvor die Frage: «Der Herz-Geist der Vergangenheit ist ungreifbar, der Herz-Geist der Gegenwart ist ungreifbar, der Herz-Geist der Zukunft ist ungreifbar. Welchen Herz-Geist wollt Ihr stärken?» Diese Frage habe ich als Kōan bekommen, und beim nächsten Dokusan belle ich: «Weg mit solchem altbackenen Kuchen!» Eido-shi lacht, und wir schmecken ein Weilchen schweigend den frischen Kuchen dieses *Jetzt.* «Gut, nicht?» sagt er schließlich. Den Rest des Tages wieder in Tränen des Glücks und voller Dankbarkeit, aber nicht allein dem Meister gegenüber: *Wer* ist das, der hier dankbar ist und wem und wofür?

Den nächsten Tag im Zendō fühle ich mich schal und ein bißchen traurig; ich war doch so nah dran gewesen, und jetzt wieder so weit weg. Eido-shi parodiert den Tadel des Meisters aus der *Eisernen Flöte:* «Dein Haar wird weiß, deine Zahnreihen lichten sich, und immer noch erzählst du mir, deine Übung sei an einem Tag wunderbar und am nächsten schrecklich?» Er bricht in Lachen aus, und ich schließe mich an, aber die Traurigkeit bleibt.

Das zweite Wintersesshin dieses Jahres im Dai Bosatsu fällt mit Hōkō's letzter Lebenswoche zusammen. Es ist warmes Januarwetter, und ich gehe mit Merete Galesi die zwei Meilen hinauf zu dem Schneefeld am Beecher Lake. Don und Marsha, die hier bei der Gedenkfeier vor kaum einem Jahr die Lobreden auf Hōkō gehalten haben, verneigen sich an ihrem Felsengrabstein. Wir rezitieren zusammen unter dem Mond am Tageshimmel. Später forme ich einen kleinen Schneebuddha auf dem Felsen und gehe zurück zur Straßenbrücke über den Bach, der hinunterrauscht zum Beaverkill River, sehe zu, wie Dunst und Schnee in den Beecher Lake zurückkehren.

Nachtdunst zieht
über den Mondschatten auf dem weißen See.
Du sprichst von Mu?

Eido-shi setzt seine Teishō nach Texten aus der *Eisernen Flöte* fort. Er zitiert auch das wunderbare Haiku des großen Dichters Bashō, den Sōen Rōshi so bewundert: «‹Es ist niemand auf der Straße als ich an diesem Herbstabend.› Von einer Seite betrachtet gilt das auch für Zen. Sie sind allein. Das Zazen ist Ihres, der Schmerz ist Ihrer, das Erlangen ist Ihres. Ich bin Ihr Bergführer, aber besteigen müssen Sie den Gipfel selbst.»

Und wieder Bashō: «‹Die Stimme der Zikade: keine Ahnung der Sterblichkeit darin.› Die Zikade kennt keinen Tod, kein Haiku, nur *b-s-s-s!* Nichts als Mu. Ziel des Zen ist, eine Zikade zu sein. Jedes Ausatmen b-s-s-s. Jedes Ausatmen Mu. Sogenanntes stilles Sitzen ist nicht genug – das können auch Stein-Buddhas. Es muß *lebendiges* Zazen sein!»

Dunkle Schneewolken über dem Berg, Schneesonnenlicht in den kahlen Nußbäumen – wie gefallen dir solche gewöhnlichen Wunder?

Der Winterdonner ist das durch winterliches Tauwetter in Bewegung geratene Eis auf dem See. Am vierten Sesshin-Tag bin ich gänzlich von meiner Übung absorbiert, lasse alles los, heiße den Schmerz willkommen, das «diamantharte Schmerz-Samādhi», wie Sōen Rōshi es nennt. Einen Abend bin ich so versunken, daß ich während der Abendmahlzeit weitersitze. Bruce R. stürmt die Treppe herauf, weil er seine Schalen vergessen hat. Unten nehmen die Leute etwas Handfestes zu sich, und hier sitze ich armer, dummer Zen-Schüler auf der Jagd nach dem Absoluten! Essen und das Absolute – kein Unterschied! Ich lache laut auf, springe von meinem Kissen hoch und gehe essen, um anschließend, MU! röhrend, durch den nächtlichen Wald zu toben. Beim Dokusan mahnt Eido-shi: «Schmerz und Mu sind sehr gut, aber man kann auch zuviel Druck machen, zuviel erwarten.»

Im Teishō am nächsten Morgen erzählt Eido-shi vom Mönchsältesten eines Tōkyōter Tempels, der dreizehn Jahre ununterbrochen dort blieb, so vertieft war er in das Kōan Mu. Als Eido-shi ihn beim Zusammenkehren der Blätter auf dem Tempelfriedhof sah, war er von der Würde und Schönheit seines Auftretens tief bewegt; um so mehr staunte er, als der alte Mann ihm sagte, er habe nie ein Kenshō erlebt. Was ist besser, fragt Eido-shi, ein oberflächliches Kenshō nach ein paar Monaten Zazen oder diese Erleuchtung der vollkommenen Geistesgegenwart von Augenblick zu Augenblick?

Und doch, fuhr er fort, uns anfeuernd, kann Zen nicht wahrhaft erfaßt werden ohne Kenshō.

Ich schwor mir zum hunderstenmal, daß ich die Eisenwand des Ich durch Befriedung des Geistes von Augenblick zu Augenblick zum Einsturz bringen würde. Aber ich konnte den «geschwätzigen Affen» in mir nicht zum Schweigen bringen und ärgerte mich über mich selbst – wer ist dieser träge Kerl, der sich über Mu Gedanken macht, anstatt Mu zu *werden?* Dann löste sich polternd eine Dachlawine und erschreckte mich derart, daß ich mich energisch zusammenreißen mußte, um nicht laut loszulachen. Das war ein so erfrischender Anstoß, daß ich zwei Runden regungslos in voller Lotoshaltung saß und den Schmerz benutzte, um Atem-Körper-Geist in einen glänzenden Punkt zu sammeln. Jemand keuchte vor Schmerz, und ich sagte innerlich: Gib mir deinen Schmerz auch noch! – und mein eigener Schmerz verschwand.

Als ich schließlich aufstehe, nicht weiser als zuvor, explodiert der Schmerz mit solcher Gewalt, daß mir beim Kinhin die Zähne klappern. Sogar in der Ruhezeit, ausgestreckt liegend, tun die Knie noch weh. Ich öffne das Notizbuch, um meine Torheit aufzuzeichnen, und ein Photo von meinem Sohn fällt heraus – nur dies, Alex! Alles ausgelöscht außer ... ALEX! Es ist, als wäre mir eine dunkle Brille von der Nase gefallen. Ich bin so perplex, daß ich laut loslache und die Mönche Don und Bruce aufwecke. Ach, ich Trottel, breche mir schier die Knie ab, um einen Blick auf die «Wahrheit» zu erhaschen, und da lächelt sie mir aus einem Bild entgegen! («Nicht wissend, wie nah ihnen die Wahrheit ist, suchen die Geschöpfe sie in der Ferne», sagt Hakuin in seinem *Preisgesang des Zazen.*) Etwas ist «eingerastet», wenn ich auch nicht weiß, was es ist. In der nächsten Sitzrunde sehe ich Eido-shi als alten Mann, als jungen Mann und als das, was er gerade ist – alles zugleich.

Durch einen Winterabend voller Sturm und tiefen Bedeutungen laufe ich die lange Waldstraße hinunter. Ich lechze nach nächtlichen Gräbern und durchquere vor Erregung zitternd die hartgefrorene Wiese bis zu dem Felsbrocken, der sich vor der dunklen Wand der Kiefern abzeichnet. Ich bitte Deborah, sich noch einmal zu manifestieren, aber ich nehme nichts wahr, der Felsen bleibt einfach der Felsen. Vielleicht bin ich auch nicht mehr offen für sie, jedenfalls erhielt ich nie wieder ein Zeichen.

Ich gehe allein die nächtliche Straße entlang, dunkle Wolken ziehen schnell. Jede Nacht, jeder Tag, das Gebirgswetter, immer anders. Am Morgen liegt leichter Neuschnee, dann Schneesturm.

Zendō-Stille: gewahr sein, ohne dessen gewahr zu sein, wie der Adler auf dem Gipfel, wie der wachsame Hirsch am Waldrand, wie der Zen-Mönch beim Shikantaza – «nichts als treffend sitzen». Als ich mich beim Dokusan nach meinen Verbeugungen aufrichte, bin ich in die Konfrontation mit Eido Rōshi gebannt. Minutenlang schauen wir uns nur unverwand in die Augen, bis er schließlich flüstert: «S-o-o-o ... Sie wissen, was Zazen ist.» Ich nicke und sage, wie töricht ich jetzt all meine großen Worte über «Samādhi» finde. (Wenn man als Anfänger mit großer Intensität sitzt, ist man bald so voller Klarheit und Kraft, daß man glaubt, man über Shikantaza, und tiefes Samādhi sei bereits erreicht.) «Dennoch», fährt er leise fort, «hatten Sie heute einen Geschmack davon.» Als ich frage, woher er das weiß, lächelt er. «Ich weiß. Ihre Haltung. Wie Sie sich verbeugen. Ihr Gesicht.»

Beim März-Sesshin im Dai Bosatsu sprach Eido-shi über Yasutani Rōshi. («In Zurückgezogenheit wie ein Berg zu sitzen – das allein ist erforderlich», pflegte Yasutani zu sagen.) Was Eido-shi erst nach dem Sesshin erfuhr: an eben diesem 28. März 1973 verstarb Hakuun Yasutani, neunundachtzigjährig, in Japan.

«Der Geist des Buddha», hat Yasutani einmal gesagt, «ist gleich einem ruhigen, tiefen und kristallklaren Wasser ..., in dem der ‹Mond der Wahrheit› sich ganz und vollkommen spiegelt. Der Geist des gewöhnlichen Menschen hingegen gleicht trübem Wasser, das, dauernd von den heftigen Winden verblendeten Denkens aufgewühlt, nicht mehr imstande ist, den Mond der Wahrheit zu spiegeln. Nichtsdestoweniger scheint der Mond unwandelbar auf die Wogen. Da aber die Wasser aufgerührt sind, vermögen wir seine Spiegelung nicht zu sehen. So führen wir ein Leben, das sinnlos und voller Vereitelungen ist ...

Solange die Winde des Denkens fortfahren, die Wasser unserer eigentlichen Natur, unseres Selbst-Wesens aufzurühren, können wir Wahrheit nicht von Unwahrheit unterscheiden. Deshalb ist es dringend nötig, diese Winde zu beschwichtigen. Sobald sie sich legen, beruhigen sich die Wellen, das trübe Wasser klärt sich, und wir erkennen unmittelbar, daß der Mond der Wahrheit niemals aufgehört hat zu scheinen. Der Augenblick solcher Erkenntnis ist Kenshō, das heißt Erleuchtung, das Innewerden der wahren Substanz unseres Selbst-Wesens. Während moralische und philosophische Begriffe wandelbar sind, ist wahre Ein-Sicht unvergänglich.»[1]

In der Morgen- und Abenddämmerung drängt das trockene Pochen des Han (Holzbrett) den Zen-Schüler, die große Frage von Leben und Tod zu klären: Seid eifrig *(tok)*, seid eifrig *(tok)*, denn das Leben vergeht (tok---tok--tok-toktoktoktok) sehr, sehr schnell.

Nach drei Tagen ist mein Atem natürlich wie der tiefe Atem des Meeres; Wellen, die weich den Strand heraufschäumen und zurücksinken, immer weicher, immer unmerklicher, kaum noch Atembewegung, eine Eidechse im Winterschlaf unter einem Stein in der Wüste. Und dann, in dieser großen Stille, atme ich nicht mehr, sondern werde geatmet. «Das ist Ihr natürlicher Geist», sagt Eido-shi, «den wir verloren haben und der so schwer wiederzufinden ist.» Ein Leuchten, Sonnenlicht und Gold, ein runder, heller, leuchtender Buddha, alle Sterblichkeit verschwunden. Was «Ich» war, ist jetzt durchsichtig, unsichtbar. «Ich» ist nichts als stille Tränen, stilles Lachen. «Ich» weiß nicht länger, wer weint und lacht, während Vogelzwitschern, Licht und Glockenklang hereinbranden.

Ein Baumfrosch hat den weißen Falter als mein Wachtposten ersetzt. Er hopst die Reihe schweigender Bodhisattvas entlang, hopst zurück mit ganz leisem *pam, pam, pam,* sucht das Dunkel. Wo ist das Tor zum Zen? Hörst du das Piepsen des Baumfroschs? Fang da an! Oder da! Oder da! (Shunryū Suzuki sagte gern: Wenn du einen Frosch wahrhaft begriffen hast, hast du alles begriffen.) Zen ist das Leben, jeder Moment unseres Lebens, und so ist Zen überall.

Lao-tzu sagte: Wenn dein Geist leer ist wie ein Tal oder eine Schlucht, *dann* wirst du die Kraft des Weges erkennen. Ein Zen-Meister sagt: Wie kann ich deine Schale füllen, bevor du sie geleert hast? Beim Zazen öffnet man sich dieser Leere, der großen Stille unseres wahren Wesens, die auch das Fundament des Universums ist. Dann fallen reine Tränen tiefer Erleichterung – der Heimweg ist gefunden.

Das Zazen auch nur eines einzigen Menschen in einem einzigen Augenblick stellt unsichtbare Harmonie mit allen Dingen her und hallt wider durch alle Zeit. So trägt dieses Zazen die Lehre des Buddha in Vergangenheit, Zukunft und Gegenwart dieses grenzenlosen Universums endlos weiter. Jeder Augenblick Zazen ist gleichermaßen Ganzheit der Übung, Ganzheit der Verwirklichung.

Dies ist nicht nur Üben im Sitzen, sondern ist wie ein Hammer, der die Leere anschlägt – vorher und nachher dringt sein feiner Klang überall hin. Wie kann es auf diesen Augenblick beschränkt sein? ...

Sitze hingabevoll im Zazen ... laß alle Dinge los. Dann wirst du über die Grenzen von Verblendung und Erleuchtung hinausgehen, und abseits der Pfade des Gewöhnlichen und des Heiligen wirst du dich augenblicklich frei bewegen können, außerhalb des gewöhnlichen Denkens, bereichert von großer Erleuchtung. Wenn du dies tust, wie können dann jene, die sich mit der Fischreuse oder dem Jagdnetz der Worte und Buchstaben abgeben, mit dir verglichen werden?

Eihei Dōgen, *Shōbōgenzō, Bendōwa*

5

Bei einer Gedenkfeier in New York am 9. April 1973 sagte Eido-shi, er habe während des ganzen März-Sesshin an seinen alten Meister denken müssen. Er glaubte, daß er aufgrund «karmischer Beziehungen» an Yasutanis Todestag von ihm gesprochen hatte. Jetzt las er eines von Yasutanis Gedichten, das in mir die Erinnerung an einen Sommermorgen des Jahres 1969 wachrief: ein alter Mann mit großen Ohren und Augen, der mich still vom Rücksitz eines Wagens her anschaute. Das war das einzige Mal, daß ich ihn je sah.

Jahr um Jahr, Jahr um Jahr.
Und doch fliege ich gern über den Wolken.
Ich bin nur Haut und Knochen, wie ein alter Kranich.

Im Juni 1973 reiste ich mit Don, Merete und zwei anderen Zen-Schülern nach Japan, um im Ryūtaku-ji an einem von Sōen Rōshi geleiteten Sesshin teilzunehmen. So intensiv dieses Sesshin war, gewann ich den Eindruck, daß ich nicht recht vorankam in meiner Zazen-Übung, und beim August-Sesshin im Dai Bosatsu erörterte ich mit Eido-shi die Tatsache, daß die letzten Sesshin meist irgendwie «fad» und ereignislos gewesen seien – kaum noch etwas von den Tränen und dem Lachen und den kleinen Wundern früherer Sesshin. Er erwiderte, es sei die Regel, daß Sesshin-Phänomene nach einer Weile abnähmen, obgleich die Auswirkungen immer mehr in die Tiefe gingen, und mahnte mich abermals, nicht zu sehr auf «Fortschritt» aus zu sein. Ich befragte ihn über Gier im Unterschied zu fanatischem Eifer, und er sagte, das Verlangen, etwas zu erreichen, sei nur gierig, wenn es auf Kosten anderer ginge, während fanatischer Eifer nie gänzlich selbstlos sein könne. Sich von der Idee der Erleuchtung zu emanizipieren, brauche eine lange Zeit, und das sei die wahre Erleuchtung; ich solle mein Samādhi weiter vertiefen und nichts erwarten.

Kein Kommen und kein Gehen.
Als es dunkelt,
kommt eine weiße Motte zu meinem schwarzen Kissen
und geht.

In den nächsten Runden gab ich es auf, Mu Gewalt anzutun. Allmählich klärte sich mein Zazen, bis es klar, ganz klar und mühelos wurde, alles aufnehmend und doch widerspiegelnd, nirgends verweilend. Wer das auch ist, der hier auf diesem Kissen sitzt in diesem von Sonnenlicht übervollen Raum, ist nicht zu trennen von dem Schmerz, den Kochgerüchen, den summenden Insekten. Beim Kinhin im Gras sind die erfrischenden Tränen wieder da, als ein metallisches Schimmern vom Flügel einer Krähe jenseits des Sees herüberblitzt, und die harte Schale des Intellekts öffnet sich einmal mehr. Dies zu feiern, trug ich am nächsten Tag mein Rakusu zum erstenmal.

Obgleich das August-Sesshin sehr ruhig verlief, empfand ich keine Enttäuschung – eine normale Erfahrung, wenn die «Wundervollen» frühen Sesshin, die so kennzeichnend sind für den Beginn der Zen-Praxis, nicht in einem Durchbruch oder Kenshō gipfeln.

> Patsch! – der Biberschwanz
> wirft Kreise über den schwarzen See.
> Tiefe Bergstille.

Im November reiste ich nach Indien und Nepal; eine Pilgerschaft nach Bodhgayā, wo Shākyamuni Buddha große Erleuchtung erlangt hatte, dann ein über dreihundert Kilometer langer Fußmarsch über hohe Himālaya-Pässe zum Kristallkloster, einem alten buddhistischen Heiligtum auf der tibetischen Hochebene. Eido-shi gab mir für diese Reise ein neues Kōan: Tausend Berge sind dick mit Schnee bedeckt – wie kommt es, daß ein Gipfel nicht weiß ist? Ein Zen-Meister, so sagte er, erlebte nach fünf Jahren des Ringens mit diesem Kōan große Erleuchtung.

Die Reise durch den Himālaya war voller Staunen und wunderbarer Erlebnisse, aber das folgende Jahr – 1974 – wurde ein sehr düsteres Jahr. Eido-shi hatte mich mit den Worten «Erwarten Sie nichts» auf den Weg geschickt, aber ich hörte nicht auf ihn oder konnte es nicht und klammerte mich an die Hoffnung, die große Klarheit des harten Schnee-Berg-Samādhi werde in einer durchschlagenden Erleuchtungserfahrung gipfeln. Als das nicht eintrat, war ich niedergeschlagen. Wild entschlossen stürzte ich mich wieder in die Sesshin, obwohl ich ein kleines Kind zu versorgen hatte und hundert Meilen außerhalb der Stadt wohnte. Ich nahm auch weiterhin Tee-Unterricht an der Urasenke Tea School in New York. Aber meine Lebensgeister bewegten sich in niederen, dunklen Regionen, vor allem, als ich erfuhr, daß mein älterer Sohn, Luke, an einer unheilbaren Augenkrankheit litt und eines Tages vielleicht erblinden würde.

Im Februar 1974 kam Sōen Rōshi mit dem Schiff nach Amerika; Eido-shi begleitete ihn von Yokohama nach Seattle (wo sie einen Mann trafen, der Nyōgen Senzaki und Sōen 1949 in Los Angeles kennengelernt hatte und seinem Sohn in Erinnerung daran den Namen Zen gab). Das Februar-Sesshin im New York Zendō bedeutete die Wiederaufnahme meiner Kōan-Schulung unter Sōen Rōshi, der auch Teishō gab. Sōen mochte die selbstgefällige Spiritualität nicht, den «Gestank des Zen», den er unter den Sesshin-Teilnehmern ausmachte, und seine durchschlagendste Unterweisung bestand darin, seine lange Unterwäsche heimlich in dem kleinen Steingarten aufzuhängen, damit es so aussähe, als sei ein unerhörter Anschlag auf den Rōshi verübt worden. Bei einer anderen Gelegenheit hatte er einen großen Kürbis auf das Rōshi-Kissen im Dokusan-Raum gesetzt und stand dann kichernd hinter der Tür, während die von ihrem Ernst ganz durchdrungenen Schüler sich vor dem Kürbis niederwarfen, bis das Gelächter der Glocke ihre «Begegnung mit dem Rōshi» beendete und sie auf ihr schwarzes Kissen zurückschickte.

Im März 1974 leitet Sōen Rōshi sein erstes Sesshin im Dai Bosatsu. Es ist noch Winter, und in den Wäldern, die die Außenwelt fernhalten, liegt tiefer Schnee. Schnee fällt in der Dunkelheit, als das Sesshin beginnt, deckt die Vergangenheit zu, macht die Welt rein. Am Morgen funkelt das Eis auf dem See in der Sonne.

Hirschspuren führen durch den weißen Wald zur Bronzestatue des Buddha; eine Eule ruft am Nordende des Teichs.

Eule auf dickbeschneitem Ast
sortiert ihre weichen Federn.
Schnee fällt auf Schnee.

In der abendlichen Ruhezeit suche ich die Südwiese auf und stehe vor Deborahs Grab. Auf der überfrorenen Straße nähern sich Schritte, und in der letzten Wintersonne – die Tage sind jetzt schon länger – tritt Sōen Rōshi neben mich, in ein dünnes Gewand gehüllt und mit niedrigen schwarzen Schuhen, die sich mit Schnee füllen. «Ist hier Debbo-lah begraben?» Ich nicke. Wir rezitieren in der Stille der Berge. Dann stapfen wir in unseren Spuren zurück zur Straße, bleiben auf der Brücke über den Damm stehen und rezitieren noch einmal zur Sonne hin, die niedrig zwischen den Bäumen hängt. Dann geht der Rōshi weiter die Straße hinunter, eine kleine braune Gestalt, der einsame Mönch aller Zeiten. Erschüttert von diesem Bild, verbeuge ich mich, obgleich Sōen Rōshi das ignorieren würde, denn er verabschiedet sich nie auf formelle Weise. Am nächsten Abend schneit es wieder, und als ich im letzten Licht unter den atmenden Bergen auf der Brücke stehe, löst sich mein Denken in nichts auf, mein Kopf wird durchsichtig, und durch die Leere, wo er gewesen war, weht der Schnee.

Als ich Sōen Rōshi beim Dokusan berichtete, wie ich auf der Brücke unsichtbar geworden war und der Schnee einfach durch den hindurchwehte, der einst Ishin gewesen war, sagte er sanft und voller Güte: «Geben Sie gut auf sich acht.» Er lehrt uns mit allem, was er sagt, aber in diesem Augenblick wußte ich nicht, weshalb er das sagte. Eido Rōshi sagt, er brauche mitunter Monate, um die Unterweisungen seines Meisters zu verstehen.

Schneemorgen. Vor dem Küchenfenster machen sich Häher und Meisen munter zu schaffen an diesem ersten Tag des Frühlings. Vor gut zwei Jahren, als ich mich in der winterlichen Abenddämmerung daran machte, Deborahs Grab in der Südwiese auszuheben, flatterte eine Meise auf den Stiel meiner Spitzhacke, und anschließend entdeckte die Hacke in der granithart gefrorenen Erde mit dem ersten Schwung die weiche Mulde zwischen den Steinen, wo die Urne liegen würde.

Der Wind trägt den Gesang eines schwarzen Sumpfhordenvogels mit roter Flügelzeichnung herüber; sein Futter liegt unter dem gestrigen Schnee, doch er singt unverdrossen. Die Beine schmerzen in den langen Sitzrunden, aber dieser Vogel, der auch das Schwere so fröhlich annimmt, gibt mir neuen Mut.

Zerrupfter schwarzer Vogel,
zur weißen Birke am weißen See geweht,
singt.
Rotflügel!

Jeden Abend gehe ich zum großen Granitstein in der Wiese und lausche dem Wind in den dunklen Kiefern. Wildgänse ziehen oben vorbei, nordwärts.

Ich bin Marsha, unserem Tenzo (Koch), als Küchenhilfe zugeteilt. Ich schäle Gemüse, quetsche Knoblauch, schneide Zwiebeln zurecht, passe auf, daß das Gemüse im Wok nicht anbrennt, mische Chinakohl mit Paprika, Ingwer und verschiedenen Pilzsorten, knete Brotteig: «Wenn er in deinen Händen lebendig wird», sagt Marsha, eine begabte Töpferin, die Deborahs Urne gemacht hat, «dann ist das Kneten fertig.» Ich mache Püree, schneide Gemüse, reibe Käse.

Das Tun, das Tun – wie schwer ist es, alles Erreichenwollen fallenzulassen! Ein Mönch fragte Ummon: Was ist das Staub-Staub-Samādhi (das Samādhi der kleinsten Einheiten der Wirklichkeit)? Ummon antwortete: Im Napfe Reis, im Eimer Wasser. («Einfach Reis! Einfach Wasser!» kommentiert Sōen Rōshi. «Alles übrige ist extra.»)

Jeden Morgen während der Ruhezeit gehe ich die verschneite Straße entlang und verbeuge mich vor dem großen Buddha im Wald. Abends besuche ich das Grab meiner Frau und verbeuge mich zum Sonnenuntergang hin. Manchmal laufe ich durch den Wald oder übe auf der dunklen Straße ganz für mich allein T'ai Chi.

Auf dem Ostberg Schnee,
flammend,
kahle Bäume im streifigen Licht –
Ich huste!
Wer hört das? Der Frühlingstiger?

Sōen erzählt, wie er einmal in London gerade ins Bad gehen wollte, als Christmas Humphreys vorbeikam und sagte, es sei besetzt. Der Rōshi wartete höflich eine ganze Weile, bis ihm die Sache doch verdächtig erschien. Er klopfte an und öffnete die Tür. «Niemand da!» Er lachte entzückt. «Warte so lange du willst. *Nie* irgendwer da. Von Anfang an.»

Mit seinen wunderbaren Geschichten sagt er uns, daß wir uns nicht an unsere Ich-Vorstellung klammern sollen, von anderen ganz zu schweigen, und schon gar nicht an unsere Begriffe – «gutes» Zazen, «schlechtes» Zazen, Vorstellungen von Mu oder vom Buddha. Selbst das «ernsthafte» Üben wird ein Hindernis, wenn es ein Gedanke ist, an den man sich klammert. «Analysieren Sie die Qualität Ihres Zazen nicht! Wenn Sie eine Felswand erklettern, analysieren Sie dann die Qualität Ihres Kletterns? Nein! Sie klettern! Wenn Sie erbrechen, hören Sie dann zwischendurch auf, um es zu analysieren? Nein! Sie kotzen! Sitzen Sie einfach im Zazen! Gehen Sie einfach weiter! Seien Sie kein Sklave Ihrer Stimmungen und Empfindungen. Die Sonne scheint, dann ist es bewölkt; klammern Sie sich an keins von beidem. Gehen Sie einfach weiter!»

Das wahre Wunder, die wahre Erleuchtung – er sagt es mit verschiedenen Worten immer wieder –, ist das Gewahrsein dieses gegenwärtigen Augenblicks, Augenblick für Augenblick. Den Buddha, den Dharma oder Erleuchtung zu *suchen*, bedeutet, daß man seinem eigenen Kopf noch einen zweiten aufsetzt. Der Zen-Ausdruck «Töte den Buddha!» fordert dazu auf, jede Vorstellung vom Buddha als etwas außerhalb von einem selbst Liegendes abzutöten. Den Buddha zu töten, heißt der Buddha *sein*.

Wie Eido-shi zitiert auch Sōen Rōshi immer wieder aus dem *Rinzai-roku*, den «Aufzeichnungen (der Worte) des (Meisters) Rinzai»:

Wißt ihr, wo die Krankheit liegt, die euch Übende vom wahren Begreifen abhält? Sie liegt da, wo ihr kein Vertrauen in euer Selbst habt. Wo das Vertrauen in euer Selbst fehlt, werdet ihr von anderen in jeder erdenklichen Weise herumgestoßen. Bei jeder Begegnung seid ihr nicht mehr euer Meister; andere treiben euch hierhin und dahin.
Es bedarf nur dieses einen: Hört augenblicklich auf, euer Selbst bei der Suche nach irgend etwas Äußerem zu verlassen. Ist das getan, so werdet ihr sehen, daß euer Selbst nicht verschieden ist von Buddha und Patriarchen.
Möchtet ihr wissen, wer der Buddha, wer der Patriarch ist? Er ist niemand anders als der, welcher in diesem Augenblick hier vor mir sitzt und meinen Worten über den Dharma lauscht. Ihr vertraut ihm nicht und sucht deshalb nach jemand anderem irgendwo da draußen. Und was werdet ihr finden? Nichts als Worte und Namen, mögen sie noch so trefflich sein. So werdet ihr nie den lebendigen Geist des Buddha oder Patriarchen verwirklichen. Macht keinen Fehler![1]

Shākyamuni soll bei der Geburt gesagt haben: «Über den Himmeln, unter den Himmeln bin ich allein erhaben» – das heißt: Das Universum ist nicht verschieden von mir, existiert in diesem gegenwärtigen Augenblick nicht getrennt von mir. Im Augenblick seiner Erleuchtung rief er aus: «Wunder über Wunder! Alle Geschöpfe sind erleuchtet!», und das ist nur eine andere Art, dasselbe zu sagen.

Unter dem Deckel einer goldenen Lade, die die Asche des Buddha enthält, so sagt Sōen, befindet sich die Inschrift: *Atha dipa, Ana sarana, Anana sarana* – Du bist das Licht, du bist die Zuflucht, es gibt keinen Ort, dich hinzuflüchten, als zu dir selbst.

Am Morgen von Sōen Rōshis Geburtstag bin ich Junkei oder «Aufseher», mache mit aufrecht gehaltenem Keisaku die Runde. Als ich am Rōshi vorbeigehe, erhebt er die zusammengelegten Hände zum Gasshō und legt sein Rakusu ab zum Zeichen, daß er geschlagen werden möchte – etwas, das ich bei einem Rōshi noch nie gesehen habe. (Eido-shi erzählt von seinen ersten Eindrücken von Sōen: Als einziger einer Gruppe von Rinzai-Meistern, denen der junge Mönch Tai-san Tee servierte, hatte er dankend seine Hände zum Gasshō erhoben. Anders als die meisten Rōshi, saß und rezitierte Sōen mit seinen Mönchen und aß auch mit ihnen.) Sōen wirkt sehr klein, zerbrechlich, seine Schultern bieten kaum Platz für einen Schlag, und so bin ich voller Sorge, ich könnte ihm wehtun und er mich für einen schlechten Junkei halten. Aber ich schlage doch ziemlich forsch zu, und er zuckt nicht, und ich fühle mich geehrt, obgleich ich weiß, daß er um meinetwillen und nicht um seinetwillen um den Stock gebeten hat. Als ich ihn später oben sehe, wie er verwundert seine riesige amerikanische Geburtstagstorte anstarrt, bin ich zutiefst bewegt von dem uralten unschuldigen Kind in Sōen Rōshi, der wie ein alter Seher aus der Wüste Gobi aussieht.

Im Sesshin hat der Rōshi sein Namu-Dai-Bosa-Rezitieren («Sei Eins mit dem Großen [Kwannon] Bodhisattva») zu einem Namu-Dai-Bosa-Tanzen ausgeweitet. Niemand kann seine wilden Sprünge und Schwünge beim Kinhin so recht verstehen. Vielleicht wieder ein Versuch, unsere ach so große spirituelle Würde aufzubrechen und so den «Zen-Gestank» zu vertreiben.

Am letzten Morgen des März-Sesshin leitet Sōen Rōshi eine Reinigungszeremonie für das neue Kloster, das sich im Wald an der Westseite des Sees langsam aus Schlamm und Beton erhebt. Der Rōshi ist prunkvoll gekleidet in die schweren Goldbrokatgewänder von Sōen Shaku, die D. T. Suzuki der Zen Studies Society geschenkt hatte.

Im Juni sind die Keramikschindeln gelegt, und die Fenster werden eingesetzt. Das japanische Dach ist wunderschön. Wir stopfen die Zwischenräume zwischen Rahmen und Mauerwerk mit Glaswolle aus, eine schmutzige und außerordentlich befriedigende Arbeit. Nun ist das neue Kloster allerdings ernsthaft verschuldet, und wir müssen sehen, wie wir die notwendigen Mittel zusammenbekommen. Ich werde gebeten, die Geldbeschaffungsmaßnahmen zu organisieren. Ich formuliere mit Lou Nordstrom einen Brandbrief an alle Mitglieder der Zen-Gemeinschaft und bitte andere, nach dem Sesshin bei verschiedenen Dingen mitzuhelfen. (Bei einem zweiten Arbeits-Sesshin im August frage ich mich allerdings beim Entladen von tasmanischem Eichenholz für die Fußböden, ob denn wirklich solche exotischen Materialien nötig sind.) Unterdessen planen wir einen Ahornsirup-Handel als ständige Einnahmequelle für das Zendō.

An einem Abend paddele ich mit dem Kanu zum Nordende des Sees, um die Biber zu sehen, die sich hier seit Jahrzehnten zum ersten Mal wieder blicken lassen – ein gutes Omen für die Gründung des neuen Klosters. Aber Eido-shi hat etwas gegen Biber; sie vernichten die jungen Bäume am See, sagt er. Die im Kloster lebenden Schüler sagen, er will, daß sie abgeschossen oder wenigstens eingefangen und entfernt werden. Die meisten der absterbenden jungen Bäume zeigen jedoch keine Nagespuren, und meiner Ansicht nach sind sie eher ertrunken, weil Eido-shi den Damm erhöhen ließ, damit der See größer wird und das wild verwachsene Ufer durch den abgezirkelten Rand eines japanischen Gartenteichs ersetzt werden kann.

Die bedrängten Tiere haben nicht aufgegeben. Erleichtert sehe ich einen Biber mit einem grünen Zweig schwimmen; ein anderer umrundet das Boot und schlägt das Wasser mit dem Schwanz, was Biber nur tun, wenn sie ihr Revier verteidigen. Später sage ich respektvoll zu Eido Rōshi, daß wir kein Recht haben, diese Biber zu vertreiben oder sie gar zu töten. Sie waren lange vor uns da, zusammen mit den Hirschen und den Bergen, und wir sollten uns freuen, daß sie gerade jetzt wiederkommen, wo wir hier sind; außerdem würden die Tümpel und Sumpfzonen, die durch die Bauwerke der Biber entstehen, dem See neues Leben bringen.

Eido-shi ist verärgert über meine Unbotmäßigkeit und antwortet einsilbig. Er weiß, daß viele Schüler meine Ansichten teilen und hält mich zweifelsohne für den Rädelsführer. Am nächsten Tag versetzten wir unseren großen Bronze-Buddha an einen neuen Standort auf einem Stück felsigem Boden am anderen Ufer, mußten aber feststellen, daß die klugen Nager die Spalte hinter dem Buddhafelsen zu ihrem neuen Wohnsitz gemacht hatten, der im Rohbau schon fertig war. Es erging die Weisung, diesen Bau zu zerstören, aber niemand rührte eine Hand dazu, und ein Schüler teilte Eido-shi mit, er werde gehen, wenn den Bibern hier kein Lebensrecht zugestanden würde. Begeistert von der im Wasser gespiegelten Schönheit unseres Buddha auf seinem Felsenthron, setzte unser Meister keinen weiteren Nachdruck hinter sein Edikt, sondern sprach von der «bemerkenswerten» Baumeisterschaft der Biber – und so leben der Buddha und seine nagezähnigen Dharma-Wächter einstweilen zusammen.

Mit Paul S., den ich im Ryūtaku-ji kennenlernte, arbeite ich an einem Waldpfad, der das Ufer entlang führt, und wir überlegen uns, wie man den Weg über die sumpfigen Stellen bei den Bibertümpeln weiterführen kann. Wir bauen Brücken, damit ein lückenloser Rundweg entstehen kann.

Klare, stille Abende mit springenden Forellen; Fledermäuse und Schwalben schließen sich den Fischen bei der Insektenjagd an. Eine Krickente, schnell wie ein Blatt im Sturm, geht drüben am Nordende zwischen den Bäumen im Bogen auf einem Bibertümpel nieder, und in der Stille der Abenddämmerung flötet eine Walddrossel. Gefleckte Molche, großäugig und stumm, leuchten am Land orange und sind im Wasser grünlich.

Ich habe einen halben Tag für mich. Ich ersteige den westlichen Bergrücken und umwandere die Berge nach Osten zu. Auf einer kühlen Lichtung im Hochwald steht ganz für sich allein ein zierlicher Grashalm, vollkommen still, wie lauschend.

Auf der Wiese erwartet mich ein braungefleckter Frosch, der wie erstarrt auf einem warmen Stein sitzt. Ich suche flache Steine für einen Plattenweg zum Grab und finde unter ihnen kleine Schlangen, sogar auf der Straße eine wunderschöne grüne Baumschlange, überfahren. Ich baue ein kleines Schlangenterrarium für die Küche und setze die Schlangen am Ende der Woche wieder in der Wiese aus.

Im August kehren die Molche ins Wasser zurück und hängen wie schwebend im schwarzen Teich. Jeden Tag kommen die Hirsche an den See herunter, rote Hirschkühe und gefleckte Kälber, und die Biber sind eifrig unterwegs, um ihre Behausung für den kommenden Winter herzurichten. In der Abenddämmerung zerteilt eine lange, zarte Feder den See, dort, wo ein Biber nordwärts schwimmt. In der ersten Nacht schlafe ich im Freien unter einem Himmel voller Sternschnuppen und Fledermäusen.

Wir holen die vom Wind umgestürzten Bäume aus dem Wald, verbrennen das Astwerk. Ich backe Brot, hole Milch von einem sterbenden Gehöft, schnitze und schleife ein Paar Eßstäbchen aus Zedernholz. Einen Abend spaziere ich mit Merete die Forststraße hinauf zum kleinen See. Ein andermal begegnet mir ein Rotluchs auf der mondhellen Straße.

September. Das Wetter wechselt ständig, niedrige Wolken wehen als Nebel über den Bergsee. Ich sammle Blaubeeren in der wartenden Wiese. Im scheidenden Licht fegt der Wind um den See, und mit Regen und Donner beginnt das Sesshin.

Jeden Morgen nach dem Samu (Arbeitsperiode) schiebe ich das Kanu ins Wasser und lasse mich über den See treiben. In der Stille der Bäume schweben rote Herbstblätter des Ahorn auf einem schwarzen Spiegel. Nach drei Sesshin-Tagen beginnt sich mein Auge zu öffnen, und alle Dinge der Natur treten in vier Dimensionen hervor, klar und klingend. Am dunklen Grund des Sees liegt ein Molch mit dem Bauch nach oben neben einem Blatt, alle Farbe verblaßt.

Plötzlich bricht ein Biber wie der Geist des Sees mit seinem rauhhaarigen Kopf durch die Oberfläche; Wasser sprudelt aus der stumpfen Schnauze. Patsch! – und wieder alles still. Von dort aus, wo der Geist verschwand, verbreitet sich ein Kreis über die Welt.

Die Tage vergehen, und die Biber kommen immer näher. Werden sie von einer Stille im Kanu angezogen, die vorher nicht da war? Das Klingen und Strahlen der ersten Sesshin-Tage scheint verschwunden zu sein, als wäre die Tiefe des Erlebens nicht mehr da – oder gewöhne ich mich nur an diese frische Art zu sehen und nehme sie jetzt für gewöhnliche Wahrnehmung? Vor dem Sesshin ist der Berg der Berg; dann erscheint der Berg als außergewöhnlich, mehr als der Berg; heute sind das Ungewöhnliche und das Gewöhnliche nicht verschieden, und der Berg ist wieder der Berg.

Im nächtlichen Fenster des Zendō erscheint ein voller Mond zwischen den Wolken, die über die östlichen Berge ziehen. Jetzt ist der Mond wieder weg. Ein weißer Falter flattert aus der Nacht herein. Der weiße Falter fliegt weg.

Im Zazen ist man das gegenwärtige Ich, was man war und was man sein wird, alles zugleich. Für einen Moment sehe ich deutlich, was im Mahāyāna-Buddhismus mit «Nichtunterscheidung» gemeint ist: Dieses schwarze Kissen, die Kerzenflamme, das Husten und Aufstoßen, der Buddha, der Räucherwerkduft, die Maserung der Bodendielen, der Kiefernzweig, der stechende Schmerz – ebenso wie das Bewußtsein dieser Phänomene, aller Phänomene – sind alle von gleicher Bedeutung, von gleichem Wert. Und am nächsten Tag dehnt sich die Einsicht in mir und platzt dann lautlos auf wie eine Seifenblase, daß «mein» Geist und jeder Geist Manifestation des Einen Geistes, des Universalen Geistes ist – wie unzählige Vögel als *ein* Schwarm fliegen, wie die winzigen Korallentierchen im sanften Wogen des Wassers am Riff nicht gleich und doch nicht verschieden sind, ein großes Wesen mit einer einzigen Seele.

Die Sterne werden kälter, und jeden Morgen liegt Dunst über dem See, bis die Spätsommersonne ihn auflöst. Am Nordende hebt ein fressender Biber die Vorderpfoten aus dem Wasser und schaut nur still und aufmerksam. Auch die Nußbäume stehen still und aufmerksam im rotgoldenen Licht. Das Kanu gleitet ans Ufer, und ich schwimme nackt hinaus in den leuchtenden Dunst.

Schwerer Regen in der Nacht, klares Blau am Morgen. Das Sesshin geht zu Ende. In großer Gelassenheit, Zufriedenheit und Einfachheit wasche ich am Wasserfall Salat.

Vor der Abfahrt sitze ich mit Eido Rōshi am See, freue mich an den weißen Wolken, die fern über die Berge ziehen. «Wer ist das, der die Wolken anschaut?» sagt er. «Wissen Sie, wer?» Ich schüttle den Kopf. Lachend lassen wir uns ins warme Gras fallen und schauen diesen Wolken nach, die niemals irgendwo anders gewesen sind.

Beim Wochenend-Sesshin im November spricht Eido-shi von Meister Rinzai, «der von offenem, direktem Auftreten war, sehr einfach und gehorsam. Als der Mönchsälteste ihm auftrug, ein zweites Mal zu Ōbaku zu gehen und dann ein drittes Mal, da fragte er nicht, Warum? – er ging einfach. Er ging auch nach Süden zu einem anderen Meister, eine monatelange Wanderung, weil Ōbaku es ihm sagte.»

Mich bekümmert, daß Meister Rinzais Einstellung mir fehlt. Der unbedingte Gehorsam, der für alle japanischen Lehrer selbstverständlich ist, fällt westlichen Schülern sehr schwer, jedenfalls denen, die wie ich keine devotionale Veranlagung haben und Autoritätspersonen fast automatisch mit Widerstand begegnen. Das könnte eine Schwäche (oder Stärke) des abendländischen Zen sein.

Beim Rōhatsu-Sesshin in New York bin ich verantwortlich für das Garten-Zendō (das zweite Zendō). Eido Rōshi ordnet doppelte Sitzrunden an (siebzig Minuten oder länger), die bei uns als «Killer-Runden» bekannt sind, aber mit Hilfe von Sōen Rōshis «diamanthartem Schmerz-Samādhi» halte ich durch, und nach vier Tagen beginnt mein Geist – oder was von ihm übrig ist – zu tanzen.

Ich übe mit einem Kōan, das dem Sechsten Patriarchen in China, Daikan Enō (Hui-neng), zugeschrieben wird: Es ist nicht der Wind, der sich bewegt, es ist nicht die Fahne, die sich bewegt. Es ist euer Bewußtsein, das sich bewegt. Es gibt für fast alle Kōan zwei Möglichkeiten der Antwort. Die erste besteht darin, ein Schlüsselwort wie etwa «Fahne» unmittelbar darzustellen oder zu verkörpern, also die Fahne in ihrer ganzen Fahnenhaftigkeit zu *sein.* Die zweite Möglichkeit ist ein energisch ausgerufenes MU!, ebenfalls ein Ausdruck dieser Soheit, des allgegenwärtigen Buddha-Wesens, des ewigen Jetzt. Es genügt jedoch nicht, die Fahne oder MU mit einem Schrei einfach zu präsentieren, und jeder gute Meister wird sofort erkennen, ob der Schüler das Kōan wirklich zutiefst erfahren und begriffen, oder ob er es nur «verstanden» hat und den Kōan-«Dreh» heraushat. Man muß Fahne oder Mu *werden,* da darf es nicht die geringste Trennung mehr geben. Eine «korrekte» Kōan-Antwort ist also völlig sinnlos, wenn sie nicht von Prajñā oder Weisheit durchdrungen ist – von jener direkten Erfahrung, dem nicht-verstandesmäßigen Wissen, das aus der Tiefe vollkommener Versunkenheit aufsteigt.

Eido-shi sagt, er könne stets sehen, ob ein Schüler nur eine «Zen»-Antwort gibt. Erst am sechsten Sesshin-Tag, nach vielen Dokusan, akzeptiert er meine Lösung dieses Kōan, die mir von Anfang an intuitiv klar war, die ich aber nicht gleich mit meinem ganzen Sein frei und kraftvoll präsentieren konnte. Er versetzt mir zwei Schläge mit dem Keisaku und gibt mir ein neues Kōan.

Jeden Nachmittag, wenn wir Teile des *Diamant-Sūtra* rezitieren, werde ich daran erinnert, daß der Sechste Patriarch, ein einfacher Mann, der seinen Lebensunterhalt mit dem Sammeln und Verkaufen von Holz verdiente und von formeller Schulung nichts wußte, Erleuchtung erlangte, als er eines Tages im Vorbeigehen jemanden das *Diamant-Sūtra* rezitieren hörte und diesen Satz aufschnappte: «Laß deinen Geist frei fließen, ohne bei irgend etwas zu verweilen.» Also, sage ich mir, muß der Geist nicht beim Schmerz verweilen, wie es der meine tut. Es hilft, bis zu einer gewissen Grenze, Schmerz einfach als Schmerz zu betrachten, ohne ihn als «gut» oder «schlecht» zu bewerten. Schmerz ist schlicht *vorhanden*, nicht anders als die Tatami-Matte, die Glocken, die Kochgerüche, die Sonne im Gartenfenster. So wahrgenommen, ist er auszuhalten, und indem ich ihn aushalte, bleibe ich leicht, Atemzug um Atemzug, bis der Atem selbst fast ganz erlischt. Der entleerte Geist ist sich nicht länger der Geräusche und Gerüche bewußt, sondern *ist* diese Geräusche und Gerüche. Trotz dieses Aufgehens im großen Strom des Seins ist der Geist jedoch klar und präzise wie ein Laser. Die Leichtigkeit und Präzision (oder ihr Fehlen) sind ganz entscheidend, wenn man als Junkei eingesetzt wird, denn der Keisaku muß scharf und klar und dennoch verhalten fallen, so daß er den Sitzenden anregt, aber nicht aufregt.

Dieses Rōhatsu ist sehr dicht, aber nich spektakulär; die Tage der Sesshin-Wunder sind für mich vielleicht vorüber. Immerhin glaube ich jetzt viel besser zu verstehen, wie meine Übung durch mein Ringen um Befreiung, meinen spirituellen Ehrgeiz, meine Sucht nach «Erkenntnis» und mein Haften an diesen Sesshin-Aufzeichnungen behindert wird. Es ist Zeit, mit diesem Aufzeichnen aufzuhören, wie es Meister Tokusan tat. Dieser große Gelehrte des *Diamant-Sūtra* verbrannte seine Aufzeichnungen und Kommentare mit den Worten: «Auch wenn wir die tiefgründigen Doktrinen gemeistert haben, ist es doch nur, als legte man ein Haar in den weiten

Raum; auch wenn wir das wesentliche Wissen der Welt erschöpft haben, ist es doch nur, als ließe man einen Tropfen in den großen Abgrund fallen.» (Tokusan hatte ein tiefes Durchbruchserlebnis gehabt, aber die Zen-Meister sagen, daß er zu diesem Zeitpunkt doch noch «grün» war – gegen die Aufzeichnungen an sich war nichts einzuwenden, nur gegen sein Haften an ihnen.)

Zehn Tage nach dem Sesshin ein Kenshō-Traum. Ich ging eine Straße entlang, als plötzlich alles auseinanderfiel und alles Licht war. Alle Aspekte und Facetten der Welt waren von gleicher Bedeutung, und doch war alles übervoll von seiner einzigartigen Besonderheit. Von einer leuchtenden Erde, erwachend, entschwinde ich ungehindert in den Himmel.

Im Januar 1975 findet das Rōhatsu-Sesshin im Dai Bosatsu statt. Wir schlafen auf dem staubigen Betonboden des neuen Klosters, das Eido-shi, nach dem *Diamant-Sūtra,* gern Kongo-ji nennen würde – Diamant-Kloster. Die erste Rezitation findet in der noch unfertigen Dharma-Halle statt.

Wie üblich sitze ich neben Min Pai, einem koreanischen Meister der Kampfkünste. Wir sitzen gern zusammen und glauben, daß wir einander die Kraft geben, die wir brauchen werden. Es wird ein strenges Rōhatsu; wir sollen uns während der Ruhezeiten nicht hinlegen, sagt Min. Düstere Stimmung und Kopfschmerzen – wie immer am ersten Tag eines langen Sesshin, doch ich akzeptiere es, weiß, daß es vergehen wird, daß es – aus der Sicht des Zen – bereits vergeht.

Nach dem Abendessen schaufle ich einen Schneepfad zu Deborahs Grab. Dann stehe ich auf der Straßenbrücke am See, betrachte das warme Licht des alten Blockhauses durch dichten, weichen Schneefall. Wie ein Märchenhaus steht es da. Flocken schmelzen auf meinem Gesicht, ein ganzes Leben vergeht, und zugleich ist da gar keine Zeit: dieser Mann auf der Brücke war hier schon immer, seine lang verlorene Heimat suchend.

Beim Teishō am nächsten Tag sitzt Eido-shi in goldenem Licht vor dem sonnendurchfluteten Fenster. Einmal mehr zitiert er eine Passage aus dem Werk des großen Meisters Dōgen Zenji:

> Den Buddha-Dharma ergründen heißt das Ich ergründen.
> Das Ich ergründen heißt das Ich vergessen.
> Das Ich vergessen heißt von allen Dingen erleuchtet werden.

Glaube nicht, daß diese Stille nutzlos und leer ist. Ins Kloster einzutreten und still Zazen zu üben, oder das Kloster zu verlassen und sich hierhin und dorthin zu wenden, sind beides Formen der fortgesetzten Übung des Klosters. Diese fortgesetzte Übung ... ist der Bereich der Freiheit vom Bedingtsein, gleich dem Himmel, der frei ist von Spuren fliegender Vögel; es ist der Bereich, in dem man vollkommen eins ist mit dem ganzen Universum ...
Vertu nicht die Zeit, die für die Übung gebraucht wird, sondern übe im Geist eines Menschen, der sein in Brand geratenes Haar zu löschen versucht. Sitz nicht da und warte auf Erleuchtung, denn große Erleuchtung ist im Alltäglichen zu finden, im Essen, im Teetrinken ... Wer in seinem alten Zuhause lebt, sollte es verlassen; wer Gedanken und Begierden hat, sollte sich ihrer entledigen. Der Berühmte sollte dem Ruhm entsagen, der Begüterte sich seiner Güter entledigen. Wer Feld und Garten bebaut, sollte sich von ihnen trennen; wer eine Familie hat, sollte sie verlassen. Entsage ihnen, selbst wenn du sie nicht besitzt. Was in dieser Sache ganz klar sein sollte, ist das Prinzip: frei zu sein von all dem, ob du es hast oder nicht. Das ist die fortgesetzte Übung des Freiseins von allem, was es auch sei ...
Dieses Leben eines einzigen Tages ist ein Leben, dessen man sich freuen kann. Wenn du nur einen Tag lebst, und zur Wahrheit erweckt werden kannst, ist dieser eine Tag weit mehr als ein ewiges Leben ... Wenn dieser eine Tag in einem hundert Jahre währenden Leben versäumt wird – bekommst du ihn dann je wieder zu fassen?

Eihei Dōgen, *Shōbōgenzō, Gyōji*

6

Nach vier Jahren Zazen ist mein rechtes Knie plötzlich so schmerzempfindlich, daß ich es bandagieren muß. Ich helfe mir mit Aspirin, Heizkissen, Einreibemitteln, bringe es aber nicht über mich, auf einem Stuhl Zazen zu üben. Aber ach, das ist kein Zeichen für

Entschlossenheit oder Hingabe, sondern nur unverbesserliche männliche Eitelkeit. Mir einen Stuhl zu erlauben, würde mein verbissenes Festhalten am Ego lockern, aber ich tue es nicht. Sieben Monate habe ich mich vor den Sesshin gedrückt, und in den letzten Wochen auch für mich allein kaum gesessen – das nährt die zynischen Stimmungs-Eiterbeulen.

Gegen Ende August sind die Türen und Holzfußböden im Dai Bosatsu fertig, ebenso der erste Anstrich, aber das Gebäude sieht immer noch aus wie ein roher Auswuchs in der abgeschabten Haut des Bergwaldes. Drinnen ist die Atmosphäre noch schlimmer. Eido-shi, dessen Verhalten (das nicht Gegenstand dieses Buchs sein kann) Bestürzung unter seinen Schülern ausgelöst hat, wird von unangenehmen Krankheiten heimgesucht, schlechtes Zahnfleisch. Der Kopf des Buddha, sagen die hier Lebenden, war bei der Aufstellung in der Dharma-Halle zu Boden gefallen, und andere böse Vorzeichen folgten. Die Zendō-Atmosphäre ist düster, verstimmt, und die meisten von Eido-shis älteren Schülern sind nur aus Loyalität gegenüber Sōen Rōshi gekommen, der hier ist, um das erste Sesshin im neuen Kloster zu leiten.

Etliche Schüler haben ihre Verärgerung und ihre Sorgen zu Sōen Rōshi getragen, und unser alter Meister wirkt deswegen jetzt scheu und ein wenig distanziert. Ich treffe ihn allein in der Dharma-Halle an, nähere mich leise und warte. Als er aus seiner Versunkenheit aufblickt, sage ich ihm, wie froh wir sind, ihn zu sehen. «Ich bin auch froh», erwidert er tapfer. Er zeigt mir Photos von den Wandgemälden für die Dharma-Halle, die sein Freund, der griechisch-orthodoxe Priester Pater Maxima ausführen wird. «Bald hier!» Er lächelt. Aber als ich nach der vielarmigen Kannon-Statue im Ryūtaku-ji frage, die er uns vor zwei Jahren (bei unserem Besuch in Japan) sehr bald zu schicken versprochen hatte, runzelt er die Stirn und schüttelt den Kopf. «Zuviele Finger», wehrt er ebenso kurz wie hintergründig ab.

Sōen Rōshi sagt, er würde gern noch einmal zu Besuch nach Long Island kommen, und ich befrage ihn über seine jüngste Reise in die Wüste Gobi, wohin ich schon lange einmal möchte. Er lacht und sagt, er sei über die Gobi «weit hinausgegangen». Zu abgelenkt um zu verstehen, daß er mich auf die Probe stellt, frage ich arglos, ob er die innere Mongolei meine. «Nein, nein, *viel* weiter!» Er schwingt den Arm in einem großen Kreis – wie der kühne Kreis der Leere in seiner Kalligraphie. Diesmal lache ich und verbeuge mich und gebe ihn frei.

Bei der Eröffnungszeremonie für die neue Dharma-Halle sagt Sōen Rōshi: «Ich schaue ins *Rinzai-roku,* und da ist kein Wort: *Wo* ist Meister Rinzai? Wer wagt es, ihn vor mir darzustellen?» Eido-shi tritt vor und sagt: «Wie geht es Ihnen?» Sie verbeugen sich, und sein Meister beglückwünscht ihn zur Eröffnung des neuen Klosters. Aber Sōens anschließendes Teishō wirkt schwach und unzusammenhängend, und sein geliebtes kleines Nō-Spiel mit über den Kopf gezogenem Gewand und roter Dämonenmaske ist nicht so beseelt wie sonst. Er seufzt, als wäre er seiner eigenen Possen müde, nimmt die Maske ab und paraphrasiert Sōen Shaku: «Seit über vierzig Jahren ergründe ich den Dharma und ziehe umher, ihn hier und dort zu predigen, und erst jüngst verstand ich. Und was ich verstand, war nur dies: daß ich gar nichts verstehe.» Große Traurigkeit (bilde ich mir das ein?) liegt in der Art, wie er das sagt.

Als ich nach dem Abend-Zazen das Zendō säubere, finde ich Sōen allein in den Schatten am Ende der leeren Reihe. Er ist der archetypische alte Mönch der Gemälde, alt wie der Tod, von Leben brennend. Ich wische um ihn herum. In diesen Tagen ist seine Freude am Leben dunkel; er spricht scherzhaft von der «Mehrheit», wie er die Toten nennt. Er ist tief erschüttert, gibt sich aber große Mühe, so weiterzumachen, als sei nichts geschehen. Jeden Tag erinnert er uns daran, daß unser wahres Wesen trotz allem Wirrwarr und aller Verblendung unseres Lebens stets da ist, wie Sonne und Mond über schwarzen Gewittern. «Die Sonne scheint; die Sonne scheint *immer.* Die Sonne ist Erleuchtung; *alles* ist Erleuchtung!» Er plätschert mit den Fingern in einer Wasserschale. «Hören Sie? *Das ist Erleuchtung!»* Einmal liest er sein neues Haiku:

Mitten im Winter
finde ich in mir endlich
unbesiegbaren Sommer.

Irgendwie auf Konfrontation aus, gehe ich zum Dokusan bei Eido Rōshi, der mich einfach sehr warmherzig und freundlich begrüßt. Wie könnte ich je seine Kraft und sein Mitgefühl in der Zeit von Deborahs Tod vergessen oder die hohe Meinung, die ich von ihm als Meister habe? Seine Autorität ist unbestreitbar – und doch, wie unaufrichtig empfinde ich mich selbst, als ich nichts sage. Viele seiner Schüler sind ebenso zwiespältig wie ich. Wir hoffen, daß er weise mit allem Widerspruch umgehen wird, aber er tut es nicht; die heftigen Worte, mit denen er einem Schüler beim Dokusan die weitere Teilnahme am Sesshin verbietet, sind bis herunter ins Zendō zu hören. Zornbebend betritt er die Sitzhalle und gibt bekannt, nur «fortgeschrittene Schüler des Dharma» dürften fortan zu Sōen Rōshi zum Dokusan gehen. Das ist ganz offensichtlich eine sarkastische Herausforderung. Ich bin zwar gewiß kein fortgeschrittener Schüler, aber die Situation verlangt einfach nach Meuterei. Sōen Rōshi stellt mich auf die Probe und akzeptiert meine Antwort.

Zwei Tage später gibt Sōen selbst bekannt, daß es kein Dokusan mehr geben wird. «Sie müssen sich *selbst* begegnet sein, bevor Sie dem Rōshi beim Dokusan begegnen!» Aber dann kann er diesen strengen Tonfall nicht durchhalten und fügt sanft hinzu: «Sie müssen brennen wie Feuer – heiß, heiß, heiß! Vergleichen Sie sich mit niemand anderem, üben Sie Ihr eigenes Zazen. Manche jung, manche alt: Tun Sie einfach Ihr bestes. Vergleichen Sie Elefant nicht mit Floh. Der Elefant geht – Mu! Mu! Mu! Mu! –, aber der Floh kann *springen*!» Er machte eine hopsende Bewegung. «Floh und Elefant sind beide beste in der Welt!»

Sōen Rōshi sprach von jenem Mönch vergangener Zeiten,[1] der ein hölzernes Bildnis des Buddha verbrannte, um sich zu wärmen. «Sie sind unendlich viel kostbarer als ein hölzerner Buddha! Kostbarer sogar als der große Buddha von Nara! Sie sind lebendige Bodhisattvas, universale Wesen unendlicher Dimensionen! Was ist darüber hinaus jetzt noch zu sagen? Mehr törichtes Gerede von *Wahrheit*» – er spie dieses so hochtrabende Wort förmlich aus – «von diesem redseligen, saumseligen Mönch?» Er schlug mit seinem Stab auf das Tischchen vor ihm, daß das Wasserglas hochsprang. «Die Wahrheit ist *hier!* Ein Stück Papier, ein Tropfen Wasser!»

«Es gibt keine Zen-Meister», sagte Ōbaku, Rinzais Meister, «es gibt nur Zen.» Shākyamuni Buddha selbst sagte: «Wenn du einem begegnest, der die Sache des höchsten Bodhi [Erleuchtung] darlegt, sollst du seinen Schwächen keinerlei Beachtung schenken, sein Handeln nicht bemängeln.»[2] (Ein Schüler verließ Yasutani Rōshi, weil dieser alte Meister Marshmallows zu sehr liebte.) Aber uns idealistischen Zen-Schülern im Westen, die wir hier eine Suspendierung von unserem eigenen höchst ungeordneten Leben suchen, war diese Schulung als eine Oase erschienen, in der man das Leben rein und einfach halten konnte – nach dem Bild der Lotosblüte, die sich in vollkommener Reinheit aus dem trüben Wasser erhebt. Jetzt war dieses Bild besudelt, das lästige «wirkliche Leben» drängte herein, und wir zermarterten uns noch auf dem Kissen das Hirn, wie es nun weitergehen sollte. Wir hatten vergessen, daß der Lotos in reinem, klarem Wasser nicht leben kann, sondern den Schlamm als Nährboden braucht.

Wieder im Freien, von einem warmen Spätsommertag umfangen, sehe ich mir die neuen Bibertümpel am Nordende des Sees an, betrachte die späten Blüten – Braunelle und geflecktes Springkraut, Goldrute und Rudbeckien, Astern und Perlpfötchen. Die frühen, atemlosen Tage meiner Zen-Schulung waren zu Ende. Blumen waren wieder Blumen.

Erst fast ein Jahr später sah ich Eido-shi wieder bei dem Sesshin, das der offiziellen Eröffnung des Dai Bosatsu Zendo am 4. Juli 1976 vorausging. Ich traf mich bald nach meiner Ankunft mit ihm und erklärte, weshalb ich mich zurückgezogen hatte, und gab meiner Hoffnung Ausdruck, daß alles wieder ins Lot kommen würde. Er verbeugte sich leicht und antwortete: «Hoffen wir's.» Anschließend besuchte ich Deborahs Grab zusammen mit einer älteren Schülerin, die sich ebenfalls in einem schmerzhaften Ablösungsprozeß befand. Eido-shi hatte angekündigt, Sōen Rōshi werde als Ehren-Abt am Eröffnungs-Sesshin teilnehmen, aber Sōen Rōshi hatte auf die Einladung nicht geantwortet und erschien nicht. «Ich bin froh, daß Sōen Rōshi nicht gekommen ist», sagte sie unter Tränen. «Er versucht nicht, den Schein zu wahren, sondern tut das, was richtig ist.» Als wir vor dem Felsen in der Wiese standen, fragte ich mich, was Deborah wohl von der ganzen traurigen Geschichte halten würde.

Um die Abwesenheit seines Meisters zu erklären, ließ Eido-shi die Sesshinteilnehmer wissen, Sōen Rōshi sei von einer seiner geheimnisvollen Erkrankungen noch nicht genesen. Bestürzung und Verunsicherung waren ihm anzusehen, als er sagte, daß «dieser verrückte kleine Mönch» nun anstelle des Meisters Teishō halten müsse («Aber ... ohne diese Verrücktheit ... wären wir vielleicht gar nicht hier?»). Bei einem späteren Teishō wirkte er blaß, fiebrig, beharrte darauf, daß Dankbarkeit gegenüber dem Meister wichtiger sei als Kenshō. Mein Herz war mit ihm in seiner ganzen Schwäche, auch wenn kein Zweifel daran bestand, daß er nicht loyale Freundschaft wollte, sondern bedingungslose Unterwerfung. Die Forderung seiner amerikanischen Schüler nach offener Diskussion seines Handelns faßte er offenbar als Anarchie und Gesichtsverlust auf, und verglichen mit der japanischen Meister-Schüler-Beziehung war es das wohl auch. Einst hatte er gesagt, er fühle sich immer noch «sehr grün, sehr unreif» und «weder als Amerikaner noch als Japaner» – ein mutiges und anscheinend ehrliches Eingeständnis, das seine und unsere Verwirrung teilweise erklärt.

Das neue Zendō war erfüllt vom frischen Grasduft der neuen Tatami und erinnerte mich an das Ryūtaku-ji. Bis zum letzten Platz war der Raum mit Rōshi, Mönchen, Priestern und Besuchern aus anderen Zen-Zentren gefüllt, und alle hofften, das starke Zazen all dieser Menschen werde die Atmosphäre reinigen. Eidos Dharma-Brüder vom Ryūtaku-ji, Sōchu Rōshi und Kōzen Rōshi, gaben Dokusan mit dem Mönch Dō-san als Dolmetscher. Sōchu Rōshi (der im Ryūtaku-ji nun an Sōens Stelle das Amt des Abts versah) wollte mir kein neues Kōan geben. «Üben Sie mit Mu!» sagte er. «Dann wird ein Kind geboren.» Und sein strenges Gesicht öffnete sich zu einem breiten Lächeln. (Bei den nächsten Dokusan rief er nur: «Mehr! Mehr! Sammlung! Sammlung!» und bimmelte mich mit seiner kleinen Handglocke aus dem Raum.) Kōzen Rōshi sagt einfach, ich müsse «tiefer gehen», meine Übung auf mein Leben anwenden, anstatt sie für «stille Orte» wie diesen zu reservieren. Natürlich, die Anwendung des Zazen auf die «gewöhnliche» Welt ist das, worum es bei diesem außergewöhnlichen Schulungsweg letztlich geht.

Nach dem Sesshin genoß ich die Gespräche mit Robert Aitken Rōshi aus Hawaii (der 1974 Dharma-Nachfolger von Yasutanis Schüler Yamada Kōun Rōshi geworden war) und mit Kobin Chino Sensei aus Los Altos. Auf der Liste der Sesshin-Teilnehmer war Chino als Rōshi aufgeführt, aber er sagte, er könne diesen Titel (den amerikanische Schüler ihren Lehrern häufig aufdrängen) noch nicht annehmen. In seinen Gesprächen mit Eidos Schülern suchte er die Wogen zu glätten und sagte, es müsse uns vor allem um unser Zazen zu tun sein; auch unser Meister werde in der wunderbaren spirituellen Atmosphäre des Dai Bosatsu gewiß wachsen; und Sōen Rōshi lehre vielleicht aus der Ferne, indem er uns zwei Bodhisattvas schickte, Sōchu und Kōzen.

Ein heftiger Platzregen rauschte über das Gebäude, als Shimano Eido Rōshi die große Pforte des Dai Bosatsu öffnete. Die Zeremonie ist in einem kürzlich erschienenen Buch beschrieben worden:

> Das Sesshin war zur Eröffnung des Dai Bosatsu abgehalten worden, des ersten amerikanischen Zen-Klosters in japanischem Stil. Richard Baker Rōshi war aus San Francisco gekommen, Sasaki Rōshi und Maezumi Rōshi aus Los Angeles, Takeda Rōshi aus Mexico City und Philip Kapleau Rōshi aus Rochester. Seung

Sahn, kein amerikanischer oder japanischer, sondern ein koreanischer Zen-Meister, war aus Providence gekommen und aus Japan ebenfalls eine ganze Schar von Rōshi. Auch ein Tibeter, der manche Elemente des Zen in seine Schulungsmethode aufgenommen hatte, war anwesend – Chögyam Trungpa Rinpoche, der Elfte Trungpa Tulku; anders als die Rōshi trug er nicht seine Festgewänder, sondern einen dunklen Anzug von englischem Schnitt ... Shintō-Priester rezitierten und opferten, und jemand schlug mit einem in rote, weiße und blaue Tücher geschlagenen Holz die große Messingglocke auf dem Hügel zum ersten Mal an. Es wurde eine Ansprache auf Japanisch gehalten, dann sagte Baker Rōshi einige wenige Worte auf Englisch, und Eido Rōshi sprach von jemandem, der da sein sollte, aber nicht da war. Obwohl kein Name fiel, wußte fast jeder, wer gemeint war: Nakagawa Sōen Rōshi, der selbst für einen Zen-Meister als exzentrisch galt, und der stets tat, was er wollte, ohne sich um gesellschaftliche Formen zu kümmern.[3]

Zufällig war ich der «jemand, der die Glocke anschlug». Von meinem Standort auf der Hügelplattform aus hatte ich einen schönen Blick auf all die Würdenträger, die sich auf der breiten Eingangstreppe des Klosters versammelt hatten – ein Tribut an den Vor-Wegbereiter des Zen in Amerika, Sōen Shaku, dessen goldene Gewänder Eido Rōshi an diesem Tag trug. Der stärkste Eindruck war jedoch Sōen Rōshis Fehlen, das Eido Rōshi als «schweigende Unterweisung» bezeichnete.

Für mehr als zwei Jahre blieb ich dem Dai Bosatsu nach diesem Sesshin fern. Das Feilen an meinen Himālaya-Tagebüchern war meine Übung geworden und ersetzte die intensive Sesshin-Schulung der vergangenen vier Jahre.

NEPAL

Himālaya-Tagebücher 1973

Der große Meister Ummon hat gesagt: «Der Ostberg schreitet über das Wasser ...» Wir müssen uns klarmachen, daß ... «der Ostberg schreitet über das Wasser» die Knochen und das Mark der Buddhas und Patriarchen ist. Alle Wasser erscheinen am Fuße des Ostberges, und deshalb erklimmen die Berge die Wolken und schreiten durch die Himmel. Die Berge sind die Gipfel der Wasser ... die Fußspitzen der Berge gehen über die Wasser und machen sie tanzen; daher erstreckt sich das Gehen frei in alle Richtungen ...

Seit urvordenklichen Zeiten sind die Berge der Lebensraum der großen Weisen; sie haben die Berge zu ihren Kammern gemacht, zu ihrem Körper und Geist. Und durch diese weisen Männer wurden die Berge verwirklicht. Wieviele große Weise wir dort in den Bergen auch versammelt glauben, seit sie ins Gebirge eingingen, ist niemand auch nur einem einzigen von ihnen begegnet. Da ist nur das Verwirklichen des Lebens der Berge; nicht eine einzige Spur ihres Eingehens blieb zurück.

Eihei Dōgen, *Shōbōgenzō, Sansuikyō*

7

Die Himālaya-Pilgerreise, die ich im Herbst 1973 unternahm, begann eigentlich auf dem Zen-Weg, den ich Jahre zuvor eingeschlagen hatte; außerdem besaß ich schon immer eine Vorliebe für die wilde, unberührte Natur. In den anstrengenden Fußmärschen, der monumentalen Landschaft, der Ruhe, die von den uralten Völkern und der Tierwelt ausströmten, lag etwas so Einfaches und Stilles, daß selbst der Tod meiner Frau im Jahr zuvor nun in die rechte Perspektive rückte. Die Reise konfrontierte mich auch mit dem tibetischen Buddhismus, wie er in abgelegenen Gegenden der tibetischen Hochebene noch praktiziert wird, und insbesondere mit der alten «zen-artigen» Karma-Kagyü-Schule, die inzwischen auch im Westen fest verwurzelt ist.

Die Arbeit an den Tagebüchern dieser Reise, die schließlich unter dem Titel *The Snow Leopard** als Buch erschienen, beschäftigte mich nach meiner Rückkehr aus Nepal mehrere Jahre, und die folgenden Auszüge über Buddhismus und Religion im Himālaya fallen in die Zeit meines Wechsels vom Rinzai-Zen zum Sōtō-Zen; die Sōtō-Zen-Schulung begann Anfang 1977 mit meinem ersten Sesshin im Zen-Zentrum von Los Angeles.

Obgleich alle Zen-Meister ihren Schülern immer wieder einschärfen, nichts zu suchen und mit beiden Beinen auf der Erde zu bleiben, befand ich mich immer noch in einem ziemlich naiven Frühstadium der Schulung, in dem man nach «wunderbarer» Erfahrung des universalen Selbst giert, nach sogenannter Erleuchtung. Die Tagebücher spiegeln das unvermeidliche Ringen um die Anwendung der auf dem schwarzen Kissen gewonnenen Einsichten auf das viel strengere Zen des alltäglichen Lebens.

Ende September 1973 machte ich mich zusammen mit GS (dem Zoologen George Schaller) auf eine Reise zum Kristall-Berg. Wir wanderten westwärts unterhalb des Annapurna und nach Norden den Lauf des Kāli-Gandaki-Flusses entlang, dann in westlicher und nördlicher Richtung um die Dhaulagiri-Gipfel und über das Kanjiroba-Gebirge, insgesamt rund vierhundert Kilometer in das Dolpo-Gebiet auf der Tibetischen Hochebene.

Vor zwölf Jahren hatte ich während eines Besuches in Nepal die eindrucksvollen Schneegipfel im Norden gesehen; diese Entfernung zu überwinden, das großartigste Gebirge unserer Erde Schritt für Schritt zu überqueren, auf dem Weg zu einem Ort, der Kristall-Berg genannt wird, sollte eine echte Pilgerfahrt sein, eine Reise des Herzens. Seit die Chinesen sichTibet angeeignet haben, gilt das bis heute im Westen nahezu unbekannte Gebiet von Dolpo als eine letzte Enklave reiner tibetischer Kultur, wie die tibetische Kultur ihrerseits zur letzten Bastion «all dessen geworden ist, wonach die heutige Menschheit sich sehnt, entweder weil es verlorengegangen oder noch nicht verwirklicht worden ist, oder weil es in Gefahr ist, ganz aus dem Blickfeld der Menschheit zu entschwinden: Das ist die Stabilität einer Tradition, die ihre Wurzeln nicht nur in der historischen oder kulturellen Vergangenheit hat, sondern im innersten Wesen des Menschen ...»[1] Der Lama von Shey Gompa, der in Dolpo am höchsten verehrte Rimpoche oder «Kostbare», hatte seine ein-

* Deutsch: *Auf der Spur des Schneeleoparden*, Bern (Scherz Verlag) 1980.

same Klausur nicht verlassen, als vor sieben Jahren ein Kenner der tibetischen Religionen[2] zum Kristall-Kloster vorgedrungen war, doch wir waren überzeugt, daß wir mehr Glück haben würden.

28. September

Kleine Sträuße wilder Blumen und bemalte Steine, die zwischen die hervortretenden dicken Wurzeln zweier Feigenbäume gelegt wurden, sollen dem Reisenden Glück bringen. Rings um die Stämme sind Mauerstufen errichtet, an die der schattensuchende Wanderer rückwärts herantreten und auf die er mit fast geradem Rücken seine Last absetzen kann. Derartige Rastplätze findet man überall entlang der Handelswege, manche so alt, daß die einst großen Bäume in der Mitte längst abgestorben sind und nur noch zwei runde Löcher in der Mitte einer ovalen Steinplattform von ihnen künden. Zusammen mit den Teehäusern und den großen Trittsteinen, die in die Hänge eingelassen sind, verleihen diese Rastplätze der Landschaft ein anheimelndes Gepräge, als wanderte man in einem versunkenen Reich des Goldenen Zeitalters.

In der Herbstluft tanzende, feuerfarbene Libellen, die leuchtend roten und gelben Gewänder der Träger, die schwarzglänzenden Rinder und die hellen Reisstoppeln, das frische Grün junger Reispflanzen und der schimmernde Bach – und über all dem flimmert ein Licht wie flüssiges Silber.

Die klare Luft trägt kaum Geräusch heran; es gibt hier nicht einmal die einfachsten Maschinen, und die Pfade sind zu steil und schmal, als daß man Karren benutzen könnte. Mit der Wärme, der Harmonie und dem scheinbaren Überfluß der Landschaft streift uns ein Hauch des paradiesischen Zeitalters. Der Salbaum-Hain namens Lumbinī, nur etwa 50 km entfernt von hier in der fruchtbaren Ebene nördlich des Rapti-Flusses, mag sich seit dem sechsten Jahrhundert vor unserer Zeitrechnung wohl kaum verändert haben, als dort im Reich der Elefanten und Tiger Siddhartha Gautama vom Adelsgeschlecht der Shākya geboren wurde. Gautama gab das Leben im Wohlstand auf, um ein heiliger Bettler, ein «Wanderer» zu werden, wie es noch heute in Nordindien Brauch ist. Er wurde zunächst unter dem Namen Shākyamuni (der Weise der Shākya) bekannt, später als Buddha, der Erleuchtete. In der Ganges-Ebene südlich von Lumbinī , im Osten von Rajgir, Gayā und Vārānasī , wo der Buddha sein Leben verbrachte, stehen noch heute die gleichen Feigenbäume und rauchenden Bauernhütten, mageres Rindvieh weidet auf grünen Wiesen, und darüber schweben weiße Silberreiher und Dschungelkrähen. Die Überlieferung sagt, daß er bis Katmandu gekommen sei und auf dem Hügel von Swayambunath zwischen Kiefern und Affen gepredigt habe.

In den Tagen Shākyamunis waren die Yoga-Techniken bereits hoch entwickelt. Rund tausend Jahre früher waren die dunkelhäutigen Drawiden im Tiefland Indiens von den nomadisierenden Ariern aus der asiatischen Steppe überfallen worden, die ihre Religion von den Himmels-, Wind- und Lichtgöttern über ganz Eurasien verbreiteten.[3] Die Glaubensvorstellungen der Arier sind in den Veden, uralten Sanskrittexten unbekannten Ursprungs, aufgezeichnet. Dazu gehören der Rigveda und die Upanishaden, die die Grundlagen der hinduistischen Religion darstellen. Dem wandernden Asketen Shākyamuni erschienen jedoch die epischen Schriften über das Wesen des Universums und des Menschen nicht geeignet als Heilmittel gegen das menschliche Leid. In seinen als die «Vier Edlen Wahrheiten» bekannten Lehrsätzen erklärt Shākyamuni, das Leben des Menschen sei untrennbar mit dem Leid verbunden; die Ursache des Leids sei Begierde; Friede könne nur durch das Auslöschen der Begierde erlangt werden; und der Weg zu dieser Befreiung sei der «Achtfache Pfad»: vollkommene Anschauung, vollkommener Entschluß, vollkommenes Denken, vollkommene Rede, vollkommenes Handeln, vollkommene Verinnerlichung, vollkommene Vertiefung, vollkommene Erleuchtung.

Bereits die Veden enthalten den Gedanken, daß die Gier nach Vergänglichem – da sie eine Empfindung des Mangels beinhaltet – der höchsten Daseinsstufe unwürdig ist; wichtig sei vielmehr die Erfahrung des «Todes im Leben» und der geistigen Wiedergeburt, die von allen geistigen Lehrern, von den frühen Schamanen bis zu den Existentialisten, gesucht wird. Shākyamunis Lehre ist also weniger eine Ablehnung der vedischen Philosophie als ein Versuch, sie in die Tat umzusetzen. Die von ihm vorgelebte intensive Meditationspraxis begnügt sich nicht mit der durch Yoga-Übungen hervorgebrachten inneren Stille (seiner Meinung nach macht diese vor den letzten Wahrheiten halt), sie geht darüber hinaus, bis die durchscheinende Helle des beruhigten Geistes sich in der Verwirklichung von Prajñā auftut, jener transzendenten Erkenntnis, die den höchsten Stand des Bewußtseins auszeichnet, der allen Lebewesen innewohnt und dessen Voraussetzung eine unsentimentale Einswerdung mit der gesamten Existenz ist.

Fünf Jahrhunderte vor Christi Geburt, in der Gegend der Stadt Gayā südöstlich von Vārānasī , erfuhr Shākyamuni Erleuchtung in der tiefen Erfahrung, daß sein eigenes Wahres-Wesen, sein «Buddha-Wesen», sich nicht vom Wesen des Universums unterschied. Ein halbes Jahrhundert lang verkündete er fortan an Orten wie dem Wildgarten in Sārnāth, in Nālandā und auf dem Geier-Hügel nahe dem heutigen Rajgir und anderswo seine Lehre von der Unbeständigkeit des individuellen Daseins und vom ewigen Werden, so wie ein Fluß morgens derselbe zu sein scheint wie in der Nacht zuvor, obwohl das Wasser darin ständig fließt. Im Alter von achtzig Jahren starb er in Kushinagara (heute Kusinara) westlich des Flusses Kāli Gandaki.

Im heutigen Bodhgayā – es ist immer noch dieselbe Savannenlandschaft mit weidendem Vieh, glitzernden Gewässern, Reisfeldern, Palmen und Hütten aus rotem Lehm, ohne gepflasterte Straßen oder elektrische Leitungen –, steht neben einem Buddhatempel ein uralter Feigenbaum, ein Abkömmling jenes ersten Bodhi-Baumes, des «Erleuchtungs-Baumes», unter dem dieser Mann gesessen hatte. Vor zehn Tagen hatte ich an derselben Stelle, zusammen mit drei tibetischen Mönchen in kastanienbraunen Gewändern, in der warmen Morgendämmerung das Aufgehen des Morgensternes beobachtet, war aber hinterher nicht weiser als zuvor. Später fragte ich mich jedoch, ob die Tibeter wohl bemerkt hatten, daß im Bodhi-Baum lautes Vogelgezwitscher ausbrach, während es in einem anderen Baum derselben Art, der so nahebei stand, daß seine Krone die des heiligen Baumes berührte, völlig still blieb. Ich versuche damit nichts zu beweisen, ich berichte nur, was ich in Bodhgayā beobachtet habe.

2. Oktober

Die Sherpa sind immer aufmerksam und hilfsbereit, aber sie sind nie aufdringlich und schon gar nicht unterwürfig; wenn man schon für eine Dienstleistung bezahlt wird, warum sie dann nicht so gut wie möglich verrichten? «Yes Sir, ich wasche den Schlamm sofort ab!» – «Das dort kann ich noch tragen, Sir.» Ihre Würde leidet dadurch keineswegs Abbruch, denn zu dienen ist für sie Selbstzweck; sie setzen sich für die Aufgabe ein und nicht für den Auftraggeber. Als Buddhisten wissen sie, daß es auf das Tun mehr ankommt als auf den Erfolg oder die Belohnung, daß auf diese selbstlose Weise zu dienen bedeutet, frei zu sein, Ihr Glauben an das Karma – das Prinzip von Ursache und Wirkung, das Buddhismus und Hinduismus gemeinsam ist (sich aber auch im Christentum findet, wie in dem Beispiel: «Wie du säst, so sollst du ernten» gezeigt wird) – verleiht ihnen Toleranz und Vorurteilslosigkeit, denn sie wissen, daß böse Taten auch ohne Vergeltung seitens des Opfers ihre Strafe erlangen.

9. Oktober

Unsere Mutmaßungen über das Kristall-Kloster führen unweigerlich zu Gesprächen über den Buddhismus und das Zen. GS glaubte nicht, daß ein abendländischer Geist die nichtlineare Sichtweise des Ostens nachvollziehen kann. Mit vielen anderen teilt er die Ansicht, das östliche Gedankengut flüchte vor der «Realität» und lasse deshalb den Mut zum Leben vermissen. Aber es ist gerade der Mut zum Da-Sein, hier und jetzt und nirgendwo anders, was der Zen-Buddhismus letzten Endes fordert: Wenn du ißt, dann iß, wenn du schläfst, dann schlafe! Die Zen-Lehre hat nichts mit Mystizismus, geschweige denn mit Okkultismus zu schaffen, obwohl ihre Betonung der Vorrangigkeit der inneren Erfahrung der «Erleuchtung» (Kenshō oder Satori genannt) das Zen von anderen Religionen und Philosophien unterscheidet.

Ich erwähne GS gegenüber christliche Mystiker wie Meister Eckhart, den heiligen Franziskus, den heiligen Augustinus und die heilige Katharina von Siena, die drei Jahre in schweigender Meditation zubrachte: «Der ganze Weg zum Himmelreich ist schon das Himmelreich», sagte die heilige Katharina, und das entspricht genau dem Geist des Zen, das die Göttlichkeit nicht über die einfachen Wunder des Alltags erhebt. GS hält dem entgegen, diese Leute hätten zu Zeiten gelebt, in denen das Wesen des westlichen Denkens noch nicht durch die wissenschaftliche Revolution grundlegend verändert worden war. Damit hat er natürlich recht; ebenso wahr ist aber, daß die Wissenschaftler des Westens sich in jüngster Zeit mit steigendem Interesse und Respekt den intuitiven Lehren des Ostens zuwenden. Einstein beispielsweise gab wiederholt seinen Bedenken über die Beschränktheit des linearen Denkens Ausdruck und erklärte, alle Lehrgebäude, die lediglich aufgrund logischer Folgerungen zustande gekommen seien, entbehrten jeglicher Realität, selbst wenn man den Begriff der «Realität» genau definieren könnte; in seinem Denken sei immer die Intuition entscheidend gewesen. In der Relativitätstheorie gibt es manche Parallele zur buddhistischen Vorstellung von der Einheit von Zeit und Raum, die, wie die hinduistische Kosmologie, auf den uralten Lehren der Veden fußt.

«Es gibt nichts außer den Atomen und der Leere», schrieb Demokrit. Und es ist die Leere, auf die sich alle östlichen Lehren beziehen; sie ist nicht etwa ein «Nichts» oder die Abwesenheit von «Etwas», sondern das Ungeschaffene, das aller Schöpfung vorausgeht, das anfanglose Potential aller Dinge.

> Es gibt ein Ding, das ist unterschiedslos vollendet.
> Bevor der Himmel und die Erde waren, ist es schon da,
> so still, so einsam.
> Allein steht es und ändert sich nicht.
> Im Kreis läuft es und gefährdet sich nicht.
> Man kann es nennen die Mutter der Welt.
> Ich weiß nicht seinen Namen.
> Ich bezeichne es als TAO.[4]

> Es herrschte Dunkelheit, gehüllt in noch tieferes Dunkel ... Das Uranfängliche war überdeckt von Leere. Jenes Eine ... wurde durch die Kraft der Hitze freigesetzt aus seiner Abgeschiedenheit ... Wo diese Schöpfung herrührt, Er, der sie aus höchsten Himmeln gebot, Er weiß es oder Er weiß es nicht.[5]

Die mystische Sichtweise (mystisch erscheint sie uns nur, wenn wir die Wirklichkeit auf das von den Sinnen und vom Verstand Erfaßbare einschränken) war und ist zu allen Zeiten und überall auf der Welt, in Ost wie West, überraschend einheitlich, eine Tatsache, die der modernen Wissenschaft keineswegs entgangen ist. Der Physiker versucht, die Wirklichkeit zu *verstehen*, während der Mystiker dazu geschult ist, sie unmittelbar zu *erfahren*. Beide Richtungen sind sich darin einig, daß die Sozialisierungsmechanismen einer Gesellschaft, die nichts als das «Greifbare» gelten läßt, die menschliche Wahrnehmungsfähigkeit in hohem Maße einschränken; es entsteht ein sehr eng eingegrenztes Bild des Daseins, das zweifellos über das physikalisch Beweisbare hinausgeht. Auch stimmen beide Gruppen darin überein, daß Erscheinungsformen illusionär sind. Ein großer Physiker hat diese Einsicht so formuliert: «Die moderne Wissenschaft unterteilt die Welt ... nicht in Gruppen unterschiedlicher Objekte sondern unterschiedlicher Zusammenhänge ... Die Welt erscheint folglich als ein kompliziertes Gewebe aus Ereignissen, in dem sich Zusammenhänge unterschiedlicher Art abwechseln, sich überlagern oder sich ergänzen und so die Struktur des Ganzen bestimmen.»[6] Alle Phänomene sind Prozesse und Zusammenhänge, alles fließt, und manchmal wird dieser Fluß tatsächlich sichtbar: man braucht nur seinen Geist in der Meditation zu öffnen oder die Schranken der Wahrnehmung durch Drogen oder im Traum niederzureißen, um zu sehen, daß nichts wirklich abgegrenzt ist und daß in der endlosen gegenseitigen Durchdringung aller Dinge im Universum eine kosmische Energie im Innersten von Stahl und Stein ebenso gegenwärtig ist wie in Fleisch und Blut.

Seit die Relativitäts-Theorie erstmals die Getrenntheit von Energie und Materie in Frage stellte, haben nur wenige Physiker der uralten Intuition widersprochen, daß alle Materie, jede «Wirklichkeit» aus Energie besteht und daß alle Phänomene einschließlich der Zeit und des Raumes nur Manifestationen des Geistes sind. Die meisten Wissenschaftler würden heute jener alten Hindu-Weisheit zustimmen, daß nichts wirklich existiert und auch nichts zerstört werden kann, da die Dinge lediglich ihre Form und Gestalt ändern, und daß die Materie im Grunde keinen stofflichen Charakter besitzt, sondern nur eine zeitweilige Verdichtung der überall vorhandenen Energie ist, jener Energie, die auch das Elektron hervorbringt. Was sind diese unendlich kleinen «Nicht-Dinge» im Vergleich zu einem Staubkorn und ein Staubkorn gegen den Erdball? «Wissen wir wirklich, was Elektrizität ist? Trotz unserer Kenntnis der Gesetze, nach denen Elektrizität wirkt, und unserer Fähigkeit, hiervon Gebrauch zu machen, wissen wir nichts über den Ursprung oder die wirkliche Natur dieser Kraft, die sich schließlich als Quelle allen Lebens, allen Lichtes und allen Bewußtseins herausstellen mag: als der göttliche Atem, der alles durchdringt und bewegt.»[7]

Die kosmische Strahlung, von der man annimmt, daß sie ihren Ursprung in der Schöpfungsexplosion des Weltalls hat, trifft mit gleicher Stärke aus allen Richtungen auf die Erde auf; also müßte sich die Erde entweder im Mittelpunkt des Universums befinden, wie wir früher in aller Unschuld glaubten, oder aber das bekannte Universum besitzt keinen Mittelpunkt. Für den Mystiker liegt nichts Erschreckendes in dieser Vorstellung, in der mystischen Schau sind das Weltall, sein Ursprung und sein Mittelpunkt eins, und dieses Eine ist alles um uns und alles in uns, sind wir selbst.

Was der Buddha erkannte, war sein Einssein mit dem Universum; die Existenz auf diese Weise zu erfahren, heißt, der Buddha zu sein.

Auch das strahlende «weiße Licht», das so oft mit mystischen Erlebnissen einhergeht (von den Eskimo-Schamanen wird es das «innere Licht» genannt), kann man als eine Urerinnerung an die Schöpfung deuten. «Der Mensch ist die Materie des Kosmos, die sich selbst betrachtet», meint ein moderner Astronom,[8] und ein anderer weist darauf hin, daß wir mit jedem Atemzug Hunderttausende derselben unveränderten Argon-Atome einatmen, die der Buddha zu Lebzeiten ausgeatmet hat und die «Teil hatten an allem Schnauben, Seufzen, Klagen und Schreien»[9] aller Geschöpfe, die je gelebt haben, heute leben und einst leben werden. Die Atome fluten hin und her in den zwar nützlichen, aber künstlichen Konstrukten von Zeit und Raum, in den gleichen Rhythmen des Weltalls, dem kosmischen Atem, wie die Gezeiten und der Lauf der Gestirne, und sie vereinen Tote und Lebende in der Manifestation der Energie, die das ganze Universum belebt. Unwandelbar und unsterblich kann nie der individuelle Körper-Geist sein, sondern nur jener Geist, der allem Seienden innewohnt, jene Stille, der Ursprung, der nie vergeht, weil er nie wird, sondern immer nur *ist*. Diese in den hinduistischen und buddhistischen Religionen enthaltene Lehre geht zurück auf den Begriff der Māyā, wie er schon in den Veden formuliert wurde und sehr wohl aus noch älteren Kulturen stammen mag. Māyā ist die Zeit, die Illusion des Ego, der Stoff, aus dem das individuelle Dasein ist, der Traum, der uns von unverfälschter Wahrnehmung der Ganzheit abhält. Die Māyā wird oft mit einem versiegelten Glas verglichen, das die Luft in seinem Inneren von der freien Außenluft oder Wasser von dem allumfassenden Meer abschließt. Aber das Gefäß ist nichts anderes als das Meer selbst, und man muß es nur zerschlagen oder auflösen, um die Wiedervereinigung mit dem universalen Leben herbeizuführen, die alle Mystiker suchen, die ersehnte «Heimkehr», die Rückkehr ins verlorene Paradies unseres «Wahren-Wesens».

Die heutige Wissenschaft lehrt, was die Veden der Menschheit seit dreitausend Jahren offenbaren: daß wir das Universum nicht so sehen, wie es ist. Was wir sehen, ist nur Māyā, Illusion, das magische Theater der Natur, eine kollektive Halluzination jenes Teiles unseres Bewußtseins, den wir mit unseresgleichen gemeinsam haben und der den gemeinsamen Nenner und die Kontinuität unserer Lebenserfahrungen bildet. Nach der Lehre des Buddhismus (im Gegensatz zum Hinduismus) existiert diese Welt der Sinneswahrnehmungen, diese zwar nicht absolute, aber relative Wirklichkeit, dieser Traum ebenso wie das Absolute, ist ebenso bedeutsam – aber diese relative

Wirklichkeit ist nur ein Aspekt der Wahrheit, so wie es die kosmische Vision der Ziege dort an der schiefen Türöffnung unserer Behausung ist, die durch Regenschleier in den Schlamm hinausstarrt.

10. Oktober

Unbeweglich bleibe ich stehen, den Blick nach Norden gerichtet, instinktiv rühre ich mich nicht. Nebelschwaden, Schneetreiben, völlige Stille und tiefe Verlorenheit: das Gefühl, ausgelöscht zu sein. Dann, in der atemlosen Stille, reißt der Wolkenvorhang plötzlich auf und gibt die riesigen Schneefelder des Dhaulagiri dem Blick frei, ich atme auf, und schon hat der Nebel alles wieder verschluckt – Leere. Unwillkürlich verneige ich mich.

Nun senkt sich der Weg durch nassen Schnee bis zur Baumgrenze, die hier von Zwergzedern angedeutet wird, um in der Dämmerung schließlich die Hochgebirgsmatten eines Bergsattels zu erreichen, auf dem es flach genug zum Aufschlagen der Zelte ist. Nach Einbruch der Dunkelheit ziehen die Wolken ab, unser Lager in 4200 Meter Höhe ist von hellen Eiswänden umgeben. Vor dem schwarzen Himmel leuchten die fünf Gipfel des Dhaulagiri und über der weißen Einöde klingt metallen der Mond, der volle Mond des Oktobers, in dem der Lotos erblüht.

14. Oktober

Nur die Erleuchteten können sich an frühere Daseinsformen erinnern, für uns andere sind Erinnerungen aus früheren Existenzen nichts als Lichtblitze, eine wehe Sehnsucht oder vorbeihuschende Schatten, die uns merkwürdig bekannt vorkommen, aber bevor wir sie fassen können verschwinden.

Folglich werden wir ermahnt, uns darum zu bemühen, «dieses Leben und das nachfolgende, wie auch das dazwischenliegende Leben im Bardo als Eins zu betrachten». So lauteten die letzten Worte, die der große tibetische Heilige und Dichter, der Lama Milarepa, an seine Schüler richtete. Milarepa lebte im zehnten Jahrhundert; er wurde Milarepa genannt, weil er als großer Yogi und Meister der Praxis der «inneren Hitze» nur einen einfachen weißen Umhang, einen Repa trug, sogar im tiefsten Winter. Seine Gedichte und Lehrverse wurden von seinen Schülern niedergeschrieben und erfreuen sich auch heute noch in Tibet großer Beliebtheit. Wie Shākyamuni soll auch Milarepa in nur einem Leben vollkommene Erleuchtung erlangt haben; die Worte, die er sprach, als er sich auf den Tod vorbereitete, hätte auch der Buddha sprechen können:

> Alles weltliche Streben hat nur ein unvermeidbares und unentrinnbares Ende im Leid: Erwerb endet in Verlust, Aufbau in Zerstörung, Begegnung in Trennung, Geburt in Tod. In diesem Bewußtsein sollte man von Anfang an auf Erwerb und Anhäufung von Reichtümern, auf Bauen und Begegnungen verzichten... und nach der Erkenntnis der Wahrheit trachten... Das Leben ist kurz und der Zeitpunkt des Todes ist ungewiß, deshalb widmet euch der Meditation...[10]

Meditation hat nichts zu tun mit der Kontemplation ewiger Wahrheiten, der eigenen Torheit oder gar des eigenen Nabels, obwohl man durch sie eine klarere Sicht all dieser rätselhaften Dinge gewinnen kann. Meditation hat überhaupt nichts mit irgendeinem Denkvorgang zu tun – sie besteht in der Intuition des wahren Wesens der Existenz; aus diesem Grund ist Meditation in irgendeiner Form auch in nahezu allen bekannten Kulturen der Menschheit zu finden. Der entrückte Buschmann starrt ins Feuer, der Eskimo zeichnet mit einem spitzen Stein immer tiefer werdende Kreise auf eine glatte Felsfläche und erreicht dadurch dieselbe Auslöschung des Ego (und dieselbe außerordentliche Kraft) wie der Derwisch oder Pueblo-Indianer bei seinem heiligen Tanz. Die Hindus und Buddhisten gelangen durch innere Stille zur Erkenntnis, die sie gewöhnlich durch den Samādhi-Zustand des Sitzens in Meditation erreichen.[11] In den tantrischen Praktiken verdrängt der Übende sein Ich, indem er sein ganzes Sein mit dem wirklichen oder vorgestellten Gegenstand seiner Konzentration erfüllt; die Anhänger des Zen bemühen sich darum, den Geist zu entleeren, ihm die klare Stille einer Muschelschale oder eines Blütenblattes wiederzugeben. Wenn Körper und Geist Eins geworden sind, öffnet sich das ganze Wesen des Menschen ungehindert von Intellekt, Gefühlen und Sinneswahrnehmungen für die *Erfahrung*, daß die individuelle Existenz, das Ego, die «Wirklichkeit» aller Dinge und Phänomene nichts weiter ist als vergängliche und illusorische Anhäufungen von Molekülen. Das ermüdende Selbst aus Masken und Schutzmauern, Abwehrmechanismen, Vorurteilen und Meinungen, welches aufrechterhalten von Vorstellungen und Begriffen sich selbst für eine abgetrennte Wesenheit hält (in einer Gesellschaft aus ähnlichen Wesenheiten), mag dann plötzlich wegfallen, sich in einen formlosen Fluß auflösen, in dem solche Begriffe wie «Leben» und «Tod», «Zeit» und «Raum», «Vergangenheit» und «Zukunft» keine Bedeutung mehr haben. Da ist dann nur noch eine strahlende, transparente Leere, das Ungeschaffene, das keinen Anfang und deshalb auch kein Ende hat.

Wie die japanischen Bodhidharma-Figuren, Stehaufmännchen, die immer wieder in ihren Mittelpunkt zurückkehren, stellt die Meditation den Angelpunkt des Universums dar, in den alles wiederkehrt wie in der Stille der tiefsten Nacht, der Stille zwischen den Gezeiten und der Stille des Augenblickes vor der Schöpfung. In dieser unverstellten Leere, in diesem dynamischen Ruhezustand, liegt die letzte Wirklichkeit, hier wird der Mensch zu seinem «Wahren-Wesen» wiedergeboren in der Rückkehr aus dem, was die Buddhisten den «großen Tod» nennen. Das ist die Wahrheit, von der Milarepa spricht.

16. Oktober

Ich steige quer über den Berg zur Nordkante hinauf, wo ich mir das Tal genau ansehe, das zum Jang-Paß führt, dann kehre ich wieder zurück. Phu-Tsering erwartet mich im Lager mit warmen Tschapatis und heißem Wasser, mit dem ich mich in der Sonne wasche. Seine Amulette sind ihm aus dem Hemd gerutscht, als ich danach frage, steckt er sie verlegen fort: die habe er von seinem Lama bekommen, murmelt er. Seine Befangenheit weicht, als ich ihm mein «Amulett» zeige, einen Talisman, den mir der Zen-Meister Sōen Rōshi, «mein Lama in Japan», geschenkt hat. Phu-Tsering bewundert den glatten Pflaumenkern, auf dem die zehn Sätze eines vollständigen Sūtra mit winzigen Schriftzeichen eingeschnitten sind. Seine Ehrfurcht nimmt zu, als er hört, das Sūtra preise einen Bodhisattva, wohl die am meisten verehrte mythische Verkörperung des Buddha, den Phu-Tsering unter dem Namen «Tschenrezigs» kennt, den Schutzpatron Tibets, der mit dem Mantra OM MANI PADME HUM angerufen wird. In dem japanischen Sūtra auf dem Pflaumenkern heißt der Bodhisattva Kanzeon oder Kannon, die Hindus nennen ihn Padmapāni, in Sanskrit ist er Avalokiteshvara, der «Herr, der (voll Mitgefühl) herabblickt». Wie alle Bodhisattvas verkörpert Avalokiteshvara das Göttliche im eigenen Inneren, das von den Mystikern aller Religionen gesucht wird und auch «der Herr, der im Innern geschaut wird», genannt wurde.

Wie die meisten gläubigen Buddhisten rezitiert Phu-Tsering sein

OM MANI PADME HUM jeden Tag und immer, wenn er in Gefahr oder Schwierigkeiten ist. Er hat Angst vor Dämonen und fürchtet sich im Dunkeln. Als er einmal nachts in Ostnepal unmittelbar hinter GS ging, sang er dieses Mantra so unablässig, daß GS ihn am liebsten über die Felskante hinuntergeworfen hätte. Doch die gläubigen Buddhisten sind davon überzeugt, daß die Anrufung einer Gottheit durch das Mantra den Schutz dieser Gottheit heranzieht, und da das OM MANI PADME HUM dem großen erbarmungsvollen Tschenrezigs gewidmet ist, findet man es überall auf Gebetssteinen, Gebetsmühlen und -fahnen und auf vielen Felsen im buddhistischen Teil des Himālaya.

Auf tibetisch etwa Aum Ma-ni Päh-me Hung ausgesprochen, kann man es etwa so übersetzen: «Om! Juwel im Herzen des Lotos! Hum!» Das tiefe, vibrierende *Om* ist aller Klang und alle Stille der Zeiten, das Brausen der Ewigkeit und die große Stille des reinen Seins; angestimmt mit den vorgeschriebenen Schwingungen ruft es das sonst nicht aussprechbare Ganze an. *Mani* ist der «unzerstörbare Diamant» der Leere, die uranfängliche, reine, unzerstörbare Essenz des Seins, jenseits von Materie und Antimaterie; es ist alle Phänomene, Veränderungen und alles Werden. *Padme* – im Lotos – ist die Welt der Phänomene, Samsara, die sich durch geistige Vervollkommnung entfaltet, bis unter den Blättern der Verblendung das Mani-Juwel der Erleuchtung sichtbar wird, das nicht außerhalb des Alltagslebens liegt, sondern in seiner Mitte. *Hum* hat keine besondere Bedeutung und wird unterschiedlich erklärt (wie überhaupt jedes Wort dieses großen Mantra, über das ganze Bücher geschrieben wurden). Vielleicht ist es nur ein rhythmischer Ausruf als Schluß des Mantra, der den Ausrufenden ermahnt und inspiriert; eine Bestätigung des Seins wie die symbolische Geste des Buddha, als er im Augenblick der Erleuchtung die Erde berührte. *Es* ist! *Es* existiert! Alles, was war, ist oder sein wird, ist genau hier. *Jetzt!*

Ich ziehe nochmals los und setze mich an die Kante der Schlucht. Im Norden ragt ein Eiskegel in den Himmel. Schneefelder wogen wie erstarrte Wellen zum Himmelsblau. Wo der Saure in die Schlucht hinunterstürzt, starrt mir eine Wand drohend entgegen, auf die Schnee und Schatten bizarre Zeichen malen. Die Leere und die Stille der Schneeberge führen rasch zu jenem Bewußtseinszustand, der sich sonst in entrückter Meditation einstellt; zweifellos hat die Höhenlage ihre Wirkung auf mich, denn ich kann die Welt, wie es mir gefällt, als fest oder fließend wahrnehmen. Die Erde pulsiert, das Gebirge strahlt, als ob alle Moleküle darin frei tanzten, der blaue Himmel tönt. Ist es die «Sphärenmusik», die ich höre, das, was die Hindus den «Atem des Schöpfers» nennen und ein Astrophysiker als das «Seufzen der Sonne» bezeichnete?

Der Wind trägt weiche Wolken aus dem Süden heran. Dicht neben mir pickt ein Rotschwänzchen im Schnee, ein Schwarm fetter Rosenfinken folgt nach. Ich sitze unbeweglich, aber plötzlich stiebt die ganze Schar wie von einer Windbö hochgewirbelt davon. Ich sehe mich nach der Ursache der Störung um. Kaum zehn Meter hinter mir sitzt ein Falke auf einem Felsen, seine Nackenfedern sträuben sich im Wind, ehe er sich aufschwingt und nach einer für mich unsichtbaren Beute in die Schlucht hinuntertaucht. Dann plötzlich ein großer Lämmergeier, goldener Kopf, schwarzer Kragen – wie ein drei Meter langes Schwertblatt saust er aus dem Norden auf mich zu, verschwindet im Schatten zwischen den Felsen. In einer Kehre des Flusses, in einer versteckten Ecke zwischen aufsteilenden Felswänden, liegt eine grüne Wiese im letzten Sonnenlicht, als läge tief dort unten in der unzugänglichen Schlucht eine verlorene Welt. Noch einmal kommt der große Vogel in Sicht, die Sonne glänzt auf seinem Gefieder, dann ist er verschwunden, mit ihm die Sonne, und die Wiese versinkt im Dunkel. Mit dem Schatten der Nacht steigt die Kälte zu mir herauf.

Ich bleibe noch eine Weile sitzen, bis nur die höchsten Gipfel einen Widerschein tragen. Der Felsblock hinter mir erzittert so schwach, daß ich es ein andermal wohl kaum gespürt hätte. Nochmals rührt sich der Berg, als wolle mir die Erde einen Stups geben. Und noch immer sehe ich nicht.

20. Oktober

Beim Abschied von Eido Rōshi hatte ich ihm auch von den seltsamen Todesahnungen erzählt, die mich seit einigen Monaten befallen hatten. Er nickte; vielleicht meinte er, solche Ahnungen seien Vorzeichen des geistigen «großen Todes» und einer «Wiedergeburt». – «Vielleicht bringt der Schnee Ihnen Auslöschung und Erneuerung», murmelte er. Und dann, nach einer Weile, warnte er: «Aber erwarten Sie nichts!» Es gefiel dem Rōshi, daß wir zu zweit reisen wollten, das schien ihm eine Vorbedingung für eine echte Pilgerfahrt. Er wies mich an, auf meiner Wanderschaft über die Berge das *Kannon Sūtra* zu rezitieren, und gab mir ein Kōan: *Alle Gipfel sind schneebedeckt – warum ist dieser eine nackt?*

Der Rōshi erhob sich von seinem schwarzen Sitzkissen, faßte mich an den Schultern und berührte dreimal meine Stirn mit der seinen. Dann schlug er mir kräftig auf den Rücken und schickte mich mit einem Schrei auf den Weg.

«Erwarten Sie nichts!» Immer wieder erinnere ich mich an seinen Rat. Ich muß meinen Weg unbeschwert gehen, ohne daran zu denken, daß ich irgend etwas erreichen will. Statt das *Kannon-Sūtra* zu rezitieren, stimme ich das OM MANI PADME HUM an, das denselben großen Bodhisattva anruft. Wenn man zu jedem Schritt ein Wort dieses Mantra ausspricht, paßt sein vibrierender Klang besser zu dem Rhythmus des Kletterns.

Aum ... Ma-ni ... Päh-me ... Hung!

Eine große, kupferfarbene Heuschrecke auf dem Pfad glänzt wie Bernstein in der Sonne, sie ist so groß und scheint so von innen her zu leuchten, daß ich mich frage, ob sie nicht irgendein Heiliger ist, fortgeschritten in der Kunst, eine andere Form anzunehmen. Aber ehe sich solch ein «Vervollkommneter» offenbaren kann, macht der Grashüpfer einen unvorsichtigen Satz über die Abgrundkante, um mehrere hundert Meter tiefer ein neues Leben zu beginnen. Ich entscheide mich, dies als ein Zeichen dafür zu nehmen, daß ich mich dem Leben anvertrauen muß, und mit stillem Dank an den Grashüpfer setze ich beschwingt meinen Weg fort.

Der Bheri liegt jetzt weit hinter und unter uns, vor uns erhebt sich ein Schneegipfel des Kanjiroba wie eine stille Wolke in das Himmelsblau. Ein zeternder Dohlenschwarm löst meine Heiterkeit aus, und da mir kein neues Thema einfällt, um meiner guten Laune Ausdruck zu geben, berichte ich GS atemlos von meinen Stiefeln, die endlich weit genug geworden sind und mir das Leben dadurch unendlich versüßen. Leicht erschreckt durch meine Euphorie macht GS sich raschen Schrittes aus dem Staub, ich bleibe zurück und lausche zufrieden dem Knarren meiner geliebten Bergstiefel und dem dumpfen Aufschlag meines Stockes auf dem Fels, wobei ich mich unbezwingbar fühle wie Padmasambhava, der den Dharma von Indien nach Tibet brachte.

Auf den Steinen aus Glimmerschiefer liegt die gelb-blaue Feder eines unbekannten Vogels. Und mich überkommt die bohrende Ahnung, wenn auch kein klares Begreifen, daß in dieser Feder auf dem silbernen Pfad, im Rhythmus des Klanges von Holz und Leder, in Atem, Wind und Sonne sowie in den rauschenden Bächen einer Landschaft ohne Vergangenheit und Zukunft – daß in diesem Augenblick und in allen Augenblicken Vergänglichkeit und Ewigkeit, Tod und Leben Eins sind.

Hoch oben am Berg kommt ein Dorf in Sicht, es ist Rohagaon. Wir ziehen an wilden Walnußbäumen vorbei, die letzten gelben Blätter hängen steif an den Zweigen, zerbrochene Nußschalen liegen auf flachen Steinen am Wegrand; der verzauberte Wald aus einem Kindermärchen liegt hier im herbstduftenden Nachmittag vor mir. Sein Anblick bringt eine leichte Nostalgie mit sich, sehnsüchtige Erinnerung nicht an zu Hause oder irgendeinen anderen Ort, sondern an eine verlorene Unschuld – das verlorene Paradies, das, wie Proust sagt, das einzige Paradies ist. Die Kindheit ist voller Geheimnisse und Verheißungen; vielleicht kommt die Lebensangst in dem Moment, wo alle Geheimnisse erklärt sind und wir all das erlangt haben, was wir zu brauchen glaubten. Es ist just der Augenblick der scheinbaren Erfüllung, in dem wir die herbste Enttäuschung erfahren und uns betrogen fühlen, ein Gefühl, das wie eine riesige drohende Welle hinter uns aufsteigt. In solchen Momenten wird uns plötzlich klar, was Milarepa meinte: «Alles weltliche Streben hat nur ein unvermeidliches Ende, das Leid: Ansammlung endet in Zerstreuung, Aufbau in Zerstörung, Zusammentreffen in Trennung, Geburt im Tod ...» Mit dem unbeschönigten Schreckgespenst von Alter, Krankheit und Tod konfrontiert, werden wir auf die Gegenwart zurückgeworfen, auf diesen Augenblick, *hier, gerade jetzt,* denn das ist alles, was es gibt. Und zweifellos macht das das Paradies der Kinder aus, daß sie ganz in der Gegenwart ruhen, wie Frösche oder Kaninchen.

21. Oktober

Hoch oben im Tal treffen wir wieder auf den Suli Gad, ein reißendes Wasser zwischen flechtenbewachsenen Felsenklippen, im Schatten von Tannen und Walnußbäumen, darunter dichtes Farngestrüpp. Über felsige Stufen donnert uns der Fluß unter den herbstbunten Blättern und stillen, dunklen Tannen entgegen, eine Reihe von Wasserfällen, türkisfarben und weiß, zwischen gischtglänzenden Felsblökken. Im kalten Atem der Fälle ist die trockene Bergluft durch aufsteigenden Dunst gemildert. Unter den Sternen der vergangenen Nacht gluckste dieses Wasser noch in kleinen Rinnsalen durch die Schneefelder. An der letzten Stufe des Wasserfalls, stromab, springt es funkelnd in die Luft, der Sonne entgegen, deren Strahlen auf den Wellen tanzen, vor dem weißen Hintergrund ferner Schneeberge.

Stromauf, in der inneren Schlucht, wird die düstere Stille durch das Poltern von Felsstürzen noch vertieft. Irgend etwas lauscht, und ich lausche auch: wer wagt es, hier einzudringen? Wer atmet da? Ich reiße einen Farnwedel ab, um mir die Sporen zu besehen, werfe ihn wieder weg und werde im gleichen Augenblick von Reue gepackt: zu den großen Sünden, so sagen die Sherpa, gehört es, wilde Blumen zu pflücken und Kinder zu erschrecken. Meine Stimme murmelt eine Entschuldigung, ein seltsames Geräusch, das in dieser Stille fehl am Platz erscheint. Ich schaue mich um – wer hat da gesprochen? Und wer hört? Wer ist dieses immer-gegenwärtige «Ich», das nicht ich selbst bin?

Eine einsame Vogelstimme stellt dieselbe Frage.

Hier im Geheimnis der Berge, im Brausen des Flusses, berühre ich meine Haut, um zu sehen, ob ich wirklich bin; laut rufe ich meinen Namen und gebe keine Antwort.

Vor einer dunklen Felswand schwirrt und glitzert eine schwarzgoldene Libelle. Nüsse fallen auf Teppiche aus gelben Blättern am Boden. Ob es wohl irgendwo auf der Welt noch einen schöneren Fluß gibt als den Suli Gad im Herbst? Im Nebel ragt ein Wassergeist aus monumentalem grauen Fels empor, eingehüllt in einen Mantel aus weißem Wasser. Weiter oben hängt das lange Band eines Wasserfalls von einer Klippe im Osten in den Wind, der die Schlucht aufwärts weht. Noch ehe es den Boden berührt, zersprüht es, der Wind trägt den Dunst wieder hinauf, wo er zwischen den Tannen in der Sonne leuchtet.

30. Oktober

Morgens, als ich den ersten Blick in das stille Universum wage, sind meine Nasenlöcher voller Eis. Ich krieche in den Schlafsack zurück und decke das Gesicht zu.

Beim Morgengrauen besuchen ein paar Raben das Lager. Dann steigt eine kühle Sonnenscheibe über den Rand der weißen Welt und bringt etwas Wind mit.

Heute müssen wir zweimal drei Lasten zum Kang-La hinaufschaffen. Das sind dann erst neun von den insgesamt vierzehn Lasten. Wir warten, bis die bitterste Kälte vorbei ist, und brechen erst auf, als die ersten Sonnenstrahlen den Hang streifen. Dann steigen wir rasch auf, ehe noch der Schnee weich wird, und erreichen den Paß in anderthalb Stunden. In den verschneiten Nordtälern, die noch tief im Bergschatten liegen, ist keine Spur von unseren Gefährten zu entdecken.

Die Sherpa kehren sofort um, sogar sie scheint die endlose Leere zu bedrücken. Ich bleibe allein zurück, abermals überwältigt von dieser Leerheit: kein Wind, keine Wolke, kein Pfad, kein Lebewesen; nichts als kristallene Grate zwischen riesigen klirrenden Felsgipfeln, die, befreit von der Eis- und Schneelast, ihr unerschütterliches *Sein* in die Bläue setzen. Im Morgenlicht zeichnen die Felsen scharfe Schattenbilder auf den Schnee, in der Spannung zwischen Licht und Dunkel ist die Kraft des Universums. Diese Stille, in die alles einmal zurückkehrt, das ist die Wirklichkeit, und Vernunft und Seele gelten hier nicht mehr als ein Schneeschauer. Die Schneegipfel, mehr noch als das Meer oder der Himmel, halten uns einen kühlen, klaren Spiegel vor, in dem sich unser wahres Sein zeigt; völlige Stille, völlige Klarheit, ein Nichts, eine Leere ohne Leben und Klang, die doch alles Leben, alle Klänge in sich birgt. Aber solange mein «Ich» sich der Leere bewußt bleibt und außerhalb von ihr steht, liegt Schneestaub auf dem Spiegel.

Ein kleiner schwarzer Schatten taucht auf dem Schneefeld unter mir auf, es ist Dawa mit seinem Stirnband, aber in diesem Licht bewegt sich dort auch etwas, das viel mehr als Dawa ist. Die Sonne dröhnt, jeder Schneekristall birst vor Licht. Und wieder fühle ich mich im Innersten bewegt, ohne den Grund dafür zu erfassen, wieder erstarren auf meinem Gesicht warme Tränen zu Eis. All diese Felsen und Berge, all diese Materie, der Schnee, die Luft – die ganze Erde beginnt zu klingen. Alles ist in Bewegung, ist voller Kraft, voller Licht.

Etwas bricht auf, und obwohl sich nichts ändert, wird alles leicht, licht und frei. Endlich erlöst, erhebe ich mich in den Himmel ...
Dieser Traum kommt oft wieder. Manchmal renne ich und steige dann auf wie ein Kinderdrachen. Eine Zeitlang schwebe ich völlig durchlässig hoch über der Erde, ehe ich mich *entschließe*, zu erwachen, aus Angst, herunterzufallen. Und doch sagen mir solche Träume, daß ich in den Dingen aufgehen könnte, wenn ich nur losließe und auch dabei bleiben würde. «Seien Sie nicht schwer», sagt Sōen Rōshi, «werden Sie leicht, licht, voller Licht.»

Zweimal habe ich im Traum ein so helles, gleißendes Licht erblickt, daß ich davon erwachte. Aber das Licht blieb nicht bis in den Wachzustand erhalten. Was aber ist wirklicher, Wachen oder Traum?

> Der Geist der alten Buddhas ist nicht etwas, das für deine Erfahrung keine Bedeutung hat, irgendein Geist, der seit anfangloser Vergangenheit existiert: Es ist eben der Geist, der Reisschleim ißt oder andere Speisen in deinem gewöhnlichen Leben schmeckt, es ist der Geist, der Gras ist, der Geist, der Wasser ist. In diesem Leben, so wie es ist, hat das Sitzen-wie-ein-Buddha seinen Platz, das «Erweckung des Erleuchtungsgedankens» genannt wird.
> Die Bedingungen für die Erweckung des Erleuchtungsgedankens liegen nicht irgendwo anders. Der erleuchtete Geist erweckt den Erleuchtungsgedanken ... Man ehrt den Buddha mit einem Sandkorn. Man ehrt den Buddha mit dem Wasser, in dem der Reis eingeweicht wurde. Man opfert den Lebewesen eine Handvoll der Speise.
>
> Eihei Dōgen, *Shōbōgenzō, Hotsu Mujōshin*

8

---

2. November

Auf 4500 Meter Höhe liegt Shey ebenso hoch wie der Jang-Paß. Es liegt im sogenannten «Inneren Dolpo», das von Ost-Dolpo durch eine hohe Gebirgskette abgetrennt ist und wohl zu den höchsten besiedelten Gebieten der Erde gehört. Die Einwohner sind reinrassige Tibeter, deren Lebensweise sich wohl kaum von der jener Chang-Tataren unterscheidet, die ursprünglich in Tibet lebten. Auch in ihrer Sprache widerspiegeln sich noch die Gewohnheiten des Nomadenvolkes, das sich vor zweitausend Jahren hier niedergelassen hat. Dolpo gehörte ehemals zu West-Tibet, und der Buddhismus gelangte bereits früh hierher. Hinter dem Fluß Karnali erhebt sich im Nordwesten der Kailash aus dem Tibetischen Plateau, der heilige «Berg Sumeru» oder «Meru» der Hindus und Buddhisten,

Wohnstätte Shivas und Mittelpunkt der Welt. Am Kailash entspringen die vier großen Flüsse Karnali, Indus, Sutlej und Brahmaputra, die in Gestalt eines großen Mandala den indischen Meeren zuströmen.

Shey Gompa (tib. *Shel dgon-pa, «Kristall-Kloster»)* ist ein Kloster der Kargyütpa-Schule, die sich im elften Jahrhundert als Seitenlinie des Kālachakra-Tantra von der Alten oder Nyingma-Sekte trennte (Kālachakra = «Rad der Zeit»). Die Kālachakra-Lehre war im selben Jahrhundert nach Tibet gekommen. Der Überlieferung nach gründet sie sich auf ein Tantra, einen Lehrtext, der unter dem Titel *Reise nach Shambala* bekannt ist. Er lehrt die Gläubigen, die Zeit (den Tod) zu transzendieren, und gilt als das Buch der Weisheit, das auf den Darstellungen des Bodhisattva Mañjusrī zu sehen ist. In der Kālachakra-Lehre werden die ohnehin schon zahlreichen Buddha-Aspekte nochmals aufgeteilt in friedliche und rasende Manifestationen ein und derselben Gottheit; so tritt Avalokiteshvara, der Große Erbarmer, gleichzeitig auch als Mahākāla (Große Zeit), der Herr des Todes, auf. Er ist eine Verkörperung der zerstörerischen Kräfte des Universums und wird oft mit einer Kette aus Menschenschädeln, einem Umhang aus Menschenhaut und einer Handvoll Pfeilen abgebildet, die er bedrohlich schwingt und dabei auf der kopulierenden Menschheit herumtrampelt. Mahākāla bringt Befreiung für die Menschen, die ihrer Vergangenheit sterben können, um wiedergeboren zu werden, und es ist erschreckend nur für jene, die sich ans weltliche Dasein des Samsāra klammern, an jenes endlose Dürsten und Gestilltwerden und erneute Dürsten, das die mit Blut gefüllte Schädelschale der Priester symbolisiert. Das Kālachakra-Pantheon der friedlichen und rasenden Gottheiten wurde auch von den «reformierten» Schulen übernommen: den Kargyütpas, den Sakyapas und auch von den Gelugpas, deren Oberhäupter die Dalai Lamas sind.

Die Kargyütpa-Schule ist eine Gründung des großen Lamas Marpa, genannt der «Übersetzer». Dreimal reiste er nach Indien, um die Lehren des Meisters Naropa zu studieren. Nach Tibet zurückgekehrt, übermittelte Marpa die Lehre des Dharma an seinen Schüler Milarepa. In der Nachfolge spalteten sich einige Schüler Milarepas von den Kargyütpas ab und gründeten die neue Schule der Karmapas, die im dreizehnten Jahrhundert als erste tibetische Schule des Buddhismus Einfluß auf den damaligen Herrscher Chinas, Kublai Khan, gewann. (Nach der Chronik des Marco Polo wurde der Glaube des Khan an die tibetischen Lehren durch einen Lama verstärkt, der die Bekehrungsversuche von Vertretern des Christentums, des Islams und des Taoismus übertrumpfte, indem er eine Tasse ohne äußere Einwirkung zu den Lippen des Herrschers schweben ließ.)

Die im sechzehnten Jahrhundert erfolgten Reformen der Gelugpas haben das Wesen der Lehren der Karma-Kargyütpas kaum zu ändern vermocht, wenigstens nicht an so abgelegenen Orten wie dem Kristall-Berg. In seiner asketischen Disziplin und der einfachen Lehre, die alle metaphysischen Spekulationen verwirft zugunsten einer langjährigen Meditationspraxis in Einsamkeit, kommt die Praxis der Karmapa-Schule der des Zen-Buddhismus recht nahe, der ebenfalls die intuitive Erfahrung über alle priesterlichen Rituale und Doktrinen stellt. Beide Richtungen werden als «Kurzer Pfad zur Erlösung» bezeichnet, und obwohl der direkte Weg steil und schwierig ist, stellt er doch den Kern des Buddhismus dar, frei von allen zeremoniellen Auswüchsen. Es erscheint mir als wunderbares Karma, daß gerade das Kristall-Kloster zu der zen-verwandten Schule gehört und daß der Lama von Shey, ein ehrwürdiger Tulku oder inkarnierter Lama, im ganzen Land Dolpo als die gegenwärtige Verkörperung des Lama Marpa verehrt wird. Unterwegs sah ich mich in meiner Vorstellung schon im Mönchsgewand zu seinen Füßen sitzen und von ihm in die alten Mysterien eingeführt werden, hatte ich doch gehofft, daß er mein Lehrer werden würde. Daß das Gompa verschlossen und der Lama abgereist ist, kann auch als karmische Zurechtweisung für mich verstanden werden, als eine stille Mahnung an mein Ich, sich nicht immer wieder bemerkbar zu machen wie dort jene meckernde Ziege im Nordwind.

Obwohl das Kloster fest verschlossen ist, geben die beiden großen Stūpas oberhalb der Brücke eine Vorstellung davon, wie die Ikonographie darin aussehen mag. Die Stūpas sind etwa zehn Meter hoch, sie bestehen aus einem typischen roten Kubus als Unterbau und einer mit roten Ranken verzierten weißen Kuppel, über die sich ein spitz zulaufender Aufsatz mit einer Mondsichel und einer Sonnenscheibe erhebt. An den vier Seiten des Unterbaus befinden sich grobe Lehmfresken von symbolischen Tieren: Elefanten im Osten, Pferde im Süden, Pfauen im Westen und auf der Nordseite ein Bildnis des Garuda, eines mythischen Falken, der hier als geflügelter Mann mit Sonne und Mond auf den Schwingen dargestellt ist. Der Garuda ist, ebenso wie die Swastikas im Stūpa-Inneren, ein vorbuddhistisches Symbol, desgleichen das Ying-Yang-Zeichen auf der Tür, das noch älter sein soll als der frühe chinesische Taoismus des dritten Jahrtausends vor Christus.

4. November

Da mich die Kälte dazu nötigt, jede Nacht zwölf Stunden in meinem Schlafsack zu verbringen, widme ich mich meinen Zen-Übungen. Jeden Morgen vor Tagesanbruch ziehe ich meine Daunen-Parka in den Schlafsack, um sie anzuwärmen, dann setze ich mich in Meditationshaltung auf und rezitiere für etwa vierzig bis fünfzig Minuten Sūtras. Diese Morgenandacht gewinnt an Würde durch eine kleine Buddha-Statue aus Lehm, die ich aus dem Scherbenhaufen alter Bildnisse bei einem Stūpa in Ringmo aufgelesen habe. Ich stelle die Figur auf einen flachen Altarstein vor das Zelt, wo die ersten Strahlen der Morgensonne sie treffen, und bleibe vermummt im Inneren des Zeltes sitzen, denn zu dieser Stunde beträgt die Temperatur nie mehr als minus zwölf Grad. Manchmal nimmt ein kleiner Vogel an der Andacht teil, mit wippendem Schwanz stöbert er in den Dungresten herum.

6. November

Die Nächte in Shey sind klirrend kalt unter den kühl funkelnden Sternen und so still, daß man auf dem hartgefrorenen Pfad den Tritt eines Wolfes weithin in der Schlucht hören würde. Doch heute rüttelt noch vor Tagesanbruch ein steifer Wind an der Zeltleinwand, und es ist wieder klar, dafür aber auch noch kälter geworden; der Weiße Fluß unter uns ist eisbedeckt und läßt kaum noch ein Murmeln hören.

Um sieben gibt es Frühstück in der Kochhütte – Tee und Porridge –, danach begleite ich GS gewöhnlich zu seinen Schafen und mache mich nach einer Weile zu meinen eigenen Erkundungsgängen auf. Ich suche die Höhlen und Simse auf der anderen Seite des Flusses mit dem Glas nach Leopardenspuren ab und halte ständig Ausschau nach Vögeln, Wölfen und Fossilien. Manchmal betrachte ich auch nur den Himmel und die Berge, manchmal meditiere ich und versuche, jenen Zustand geistiger Leere zu erlangen, in dem alles «ruhig, frei und unsterblich» ist. «Alle Dinge waren ewig gegenwärtig, da sie an dem ihnen zugedachten Platz waren ... etwas Unendliches erschien hinter jedem Ding.»[1] (Das hat nicht etwa ein Buddhist gesagt, sondern ein Brite im siebzehnten Jahrhundert.) Und bald bekommen alle Geräusche, alles was man sieht und fühlt, eine Unmittelbarkeit, als würde das Universum aufhorchen, ein

Universum, in dessen Mittelpunkt man selbst steht und das nicht identisch ist mit diesem Selbst, aber auch nicht verschieden von ihm. «Du wirst dich der Welt nicht recht erfreuen, solange nicht das Meer in deinen Adern fließt und du dich mit den Himmeln kleidest und die Sterne als Krone trägst: solange du dich nicht als Alleinerben der ganzen Welt erkennst und mehr als das, denn es leben darin andere Menschen, die ebenfalls Alleinerben der Welt sind, ebenso wie du.»[2]

Auf dem Berg über Somdo habe ich einen Platz entdeckt, der sich als Meditationsstätte eignet: eine altarförmige Stufe in einer Felsnische, die von allen Seiten durch Granitblöcke und dichtes Dornengebüsch geschützt und nur nach Süden offen ist. Wenn die Sonne scheint, wird es richtig warm hier. In den Felsritzen haben kleine, verkümmerte Pflanzen Zuflucht gefunden: bereits welke, rotbraune Stengel eines wilden Buchweizens *(Polygonum)*, ein paar Büschel Fingerkraut, blasses Edelweiß und Immergrün und sogar ein paar armselige Hanfstengel. Ich rücke einen großen Stein als Sitz zurecht, lege das Fernglas in Reichweite, falls sich irgendwelche Tiere zeigen sollten, und setze mich dann mit verschränkten Beinen hin. Ich lasse meinen Atem ruhig werden, bis ich kaum noch atme.

Die Berge um mich her beginnen zu leben, der Kristall-Berg bewegt sich. Ich höre den Fluß unterm Eis murmeln, obwohl mir unglaublich erscheint, daß ich das Geräusch hier oben hören kann. Auch bei Windstille schwillt das Flußrauschen an und ab, wie der Wind selbst. Instinktiv öffne ich mein Inneres, um alles Lebendige einzulassen, wie sich eine Blume mit Sonne füllt. Jetzt müßte man sich wie eine aus der Schote platzende Frucht von der alten Schale befreien können und dann auffliegen ...

Obwohl ich mir keiner Gemütsregung bewußt bin, legt sich mit der Öffnung meines Geistes ein feuchter Schleier über die Augen. Dann bläst frischer Wind mir die Augen und den Kopf wieder klar und Körper-Geist kommt und geht mit der leichten Brise. Ein sonnendurchtränkter Buddha. An einem dieser Tage muß ich einmal im fallenden Schnee meditieren.

Ich senke den Blick von den Eisgipfeln zu den Flechten, glänzenden Dornen und Schneeflecken. Obwohl ich blind für sie bin, ist die Wahrheit ganz nahe, sie ist da in der Wirklichkeit, auf der ich sitze – im Gestein. Diese harten Felsen lehren meine Knochen, was mein Gehirn im *Herz-Sūtra* nie verstanden hat: «Form ist Leere, Leere ist Form» – der leere Raum des blau-schwarzen Weltalls ist in allem enthalten. Während ich meditiere, beginnen die schweren Felsen manchmal zu tanzen.

Das Geheimnis der Berge besteht darin, daß sie einfach existieren, was ich auch tue, sie existieren einfach – und das tue ich nicht. Die Berge haben keine Bedeutung, sie sind Bedeutung, sie *sind.* Die Sonne ist rund. Ich klinge vor Leben, und die Berge klingen, und wenn ich es zu hören vermag, dann ist da ein Klang, der uns gemeinsam ist. Ich begreife das alles weniger mit dem Verstand als mit dem Herzen und weiß, wie sinnlos der Versuch ist, das nicht Ausdrückbare in Worte zu fassen, denn nichts als leere Worte bleiben übrig, wenn ich es anderntags wieder lese.

9. November

Auf dem Weg hinter Tsakang in Richtung Norden gibt es eine Stelle, von der aus sich ein phantastischer Ausblick auf die Gipfel und Bergketten bietet, die sich bis zu dem Tal erstrecken, wo Yeju und Kangju vereint in den großen Karnali-Fluß münden. Der Weg ist oft nur ein schmaler Sims und dazu an jedem Nordhang mit Eis und Firnschnee überkrustet. Aber auch auf den schneefreien Südseiten muß man auf jeden Schritt achten, und dabei fällt mir etwas auf, was einem großen Pfotenabdruck ähnlich sieht. Im selben Augenblick bleibt GS über mir stehen und zeigt auf etwas, das ich beim Näherkommen als deutliche Kratzer und Abdrücke einer großen Katzenpfote erkenne. Auch diese Abdrücke sind schon älter, aber wir wissen jetzt zumindest, daß hier Schneeleoparden vorkommen.

Im allgemeinen verbringt jeder von uns den Tag allein, aber oft, wenn wir zusammen unterwegs sind, scheint uns das Glück besonders gewogen. Die Kratzer und Spuren führen zu einer Felskante, an der eine andere Schlucht einmündet, und GS meint: «Dort vorne an der Ecke müßte ein Haufen Leopardenkot liegen, solche Stellen lieben sie.» Und dort liegt er auch, ausgerechnet unter einem kleinen Stūpa – das Juwel im Herzen des Lotos, denke ich unwillkürlich, als ich meinem Freund anerkennend zunicke. «Na, ist das nichts», fragt GS, «sich derart über einen Kothaufen zu freuen?» Und er sammelt den Fund in einer Plastiktüte, die er gleich neben unserem Vesperbrot in seinem Rucksack verstaut. Obwohl die Spuren mindestens eine Woche alt sind, suchen wir doch alle umliegenden Hänge und die Spalten und Höhlen darin sorgfältig mit unseren Ferngläsern ab.

In der folgenden Schlucht wird die zweite Einsiedelei sichtbar, deren rotbemalte Mauern mit blaugrauen und weißen Ornamenten geschmückt sind, doch fehlen die Reisigbündel an den Wänden und andere Anzeichen von Bewohnern; die weißen Gebetsfahnen hat der Wind zu Streifen zerschlissen. Ganz in der Nähe sind Höhlen mit rauchgeschwärzter Decke, offensichtlich Behausungen einstiger Einsiedler, denen die Nahrungsmittel vielleicht aus Tsakang herübergebracht wurden. Die kleine Gompa ist halb in eine Höhle in der Felswand hineingebaut, am äußersten Ende eines Felsens, der steil in die schwarze Schlucht abfällt; sie schaut wie Tsakang nach Süden über den Schwarzen Fluß, nur sind von hier aus die Stūpa-Spitzen von Shey über der Flußbiegung zu sehen, so daß die Aussicht weniger halluzinatorisch wirkt als das ausschließliche Blau-Weiß in Tsakang. Die kleine Einsiedelei liegt an einem Pilgerpfad, der vom Schwarzen Fluß hochsteigt, den Kristall-Berg umrundet und dann über Tsakang nach Shey zurückführt. Jetzt ist alles verlassen, am Nordhang verschwindet der Weg unter Eis und Schnee.

Ich setze mich auf die Schwelle, den Rücken gegen die sonnenwarme Holztür gelehnt, und esse einen grünen, von Phu-Tsering gebackenen Buchweizenfladen, der wie ein mit Flechten überwachsener Mandala-Stein von der Gebetswand aussieht und auch so ähnlich schmeckt. Blauschafe haben ihren Dung in den kleinen Hof abgesetzt, irgend jemand hat eine Sonne und einen Mond über den Türpfosten gemalt. Hier, an diesem verlorenen Ort am Rande der Schlucht und der Welt erscheinen mir das harte Brot, der Schafsdung und das Flattern der zerfetzten Fahnen im Wind ebenso illusionär wie alle Vernunft. Warum beunruhigt mich das Poltern der Felsblöcke in der Schlucht des Schwarzen Flusses? Das alles in sich aufnehmen können, den Bergfluß, die Sonne und den Wind, die Fülle des Seins mit dem Atem hineinnehmen ... und doch ... ich weiche vor diesem Geräusch zurück, das mir wie das drohende Donnern des Universums vorkommt. Vielleicht bilde ich mir das ein, aber ein Stück zurück, auf demselben Sims, war es, als suchten meine Füße wie von einer unsichtbaren Kraft gezwungen von selbst die lockeren Steine und vereisten Stellen, ich fühlte mich benebelt, schwer und ängstlich. Dort lag eine Kraft in der Luft, eine undeutliche Bedrohung. Auf dem Rückweg ist die Bedrücktheit vergangen, ich schreite wieder leicht und rasch voran. Irgendwie ist mir wohler, wenn der Abgrund links von mir liegt, aber das kann nicht der Grund dafür sein, daß mir derselbe Sims, der mir beim Hinweg solche Angst einjagte, jetzt mit einemmal richtig Spaß macht. Ich werde keineswegs leichtsinnig, im Gegenteil, gerade der präzise, an genau der richtigen Stelle aufsetzende Schritt und das Tappen meiner Füße erfüllen mich mit Leben. Sonnenstrahlen fangen sich in den Eisgipfeln über mir, und ein Schwarm schwarzer Dohlen tanzt über der Tiefe; Dunkel und Helligkeit wechseln ab über dem Pfad in der alles durchdringenden Gegenwart des Seins.

10. November

Die Tage hier sind strahlend wie jene fernen Oktobertage in Tichu-Rong. Nicht ein Wölkchen zeigt sich, alles ist klar, klar, klar. Obwohl es im Schatten auch tagsüber sehr kalt ist und ein ständiger Wind weht, brennt die Sonne heiß herab; man stelle sich vor: eine glänzende gestreifte Eidechse im tiefen November in über 4500 Meter Höhe! Zum erstenmal wird mir die unglaubliche Hitze unseres Sternes bewußt, wie sie die frostige Weite so vieler Millionen Kilometer des Weltraumes durchdringt.

Felsen und Schneegipfel, große Vögel am blauen Himmel und dunkle Flußtäler, mit welchen Worten kann man solche Herrlichkeit beschreiben? Und doch steckt auch hier wieder ein unfaßbarer, verborgener Schrecken in all der Pracht, wie das demantene Eis, das die Felsen auseinandersprengt. Die Sonne blinkt wie eine Waffe, mir dreht sich der Kopf. Die Schwarze Schlucht wölbt und windet sich, der Kristall-Berg ragt auf wie eine Burg des Schreckens und das ganze Universum zittert vor Entsetzen. Mein Kopf ist die blutgefüllte Schädelschale des Magiers, und würde ich wagen, mich umzuwenden, dann würden meine Augen gerade ins Herz des Chaos sehen, in das blutige Inferno, den Schmerz, den ich in den hellen Augen dieser kleinen Eidechse ahne.

Dann endlich weicht der Spuk, hinterläßt jedoch einen Nachgeschmack. Die Eidechse liegt noch da, eins mit dem Felsen, ihre Flanken pulsieren in der Hitze des Sternes, der uns beide wärmt. Die Ewigkeit ist nicht weit weg, sie ist hier, neben uns.

11. November

Im Osten steigt nach Einbruch der Dunkelheit hell der Planet Mars auf, und bald darauf folgt auch der Vollmond dem Weg der Sonne von Ost nach West. Bei Vollmond werde ich immer unruhig, sozusagen mondsüchtig, und hier über dem Weißen Fluß werde ich zum Mondgucker. Der Mond steigt über den Weißen Fluß, läßt die Gebetsfahnen geisterhaft aufleuchten und scheint das gestapelte Reisig zu entzünden. Mein kleiner Lehm-Buddha auf seinem Altarstein bewegt sich. Die Schneefelder leuchten im Mondlicht auf, die Felsen und Gipfel, der gewundene Fluß in seiner dunklen Schlucht, die Sterne und das Firmament, alles klingt wie die Glocke des universalen Buddha. *Jetzt!* Hier ist das Geheimnis! *Jetzt!*

In der Hoffnung, einen Schneeleoparden zu sehen, habe ich mir an der Schneegrenze einen Windschutz auf einem Aussichtspunkt gebaut, von dem aus ich nach Norden über die ganze Schwarze Schlucht hinweg bis zum Terrassenhang unterhalb von Samling blicken kann. Auch der Berghang vor Tsakang ist in meiner Sichtweite, desgleichen die Höhlen unter den Klippen und die Steilhänge zwischen den Querschluchten. Damit sollte ich die Bewegung der meisten Blauschafe hier in dieser Gegend sehen, falls sie von einem Wolf oder Leoparden gejagt werden. Anders als die Wölfe, kann ein Leopard seine Beute nicht auf einmal verzehren und bleibt mehrere Tage in der Nähe, wenn er ein Schaf gerissen hat. Wir müssen also nur genau hinsehen, wo sich die Geier, Raben und Dohlen in größeren Scharen versammeln.

Der Himālaya-Weißkopfgeier ist lederbraun gefärbt und erreicht fast die Größe eines Lämmergeiers. Seine eleganten Kreise über den Gipfeln und Graten regen die Phantasie der Tibeter an, die ähnlich wie die verschwundenen Arier der vedischen Zeit Himmel und Wind verehren. Die buddhistischen Tibeter glauben, daß die Gebetsfahnen und Windglocken die Anrufungen der Gläubigen dem Wind übermitteln. Aber auch die roten Papierdrachen, die an Festtagen über der braunen Altstadt von Katmandu tanzen, sind tibetischen Ursprungs. Es gibt einen Brauch, der «Luftbestattung» genannt wird, bei dem der Körper des Verstorbenen auf einem Felsen wie diesem in der Wildnis ausgesetzt wird, damit Raubtiere und Aasfresser die Weichteile verzehren, und wenn dann nur noch die Knochen übrig sind, werden auch diese zu Pulver zerstoßen und mit Teig vermischt als Vogelfutter ausgelegt. So wird alles den Elementen zurückgegeben, der Tod geht über ins Leben.

Die Geierschatten streifen immer häufiger über mich hinweg. Vielleicht glauben die Greifvögel, der seltsame Fleck in der Landschaft – die reglose Gestalt eines in Meditation versunkenen Mannes – sei der Anwärter einer solchen Luftbestattung, denn ein junger Adler mit schwarz-goldenem Gefieder kommt mir mit seinem hohen Geschrei immer näher, und ein Lämmergeier streicht so dicht über mich hinweg, daß ich den Luftzug seiner Flügel spüre. Ich fahre zusammen, springe mit einem Satz auf und erschrecke damit auch den dunklen Vogel, so daß er vier langsame Flügelschläge macht, die einzigen übrigens, die ich je bei diesen großartigen Seglern des Himālaya gesehen habe.

Der Boden wirbelt vor Energie – die langsame, spiralförmige Bewegung hat nichts Erschreckendes –, und in dieser Höhe, in diesem unendlichen Raum und dieser grenzenlosen Stille strömt diese Energie durch mich hindurch und verbindet meinen Körper mit der Sonne, bis kleine, silbrige Atemzüge, ein kühler, klarer Lufthauch, der nicht mehr der meine ist, sich im mineralischen Atem des Berges verlieren. Eine weiße Daunenfeder tanzt vor mir in der Sonne, balanciert für einen Moment auf einer Spitze in einem Dornbusch und trudelt dann weiter. Zwischen dieser weißen Feder, dem Schafsdung, dem Licht und der flüchtigen Ansammlung von Atomen, die ich «Ich» nenne, gibt es nicht den geringsten Unterschied. Gegenüber ist ein Berg, aber dieses «Ich» steht keinem Ding gegenüber, keinem Ding entgegen.

Ich wachse in den Berg hinein wie Moos, ich bin verzaubert von den blendenden Schneegipfeln und der glasklaren Luft, dem Klingen von Erde und Himmel in der Stille, den Bestattungsvögeln, den Sagentieren, den Fahnen, großen Hörnern und alten beschrifteten Steinen, von dem groben Tatarenvolk in seiner Tracht und den Filzstiefeln, vom silbernen Eis auf dem Schwarzen Fluß, dem Kang-La und dem Kristall-Berg. Und ich liebe die alltäglichen Wunder: das Murmeln meiner Freunde am Abend, das heimelige Wacholderfeuer im Lehmherd, die eintönige Nahrung, die Härte und Einfachheit dieser Tage und die Befriedigung, immer nur eines nach dem anderen zu tun. Wenn ich meinen blauen Trinkbecher in die Hand nehme, tue ich nichts anderes. Seit Ende September wissen wir nicht, was für Neuigkeiten es in der Welt gibt, und werden es auch bis Dezember nicht wissen. Allmählich läutert sich mein Geist, Sonne und Wind haben meinen Kopf leergefegt. Und obwohl wir wenig sprechen, bin ich nie einsam; ich bin in mich selbst zurückgekehrt.

Nun, da ich einmal hier bin, möchte ich den Kristall-Berg nie wieder verlassen. Schon bei dem Gedanken daran lächle ich, um nicht weinen zu müssen. Ich denke an Deborah, auch sie würde lächeln. In einem anderen Leben – ich weiß das nicht, ich spüre es nur – sind diese Berge mein Zuhause gewesen. Irgendwo in mir regt sich längst vergessenes Wissen und tritt hervor wie eine Quelle aus einer verborgenen Wasserader. Einen Blick auf das eigene Wahre-Wesen zu erhaschen, ist eine Art Heimkehr zu einem Ort östlich der Sonne und westlich des Mondes, eine Heimkehr, die keines Heimes bedarf, wie der Wasserfall am oberen Suli Gad, der sich in Nebel verwandelt und wieder aufsteigt, noch ehe er die Erde berührt.

12. November

Gestern hat ein streunender Wolf, als hätte er sie umwandelt, eine Spur um die Gebetsmauer am anderen Flußufer gezogen, und heute sind auf dem Pfad nach Tsakang Leoparden-Abdrücke sichtbar. Wie um Schutz zu suchen, grasen die Blauschafe in unmittelbarer Nähe der Einsiedelei, wo ich in Gesellschaft Jangbus dem Lama von Shey einen Besuch abstatten will.

Als wir ankommen, ist der Lama gerade in der Einsiedelei mit Sūtra-Rezitationen beschäftigt; sein Gehilfe sitzt vor der Tür und sortiert Kartoffeln aus. Er ist ein Trapa, ein Mönchsanwärter, der mit seinem offenen Gesicht jünger aussieht als die zweiundzwanzig Jahre, die er tatsächlich zählt. Er heißt Takla und kommt aus dem Norden der tibetischen Ebene.

Wir sitzen auf dem sonnigen Vorsprung unter dem hellblau umrahmten Fenster der Gompa, lauschen dem Gemurmel des Lama von drinnen und schauen hinaus auf den Schnee. Bald kommt Leben in die Berge, sie tanzen und schwingen – wie lebendig sie doch sind vor dem blauen Himmel. Würden sie doch nur zerspringen und uns in einer Explosion von weißem Licht verschlingen! Aber ich bin dafür noch nicht bereit; ich wehre mich voller Angst, die Welt aus meiner tödlichen Umklammerung zu entlassen, all das loszulassen, was mir die Illusion von Sicherheit vorgaukelt. Die gleiche Furcht – die Kontrolle zu verlieren, verrückt zu werden, eine Furcht, die ärger ist als die Furcht vor dem Tode – kann einen auch nach der Einnahme halluzinogener Drogen befallen: Bekannte Dinge verlieren die Form, die wir ihnen zugeschrieben haben, geraten in Bewegung, unser Bezugsrahmen zerbricht, denn wir suchen ihn außen und nicht in unserem Inneren.

Als der Lama schließlich zu uns heraustritt, scheint er sich über den Besuch zu freuen, obwohl wir ihm keine Kata, den bei einer solchen Gelegenheit als symbolische Opfergabe üblichen weißen Schal, überreichen können. Er ist ein imposanter Mann mit der langen Hakennase und den vorspringenden Wangenknochen eines Prärie-Indianers. Er hat dunkle, kupferfarbene Haut und weiße Zähne, die langen schwarzen Haare sind in einem Zopf aufgesteckt. Er trägt eine alte Lederjacke mit Messingknöpfen, die mit vielen farbigen Flicken aus grobem, buntgewebten Leinen besetzt ist. Beim Sprechen sitzt er barfuß mit verschränkten Beinen, zieht aber ausgetretene Schuhe ohne Senkel an, sobald er herumgeht. Im Flur hinter ihm hängt ein Wolfsfell, das er sich in der kalten Hütte um die Hüften legt.

Der Lama des Kristall-Klosters ist offensichtlich ein äußerst glücklicher Mensch; trotzdem frage ich mich, wie er wohl zu der Einsamkeit und dem Schweigen von Tsakang steht, das er seit acht Jahren nicht mehr verlassen hat und seiner kranken Beine wegen auch wohl nie wieder verlassen wird. Da Jang-bu sich als Übersetzer nicht wohlzufühlen scheint, bedeute ich ihm, diese Frage nicht zu übersetzen, falls sie ihm ungehörig erscheint; schließlich tut er es doch. Aber der heilige Mann in all seiner spontanen Einfachheit stimmt lauthals ein ansteckendes Gelächter an. Ohne eine Spur von Selbstmitleid oder Bitterkeit zeigt er auf seine verkrüppelten Beine, als gehörten sie uns allen, und breitet dann die Arme zum Himmel und zu den Schneebergen, zur Sonne und zu den tanzenden Schafen aus: «Natürlich bin ich hier glücklich! Es ist wunderbar! *Besonders,* da ich keine andere Wahl habe!»

In ihrer uneingeschränkten Bejahung dessen, *was ist,* könnte diese Antwort auch von Sōen Rōshi stammen. Mir ist, als hätte es mir einen Schlag in die Brust versetzt. Ich danke ihm, verbeuge mich und gehe dann langsam den Berg hinunter, die zusammengefaltete Gebetsfahne unter meinem Anorak glüht wie Kohle. Buttertee und Windbilder, der Kristall-Berg und auf den Schneefeldern tanzende Schafe – es ist übergenug!

Hast du den Schneeleoparden gesehen?

Nein! Ist das nicht wunderbar!

15. November

Nun hat der Mond schon deutlich abgenommen, und die klare Wachheit der Vollmondtage in Shey schwindet rasch dahin. Eine vorher spürbare Kraft scheint abzunehmen, ein Bann ist gebrochen.

Und so bereite auch ich mich darauf vor, diesen Ort zu verlassen, obwohl ich andererseits so gerne bleiben würde. Der Teil von mir, der sich nach meinen Kindern sehnt, der Wein trinken und lieben will, der wieder sauber und gepflegt sein möchte, schaut längst nach Süden über die Berge. Das stimmt mich traurig, und traurig schaue ich mich um, um so viel wie möglich von Shey in diesem Tagebuch festzuhalten, wohl wissend, daß alle solche Mühe vergebens ist. Diesen schönen Ort muß man fröhlich verlassen, wie das helle Wasser der Flüsse über die Klippen dahineilt. Immer wieder treibt mich meine Frustration über die Armseligkeit der Wörter zum Schreiben, obwohl mehr von Shey in einem einzigen Schafshaar oder in einem vertrockneten Zweig Immergrün enthalten ist, als in all diesen Notizen. Festhalten zu wollen, was ich glaube wahrgenommen zu haben, heißt das Wesen von Shey zu verpassen.

In der Nähe meines Ausgucks entdecke ich eine windgeschützte Nische zum Meditieren. Bald klärt sich mein Kopf in der kalten Bergluft, und ich fühle mich wieder besser. Wind, wehendes Gras, Sonne: Der Fels selbst ist nicht weniger vergänglich als das sterbende Gras, der Schrei der nach Süden ziehenden Vögel, nicht weniger und nicht mehr – alles ist dasselbe. Der Berg zieht sich in seine Stille zurück, mein Körper geht auf ins Sonnenlicht, Tränen fallen, die nichts mit einem «Ich» zu tun haben. Was sie hervorruft – ich weiß es nicht.

Früher verstand ich Berge anders, ich sah sie als etwas Dauerndes. Auch wenn ich mich ihnen respektvoll näherte (sie wie die Bergsteiger bezwingen zu wollen, ist eine andere Sache), erschreckten sie mich durch ihre «Unvergänglichkeit», durch ihr fürchterliches, «felsenfestes» Beharren, das mir meine eigene Vergänglichkeit erst so recht vor Augen führte. Vielleicht erklärt diese Furcht vor dem Vergehen unsere Gier nach den wenigen intensiven Erfahrungen des modernen Lebens, erklärt, warum Gewalt uns Wollust verschafft, warum Lust uns vernichtet, warum alte Soldaten ihre schrecklichen Kriegserinnerungen nicht vergessen wollen: Wir klammern uns an die extremen Augenblicke, in denen wir zu sterben scheinen, aber wiedergeboren werden. In Gefahr und in der sexuellen Hingabe sind wir, wenn auch nur kurz, ganz der lebendigen Gegenwart anheimgegeben, wir sind Leben, unser Sein erfüllt uns; in der Ekstase mit einem anderen Wesen fällt die Einsamkeit von uns ab. Zu anderen Zeiten war solche Einswerdung durch einfache Ehrfurcht erreichbar.

Auf einem steilen Grat rutscht mein Fuß ab; in dem Sekundenbruchteil, in dem die Nadeln der Angst mir Herz und Schläfen durchbohren, dringt Ewigkeit in die Gegenwart ein. Denken und Tun unterscheiden sich nicht, Steine, Luft, Eis, Sonne, Angst und mein Ich sind eins. Worauf es ankommt, ist, diese geschärfte Wachheit in ganz gewöhnliche Momente hinüberzuretten. Augenblick für Augenblick zu erfahren, so wie Lämmergeier und Wolf, die sich selbst im Zentrum der Dinge finden und deshalb kein Bedürfnis haben, irgendein «Geheimnis des wahren Seins» zu ergründen. In dem Atemzug, den wir in diesem Augenblick tun, liegt das ganze Geheimnis, zu dem alle großen Lehrer uns führen wollen, oder wie ein Lama sagt, «die Präzision, Offenheit und Intelligenz des Gegenwärtigen».[3] Das Ziel der Meditationspraxis ist nicht die Erleuchtung, sondern die Fähigkeit, zu jeder Zeit nur der Gegenwart und nichts außer der Gegenwart Beachtung zu schenken, die Bewußtheit des *Jetzt* in jedem Moment des Alltagslebens zu bewahren. In Gedanken irgendwo anders zu sein, heißt «Augäpfel auf das Chaos zu malen».[4] Wenn ich Blauschafe beobachte, muß ich auf die Blauschafe achten und darf nicht über Sex, Gefahr oder die Gegenwart nachdenken, denn diese Gegenwart ist, während ich noch daran denke, bereits vergangen.

16. November

Kaum dreihundert Meter über unseren Zelten, auf demselben Weg, den ich gestern gegangen bin, hat ein Leopard seine Kratzspuren genau über meine Stiefelabdrücke gesetzt, als wolle er mir bedeuten, daß ich nicht aufbrechen darf. Vielleicht ist das Tier noch in der Nähe, denn die Böcke sind sehr scheu. Aber die Brunft steht nun unmittelbar bevor und die Anzeichen dafür sind nicht mehr zu übersehen. GS kritzelt in sein Notizbuch: «Da, wieder ein Penis-Lecken, ein Prachtexemplar!» ruft er begeistert. Das Onanieren geht stellenweise in Kämpfe über, besonders unter den älteren Böcken, die sich immer wieder auf die Hinterbeine stellen. Und mit erstaunlicher Präzision steigt im selben Moment ein anderer Bock hoch, und die beiden rennen wie trainierte Partner aufeinander zu und kommen mit zusammenkrachenden Köpfen herunter. Für andere Tiere hätte ein solcher Zusammenstoß fatale Folgen, aber die Bharals sind mit einem rund zwei Zoll dicken Schädelbein zwischen den Hörnern ausgerüstet und haben ein dickes, schwammiges Knochenkissen über den Stirnhöhlen, dazu ein dichtes Wollfell auf dem Kopf und einen starken Nacken, der den Stoß auffangen kann. Auch die Hörner selbst sind an der Aufprallseite sehr dick und stark. Weshalb die Natur Jahrtausende zu einer natürlichen Auslese verwandt hat, die den Gebrauch eines dicken Rammschädels über den des Gehirns stellt, mag eine gute Frage sein; allerdings habe ich in diesen Tagen oft das Gefühl, daß weniger Nachdenken und ein herzhafter Kopfsprung gerade das richtige sein könnten.

17. November

Noch einmal steige ich zu meinem Ausguck hinauf, glücklich und traurig zugleich in dem dumpfen Gefühl, daß diese Berge meine Heimat sind. Aber «nur die Erleuchteten erinnern sich ihrer vielen Geburten und Tode»[5], und mir tut sich kein Einblick in andere Leben auf. Vermutlich habe ich «Heimat» mit Kindheit verwechselt und die Fahnen, wilden Tiere und verschneiten Festungen von Shey mit einem altertümlichen Ort aus vergessenen Märchen, dessen mythische Atmosphäre das Leben in eine andere Dimension entrückte.

In der Sehnsucht, die uns dazu treibt, uns auf den geistigen Weg zu machen, ist auch eine Art Heimweh, und irgendwie habe ich mich auf dieser Reise auf den Weg nach Hause gemacht. Die Heimkehr ist das Ziel meiner Übungen, meiner Meditationen auf dem Berg und meiner morgendlichen Rezitationen. Auch bei meiner Kōan-Praxis geht es darum: Alle Gipfel sind mit Schnee bedeckt, warum ist dieser eine nackt? Diese alogische Frage zu lösen, würde heißen, aufzuplatzen, alle vorgefaßten Meinungen und alle Stützen fallenzulassen. Aber ich bin noch nicht bereit dazu, loszulassen, und deshalb werde ich mein Kōan nicht lösen, werde den Schneeleoparden nicht sehen, das heißt, ihn wirklich erkennen. Ich werde ihn nicht sehen, weil ich nicht bereit dazu bin.

Zum letztenmal meditiere ich auf diesem Berg, der nackt ist, während alle anderen darum herum mit Schnee bedeckt sind. Wie der nackte Gipfel meines Kōan unterscheidet er sich nicht von meinem Selbst. Ich kenne diesen Berg, denn ich bin der Berg und fühle ihn atmen. Sollte der Schneeleopard jetzt von dem Felsen über mir herabspringen und sich vor mir manifestieren – S-A-A-O! –, so könnte ich ihn in diesem Augenblick der reinen Furcht, *völlig von Sinnen,* vielleicht wahrhaft erkennen und frei sein.

21. November

Sogar in der Mittagsstunde bleibt der Weg hartgefroren und glatt, ich kann auch nicht zur Seite ausweichen, da ich dort sofort durch die Firnkruste einbreche. Der stetige, langsame Schritt, mit dem man Steilhänge am besten überwindet, ist hier unmöglich, ständig rutsche ich aus und muß mich mit den Händen festhalten. Über mir kurvt eine dunkle Yak-Karawane über die Eisflächen, eine andere überholt mich unterwegs; die Treiber, deren Stiefel Sohlen aus festem Zwirn haben, schlendern mit den Händen auf dem Rücken den eisglatten Hang herauf und grunzen und pfeifen ihren dahinschwankenden Tieren zu. Hinter ihnen folgt eine Herde schwarzer Ziegen, die mit klapperndem Hufschlag in gerader Linie über das Eis hinaufspringen, ihr Gehörn glänzt silbern vor dem tiefblauen Mittagshimmel. Der Ziegenhirte, von Kopf bis Fuß in blutrote Wolle gekleidet, hält seine Tiere mit gutgezielten Schneeball-Würfen in Reih und Glied; als er über mir durch die Sonne zieht, zerstieben die Schneebälle wie blasses Feuer. Die Gipfel beginnen um mich zu kreisen.

Als ich endlich die Schneefelder unterhalb des Gipfelgrates erreiche, bin ich völlig erschöpft. Über dem Weiß segelt ein Lämmergeier, sein Schatten huscht an mir vorüber, ich reiße mich zusammen und klettere weiter. Zwei weitere Stunden stapfe, keuche, klettere, rutsche, klettere und keuche ich weiter, stumpfsinnig wie ein Tier, während hoch über mir Gebetsfahnen in der nach Westen sinkenden Sonne fliegen, die die kalten Gipfel aufleuchten und den harten Himmel in weißem Licht strahlen läßt. Fahnenschatten tanzen auf weißen Wänden und Schneewehen, als ich im Schatten des Gipfels durch einen Eistunnel die letzten Meter zum Paß hinauftaumele. Dann trete ich wieder in die Sonne hinaus, auf dem letzten der hohen Pässe; ich reiße mir die Wollmütze vom Kopf, damit der Wind mir den Kopf freibläst, sinke erleichtert auf die Knie, ausgepumpt, auf einem schmalen Grat zwischen zwei Welten.

Im Süden und Westen ragen die Eisgipfel des mächtigen Kanjiroba-Massivs empor. Von einem sonnendurchfluteten Dunstschleier umgeben, scheinen sie unwirklich, als könnten sie sich jeden Moment auflösen wie eine Halluzination. Hinter mir, tief unten in der Einöde, aus der ich komme, sind meine Gefährten schwarze Flecken auf dem Schnee. Immer noch schwer atmend, lausche ich dem Wind in meinem Atem, der sirrenden Stille im Feuer des Schnees und den aufsteigenden Felsen. Unermüdlich knattern die Gebetsfahnen und schütteln ihre Wind-Bilder in das nördliche Blau.

Ich habe das Weltall für mich allein. Das Weltall hat mich für sich allein.

24. November

Im Dorf biegt ein kleiner Seitenpfad von der Hauptroute nach Süden ab und führt durch Felsengeröll und Olivenhaine hinunter zu einer Brücke am grünen Fluß. Die geschnitzten Brückenpfosten stellen grosteke, gelb und rot bemalte Figuren dar. In der heißen Mittagssonne auf der Brücke warte ich auf meine Gefährten, und wieder befällt mich diese unerklärliche Verzweiflung.

Eine Stunde vergeht, aber niemand kommt. Wütend gehe ich allein über die Brücke und klettere das Steilufer an der anderen Seite hinauf. Etwa einen Kilometer weiter verschwindet das jadefarbene Wasser der Schneegipfel in den grauen Strudeln des Bheri-Flusses, der sie in den Schlamm des Südens hinunterträgt.

Der Pfad folgt nun dem Bheri nach Westen, dabei jedoch allmählich von der Talsohle zur Anhöhe aufsteigend, wo das Dörfchen Roman mitten in einem Zedernwald liegt. Ein böiger Wind peitscht die ärmlichen Lumpen über den Kultbauten, die Dorfbrunnen sind rotbemalte Figuren mit phallischen Wasserspeiern, und westlich des Dorfes ragen hohe Steinhaufen und große rote Pfosten auf. Aus einem Feld unter mir schaut eine Affenhorde herauf, die Tiere haben einen langen Ringelschwanz, und ihre Köpfe glänzen rötlich im Schein der untergehenden Sonne.

Ich habe Kopfschmerzen und fühle mich äußerst seltsam. Den ganzen Tag lang hat mich die Trägheit meiner Reisegefährten geärgert, auf die ich vergeblich an der Brücke gewartet habe. Wie damals in Murwa, als die Sonne mein Zelt nicht wärmte und ich nicht baden konnte, packt mich sinnlose Wut. Hat mich denn alle meine Ausgeglichenheit, dazu mein Sinn für Humor gänzlich verlassen, daß ich mich so aufführe – oder ist es lediglich die Angst vor der Rückkehr zum Leben in den Niederungen?

Auf meinem Weg über die Hügel am Bheri erinnere ich mich, wie vorsichtig man nach der Zurückgezogenheit einer einwöchigen Zen-Übung sein muß, um nicht zuviel zu sprechen und sich nicht zu rasch zu bewegen, ähnlich vorsichtig wie beim Herunterkommen von einem durch Halluzinogene bewirkten «high». Es ist wichtig, langsam aus einer solchen Metamorphose hervorzukommen, wie ein Schmetterling, der zuerst still seine neuen Flügel in der Sonne trocknet, damit der luzide Geisteszustand nicht plötzlich zerbricht. Es waren sehr stille Tage dort oben in den Bergen und auch eine Art halluzinatorischer, innerer Reise – und dann dieser plötzliche Abstieg. Was auch immer der Grund sein mag, ich komme zu schnell herunter – zu schnell für was? Und wenn ich zu schnell herunterkomme, warum beeile ich mich dann so? Statt meine große Reise zu feiern, fühle ich mich verstümmelt, mörderisch: In mir wüten dunkle Energien, und ich habe keine Gewalt über meine schlechte Laune.

Und als dann später am Abend ein Hindu aus Roman die kleinen Kinder beiseite stoßend seinen grindigen Kopf in mein Zelt steckt, sich mit blöder Ungläubigkeit umsieht und mir aus einem stinkenden Mund mit fauligen Lippen unverständliche Fragen entgegenschreit, stürze ich mich auf ihn, schubse ihn mit brachialer Gewalt aus dem Zelt und schlage die Zeltklappe zu, wobei ich ebenso unverständlich schreie: Nein, ich habe die Medizin nicht, die er braucht, und es gibt sowieso keine Heilung für ihn, keine Heilung für mich. Wie soll der arme, stinkende Bursche auch wissen, daß es nicht seine Unverfrorenheit ist, die mich erzürnt, nicht der Eiter und der faulige Atem – es ist sein Fleisch und Blut, das sich nicht von dem meinen unterscheidet. In seiner verfluchten Not erinnert er mich an unser gemeinsames Elend, diesen Sumpf des Verlangens, in den ich nach meinem mißglückten Sprung wieder zurückfalle.

«Erwarten Sie nichts», hatte Eido Rōshi mich bei der Abreise gewarnt. Und ich hatte geglaubt, ich könne unbelastet wunschlos im Licht und im Schweigen des Himālaya wandern, ohne den Ehrgeiz, etwas zu erlangen. Jetzt bin ich ausgelaugt. Der Weg, dem ich atemlos gefolgt bin, verliert sich im Gestein. Vor lauter geistigem Streben habe ich meine Kinder vernachlässigt und mir selbst nur Schaden zugefügt; und einen Weg zurück gibt es nicht. Es hat sich auch nichts geändert, ich bin immer noch dasselbe Ich, besessen von den alten Gelüsten und Leidenschaften, der ewige Nörgler über unbedeutende Widerwärtigkeiten, immer noch klafft die Lücke zwischen dem, was ich weiß, und dem, was ich bin. Ich habe mich dem Fluß der Dinge entzogen und bin fehlgegangen. Trotz der Euphorie der Herrlichkeit und dem «Erfolg» der Reise zum Kristall-Berg wurde eine große Gelegenheit versäumt, ich habe versagt. Gut, ich werde das Spiel meiner Vaterschaft, meiner Arbeit, meiner Freundschaften und meiner Zen-Praxis spielen, aber alle Hoffnungen, Taten und Reisen haben zu nichts geführt. Ich habe nichts mehr zu erwarten.

25. November

Eingedenk meiner ersten Depressionen beim Abstieg von Tarakot zur Bheri-Schlucht bin ich zu der Überzeugung gekommen, daß der Hauptgrund für meine Stimmungsschwankungen im plötzlichen Höhenverlust zu suchen ist. Eine Änderung, ein schmerzvoller Wachstumsprozeß hat eingesetzt, der Häutung einer Schlange vergleichbar – lustlos, reizbar, ohne Appetit ziehe ich die alten Fetzen meines früheren Lebens hinter mir her, den Blick getrübt durch die alten Hautfetzen vor dem neuen Auge. Es ist schwer, sich zurechtzufinden, da ich nicht weiß, wer sich zurechtfinden soll, ich bin nicht mehr die alte Person und noch nicht die neue.

Und schon beginnen das Nichts-mehr-Erwarten, die Hoffnungslosigkeit einen seltsamen Reiz zu haben, es ist, als käme ich dem Geheimnis der Berge endlich näher. Nun, wo die Vergangenheit zerronnen und die Zukunft ohne Sinn und Ziel ist, wo ich alle Erwartungen aufgegeben habe, beginne ich die Bedeutung des *Jetzt* zu erfassen, von dem alle großen Meister sprechen.

Der verwässerte Jesus der modernen Bibelübersetzungen macht dem reuigen Sünder Hoffnung auf das Himmelreich: «Heute wirst du mit mir im Paradiese sein.» Aber in den älteren Übersetzungen fehlt das Wort «heute», wie Sōen Rōshi betont, von Zukunft ist nicht die Rede. In der russischen Übersetzung zum Beispiel heißt es «jetzt und hier». Jesus sagt also: «Genau jetzt bist du im Paradies.» Wieviel lebendiger ist das! Es gibt keine Hoffnung anderswo als in diesem Augenblick, in den karmischen Bedingungen, die dem eigenen Leben zugrunde liegen. Genau dieser Tag ist ein Aspekt des Nirvāna, das sich nicht vom Samsāra unterscheidet, er ist ein subtiler alchimistischer Prozeß, in dem der dunkle Schlamm sich in die reine weiße Blüte des Lotos verwandelt.

«Natürlich genieße ich das Leben! Es ist wunderbar! *Besonders,* da ich keine andere Wahl habe!»

Und vielleicht ist es das, was Tukten weiß: daß die Reise nach Dolpo, Schritt für Schritt und Tag für Tag, das Juwel im Herzen des Lotos ist, das Tao und der Weg, und zwar nicht mehr und nicht weniger als die kleinen Alltagserlebnisse zu Hause. Die Lehre, die Lama Tupjuk uns an jenem Tag anbot, als der Schneeleopard uns von den Felsen beobachtete und der Kristall-Berg am Himmel segelte, war nicht, wie ich damals dachte, die erleuchtete Weisheit eines einzelnen, sondern ein großartiger Ausdruck des Göttlichen in der gesamten Menschheit.

Wieder klettern wir dem Himmel entgegen, und mit jedem Schritt wird meine Laune besser. Ich schreite rasch voran, setze den Stock fest auf den Boden auf und lasse die trübseligen Gedanken hinter mir zurück; ich beginne zu lächeln, kann wieder über mich selbst lachen und nehme die Mißerfolge der Reise, wie ihre Wunder, dankbar an, ich nehme an, was mir auf meinem Weg auch noch begegnen wird. Zwar weiß ich, daß dieser Zustand der Transzendenz nicht lange anhalten wird, aber solange er dauert, tanze ich den Weg entlang, als sei ich endlich frei. Ich fühle mich wieder leicht, als wäre ich in den Schnee der Himmelsberge zurückgekehrt.

Das klare und stille Licht des Himālaya wird durch die Abwesenheit von Rauch und Geräuschen noch intensiviert. Die unzähligen, die Atmosphäre durchbohrenden Bergspitzen lassen ein himmlisches Licht durchscheinen, das Licht, das die Steine klingen läßt, die brausende Sonne, der Silberglanz, der in den Flechten und den Schwingen der Krähen wohnt, im Klingeln der Ponyglocken und im Geruch des Schnees.

Aber die Welt dreht sich, und das Silber bekommt einen irdischen Glanz. Es durchdringt kleine Gestalten hoch am Berghang, die Bauern ungewisser, von Dämonen bevölkerter Zeitalter, steife, zweibeinige Abbilder des Menschen, auf die stumpfsinnigen Bestien einschlagend, die den stumpfen Holzpflug vorwärtszerren. *Ou-haa!* Grunzend und schreiend wird der Mensch zur Bestie mit dem grausamen Ring durch die Nase, hin und her, hin und her, in dem harten Trott, der den Pflug durch den steinigen Boden zieht, Jahrhundert auf Jahrhundert. Eine Furche weiter eine gebeugte vierschrötige Bäuerin, die mit einer primitiven Hacke auf die Steine schlägt – Schritt, hacken, Schritt, hacken, Schritt, hacken ...

Ou-haa!

Unterhalb des Weges drischt eine alte Frau in schwarzen Lumpen Gerste auf dem flachen Dach ihrer Hütte und läßt den Flegel rhythmisch durch die Luft sausen. Unter einem Nußbaum liegt wiederkäuend eine Kuh, ihre Glocke bleibt still.

30. November

Bei der Ausrüstungsgesellschaft, wo wir die geliehenen Töpfe und Zelte zurückgeben, ist alles Lob für Tukten vergeblich; der Geschäftsführer kennt Tuktens schlechten Ruf und will nichts mit ihm zu tun haben. Er behauptet, Tukten sei ein Einzelgänger, der sich nicht in die stammesbewußten Sherpagruppen einfügen könne, wie es für ein gutes Expeditions-Team erforderlich ist; außerdem trinke er zuviel und habe ein zu loses Mundwerk. Zweifellos sei er intelligent und tüchtig und führe sich auch lange Zeit hindurch tadellos auf, aber früher oder später – und dabei zeigt der Manager auf die Tür, hinter der mein Freund wartet – früher oder später läßt der Bursche einen gerade dann im Stich, wenn man ihn am nötigsten braucht.

Tukten kennt die Antwort schon und lächelt vielsagend, als ich herauskomme, nicht etwa um sein Gesicht nicht zu verlieren, sondern um mich zu trösten. Er ist überhaupt nur aus Höflichkeit auf meinen Vorschlag eingegangen. «Genug Arbeit, Sir», meint Tukten; er nimmt sein Leben an und er wird weiterwandern, bis es zu Ende ist.

Plötzlich dämmert es, unsere Wege trennen sich. Tukten besteht darauf, mich bis zur Hoteltür zu begleiten, und ist betrübt, als ich ihn das Taxi nicht bezahlen lasse. Er möchte, daß wir uns in drei Tagen bei dem großen Stūpa von Bodhinath noch einmal treffen, etwa sechs Kilometer von hier. Er will dort ein paar Tage bei der Schwester seines Vaters wohnen und sich als guter Buddhist mit der Kraft dieses heiligen Ortes aufladen, ehe er nach Khundu bei Namche Bazar zurückkehrt, um dort den Winter zu verbringen.

Unter den geringschätzigen Blicken des Hotelpersonals schüttele ich Tukten am Portal die Hand, und ich würde ihn am liebsten drinnen zum Essen einladen. Doch ich weiß, daß das eine sentimentale Regung ist, eine Demonstration demokratischer Prinzipien, die auf seine Kosten gehen würde, denn das borniert kastenbewußte Personal würde diesem staubbedeckten Sherpa mit dem viel zu großen Pullover den Spaß schon vermiesen. Und selbst wenn sie sich zurücklhielten, um sich das Trinkgeld nicht zu verderben – eine im Sonnenschein der Berge geschlossene Freundschaft könnte im trüben Licht des Hotels in Mitleidenschaft gezogen werden. Schon wahr, schon wahr – und doch bin ich traurig darüber, daß ich mich zu müde dazu fühle, mich über diese Schwierigkeiten hinwegzusetzen. Ich lasse ihn ziehen.

Im Rückfenster des Taxis taucht Tuktens Gesicht auf wie ein Geist, während das Taxi im Dunkel verschwindet. Nicht nur, daß dieser Mann mein Freund geworden ist, zwischen uns spannt sich ein Faden wie der schwarze Faden eines Lebensnervs; es gibt da etwas, das noch nicht zum Abschluß gebracht ist, und er weiß das ebensogut wie ich. Ohne daß wir je darüber gesprochen hätten, sehen wir das Leben in derselben Weise, oder besser gesagt, ich sehe es so, wie Tukten es lebt. Mit seiner Gegenwart in jedem Augenblick, seiner Freiheit von Bindungen, der Einfachheit seines alltäglichen Beispiels hat er wieder und wieder zu erkennen gegeben, daß er der Meister sei, den ich zu finden gehofft hatte. Zuerst habe ich mir das aus einem Instinkt heraus aber doch bloß scherzhaft selbst gesagt, aber nun frage ich mich, ob es nicht tatsächlich so ist. «Wenn du bereit bist», sagen die Buddhisten, «wird dein Meister sich zeigen.» So, wie er mich ansah, mich beobachtete, wartete er auf mich; wäre ich bereit gewesen, hätte er mich vielleicht so weit geführt, «den Schneeleoparden zu sehen».

Aus Respekt vor ihm bleibe ich stehen und sehe Tukten nach, bis er verschwunden ist. Die Hindus stürzen mit meinem Rucksack und den kleineren Gepäckstücken davon, und ich bleibe einen Augenblick lang allein auf der Hoteltreppe zurück. Im Norden verhüllen dunkle Wolken die Berge, dort schneit es. Hier bin ich, sicher zurück von jenen Gipfeln und einer Reise, die mir schönere und seltsamere Erlebnisse beschert hat, als ich zu hoffen oder mir vorzustellen wagte – weshalb erweckt die sichere Rückkehr ein solches Bedauern?

Meine ganze Novemberpost ist irrtümlich nach Jumla geschickt worden, heute morgen muß ich auf dem Flughafen neben dem Postsack gestanden haben. Die India Airlines streiken, niemand weiß, wann der nächste Abflug aus Nepal stattfindet. In meinem «Zimmer mit Bad», auf das ich mich zwei Monate lang gefreut habe, ist es ungemütlich kalt, und im Bad kommt kein heißes Wasser. Hilflose Hotelangestellte rennen eine Stunde lang rein und raus, während ich rauchend in meinen schmutzigen langen Unterhosen dastehe und warte. Dann defilieren sie an mir vorbei und halten die Hand für einen Bakschisch auf, und der Klempner – welcher von ihnen das auch sein mag – verschwindet wieder; bis morgen, wie ich höre, als ich zu spät entdecke, daß das warme Wasser immer noch nicht läuft. Ich dringe ins Bad des Nebenzimmers ein, und während ich mich noch einseife, versiegt das warme Wasser. Ich stelze zurück in mein eigenes Zimmer und stelle fest, daß es hier jetzt aus dem offen gelassenen Hahn rinnt. Genarrt und plötzlich sehr erschöpft lasse ich mich lachend aufs Bett fallen, aber ich könnte jetzt ebensogut weinen. Im Spiegel schaut mich ein braunes, hageres Gesicht an, das ich seit September nicht gesehen habe. Die blauen Augen im mönchischen Schädel sind seltsam klar, aber das Gesicht ist das eines Unbekannten.

1. Dezember

An dem Tag, an dem ich mit Tukten verabredet bin, radle ich durch die spätherbstliche Landschaft des Katmandu-Tales zum alten Heiligtum von Bodhinath. Die aufgemalten großen Augen über der weißen Kuppel sehen mich über die braunen Dächer hinweg an. Die

Überlieferung will wissen, daß die Gründung von Bodhinath durch Avalokiteshvara gesegnet wurde und daß das Heiligtum die Überreste von Kāshyapa enthält, dem Jünger Buddhas, der wie Tukten lächelte, als der Buddha in stummer Belehrung die Lotosblüte hochhob. Früher wurde das Heiligtum von Pilgerscharen aus Tibet besucht. Der farbige Stūpa ist von einem Viereck aus Wohnhäusern und kleinen Läden umgeben, in denen Messing-Buddhas, Heiligenbilder, Urnen und Ritualdolche angeboten werden, ferner Perlen aus Holz, Knochen, Stein und Türkis; Weihrauch, Gebetsmühlen, Zimbeln, Trommeln und Schellen.

In einem dieser Häuser, so hat Tukten gesagt, werde er bei der Schwester seines Vaters wohnen. Ich frage die Bewohner nach ihm, rufe seinen Namen und laufe neben meinem Fahrrad immer wieder im Geviert herum. Die große Nase unter den gemalten Augen sieht aus wie ein großes Fragezeichen, die Wimpel und Fahnen flattern im Wind – Tukten? Tukten? Aber nirgends kommt Antwort, niemand hat je von einem Tukten Sherpa gehört. Und schließlich setze ich mich unter den Bodhi-Augen wieder aufs Fahrrad und kehre auf grauen Dezember-Straßen nach Katmandu zurück.

JAPAN

Sōtō-Tagebücher 1976–1982

Berge, Flüsse, Erde, Sonne, Mond und Sterne sind Geist. Jetzt in diesem Augenblick, was erscheint da unmittelbar vor dir? Sonne, Mond und Sterne sind für das menschliche Auge nicht dasselbe, und die Anschauungen verschiedener Wesen weichen weit voneinander ab. So weichen auch die Anschauungen über den Geist voneinander ab. Dennoch sind diese Anschauungen nichts als Geist. Ist er im Innern oder außerhalb? Kommt er oder geht er? Nimmt er bei der Geburt auch nur einen Deut zu? Nimmt er beim Tod um ein Gran ab? ... All dies ist nichts als ein oder zwei Augenblicke des Geistes. Ein Augenblick des Geistes ist ein Augenblick der Berge, der Flüsse und der Erde oder zwei Augenblicke der Berge, der Flüsse und der Erde ...
«Alltäglicher Geist», das heißt in der Welt des Lebens und in der Welt des Todes ein alltägliches Bewußtsein aufrechterhalten. Das Gestern geht aus von diesem Augenblick, und das Heute geht aus von diesem Ort. Wenn es geht, geht der grenzenlose Himmel, wenn es kommt, kommt die ganze Erde ... Dieser grenzenlose Himmel und die ganze Erde sind wie unerkannte Worte oder die eine Stimme, die aus der Erde quillt.

Eihei Dōgen, *Shōbōgenzō, Shinjin Gakudō*

9

An jenem letzten Tag des großen Sesshin zur Einweihung des Dai Bosatsu wollte eine Gruppe von Zen-Meistern, angeführt von Sōchu Rōshi, die große Bronzestatue des Buddha am anderen Ufer des Beecher Lake besichtigen. Ich erhielt den Auftrag, sie überzusetzen, und da es bis zum anderen Ufer immerhin an die zweihundert Meter war, sah ich mit wachsender Beunruhigung zu, wie ein Buddha nach dem anderen vergnügt von dem kleinen Steg in das flache und nicht allzu wasserdichte Ruderboot stieg; sie blieben alle stehen, und das nicht nur, weil sie keine Erfahrung mit Booten besaßen, sondern weil einfach nicht genügend Platz zum Hinsetzen war. Da ich kein

Wort Japanisch sprach, versuchte ich mit respektvollen Gesten auf die Undurchführbarkeit des ganzen Plans hinzuweisen.

Fröhlich winkten die Rōshi zurück. In ihrer ganzen nautischen Unbedarftheit (oder verfügten sie über magische Informationsquellen?) sahen sie keinen Grund, weshalb eine armwedelnde, enthusiastische Gruppe aufrechter und standfester Zen-Meister nicht in einem kleinen überladenen Boot über dunkle Wasser reisen sollte. Ungeduldig mit diesem zaudernden Schüler, winkte einer mir, ans Werk zu gehen, während ein anderer sich neben mich auf die Ruderbank zwängen wollte; ein dritter lehnte sich weit außenbords, um das Boot vom Steg abzustoßen, an den ich mich aber mit verzweifelter Anstrengung klammerte, bis wenigstens alle saßen. Das Boot hing fast bis an die Bordkante im Wasser; selbst wenn es nicht aufgrund einer unvorsichtigen Bewegung kenterte, würde der leiseste Windhauch einen Wassereinbruch auf breiter Front bewirken. Ich stöhnte nur, als noch ein Buddha ans Ufer herunter kam und mit lautem Hallo begrüßt wurde.

Dieser Rōshi, ein gutaussehender Mann von Anfang vierzig, war Taizan Maezumi Rōshi, ein Sōtō-Meister aus Los Angeles, der 1972 an Eido Rōshis Shin-san-shiki oder Abtseinsetzung teilgenommen hatte.[1] Er machte zwar keine Anstalten einzusteigen, aber ebensowenig veranlaßte er die anderen Rōshi, das dem Untergang geweihte Boot zu verlassen, solange noch Zeit war. Meine Seenotsignale ignorierend, lächtelte er wie ein trauriger Engel, als sei diese Gruppe ohnehin nicht mehr zu retten, und nickte mit dem Kopf zur Buddha-Statue am anderen Ufer hin. Immer noch zögerte ich, und da sagte er leise: «Ist schon in Ordnung.» Entweder wußte er etwas, das mir verborgen war, oder er wollte gegen den bevorstehenden Untergang seiner Rinzai-Brüder einfach nichts unternehmen. «Ist schon in Ordnung», wiederholte er mit unerbittlicher Gelassenheit, immer noch dieses traurige, seelenvolle Lächeln im Gesicht, als gäbe er mir die Zen-Belehrung: «Hafte an nichts!»

Er wirkte darin so überzeugend, daß ich mich beflügelt fühlte. Ich ließ vom Steg los und steuerte das Boot mit behutsamen Ruderschlägen über das Wasser. Maezumi Rōshi stand bewegungslos am Steg, ein beschützender Geist, während ich all die Buddhas übersetzte; es erforderte all meine Geschicklichkeit, das Boot einigermaßen geradezuhalten, als unter dem bronzenen Auge des Buddha das große Geschiebe um die besten Aufnahmewinkel losging (denn selbst Zen-Meister sind im photographierwütigen Japan dafür ausgerüstet, die Illusion der Wirklichkeit im Bild festzuhalten). Wieder im sicheren Hafen, riefen sie laut: *«Kinodoku!»* («Ich bedauere außerordentlich [Sie in Anspruch genommen zu haben]!») und *«Arigato!»* («*So* eine schwierige Sache!»)[2] Maezumi Rōshi wandte sich mit kaum merklicher Verbeugung ab und ging den Hügel hinauf.

Zwei seiner Mönchsältesten, Tetsugen und Gempō, waren Maezumi zum Dai Bosatsu vorausgereist, und die beiden luden mich ein, meine Schulung bei ihm in Los Angeles fortzusetzen. Die Möglichkeit eröffnete sich zu einem günstigen Zeitpunkt, da ich mich gerade intensiv mit den Indianern beschäftigte und meine Forschungsarbeiten mich häufig nach Kalifornien führten. Ich empfand die indianische Spiritualität als so verwandt mit dem Zen (und dem tibetischen Buddhismus), daß ich in meinen Himālaya-Tagebüchern über einen gemeinsamen Ursprung spekulierte, vielleicht eine Art Ur-Religion in einem einstmals fruchtbaren Land wie etwa der Wüste Gobi, Sōen Rōshis alter Lieblingsgegend.

Mitte Januar 1977 besuchte ich für zwei Tage das Zen-Zentrum von Los Angeles; Maezumi Rōshi, Tetsugen und Gempō begrüßten mich sehr herzlich. In der nächsten Woche war ich zum Januar-Sesshin wieder da. Maezumi Rōshi war außerordentlich gastfreundlich und brachte mich in seinem eigenen Haus unter, aber das Sesshin selbst verwirrte mich eher. Die Arbeit an den Gebäuden des Zentrums machte mir zwar Spaß, aber die langen Perioden gesammelter Arbeit, wie sie im Sōtō-Zen beim Sesshin üblich sind, schwächten die Intensität meines Zazen, die in der Rinzai-Schulung so wichtig für mich gewesen war. Und dem Sōtō-Zen, in dem das Shikantaza oder «nichts als treffend Sitzen»[3] eine größere Rolle spielt als die Kōan-Schulung, fehlte die Strenge und Zielstrebigkeit, das Schreien und der ausgiebige Gebrauch des Keisaku, die für die Rinzai-Tradition charakteristisch sind. (Im Sōtō-Zen wird dasselbe Wort Kyosaku ausgesprochen, «Erweckungs-Stock».) Auch Maezumis Teishō, so leise vorgetragen, daß man die Worte kaum ausmachen konnte, war etwas ganz anderes als die lebhaften, oft bestürzenden Darbietungen der Rinzai-Meister.

Dennoch legte Maezumi großes Gewicht auf die Kōan-Schulung, die man selten mit dem Sōtō-Zen in Verbindung bringt. Die Kōan-Schulung scheint aus einer Spaltung in der Zen-Bewegung hervorgegangen zu sein, die im Goldenen Zeitalter des Zen in China stattfand, und zwar unter den Dharma-Nachfolgern des Sechsten Patriarchen, Daikan Enō (Hui Neng, 638–713).[4] Eine der beiden Schulen bezog sich vor allem auf Bodhidharmas Lehre von der «besonderen Überlieferung außerhalb der (orthodoxen) Lehre» und dem «unmittelbaren Deuten auf des Menschen Herz». Diese Richtung wurde später bekannt als die Schule der «plötzlichen» Erleuchtung durch Kōan-Schulung, während die andere Richtung, die dem «nichts als treffend Sitzen» den Vorzug gab, als die Schule der «allmählichen» oder «stillen» Erleuchtung bezeichnet wurde; hier berief man sich darauf, daß Bodhidharma nach seiner Begegnung mit dem Kaiser Wu-ti den Yangtze überquerte, sich ins Kloster Shōrin zurückzog und neun Jahre «der Wand gegenüber» Shikantaza saß.

Das plötzliche Aufblühen des Zen in China wird dem Einfluß der beiden Meister Sekitō und Baso, «den beiden Nektartoren», zugeschrieben, deren viele Schüler durch das ganze Land zogen. Sekitō Kisen, der «Mönch auf dem Fels», hatte sich unter Daikan Enō, dem Sechsten Patriarchen, in dessen letzten Lebensjahren geschult, bevor er schließlich Dharma-Nachfolger von Meister Seigen Gyōshi wurde; vergeblich versuchte er, die Uneinigkeiten unter Daikan Enōs vierzig Schülern zu schlichten, die sich schließlich zu zwei verschiedenen Schulen formierten. Von Sekitō stammt ein Werk mit dem Titel *Sandōkai* («Das Zusammenfallen von Verschiedenheit und Gleichheit»), das zur Grundlage für die Hōkyō-Zanmai-Lehre (wörtl.: «Schatzhaus-Spiegel-Samādhi») seiner Dharma-Nachfolger wurde. Sekitōs Linie der «allmählichen» Erleuchtung, repräsentiert durch so hervorragende Meister wie Tōzan, Sōzan und Tokusan, konsolidierte sich zur T'sao-t'ung-Schule, die in Japan Sōtō (gebildet aus den Anfangssilben der beiden Namen Sōzan und Tōzan) genannt wird.

> Tōzan fragte einst den Sōzan: «Wohin geht Ihr?»
> Sōzan sagte: «An einen unwandelbaren Ort.»
> Tōzan sagte: «Wenn er unwandelbar ist, wie kann es dann ein Hingehen geben?»
> Sōzan sagte: «Auch das Gehen ist unwandelbar.»[5]

Im Laufe der Jahrhunderte vertiefte sich die Spaltung, und die Schule der «plötzlichen» Erleuchtung gewann die Oberhand. Aus Basos Linie, die sich über Hyakujō (Po-chang) und Ōbaku (Huang-po) fortsetzte, ging schließlich Rinzai (Lin-chi) hervor, dessen Name sich mit der einflußreichsten Zen-Schule im China der T'ang-Dynastie verbindet. Eine andere von Baso ausgehende Linie, der Nansen und Jōshū angehörten, starb aus; ebenso eine dritte Linie, an deren Ende Gutei steht. Auch Linien des Sōtō-Zen verloren sich, weil es an qualifizierten Dharma-Nachfolgern fehlte. Als Ummons Linie bald nach seinem Tod (949) endete, gingen Ansehen und Macht der Zen-Schulen bereits zurück; das Goldene Zeitalter war zu Ende, doch die Meinungsverschiedenheiten zwischen den Schulen der «plötzlichen» und der «allmählichen» Erleuchtung dauerten unvermindert an.[6]

In den Kōan-Sammlungen beider Schulen finden wir herrliche «Dharma-Gefechte» zwischen Mönchen und Meistern, aber die knappen Wortwechsel sind ohne beschreibende Einzelheiten, und nur wenige Meister wie etwa Jōshū und Ummon treten uns mit charakteristischen Eigenheiten aus diesen Texten entgegen. Kein anderer Lehrer, auch nicht Daikan Enō (und nicht einmal Shākyamuni Buddha selbst), wird so lebendig wie Bodhidharma, jener alte Mönch mit dem grimmigen Blick, dem es so wichtig war, mit allen Abstraktionen und leeren Worten aufzuräumen, um direkt auf «die Sache selbst» hinzudeuten.

> Rinzai war dabei, sich die Füße zu waschen. Jōshū kam vorbei und fragte: «Weshalb kam Bodhidharma von Indien nach China?» [Was ist dieses «Zen»? Was ist die Essenz des Buddha-Dharma?]
> Rinzai wusch sich weiter die Füße.
> Jōshū kam näher und tat so, als hätte er Rinzais Antwort nicht verstanden.
> Meister Rinzai goß das schmutzige Wasser fort.

Kōan sind nicht nur Mittel der Schulung, mit deren Hilfe man die intellektuellen Vorstellungen von der Wirklichkeit aufbricht, um den Weg für die tiefe Erfahrung der universalen Wirklichkeit zu ebnen, sondern sind selbst reiner Ausdruck des erleuchteten Geistes. «Das Kōan», sagt Maezumi Rōshi, «ist buchstäblich ein Prüfstein der Wirklichkeit; hier wird ein Kernpunkt der Übung und Verwirklichung vorgelegt und muß mit Hilfe der Erfahrung ergründet werden, nicht durch diskursive und lineare Logik; nur so können wir tiefer in die Bedeutung von Leben und Tod eindringen.» Die Durchdringungsfähigkeit des Schülers wird beim Dokusan – der Gegenüberstellung mit einem lebendigen Buddha, denn als solcher ist ein Meister einer authentischen Übertragungslinie zu betrachten – immer wieder angefeuert und von den Teishō[7] des Meisters, die keine Vorträge sind, sondern lebendige Manifestationen des Dharma, gehärtet.

Die Spaltung zwischen der «plötzlichen» und der «allmählichen»

Schule übertrug sich auch auf Japan, aber es war von Anfang an sowohl in China als auch in Japan eigentlich so, daß die interessanteren Meister solchen Unterscheidungen wenig Beachtung schenkten. Maezumi Rōshis Meister (sowohl aus der Rinzai- als auch aus der Sōtō-Tradition) maßen der Kōan-Schulung große Bedeutung bei, und so lotete er mich denn während des Sesshin aus mit dem «Ton der einen Hand» und seinen vierzehn Wato oder Kernstücken, die jedes wiederum ein eigenes Kōan sind. Einmal fragte er mich, ob ich je ein Kenshō gehabt habe; ich berichtete von meinem vorzeitigen Durchbruch im November 1971 und den wenigen kleinen Einblicken, die ich seither gewonnen hatte. «Üben Sie einfach weiter, und Sie werden zu einer klaren Erfahrung gelangen», sagte er leise. Über meine «seichten» Sesshin sagte er: «Sie sollten nicht seicht sein – tief und still, ja. Und wenn Sie diesen tiefen Ort erreichen, ist es da sehr behaglich, aber Sie dürfen sich dort nicht einrichten – gehen Sie weiter.»

Maezumi Rōshis Kōan-Schulung beruht in der Hauptsache auf dem von Yasutani Hakuun Rōshi übermittelten System; Yasutani hielt zwischen 1962 und 1969 fast jedes Jahr Sesshin in Amerika ab, und an einem dieser Sesshin, 1967 in Los Angeles, nahm der 1939 in Brooklyn, New York, geborene Luftfahrtingenieur Bernard Glassman teil. Glassman war Ende der fünfziger Jahre, noch als College-Student, auf die Zen-Literatur gestoßen, fühlte sich angezogen, wußte aber nicht, wie er einen Meister finden sollte. Etwa 1965 erfuhr er von wöchentlichen Zazen-Treffen oder Zazen-kai, die im Sōtō-Zendō von Los Angeles stattfanden. Nach dem Zazen bestand beim Tee Gelegenheit zu Gesprächen, und Glassman erkundigte sich nach dem Sinn des langsamen Gehens zwischen den Sitzrunden. Der Hauptpriester, Sumi Rōshi, trug einem jungen japanischen Mönch auf, die Frage zu beantworten, und dieser Mönch sagte: «Wenn Sie gehen, so gehen Sie einfach.»

«Ich glaube, das war meine erste Zen-Unterweisung», sagte Bernie Glassman, der heute eher unter seinem Dharma-Namen – Tetsugen – bekannt ist. «Nicht lange danach verließ dieser Mönch das Sōtō-Zentrum, und ich ging auch, denn Sumi Rōshi sprach einfach zuwenig Englisch, und ich kam überhaupt nicht voran. Dann hörte ich 1966 oder 67, daß bei der Theosophischen Gesellschaft ein Zen-Meister sprechen würde. Der Meister war Yasutani Rōshi, und sein Übersetzer war wieder dieser junge Mönch, Maezumi Sensei, der inzwischen auf der Serrano Avenue das ‹Los Angeles Zendō› eröffnet hatte. Ich war sehr beeindruckt von Maezumis Übersetzung und wußte gleich, daß er jemand war, bei dem ich meine Schulung fortsetzen konnte.»

1968 übte Glassman also im Los Angeles Zendō Zazen, und in diesem Jahr kam auch Yasutani wieder, um ein eintägiges Sesshin zu leiten. Im Dokusan gab er Glassman das Kōan Mu. Später hatte Glassman eine Menge Fragen über Mu, aber Maezumi Sensei, der seine eigene Kōan-Schulung noch nicht abgeschlossen hatte, war nicht bereit, Antworten zu geben. Glassman sollte Shikantaza üben, bis Yasutani im nächsten Jahr wiederkam. Nun wollte Glassman nur noch über Shikantaza reden.

«Er hatte einen unsauberen Bart», erinnert sich Maezumi an seinen ersten Eindruck von ihm. «Aber er hatte auch ein Blitzen in den Augen und war im guten Sinne naiv, offen und bereit, alles anzunehmen. Er wurde ein außergewöhnlicher Zen-Schüler, weil er hingebungsvoll übte und die Fähigkeit besaß, sich mit ganzer Kraft auf alles zu werfen, was er zu tun hatte. Sehr früh lernte er, das Ich abzuwerfen; deshalb kam er auch unter schwierigen äußeren Bedingungen so gut zurecht. Er *wußte* einfach, was wichtig und was unwichtig war, und er vergeudete seine Zeit nicht.» Von Anfang an übertrug Maezumi Sensei diesem ungewöhnlichen Schüler ungewöhnliche Verantwortungen; so mußte Glassman schon ab September 1969, als Maezumi seinen Meister Yasutani nach Japan begleitete, für fünfzehn Monate die Leitung des Zendō übernehmen.

Als Bernie Glassman 1970 im Fach angewandte Mathematik promovierte, war er bereits Angestellter eines großen Flugzeugherstellers. In diesem Jahr schor er sich den Kopf und wurde von Maezumi im Tokudo, der Zeremonie des Eintritts in die «Hauslosigkeit», zum Mönch oder Priester (beide Ausdrücke sind nicht ganz treffend) ordiniert – was seine Frau Helen beinah dazu veranlaßte, mitsamt den Kindern die eheliche Wohnung zu verlassen.

Im Dezember 1970 schloß Maezumi seine Schulung unter Yasutani ab und erhielt das Siegel der Bestätigung. Yasutani Rōshi kam nie mehr in die Vereinigten Staaten; er starb im März 1973, unmittelbar vor einer Reise nach Amerika, die er zu seinem neunzigsten Geburtstag geplant hatte. Sein Freund Sōen beschloß ein langes Gedicht zu seinem Gedenken mit den Worten:

Neunundachtzig Jahre, so-wie-es-ist!
Wie kann ich eben jetzt
die tiefe Bedeutung dieses Umstands zum Ausdruck bringen?

Im Mai 1970 fragte Maezumis Rinzai-Meister, Ōsaka Kōryū Rōshi, an, ob er nach Amerika kommen könne, um Maezumis Kōan-Schulung abzuschließen und in Los Angeles Sesshin abzuhalten. «Da ich ständig im Zendō war», erzählte Tetsugen, «lernte ich sowohl Yasutani Rōshi als auch Kōryū Rōshi sehr gut kennen. Maezumi stand vor dem Abschluß seiner Kōan-Schulung, und ich hatte beschlossen, meine eigene auszusetzen, um dann mit meinem eigentlichen Lehrer richtig zu beginnen, wenn er aus Japan zurückkehrte. Aber Kōryūs erstes Teishō beim Mai-Sesshin war von solcher Kraft, daß ich es mir anders überlegte. Schon in der nächsten Sitzrunde machte ich mich wieder an meine Mu-Übung. Ich kam wirklich in Fahrt, stellte keinerlei Fragen mehr, war total versunken. Am dritten Abend war ich durch, aber Kōryū wollte mehr von mir, ich sollte tiefer gehen, und als ich am vierten Morgen zum Dokusan ging, muß ich wohl unmittelbar am Rand von etwas sehr Durchschlagendem gewesen sein. Immer noch vollkommen gesammelt, kam ich ins Zendō zurück und war augenblicklich in einem anderen Raum, wirklich wunderbar, köstlich, sehr tief.

Und dann riß mich Maezumi Sensei mit einem donnernden MU! aus diesem Raum. Er hatte mich aus dem Dokusan kommen sehen und wußte, daß ich reif war. Als ich mich hinsetzte, stellte er sich sofort hinter mir auf; wie lange er da stand, weiß ich nicht, aber als ich wieder vollkommen versunken saß, schrie er MU! Das brachte den Damm zum Einsturz, und die Welt fiel einfach auseinander. Maezumi brachte mich sofort in den Dokusan-Raum, und Kōryū Rōshi bestätigte, daß ich das Kōan Mu gelöst hatte; eine halbe Stunde war ich bei Kōryū, wir umarmten einander und weinten – ich war überwältigt. Bei der nächsten Mahlzeit liefen mir die Tränen nur so übers Gesicht, als ich Kōryū Rōshi das Essen servierte, und als ich anschließend ins Freie ging – also, da war ein Baum, und als ich ihn ansah, da war ich nicht einfach der Baum, es ging tiefer. Ich spürte den Wind in meinen Zweigen, ich spürte die Vögel auf mir, aller Unterschied war vollständig ausgelöscht.»

Während Tetsugen dies erzählte, wirkte er verlegen und wie ehrfürchtig staunend, als spräche er von jemand anderem. Es war ein klassisches Kenshō gewesen, und nicht nur weil es bei einem klassischen Kōan eintrat, sondern auch noch mitten im Sesshin, so daß noch einige Tage zur Vertiefung der Erfahrung blieben. Kōryū Rōshi sagte später, es sei eine der tiefsten Erleuchtungserfahrungen gewesen, die er je miterlebt habe.

«Maezumi Rōshi löste das Kōan Mu bei seinem ersten Kenshō,

nachdem er sich in Tōkyō drei Jahre unter Kōryū Rōshi geschult hatte. Den zweiten größeren Durchbruch hatte er etwa ein Jahr später im Sōji-ji in Yokohama. Bei mir verlief das ganz ähnlich. Nach dem ersten Kenshō hatte ich immer noch Zweifel über bestimmte Dinge, vor allem die Reinkarnation. Ich befragte Maezumi dazu, aber er gab keinerlei Kommentar, sondern sagte, ich solle die Briefe zu diesem Gegenstand in dem Buch *Die drei Pfeiler des Zen* lesen und dann selbst an dieser Frage arbeiten. Einmal las ich auf dem Weg zur Arbeit im Auto (ich hatte mich mit Kollegen zu einer Fahrgemeinschaft zusammengeschlossen) einen dieser Briefe und kam dabei zu einem tiefen Durchbruch, noch tiefer als der erste. Ein Ausdruck löste ihn aus, und alle meine Fragen waren gelöst. Ich lachte und weinte zugleich und konnte gar nicht mehr aufhören, und die Leute im Auto waren sehr besorgt, sie wußten ja nicht, was los war, und ich mußte ihnen immer wieder versichern, daß es keinen Grund zur Beunruhigung gab.» Tetsugen lachte. «Zum Glück war ich ein leitender Angestellter mit eigenem Büro, aber ich konnte nicht aufhören zu lachen und zu weinen und mußte schließlich doch wieder nach Hause fahren.

Dieser Durchbruch brachte eine tiefe Empfänglichkeit für das Leiden in der Welt mit sich. Ich sah, wie wichtig es ist, den Dharma zu verbreiten und eine Dharma-Schulung zu entwickeln, die vielen Menschen helfen kann. Bis dahin hatte ich an das harte Zazen geglaubt, an das Antreiben mit dem Kyosaku. Diese Methode mag zwar das Kenshō beschleunigen, aber ihre Wirkung ist nicht so tief und anhaltend, und überhaupt funktioniert diese Methode einfach nicht bei jedem. Ich wollte mit mehr Menschen arbeiten, weil ich jetzt die unzähligen Hilferufe hörte, selbst von denen, die gar nicht wissen, daß sie um Hilfe rufen. Dieser zweite Durchbruch hatte nichts mit Zendō-Atmosphäre und wenig mit gesammelter Kōan-Übung zu tun. Ein tiefer Durchbruch kann sich überall ereignen, wir wissen nie, wann es sein wird.»

In der frühen Zeit des amerikanischen Zen wurde dem Kenshō große Bedeutung beigemessen. Yasutani gab beispielsweise am Ende eines jeden Sesshin bekannt, wer einen Durchbruch gehabt hatte. Maezumi tut das nicht, und Tetsugen folgt ihm darin, seit er selbst andere auf dem Zen-Weg führt. «Ich persönlich lege nicht soviel Gewicht auf Durchbrüche und spreche nicht darüber, weil ich nicht möchte, daß die Leute sich zu sehr damit beschäftigen. Dennoch ist Kenshō natürlich von entscheidender Bedeutung – es *muß* geschehen. Und wenn die Übung konstant durchgehalten wird, wenn der

Schüler übt, ohne etwas erreichen zu wollen, wovon er irgendwo gehört hat, wird es geschehen. Wenn der Gedanke des Erreichens fallengelassen wird, öffnet man sich. Deshalb ist der Meister so wichtig – er hält den Schüler davon ab, sich in Vorstellungen darüber zu verfangen, worum es geht, und sein Zazen dann gewaltsam in diese Richtung zu lenken.»

Während seines Aufenthalts in Japan hatte Maezumi auch die Kōan-Schulung bei Kōryū Rōshi wieder aufgenommen und erhielt von ihm 1972 das Siegel der Bestätigung. «Wie Yasutani gab Kōryū ihm sofort nach Abschluß der Kōan-Schulung Inka, was sehr ungewöhnlich ist», sagte Tetsugen. «Harada Rōshi beispielsweise gab Yasutani erst nach drei Jahren Inka, und da war er schon achtundfünfzig. Bis 1972 hatte Kōryū noch niemandem Inka gegeben. Im Dezember bestätigte er schließlich fünf Schüler, und alle außer Maezumi hatten ihre Kōan-Schulung bereits mindestens fünf Jahre vorher abgeschlossen. Die Schnelligkeit, mit der Maezumi Kōryū Rōshis Kōan-Schulung abschloß, war verblüffend. Dann fing er noch einmal ganz von vorn an, an die vierhundert Kōan, und war in drei Jahren damit durch, obwohl Kōryū nur drei Monate im Jahr in den Vereinigten Staaten war. Vor Kōryū und Yasutani war sein Vater sein Meister gewesen. Er wurde Dharma-Nachfolger aller drei Meister.»

1973, nachdem Maezumi von seinen Meistern als Rōshi bestätigt worden war, wurde Tetsugen als sein erster Shuso oder Mönchsältester eingesetzt, und drei Jahre später, inzwischen war das Zen-Zentrum von Los Angeles gegründet worden, schied er aus der Flugzeugindustrie aus. In jenem Sommer nahm er an dem großen Eröffnungs-Sesshin des Dai Bosatsu teil, wo sich unsere Wege zum erstenmal kreuzten.

Im Frühherbst 1977, bei meinem zweiten Sesshin in Los Angeles, bat ich um die Ordination als Mönch. Es war ein vager Impuls (und gewiß von spirituellem Ehrgeiz gefärbt), aber ich hatte das Gefühl, den Kopf zu scheren würde meine Übung neu beflügeln. Maezumi Rōshi nickte höflich, ließ sein weiches Murmeln vernehmen und blieb betont zurückhaltend. Ich sammelte mich nun wieder mit aller Kraft auf den Ton der einen Hand, hatte Dokusan jetzt nicht mehr nur bei Maezumi Rōshi, sondern auch bei Tetsugen Sensei, der vor kurzem Shihō oder Dharma-Übertragung erhalten hatte und der erste Dharma-Nachfolger von Maezumi Rōshi geworden war.[8] Ich bewältigte dreizehn der vierzehn «Kernstücke», aber beim letzten hatte ich nichts als eine schwächliche intellektuelle Antwort zu bieten, die nicht akzeptiert wurde.

Der Rōshi wollte mir den Dharma-Namen Mukaku geben und ihn neben den von Sōen Rōshi verliehenen Namen stellen: Isshin Mukaku. Das *Mu* von *Mukaku* ist nicht dasselbe wie im Kōan Mu, sondern bedeutet «Traum», die illusorische Natur der relativen Welt, der gewöhnlichen Existenz. Kaku ist das Erwachen aus diesem Traum durch Erleuchtung. Das letzte Wort, das Sōen Rōshis Meister, Yamamoto Gempō Rōshi, schrieb und aussprach, so erzählt Maezumi, war «Traum». Er schenkte mir seine Kalligraphie von «Traum-Erwachen» und sagte, daß Sōen Rōshi diesen Namen gutheißen würde.

Nach dem Sesshin gingen Tetsugen und ich hinüber zu Maezumis Haus, wo wir mit reichlich Sake feierten. Köstlich beschwipst legte der Rōshi mit einem durch und durch seligen Lächeln seinen Arm um mich. «*Mu-kaku!* Sehen Sie, wie gierig Sie sind?» Etwas betreten (da ich weiß, wie gierig ich bin) fragte ich, ob er meinte, daß ich mich bei meiner Übung zu sehr antrieb, aber er lachte und sagte: «Nein, nicht genug!» Nicht verstehend, fühlte ich mich ziemlich verunsichert. Später versicherte Tetsugen mir, es sei nur ein Anstoß gewesen, mich hellwach und sprungbereit zu halten. Der Rōshi umarmte mich herzlich, als wir uns verabschiedeten.

Ich war mit meiner Trennung von Eido Rōshi noch nicht im Reinen, und im September 1978 rief ich im Dai Bosatsu an und wurde zum Oktober-Sesshin zugelassen. Ich war traurig, als ich sah, wie wenige der alten Gesichter noch da waren. Maurine F., die mich zu Hōkōs Grab begleitete, erzählte, daß Eido Rōshi kürzlich gesagt habe: «Es ist wunderbar, daß einige von Ihnen ein so moralisches Leben führen können. Für andere, mich eingeschlossen, ist das sehr schwer.» Alle interpretierten diese Bemerkung als ein starkes Anzeichen dafür, daß er sich nun doch endlich seinen Schwächen stellte. Inzwischen hatte er – und das schien so etwas wie eine Lossagung von Sōen Rōshi zu sein – die Trennung des Dai Bosatsu von seinem Mutterkloster in Japan bekanntgegeben.

Ich freute mich sehr, ihn wiederzusehen. Er hatte mir gefehlt, und nach diesen drei Jahren war auch meine ganze Entrüstung verflogen. Eido-shi hatte seine Krise offensichtlich überwunden, machte einen sehr guten Eindruck, und seine Teishō waren so lebendig wie eh und je. Das neue Kloster, jetzt vollständig eingerichtet, erschien mir immer noch reichlich üppig, aber ansonsten herrschte hier eine sehr anregende Atmosphäre. Es entstand auch rasch eine dichte Sesshin-Atmosphäre durch die herben, präzisen Gongschläge und Klappern, durch die Glocken, das leise Klappern der Schalen beim Essen, den Geruch von Weihrauch und neuen Tatamis, die kompromißlose Sauberkeit, die leisen Schrittgeräusche nackter Füße – und die dunkle Bergstille, die mir aus früheren Tagen noch so lebhaft in Erinnerung war.

Beim Teishō trug Eido-shi ein Gedicht von Sōen Rōshi vor:

> Ich ging zum Berg und suchte Erleuchtung –
> Da war keine Erleuchtung auf der Bergflanke.
> In meiner Verlorenheit
> rief ich laut, und es kam ein Echo.
> Abermals rief ich.
> Abermals kam das Echo.

«Können wir mehr Mu verlangen als dieses Echo?» fragte Eido-shi.

Nach sechs langen, schmerzvollen Tagen, vergebens gegen eiserne Felsen anrennend, begann ich mich zu fragen, weshalb ich überhaupt gekommen war, weshalb ich Jahr um Jahr diese frustrierende Schulung fortsetzte. Eine Spinne, die von der Zendō-Decke baumelte, ihr Mu aus ihrem Bauch herausspinnend, war *mein* Echo. Ich gab den Kampf auf und vertiefte mich in stilles Mu-Spinnen, Augenblick für Augenblick, Atemzug um Atemzug. Bald war ich leicht und wie eine gestimmte Saite, mit meinen Schmerzen ebenso eins wie mit dem Atem, dem Räucherduft, den fernen Krähen und dem Herbstwind. *Krah, Krah* unterschied sich nicht von *Peter, Peter*. Kleine silbrige Atemzüge, immer feiner und länger werdend, wehten die letzten Gedanken- und Gefühlsreste aus meinem Schädel, der jetzt eine stille Glocke war. Und ganz plötzlich begann dieser erdenschwere Körper-Geist sich zu dehnen und in Licht aufzulösen, verströmte in ein neues Universum, das eben gerade erschaffen wurde.

Als die Runde abgeläutet wurde, fiel ich in meinen Körper zurück. Immerhin konnte ich aber in diesen klaren Momenten *erfahren*, daß alles eben jetzt hier ist, in «mir» enthalten. Ich haderte mit der Glocke, die mir dazwischengekommen war, und suchte mich beim Kinhin wieder zu fassen. «Wer, *ich*?» murmelte ich vernehmlich und begann zu lachen. Das Lachen wurde bald zu Weinen, und mit den Tränen kam eine alles umfassende, nicht unterscheidende

Liebe zu Freunden, Kindern und anderen Familienmitgliedern, zu allem, die sich hier in diesem Raum aufrichtig mühten, zu allen Wesen und Dingen. Und ebenso jäh folgte diesem Gefühl der Zweifel – hatte ich *wirklich* etwas wahrgenommen? Diese ewige verdammte Flennerei – war ich womöglich einfach ein bißchen verblödet? War ich immer noch zu sehr darauf aus, etwas zu erreichen?

Beim Abendspaziergang besuchte ich Hōkōs Felsen, und da sie selbst sich nicht zeigte, erzählte ich ihm, was geschehen war. Buchstäblich «außer mir» lachte ich und berichtete laut, als sei das ganze Universum zum Zuhören gekommen. Ein Freudenschrei löste sich in dieser köstlichen Freiheit vom Ich, und noch einmal schrie ich laut, weil mir nichts Besseres einfiel.

Und wieder holte der Zweifel mich ein. Vielleicht war ich zu sehr auf solche Erfahrungen versessen, vielleicht übertrieb ich alles. Ich war von Dankbarkeit erfüllt und doch enttäuscht wie nach einem Fehlschlag. Sieben Jahre waren nun vergangen seit jenem ersten Durchbruch im November 1971, den ich jetzt als vorzeitig und seicht empfand; und diesen, wie tief oder seicht er auch geworden wäre, hatte die Glocke im Keim erstickt – wäre sie doch ein paar Minuten später ertönt, vielleicht hätte sie die eisernen Felswände rings um meinen Kopf zum Einsturz gebracht!

Ich berichtete Eido-shi von meinen Zweifeln und meiner Verbitterung. Er nahm beides nicht sehr wichtig und sagte, daß gewiß noch tiefere Kenshō-Erfahrungen auf mich warteten. Am nächsten Morgen hatte ich mich weitgehend erholt und saß fast den ganzen Tag still und kraftvoll. Am Abend versuchte ich es jedoch wieder mit Gewalt, blieb während des Kinhin sitzen und verschaffte mir damit nichts als qualvolle Schmerzen. Kaum noch eines Schrittes fähig und mit klappernden Zähnen ging ich zu Bett, kein bißchen klüger, was meine Freude, meinen Zweifel und meinen Ehrgeiz anging. Ich schwor mir, diese Sesshin-Buchführung ein für allemal aufzugeben, dieses Horten von wunderbaren Zuständen und spirituellen «Errungenschaften», die doch nur das Anhaften verstärken und dem Ego Auftrieb geben. Ich führte nie wieder ein Sesshin-Tagebuch.

Als ich am nächsten Morgen gleich nach dem Frühstück aufbrach, stand Maurine in ihrem schwarzen Cape lächelnd an der Straße. Sie ist nach Cambridge, Massachusetts, gezogen und hat dort eine eigene Zen-Gruppe aufgebaut; ich hatte sie kaum gesehen seit jenem Wochenend-Sesshin unmittelbar vor Deborahs Tod, als sie Hōkō im Krankenhaus besuchte. Dennoch sind wir einander irgendwie vertraut, werden einander immer nahe sein. Beim Abschied sagte sie in vollkommener Schlichtheit: «Ich liebe dich.»

Bei der Brücke hielt ich im Regen an, um in den schwarzen Fluß zu blicken, der sich hier dick wie Quecksilber mit seinen trudelnden gelben Blättern vorüberwälzt. Hier beginnt der Beecher Lake seine lange Reise, um sich wieder mit dem Meer zu vereinigen. Ich ging hinauf zum Felsen in der Wiese, um Hōkō auf Wiedersehen zu sagen. Im alten Obstgarten beim Tor hob ich ein paar saure Äpfel auf. Dann fuhr ich durch einen nassen, stürmischen Tag nach New England, einer nassen, stürmischen Sonne nach, die später ganz hervorkam und einen goldenen Herbstnachmittag überglänzte. Dann die Schule, eine schöne Begegnung mit Alex, sein Kopf so klein zwischen den viel zu großen Football-Schulterstücken; später ein milder Abend bei Freunden in Connecticut, viel Wein und Lachen und gute Gespräche.

Ich konnte nicht stillsitzen. Gleich nach dem Essen stürmte ich hinaus in die blauschwarze Nacht mit einem durch die Wolkenfetzen wirbelnden Mond. Ein bißchen angetrunken und verwirrt, ging ich im Mondlicht, das die weißen Birken zurückwarfen, gewundene Landstraßen entlang, umarmte die Bäume, die es sich gefallen ließen, preßte das Gesicht an die weichen, hautglatten Stämme, flüsterte und lachte mit all den schweigend um mich her Versammelten und spielte den kosmischen Narren. Dann ging ich in tiefem Frieden zum Haus zurück, und der schwarze Herbstwind, der von Kanada herunterweht, kühlte mir das von Glückstränen überströmte Gesicht. Dieses Gefühl, vom Wind «leergefegt» und ganz klar zu sein, begleitete mich noch zwei Wochen.

Beim nächsten Sesshin in Los Angeles beschrieb ich Maezumi Rōshi, was ich im Dai Bosatsu erlebt hatte. Zu meinem «vereitelten Kenshō» sagte er, es sei kein Dai-Kenshō gewesen, kein großes oder «wahres» Kenshō, das die letzten Spuren von Zweifel fortwischt. Später sagte er: «Ich sage nicht, daß es *kein* Kenshō war. Sie haben den Ochsen für einen Augenblick erspäht, aber nicht gesehen, welche Farbe er hat, ob er männlich oder weiblich war, dick oder dünn, schwach oder munter. Üben Sie hingebungsvoll mit Ihrem Kōan, und Sie werden ihn aus nächster Nähe sehen.»[9]

Ich bewältige das letzte Wato meines Kōan vom Ton der einen Hand, aber damit ich gar nicht erst in Versuchung komme, mich auf den Lorbeeren auszuruhen, legt der Rōshi mir noch einmal einen früheren Punkt vor. Ich wende ein, meine Lösung zu diesem Punkt sei bereits im Jahr zuvor akzeptiert worden, stelle ihn noch einmal auf andere Weise dar und werde zurückgewiesen. «Was ist der wahre Zustand der Einen Hand? Anders gefragt, was ist der wahre Zustand Ihres *Selbst*? Das ist eine gute Übung für Sie, bis wir uns wiedersehen.»

> Allumfassende Schulung ist nichts als vollkommen gesammeltes Sitzen, das Fallenlassen von Körper und Geist. Während du dorthin gehst, geh nur dorthin; während du herkommst, komme nur hierher. Da gibt es keine Lücke. In eben dieser Weise ergründet der ganze Körper allumfassend den ganzen Körper des großen Pfades ... Kürbis ergründet Kürbis allumfassend. So wird ein Grashalm erkannt.
>
> Eihei Dōgen, *Shōbōgenzō, Henzan*

10

Im Vorjahr hatte Maezumi Rōshi mich gebeten, Tetsugen beim Aufbau einer Zen-Gruppe in der Gegend von New York zu helfen. Im Juni 1979 hielt Tetsugen im Katholischen Exerzitienhaus in Litchfield, Connecticut, das ich von den früheren Rinzai-Sesshin her gut kannte, ein Sesshin ab.

Tetsugen Sensei nennt seine Teishō «Dharma-Vorträge», was teils ein Zugeständnis an das amerikanische Zen ist, darüber hinaus aber zum Ausdruck bringt, daß das Teishō traditionsgemäß einem Rōshi vorbehalten bleibt. (In Japan bezeichnet *Rōshi* einen älteren Leiter eines Zendō und wird nie bei Zen-Meistern gebraucht, die weniger als ein halbes Jahrhundert alt sind; in Amerika dagegen, wo es so einige «Rōshi» gibt, die weder eine formale Schulung abgeschlossen noch eine authentische Dharma-Übertragung erhalten haben, geht man mit diesem Titel viel lockerer um, und das häufig auf Drängen der Schüler, denen nichts Geringeres als ein Rōshi gut genug ist.) Tetsugen spricht gewandt und mühelos, seine Dharma-Vorträge sind eine fesselnde Mischung aus Anfänger-Unterweisung und einführender Betrachtung klassischer Kōan wie etwa Jōshūs Mu («Jōshūs Art, unser Buddha-Wesen, unser wahres Wesen, das Absolute zum Ausdruck zu bringen») oder «Von der Spitze eines hundert

Fuß hohen Pfostens, wie gehst du da weiter?» («Das ist mein Lieblings-Kōan: Zen als niemals endende Übung, Zen als unser Leben.») Er drängt uns immer wieder, alle zurückliegenden Zen-Erfahrungen – auch von Kenshō – und alle Erwartungen loszulassen: Sie sind nichts als «Gestank», den man durch gründliches Lüften vertreiben muß, da sie die Frische des gegenwärtigen Augenblicks verderben. Beim Dokusan lehnt er ab, was ich ihm als Lösung des letzten Punktes vom Ton der einen Hand vorlege – obwohl Maezumi Rōshi es akzeptiert hatte. «Sie begreifen jetzt mehr», sagte er, «und die Antwort vom letzten Jahr genügt heute nicht mehr.»

In der Rinzai-Schulung, wo man danach strebt, den «Geist» des Kōan zu verkörpern, hatte ich viele Kōan «gelöst», aber doch noch nicht so tief erfahren, daß sie ein Teil von mir wurden. Ich wußte, daß mein Begreifen noch schwach war, und war daher ebenso froh wie verärgert über Tetsugens Ablehnung. Bis hierher war mir noch unklar gewesen, wie wir in einer Lehrer-Schüler-Beziehung zurechtkommen würden, denn in Los Angeles war dieser nette Kerl in erster Linie mein Freund und Mitschüler gewesen. Seine Zurückweisung war angemessen, schaffte Platz für seinen eigenen Maßstab bei der Kōan-Schulung, und dafür bewunderte ich ihn. Um mir Mut zu machen, erzählt er, daß Harada Rōshi, Yasutanis Meister, siebzig Antworten auf dieses Wato vorlegte, bevor seine Lösung endlich akzeptiert wurde, und er selbst (Tetsugen) eine Lösung vorlegte, die angenommen und ein andermal abgelehnt wurde. «Gehen Sie tiefer», sagte er. «Kommen Sie so oft wie möglich zum Dokusan.»

Ich sah gleich, daß dieser Mann mich wirklich führen konnte, und wie aufregend eine formelle und doch entspannte Schulung unter seiner Führung sein würde – unbehindert durch Sprachbarrieren und die strenge, spröde Formgebundenheit des japanischen Zen. Mühelos fanden wir eine wohltuende Balance zwischen Freundschaft und strikter Ehrerbietung, die ich ihm bei zeremoniellen Anlässen und im Dokusan nur allzu gern erweise.

Die Insekten helfen mir wieder mal, ein kleiner weißer Nachtfalter und eine Raupe, die über den Teppich robbt. Sie hebt ihren absonderlichen Kopf und inspiziert mich: Wer bist du? Eine Fliege summt mahnend an meinem Ohr vorbei, und ich straffe mich wieder, gebiete einer Mücke mit geballter Mu-Kraft Einhalt; frustriert sirrt sie ab. Eine Hummel, der ich draußen begegnete, gab mir ein Vorbild für punktgenaue, nicht rechts und links schauende Zielstrebigkeit, indem sie sich auf den im Wind schwankenden Blumen hingebungsvoll ihrem Geschäft widmete, von Blüte zu Blüte zu Blüte.

Stetigkeit kommt in meine Übung; keine Ereignisse. Am sechsten Sesshin-Tag scheitere ich nach wie vor am letzten Wato und bin dennoch zufrieden. Ein wenig von meiner Gewalttätigkeit und Hast ist von mir abgefallen, ich bin geduldiger, und es genügt mir, mein Bestes zu tun. Ich fahre Tetsugen zum Haus seiner Schwester auf Long Island, und ich spreche wieder davon, daß ich ein Mönch werden möchte, sobald der Rōshi denkt, daß ich reif dazu bin. «Der Rōshi will nur sichergehen, daß Sie es ernst meinen», sagt Tetsugen. «Reif sind Sie schon.»

Dieser rundäugige Mann mit runden Schultern und gedrungenem Körperbau, in dessen Gesicht das entspannte Lächeln und die glatte Stirn sich die Waage halten mit der Intelligenz, die unter energischen schwarzen Brauen hervorblitzt – ich mag ihn und achte ihn. Wie die meisten amerikanischen Zen-Schüler war ich vom Flair des asiatischen Zen angezogen worden, das in seiner rätselhaften Eingezogenheit und Reserviertheit so ganz anders ist als der wahllos verzettelte abendländische Lebensstil; dennoch gewöhne ich mich schneller als erwartet an den Gedanken, einen nichtjapanischen Zen-Meister zu haben – Bernie Rōshi! Wie sehr sich dieser Mann doch in seiner ganzen Erscheinung und in seinem Auftreten von einem klassischen Zen-Meister wie Sōen, von einem Samurai wie Eido, von einem feinsinnigen, absolute Autorität ausstrahlenden Gelehrten wie Maezumi und gewiß von vielen anderen mir unbekannten östlichen Meistern unterscheidet!

Diese asiatischen Meister sind jetzt hier, sie waren von Anfang an hier, und in ihren Lehren werden sie es immer sein; wenn das amerikanische Zen einmal auf eigenen Füßen steht, wird man sagen können, sie seien wahrhaft angekommen. Doch aus der relativen Perspektive gesehen, werden keine mehr kommen; diese erste große Welle japanischer Meister in Amerika ist auch die letzte. Daher ist es von überragender Bedeutung, unsere eigenen Meister heranzubilden und bei unserer Schulung ebenso hohe Anforderungen zu stellen, wie die besten Meister in Japan.

Tetsugen Sensei ist der erste amerikanische Zen-Meister, der nicht nur die Kōan-Schulung, sondern auch die Priesterausbildung abgeschlossen hat. Er ist in den beiden großen Sōtō-Klöstern Eihei-ji und Sōji-ji in Japan formell als Dharma-Halter anerkannt worden. Was aber noch mehr zählt, er ist wahrhaft erleuchtet, da er zwei klassische Dai-Kenshō erfahren hat. Trotz seiner relativen Jugend – er wurde 1939 geboren – ist er heute schon eine der prägenden Gestalten für den künftigen Kurs des amerikanischen Zen. Überdies ist er ein ganz gewöhnlicher Mensch, im besten Sinn des Wortes, ohne hervorstechende Eigenheiten oder Schrullen, die seine Persönlichkeit ins Rampenlicht rücken. Er ist – und ist doch nicht – schlicht und einfach Bernie Glassman mit einer Leidenschaft für Pizza, innovative Ideen und mechanische Gerätschaften aller Art.

1980 gründete Tetsugen in Riverdale-on-Hudson die Zen-Gemeinschaft von New York. Er vollzog außerdem in Sagaponack meine Trauung mit Maria Eckhart. Im darauffolgenden Jahr wurde mir bei einer von Maezumi Rōshi geleiteten Tokudo- oder Ordinationszeremonie der Kopf geschoren, und nun war ich ein Zen-Mönch. (Maria war höchst beunruhigt, als Maezumi sagte, Tokudo sei eine noch wichtigere Zeremonie als die Trauung.) Maezumi gab mir einen neuen Dharma-Namen, Muryō,[1] und schenkte mir seine herrliche Kalligraphie von Meister Hyakujōs «Allein auf dem Dai Yuhō sitzen».[2] Der Zeremonie wohnten einige Freunde und meine beiden größeren Kinder Luke und Sara bei, aber auch alte Gefährten aus meinen Rinzai-Tagen, von denen zwei, Lou Nordstrom und Lillian Friedman, sich bereits der neuen Zen-Gemeinschaft angeschlossen hatten und später von Tetsugen Sensei Tokudo erhalten sollten. Sheila steuerte dieses Gedicht von Narihara, einem Dichter des elften Jahrhunderts, bei:

> Ich habe stets gewußt, ich würde eines Tages diesen Pfad einschlagen.
> Doch gestern wußte ich noch nicht,
> Daß es heute sein würde.

Tetsugens formelle Einsetzung als Abt des Zenshin-ji, des neuen Schulungszentrums der Zen-Gemeinschaft von New York, wurde für den Juni 1982 anberaumt. Im Herbst wird er sein erstes dreimonatiges Ango (Periode intensiver Schulung) leiten, durchgeführt von seinem ersten Shuso oder Mönchsvorsteher. Damit würde seine Schulung zum Zen-Priester ihren Abschluß finden, und danach war seine Bestätigung als Rōshi oder Zen-Meister dieser Sōtō-Linie nur noch eine Formalität.

Vor seiner Abtseinsetzung wollte Tetsugen eine Pilgerreise nach Japan unternehmen, um all den lebenden oder toten Meistern, die mit seiner Linie und seiner Schulung verbunden sind, seine Ehrerbietung zu bezeigen. Da ich sein erster Mönchsvorsteher sein werde, reise ich mit ihm als sein Jisha oder Aufwärter. «Wenn Sie erst Shuso geworden sind, sind Sie ein Mönchsältester», sagt er, «und Ihre Schulung tritt in eine neue Phase ein. Ihr Wissen und Verstehen muß sich dann zu Prajñā oder Weisheit entwickeln. Ohne Prajñā wissen Sie eigentlich gar nicht, wovon Sie reden.» Tetsugen findet, daß es in Amerika zu viele selbsternannte «Zen-Meister» gibt, die nicht wissen, wovon sie reden, und man sieht ihm an, daß er von diesen Leuten peinlich berührt ist.

«Als ich Maezumis erster Shuso wurde», erzählt er, «war es für mich ein großes Glück, mit ihm nach Japan reisen zu dürfen, aber ich glaube, es ist besser, wenn Sie vorher reisen, denn Sie werden dann viel besser wissen, was es heißt, ein Shuso zu sein.» Wir würden die historischen buddhistischen Städte Kamakura, Nara und Kyōto aufsuchen; wir würden Maezumis letzten lebenden Meister, Ōsaka Kōryū Rōshi, besuchen, der auch einer von Tetsugens Meistern war; und wir würden Nakagawa Sōen Rōshi im Drachensumpf-Kloster unterhalb des Fuji unsere Aufwartung machen, mochte er uns empfangen oder nicht.

In erster Linie sollte unsere Japanreise jedoch eine Pilgerschaft zu den alten Stätten sein, die sich mit dem Namen Dōgen Zenji verbinden. Dōgen war ein Sōtō-Zen-Meister des 13. Jahrhunderts, der in neuerer Zeit als eine der erstaunlichsten Gestalten der Geistesgeschichte wiederentdeckt wird.

«Eines der Dinge, die meine Aufmerksamkeit auf das Zen lenkten», sagt Tetsugen, «war eine von Yasutani übersetzte Schrift Dōgens, die den Titel ‹Sein-Zeit› trägt. Ich studierte damals Quantenmechanik, und dieser Text las sich wie eine moderne Abhandlung über Relativität oder Raumzeit.»

> Die Spuren von Flut und Ebbe der Zeit sind so offensichtlich, daß wir sie nicht anzweifeln. Doch obgleich wir sie nicht anzweifeln, sollten wir daraus nicht schließen, daß wir sie begreifen ... Der Mensch schafft sich eine Ordnung und legt diese Ordnung als die Welt aus. Es gilt zu erkennen, daß ein jegliches Ding, ein jegliches Lebewesen im ganzen Weltall Zeit ist ... Man muß anerkennen, daß es in dieser Welt Millionen von Dingen gibt und daß ein jegliches gleichermaßen die gesamte Welt ist – das ist es, womit das Studium des Buddhismus beginnt ...

> ... zu einer Zeit watete ich durch den Fluß, und zu einer Zeit ging ich über das Gebirge ... Ihr mögt denken, daß jener Fluß und jenes Gebirge Dinge der Vergangenheit sind, daß ich sie hinter mir gelassen habe ... Die Wahrheit hat jedoch noch eine andere Seite. Als ich auf den Berg stieg und den Fluß überquerte, war ich (Zeit). Zeit muß notwendigerweise mit mir sein; Zeit kann mich nicht verlassen ...
> Da ihr meint, daß Zeit lediglich vergeht, lernt ihr nicht die Wahrheit über Sein-Zeit. Mit einem Wort: Jegliches Sein in der gesamten Welt ist eine gesonderte Zeit in einem Kontinuum. Und da Sein Zeit ist, bin ich meine Sein-Zeit. Zeit hat die Eigenschaft, sozusagen von heute auf morgen überzugehen, von heute auf gestern, von gestern auf heute, von heute auf heute, von morgen auf morgen.[3]

Diese Passage ist aus dem *Shōbōgenzō* («Das Schatzkammer-Auge des Wahren Dharma»), einem außerordentlich tiefgründigen Werk Dōgens, zu dem gewiß kaum einer seiner Zeitgenossen Zugang gefunden hat. Kaum ein Jahrhundert nach Dōgens Tod (1253) war das *Shōbōgenzō* schon nur noch eine ungelesene Tempelreliquie, und erst in den letzten Jahrzehnten beginnt man es als eine einzigartige glanzvolle Schöpfung zu verstehen, die weit mehr ist als eine Gesamtschau des buddhistischen Denkens im 13. Jahrhundert. Dennoch erfährt Dōgen nach wie vor mehr Lob als echte Würdigung. Im Westen ist er immer noch so gut wie unbekannt, und nicht weil seine Sprache dunkel wäre – sie ist brillant, kristallklar und poetisch –, sondern weil er etwas zu vermitteln sucht, für das es keine Begriffe gibt. Sich diesem Meisterwerk zu nähern, heißt, den Aufstieg zu einem schimmernden Gipfel zu suchen, der hier und da für Augenblicke durch das dichte Netz der Verblendung vor dem Himmelsblau sichtbar wird. Mit jedem Schritt vorwärts wächst die Gewißheit, daß es einen sicheren Pfad zum Gipfel gibt und man ihn finden kann.

Für Maezumi Rōshi gehören Dōgens Schriften «zu den größten Werken nicht nur der japanischen, sondern der Weltliteratur. Sie zeugen von wahrer poetischer Meisterschaft ... Philosophisch gesehen sind sie ein fast vollkommener Ausdruck der Wahrheit ... Dōgen Zenjis Ausdruckskraft ist wie ein unerschöpflicher Quell, der frei und natürlich aus der Erde sprudelt.»[4] Von Maezumi Rōshi stammt eine vorzügliche Übersetzung des *Shōbōgenzō, Genjōkōan* (siehe Quellenverzeichnis der Kapitel-Motti), von dem ein westlicher Gelehrter sagt, es sei «gewiß eines der glänzendsten, tiefgründigsten und packendsten Dokumente der religiösen Weltliteratur».[5]

«Was mich an Dōgen so beeindruckt und fesselt», sagt Tetsugen, «ist seine Fähigkeit und Bereitschaft, seinem Verständnis vom universalen Wesen des Seins Ausdruck zu geben. Er weigert sich, irgendeine Unterscheidung zwischen der absoluten und der relativen Wirklichkeit zu treffen. Viele Meister sagen: ‹Man kann das Unaussprechliche nicht aussprechen›, und versuchen es gar nicht erst. Aber Meister wie Yasutani und Maezumi stimmen dem nicht zu, und ich empfinde wie sie: Wenn man tief genug erfährt, läßt sich auch ein klarer und einfacher Ausdruck für die Erfahrung finden. Dōgen versuchte ein sehr tiefes Begreifen in Worte zu kleiden, und ich finde, es ist ihm gelungen. Sein Handeln, seine Praxis und seine Worte – er bringt alles in eins zusammen.»

Dōgen war seiner vormittelalterlichen Zeit um Jahrhunderte voraus, und sein leidenschaftliches Bemühen, die alten Grenzen der Sprache zu sprengen, sein Beharren auf der Identität von Raum und Zeit, konnten erst sieben Jahrhunderte später auf offene Ohren treffen. Wie alle geborenen Schriftsteller schrieb er aus schierer Freude am Schreiben, und das macht seine Sprache so frisch und lebendig, wagemutig und tiefgründig. Obwohl diese Kühnheit seine Sprache schwierig macht, springt einem sofort seine große Liebe für die Sprache ins Auge, sein meisterlicher Umgang mit Paradoxen und Wiederholungen, mit feinsten Nuancierungen und verblüffenden Bildern, und all das von einer starken lyrischen Sensibilität getragen und zusammengefaßt zu dem großartigen Bestreben, das Unausdrückbare zum Ausdruck zu bringen, das Universale oder Absolute, das in den einfachsten Dingen und Ereignissen des täglichen Lebens manifest ist.

> Wenn wir auf dem Meer, wo kein Land in Sicht ist, vom Boot aus in alle Himmelsrichtungen schauen, so sehen wir ein weites Rund und sonst nichts.
> Indes ist dieser Ozean weder rund noch quadratisch, und seine Eigenschaften sind von unendlicher Vielfalt. Er ist ein Palast; er ist ein Juwel ...
> Wenn ein Fisch im Ozean schwimmt, so hat das Wasser kein Ende, wie weit er auch schwimmen mag.
> Wenn ein Vogel am Himmel fliegt, so hat die Luft kein Ende, wie weit er auch fliegen mag.
> Allein, kein Fisch oder Vogel hat je sein Element verlassen seit dem Anfang ...[6]

Du solltest Bäume und Felsen damit betrauen, den Dharma zu predigen, und du solltest Reisfelder und Gärten nach der Wahrheit fragen. Frage Pfeiler nach dem Dharma und lerne von Hecken und Mauern. Vor langer Zeit verehrte der große Gott Indra einen wilden Fuchs als seinen Meister, suchte bei ihm den Dharma und nannte ihn «Großer Bodhisattva».

Eihei Dōgen, *Shōbōgenzō, Raihai Tokuzui*

11

In der alten Stadt Kamakura an der japanischen Pazifikküste steht ein monumentaler Bronze-Buddha, der sich vor einem Hintergrund aus steilen bewaldeten Hügeln und dem Himmel gut zwölf Meter hoch aus den Gärten des Tempels Kōtoku-in erhebt. Laut der Postkarte, die man auf dem blumenübersäten Anwesen erstehen kann, wurde dieser «Buddha des Grenzenlosen Lichts» im Jahre 1252 gegossen, und zwar «auf Ersuchen von Fräulein Inada-no-Tsubone und Priester Jōkō». Die Halle, die den Daibutsu, den Großen Buddha, schützend umgab, wurde 1495 von einer großen Flutwelle mitgerissen (wobei gewiß auch der Staub von Fräulein Inada in den trüben Fluten wirbelte) – doch der Große Buddha saß ungerührt und setzte in den weiteren Jahrhunderten des stillen Sitzens im Freien eine grüne Patina an. An diesem Aprilsonntag strömen die reisebesessenen Japaner zu Tausenden, aber wohlgeordnet zum Kirschblütenfest in die Stadt, und Scharen hübscher Schulkinder in marineblauen Uniformen und knallgelben Kappen fegen durch die Gärten. Sie spähen durch die Tür in der Plattform des Buddha, und das Echo ihrer hellen Stimmen schallt aus der leeren Weite des Innern zurück.

Die steinernen Jizō-Bodhisattvas an den Wegschreinen, Beschützer der Reisenden und Kinder, sind mit roten Mützen und Schürzen bekleidet, und die Vorbeigehenden werfen ihnen Blüten zu. Das bunte Farbenspiel der Blumen, Früchte und Fahnen durchflutet die Alleen, und selbst die Fische auf den Straßenmärkten – Makrelen, Seebarben, Seezungen, Tintenfische, Lachse, Rotbarsche und Blaufische – liegen mit funkelnden Augen und glitzernden Schuppen in der Sonne, wenn sie auch keinen ganz so fröhlichen Anblick bieten. Weißrosane Papierlaternen in den weißrosa blühenden Bäumen schwingen in der leichten Brise, und Gruppen junger Männer in alten Kostümen tragen goldene Schreine auf kräftigen Stangen, rufen und springen, während sie ihre Last die Straße hinaufschleppen. Heute findet nämlich ein Fest beim Hachiman-gū statt, dem riesigen Schrein des alten Shintō-Kriegsgottes. Auf den Gehsteigen drängen sich junge Leute in Jeans und Sweatshirts mit amerikanischen Aufschriften und feuern ihre kostümierten Freunde auf der Straße an.

Unter der roten Brücke am Hachiman-gu ist das Wasser übersät mit Blütenblättern, und weiße Tauben kreisen mit klatschenden Flügeln über der Menge. Ein Geistlicher mit hohem schwarzglänzendem Shintō-Hut schlägt die große Trommel, die Tauben stieben auseinander. Lange Hörner ertönen, die roten Fahnen flattern, und ein rosiger Hausvater führt den Vorsitz beim Familienpicknick, er hebt seine Flasche mit Reiswein, als die beiden großen Gaijin (Fremde oder Ausländer) vorbeigehen und bekundet seine Festtagsfreude mit einem lauten Ausruf. Sein offenes Gesicht und die runden Augen spiegeln die ungekünstelte Unschuld und Lebensbejahung, die man bei so vielen ländlichen Japanern findet. Gewiß war dieses gerötete und weinselige Gesicht auch hier, als im Jahre 1063 der Hachiman-gū geweiht wurde und der Shōgun Yoshie am Ozeantor ganze Scharen japanischer Kraniche mit silbernen und goldenen Gebetsbändern an den Beinen aufsteigen ließ und das ehrfürchtige Staunen in einen Taumel der Begeisterung umschlug, als die großen weißen Vögel die langen Bänder über den pazifischen Himmel zogen.

Die berühmteste unter den vielen heiligen Stätten von Kamakura ist das Engaku-ji, ein «Berg» oder Hauptkloster des Rinzai-Zen, das in den Hügeln nördlich der Stadt in einem dichtbewachsenen Seitental erbaut wurde. «Kikuji war in den Garten des Engaku-ji in Kamakura eingetreten, aber er wußte immer noch nicht recht, ob er an dieser Teezeremonie teilnehmen sollte» – so beginnt der Roman *Tausend Kraniche* des Nobelpreisträgers Yasunari Kawabata. Das riesenhafte spitze Eingangstor steht am unteren Ende des Tals, umringt von Kiefern und Zedern, und dahinter erheben sich die Ziegeldächer mit ihrem stumpfen zinnernen Glanz zwischen dichtem Wald in Staffeln bis hinauf zur oberen Enge des Tals. Im Frühjahr bleibt das undurchdringliche Dunkel des Waldes halb hinter Wolken aus Kirschblüten und blassem Bambus verborgen; die zartgefiederten blaßroten Blätter des japanischen Ahorn flattern im Wind und pointieren die machtvolle Präsenz der alten Gebäude. Hier im Engaku-ji erlangte die Nonne Chiyono in einer mondhellen Nacht beim Wasserholen Erleuchtung, als ihr Holzeimer barst und das Wasser sich auf den Boden ergoß. Voller Dankbarkeit schrieb sie ein Gedicht:

> Auf manche Weise versuchte ich, den alten Eimer zu bewahren,
> weil der Bambusstrick zerschlissen war und nah am Reißen,
> bis zuletzt der Boden herausfiel.
> Kein Wasser mehr im Eimer!
> Kein Mond mehr im Wasser![1]

Wir steigen über laubgesäumte steile Pfade unter sonnigen Blütenschwaden hügelan. Zwei Mönche in schwarzen Arbeitsgewändern, weiße Tücher fest um den Kopf gebunden, trotten vorbei, ohne uns Beachtung zu schenken; sie tragen Feuerholz, das an eine Holzstange gebunden ist. Tetsugen, der ein wenig Japanisch spricht, bittet den nächsten Mönch, uns die frühere Wohnung von Sōen Shaku, dem ersten Zen-Meister in Amerika, zu zeigen; unsicher deutet der Mönch auf eine etwas abseits gelegene Hütte, als hätte er diesen Namen noch nie gehört.
Bronzefarbene Tauben flattern über die Bäume hin, wo das Tal sich im Wald verliert. An einem Teich vor dem moosgrünen Vorhang des Dickichts glitzert die Sonne auf dem rot und gelb gezeichneten Kopf einer alten Schildkröte auf einem Stein; langsam, lauschend, schließt sie das Augenlid und grenzt die Welt aus, um sie dann ganz langsam wieder hereinzulassen.

Im Juni 1973, unterwegs zu einem Sesshin im Ryūtaku-ji, stiegen Sōen Rōshis Schüler hier in Kamakura aus dem Zug und besichtigten das Engaku-ji, den Daibutsu und Haus und Bibliothek von D. T. Suzuki, die jetzt ein Museum sind. Im San-un Zendō, das Yasutani Rōshi hier gründete und das nun von seinem Schüler, Yamada Kōun Rōshi, geleitet wird, übten wir Zazen und rezitierten.[2] Vor vielen Jahren, während der Schulzeit und später auch an der

Kaiserlichen Universität von Tōkyō, hatte Yamada das Zimmer mit seinem Freund Nakagawa Sōen geteilt, der japanische Literatur studierte und besonders für den großen Einsiedler-Dichter des Zen, Bashō, schwärmte. Von Bashōs Lebensweise tief beeindruckt, trat er bald nach seiner Graduierung (1930) in ein Zen-Kloster ein und wurde zum Mönch ordiniert.[3] Von Sōen inspiriert, nahm Yamada Kōun fünfzehn Jahre später seine Schulung unter Yasutani Rōshi auf; seine tiefe Erleuchtungserfahrung nach einem Aufenthalt im Ryūtaku-ji (1953) beschreibt er in einem wunderbaren Brief an seinen alten Freund (den er hier formell als «Nakagawa Rōshi» anspricht):

> Am Tage nach meinem Besuch im Ryūtaku-ji fuhr ich mit meiner Frau von Tōkyō aus im Zug nach Hause. Ich las ein Buch über Zen ... Gerade als der Zug sich Ōfuna näherte, kam ich zu der Zeile:
> Ich habe klar erkannt: Geist ist nichts anderes
> denn Berge und Flüsse und die große weite Erde,
> als die Sonne, der Mond und die Sterne.
> Ich hatte das schon früher gelesen, diesmal aber machte es mir einen derart lebhaften Eindruck, daß es mir den Atem verschlug. Ich sagte mir: «Nach sieben, acht Jahren Zazen habe ich endlich den Kern dieses Verses begriffen.» Ich konnte die aufsteigenden Tränen nicht zurückhalten ...
> Inzwischen war der Zug am Bahnhof Kamakura angekommen, und meine Frau und ich stiegen aus. Auf dem Heimweg sagte ich zu ihr: «Ich fühle mich heute derart erfrischt, ich weiß nicht wie; mir ist zu Mute, als könnte ich zu den größten Höhen aufsteigen.» Lachend erwiderte sie: «Dann wird der Abstand zu mir aber sehr groß.» Die ganze Zeit wiederholte ich mir immer wieder jenes Zitat ...
> In tiefer Nacht wachte ich auf einmal auf. Zuerst war mein Sinn umnebelt. Plötzlich tauchte der Vers in meinem Bewußtsein auf, ... und ich wiederholte ihn mir. Urplötzlich war mir, als ob mir ein elektrischer Schlag durch den ganzen Körper führe, und im gleichen Augenblick stürzten Himmel und Erde ein. In der gleichen Sekunde wallte eine ungeheure Freude gleich Sturzwellen in mir auf, ein wahrer Orkan von Freude, und ich lachte laut aus vollem Halse: «Ha, ha, ha, ha, ha, ha, ha! Da gibt es überhaupt keine Vernunft, ganz und gar keine Vernunft. Ha, ha, ha, ha, ha!» Der leere Himmel barst entzwei und öffnete seinen ungeheuren Mund und lachte brüllend: «Ha, ha, ha, ha, ha!» ...

Nun lag ich auf dem Rücken. Plötzlich richtete ich mich auf und ... trampelte mit den Füßen auf den Boden, als ob ich ihn zerschmettern wollte, und lachte dabei die ganze Zeit zügellos ... Meine Frau und mein jüngster Sohn, die in meiner Nähe schliefen, waren erwacht und so entsetzt, als hätte der Blitz aus heiterem Himmel eingeschlagen. Meine Frau hielt mir mit beiden Händen den Mund zu und rief immer wieder: «Was ist denn mit dir los? Was ist denn mit dir los?» Ich war mir der meisten dieser Vorgänge nicht bewußt; man erzählte es mir später. Mein Sohn sagte mir, er habe geglaubt, ich sei wahnsinnig geworden.
«Ich habe Erleuchtung gefunden! Ja, das habe ich! Shākyamuni und die Patriarchen haben mich nicht betrogen!» rief ich aus. Als ich mich beruhigt hatte, entschuldigte ich mich bei der übrigen Familie ...
Am folgenden Morgen suchte ich Yasutani Rōshi auf. Ich wollte ihm mein Erlebnis des plötzlichen Zusammenbruchs von Himmel und Erde schildern. «Ich bin überglücklich, ich bin überglücklich!» wiederholte ich immer wieder und schlug mir dabei kräftig auf den Schenkel. Die Tränen kamen mir, und ich konnte sie nicht zurückhalten. Ich versuchte, ihm das Erlebnis der Nacht zu erzählen, aber mir zitterten die Lippen, und die Worte wollten sich nicht bilden. Schließlich legte ich einfach meinen Kopf in seinen Schoß. Der Rōshi streichelte mir den Rücken und sagte: «Ja, das ist wahrhaftig selten, die Erfahrung in so wunderbarem Ausmaß zu machen. Das nennt man das ‹Erlangen der Leere des Geistes›. Meine Glückwünsche!» ...
Obgleich seither vierundzwanzig Stunden vergangen sind, spüre ich noch immer das Nachbeben dieses Erdbebens. Ich zittere noch am ganzen Körper. Den ganzen Tag über lache und weine ich vor mich hin.
Ich schreibe diesen Erlebnisbericht sofort, in der Hoffnung, daß er für die Mönche des Rōshi von Wert ist, und weil mich Yasutani Rōshi dazu gedrängt hat ...
P.S.: Jener Amerikaner [Philip Kapleau] hat uns gefragt, ob er innerhalb einer Sesshin-Woche Erleuchtung finden könne. Sage der Rōshi ihm von mir: Sagen Sie nicht Tage, sagen Sie nicht Wochen, sagen Sie nicht Jahre oder selbst Lebenszeiten. Sagen Sie nicht Millionen oder Billionen von Kalpa. Ja, er solle geloben, Erleuchtung zu finden, auch wenn es dazu der unendlichen, grenzenlosen, unermeßlichen Zeit bedarf.[4]

Am Tag unseres Besuchs im Jahr 1973 war Yamada Rōshi nicht zugegen gewesen (er verwaltete ein kleines Krankenhaus in Tōkyō, an dem seine Frau als Chefchirurgin arbeitet), aber an diesem Apriltag, neun Jahre später, ging eben ein Zazen-Kai – ein Tag der Zazen-Übung – zu Ende, als Tetsugen und ich am späten Nachmittag ankamen.

Yamada ist zwar ordinierter Mönch und wurde Yasutanis erster Dharma-Nachfolger, doch er absolvierte keine Priester-Schulung und schert sich den Kopf nicht mehr. Mit seinen fünfundsiebzig Jahren ist er ein großer Mann von kraftvollem Auftreten – dunkles silbernes Haar, dunkle Säcke wie Schatten unter den wachsamen Augen, und um den Mund einen Ausdruck von trockenem Humor mit einer Spur von Kummer. In den letzten hundert Jahren war (wie Sōen Shaku vorausgesehen hatte) eine Reihe von Klöstern geschlossen, das Land verkauft worden – unter den modernen Japanern bestand nicht mehr genügend Interesse. «Es ist keine Übertreibung, zu sagen, daß Zen in Japan unmittelbar vor dem vollkommenen Aussterben steht», hat Yamada geschrieben.[5] Auch Yasutani war dieser Meinung gewesen, und beide Meister schrieben dies dem Umstand zu, daß die harte Zazen-Schulung zum «Erlangen der Leere des Geistes» im Niedergang begriffen war.

Beim Tee in Yamada Rōshis Haus waren drei alte Freunde zugegen,[6] die ebenfalls die Dharma-Übertragung von Yasutani Rōshi empfangen hatten. Nach dem Ende des Zazen-kai hatte einer von ihnen die amerikanischen Besucher mit Yamadas Schülern bekannt gemacht und erwähnt, Tetsugen habe «tiefe Erleuchtung erlangt». Yamada hatte dies nickend mit den Worten bestätigt: «Ich habe ihn im Dokusan gesehen, und es ist so.»

Tetsugen wollte das Wort «tief» nicht recht behagen. «Ich glaube nicht, daß es *jemals* tief genug ist», sagte er mir später. «Deshalb ist mein Lieblingskoan: ‹Von der Spitze eines hundert Fuß hohen Pfostens, wie gehst du da weiter?› Zen ist dein Leben – ist das Leben selbst! –, und man muß stets weiter gehen, tiefer gehen.»

Seit Nakagawa Sōen Rōshi 1975 aus Amerika zurückgekehrt war, hatte er sich vollständig zurückgezogen, so erzählte Yamada uns; er empfing jetzt überhaupt niemanden mehr. Als Yamada hörte, daß ich Sōens Schüler gewesen war, holte er einen Band mit Haiku seines alten Freundes aus dem Regal. «Es gibt noch eine viel dickere Ausgabe», sagte er. Gary Snyder hat über Nakagawa Sōen geschrieben: «Als Haiku-Dichter war er von einmaliger Größe; in Japan gilt er als der Bashō des 20. Jahrhunderts.»[7] Yamada Rōshi pflichtete dieser Anschauung bei. «Sōen Rōshi ist einer der größten Haiku-Dichter, einer der besten in Japan. Aber er schreibt keine Haiku mehr. Er leidet an Schmerzen, Spätfolgen einer alten Kopfverletzung und anderer Dinge» – hier unterbrach er sich und warf mir schräg von der Seite einen forschenden Blick zu. Er wollte sehen, ob ich von Sōens Bruch mit Eido-shi wußte, und als er bemerkte, daß ich informiert war, fuhr er fort: «Eine Tragödie. Außerdem mißtraut er der westlichen Medizin und behandelt seinen Schmerz lieber selbst mit Sake – zuviel Sake.» Er zuckte die Achseln. Gewiß, wir könnten das Ryūtaku-ji ruhig besuchen, doch er sehe keine Hoffnung, daß Sōen Rōshi uns empfangen würde.

Im Juni 1973 waren Sōen Rōshis Schüler von Kamakura aus nach Mishima am Fuß des Fuji gefahren und hatten das Ryūtaku-ji gerade rechtzeitig zu einem späten Abendessen mit dem Meister erreicht. Am nächsten Morgen weckte der Rōshi uns um halb vier zur Morgenrezitation, und danach besuchten wir die Gräber von Hakuin Zenji, dem Gründer des Klosters, und Torei Zenji, dem Erbauer. An der moosbewachsenen Hügelfläche machten wir beim Goldfischteich des Klosters halt, bewunderten grellgrüne Frösche und die gewaltigen vielfarbigen Karpfen, weiter unten die Reisfelder und Kiefern. Auf die Schwalben deutend, belehrte der Rōshi uns über Tatha, die «Soheit» oder das Gewahrsein von allem, so wie es ist: «Die Schwalben kommen zum Ryūtaku-ji zurück, indem sie einfach kommen – nicht weil sie Zugvögel sind oder navigieren können: Sie *kommen einfach!*»

Sōchu Rōshi, der neue Abt der Ryūtaku-ji (der drei Jahre darauf bei der Eröffnung des Dai Bosatsu zugegen sein würde), hatte uns in einer Begrüßungszeremonie willkommen geheißen, und danach fand eine Eröffnungszeremonie für das «Internationale Ryūtaku-Zendō» statt. Nach dem Ende der priesterlichen Formalitäten war Sōen Rōshi sofort sichtlich aufgetaut und hatte in seinem behaglichen Quartier am oberen Ende einer langen Treppe, die den Hügel hinaufführte, dicken grünen Koicha-Tee geschlagen und anschließend Sake und Limonenwein serviert. Wir bliesen Bambuspfeifen und Muschelhörner, daß die Wände bebten, und dann glitt ein Wandschirm zurück, und dahinter tauchte eine rote Dämonenmaske auf. Die Maske musterte uns einen nach dem anderen, und langsam erstarb das Lachen. Als Sōen die Maske abnahm, war sein Gesicht ernst. «Ich habe meine Maske fallengelassen», sagte er. «Nun lassen Sie Ihre fallen.»

Sōen Rōshi geleitete uns die Treppe zum Eingang hinunter und entließ uns unter der Führung des liebenswürdigen Mönchs Hō-san nach Nara und Kyōto. Zum Sesshin in der kommenden Woche sollten wir wieder da sein. Da stand er unter seinem arg mitgenommenen alten Regenschirm im Frühlingsregen und sprach vom großen «schwerelosen Buddha» von Nara. «Sehen Sie alles mit Hara», sagte er und schlug sich mit der flachen Hand unterhalb des Nabels auf den Bauch, «nicht nur mit Augen.»

Wenn wir das menschliche Leben betrachten, sehen wir, daß häufig der Barmherzige leidet und stirbt, während der Niederträchtige, der sich in dieser Welt mit Gewalt Bahn bricht, glücklich ist und lange lebt. Der Rechtschaffene ist unglücklich und elend, während der Niederträchtige, der jederzeit bedenkenlos Missetaten begeht, glücklich ist. So scheint es zu sein, und wir mögen uns fragen, warum es so ist. Betrachten wir die Situation näher, so sehen wir, daß jemand, der sich nur oberflächlich schult, glaubt, Ursache und Wirkung hätten nichts mit diesem Leben zu tun und Elend und Unglück hätten nichts mit Ursache und Wirkung zu tun. Dieser Mensch verkennt, daß Ursache und Wirkung durch ein Gesetz unlösbar miteinander verknüpft sind – wie auch ein Schatten oder Echo sich niemals von seinem Ursprung löst.

Eihei Dōgen, *Shōbōgenzō, Jinshin Inga*

12

Ein Jahrzehnt ist vergangen, und wieder reise ich südostwärts nach Nara und Kyōto. Heute bin ich ein Sōtō-Mönch, immer noch nicht weißhaarig und zahnlos, aber älter und verwitterter als mein frischgesichtiger Meister. Isshin-Mugaku-Muryō starrt aus dem Fenster. Ich habe mir nie viel aus Dharma-Namen gemacht; sie erscheinen mir im amerikanischen Zen als «Beiwerk», und sie reiben mir meine zählebigen Charakterschwächen allzu deutlich unter die Nase. Aber sie sind auch eine ständige Mahnung, mich nicht an die mit meinem bürgerlichen Namen verbundene Identität zu klammern, an die Illusion eines getrennt von allem anderen existierenden Ich, sondern mich nach besten Kräften emporzuschwingen zu Ein-Geist, Traum-Erwachen und Ohne Grenzen. Manchmal, beim Zazen auf dem schwarzen Kissen, nähere ich mich diesen Zuständen an, aber in dem sehr viel schwierigeren Zen des Alltags klafft eine schreckliche Lücke zwischen dem, was ich weiß, und dem, was ich bin.

In der Nähe von Ise verläßt der Zug die Küstenlinie und biegt landeinwärts ab auf den Berg Yoshino zu, der seit über tausend Jahren ein heiliger Ort der Poeten ist. («Ich konnte das Verlangen, zum Yoshino aufzubrechen, nicht länger unterdrücken», schrieb Bashō, «denn in meinem Geist waren die Kirschblüten schon voll erblüht.»[1]) Nach Westen zu erheben sich die Berge unter der Sonne. Die Strecke führt durch steile, von grauen Sturzbächen ausgewaschene dunkle Täler; Flammen lavendelfarbener Azaleenblüten vor dem hohen Kiefernwald sind das einzige Licht. Manche der Bergdörfer sind modern, flache Dächer und unorganisch wirkende chemische Farben; andere sind wie feierliche Versammlungen – hochgieblige alte Behausungen mit blassen Shōji-Fenstern und zinnfarbenen Dächern, deren Ziegel längst das Bergdunkel angenommen haben.

Wir erreichen einen weiten Talgrund und nähern uns der antiken Hauptstadt Nara. Ich mache Tetsugen Sensei auf eine Wildente aufmerksam, die mit ausgebreiteten Flügeln in raschem Gleitflug durch das Frühlings-Zwielicht auf das kalte Glänzen eines fast stillstehenden Flusses zusteuert. Wildtiere sind rar auf der Hauptinsel Japans, und diese Ente rührt mich.

Tetsugen ist weniger an Wildenten und Landschaften interessiert, als vielmehr belustigt über meine Reaktion auf solche Dinge. Kunst und Literatur (und Landschaft) sagen ihm wenig, allerdings liebt er Opern. Seine technischen und mathematischen Neigungen sind nach wie vor stark, Computer begeistern ihn, und im übrigen ist er ganz unverhohlen ein Fanatiker, der meist darüber nachdenkt, wie er den Buddha-Dharma am besten den amerikanischen Schülern vermitteln kann – eine Aufgabe, für die er bestens geeignet ist, selbst vom Erscheinungsbild her. Mit seinem großen Kopf, den runden, etwas vorfallenden Schultern und den vorstehenden stechenden Augen erinnert er japanische Buddhisten an den ersten großen Botschafter des Zen, Bodhidharma, der den Dharma von Indien nach China brachte.

Wir nähern uns Nara, und in der Ferne erheben sich die weit vorstehenden Dächer der außerhalb von Nara gelegenen Tempel, die vor dreizehn Jahrhunderten entstanden, als die Mahāyāna-Lehre diese entlegene, den Chinesen als «das Land Wa» bekannte Insel erreichte. Westlich der Stadt, halb zwischen Bäumen versteckt, ein riesiger Komplex dunkelbrauner Holzgebäude mit weißen Wänden und grauen Dachziegeln. Hōryū-ji ist die erste Hochburg des japanischen Buddhismus, im Jahre 607 als Seminar oder «Lehr-Tempel» der Hossō-Schule errichtet. Weiter östlich, im Yakushi-ji (wo wir 1973 übernachteten), steht in einem von roten und goldenen Gebäuden gebildeten wunderbar offenen und weiträumigen Innenhof die berühmte Ost-Pagode, letztes noch erhaltenes Beispiel der kraftvollen Architektur jener Zeit.[2] Dieser frühe japanische Buddhismus war noch nicht Zen im eigentlichen Sinne, sondern allenfalls ein wenig vom Zen gefärbt; Chinareisende aus Japan hielten sich an die Städte und die alten monastischen Zentren und kamen daher kaum mit der neuen Zen-Schule in Berührung, die sich in den südlichen Gebirgen entwickelte.

Um die Mitte des sechsten Jahrhunderts waren die ersten Sūtrabücher und Reliquien des Buddhismus in Japan aufgetaucht. Anders als Indien, wo die Lehren Shākyamunis sich gegen Hinduismus und Vedānta durchsetzen mußten, anders aber auch als China mit seinem Taoismus und seiner konfuzianischen Gesetzgebung, besaß Japan keine philosophische Religion, keine gebildete Priesterschaft, keinen Kanon von Lehren, ja nicht einmal eine geschriebene Sprache. Die Bewohner, die im Lauf der Zeit in immer neuen Wellen vom Festland her eingewandert waren, lebten in Siedlungen entlang der Flüsse und praktizierten eine primitive Naturreligion, die sich später zum Shintō, dem «Weg der Götter», entwickelte. Die ersten heiligen Objekte des Buddhismus, begleitet von niedergeschriebenen Lehren, erregten beträchtliches Aufsehen bei den grobschlächtigen Versammlungen, die in Geschichtsbüchern «kaiserlicher Hof» genannt werden, und die geschäftstüchtige Soga-Familie wußte die neue Strömung geschickt zu nutzen und gewann dadurch politisch die Oberhand über die eher traditionellen Klane. Im Jahre 593 ermordete Umako no Soga vorsorglich den Kaiser, um den Kronprinzen an die Macht zu bringen, der den Buddhismus zur Staatsreligion erklären würde.

Trotz der blutigen Umstände seiner Thronbesteigung war Shōtoku Taishi, der «Vater des Buddhismus» (gest. 622), ein aufrichtiger Buddhist, der den moralischen Geboten und der Philosophie der neuen Religion Geltung verschaffte und eine Reihe von Verordnungen über rechtes Verhalten erließ, um in seinem rückständigen Land Einheit und Harmonie zu stiften. Bald gab es in dieser Region über vierzig buddhistische Tempel mit allem, was dazugehörte, um das Volk anzuziehen: Reliquien, priesterliche Gewänder und prächtige Zeremonien. Wie im Shintō waren dies allerdings größtenteils noch Zeremonien, die dem Heilen, dem Regenmachen und anderen praktischen Zwecken dienten.[3]

Der blinde Enthusiasmus der höfischen Kreise für die neue Kultur aus dem «Lande T'ang» zeigt sich etwa an der Übernahme der chinesischen Schriftzeichen für die relativ einfache japanische Sprache und dem Plan, eine chinesische Stadt in Japan nachzubauen. Bis jetzt hatte die Inselgruppe noch keine Hauptstadt besessen; der Sitz des Kaiserhofs wechselte mit den jeweiligen Machthabern, und nicht nur, weil das Glück brachte und gelegentlich notwendig wurde, um einer Epidemie aus dem Weg zu gehen, sondern weil es einfacher war, die verwitterten Holzgebäude anderswo neu zu errichten, anstatt die alten instandzusetzen. Mit dem Aufkommen einer neuen verfeinerten Kultur war dieses ständige Provisorium nicht mehr vereinbar, und so erging 646 der Erlaß, nach dem Modell der chinesischen Hauptstadt Ch'ang-an eine Kaiserstadt zu erbauen. Diese neue Stadt, Nara, gut sechzig Kilometer landeinwärts von der heutigen Küstenstadt Ōsaka gelegen, wurde im Jahr 710 gegründet und ist über zwölf Jahrhunderte später immer noch ein buddhistisches Heiligtum.

In dieser Zeit hörte der Kaiser Shōmu von einem fast sechsundzwanzig Meter hohen «Universalen Buddha», den der T'ang-Herrscher von Lo-yang hatte errichten lassen, und war der Meinung, daß auch Nara einen solchen Buddha haben sollte. Sein grandioser Plan stieß in traditionellen Kreisen auf Widerspruch, da man eine Bedrohung und Beleidigung des Shintō-Kults darin sah; den Buddhisten war klar, daß der Weg der Götter immer noch stark war und man seine Anhänger irgendwie günstig stimmen mußte. So trug der tatkräfte Mönch Gyōgi, eine der führenden Gestalten der Hossō-Schule, im Jahre 742 eine heilige Reliquie zur Sonnengöttin des großen Shintō-Schreins von Ise und erkundigte sich respektvoll nach ihrer Ansicht zu der geplanten Statue des Buddha, der, wie er hinzufügte, nicht nur ihr spiritueller Abkömmling sei, sondern sogar ihr eigener Abgesandter auf Erden. Mit lauter Stimme verkündete das Orakel in chinesischen Versen, die Kunde von diesem Vorhaben sei der Göttin hoch willkommen. Nicht lange danach erschien die Göttin dem Kaiser im Traum als Sonnenscheibe und offenbarte ihm, daß die Sonne niemand anderes als der Höchste Buddha sei. Und da der Buddhismus stets Raum gelassen hat für die alten Religionen, an deren Stelle er trat, so daß er die alten Gottheiten als Dharma-Hüter oder gar Buddha-Manifestationen übernahm, ließ der Shintō-Kriegsgott Hachiman nun das Orakel wissen, er wolle fortan Beschützer des Dharma sein; daraufhin wurde er von der Hossō-Schule des Yakushi-ji eilends in Dienst genommen und erschien nun dort im schlichten Gewand des buddhistischen Priesters.[4]

So gab also der Kaiser den Daibutsu von Nara in Auftrag, und es entstand eine Statue, die sich gut sechzehn Meter über dem bronzenen Lotosthron erhebt. Diese Figur erreichte zwar nicht einmal ganz zwei Drittel der Höhe des Originals und weist keinerlei künstlerische Qualitäten auf, aber sie war die größte technische Leistung, die es im Land Wa je zu bestaunen gab. Die große Halle, die nach einem Feuer im 12. Jahrhundert an die Stelle der ursprünglichen Daibutsu-Halle trat, ist etwa 87 Meter lang, 50 Meter breit und 46 Meter hoch – bei weitem das größte Holzgebäude der Welt; die Statue selbst wurde abschnittweise aufgebaut aus 500 Tonnen Kupfer, Zinn und Blei, und der dreieinhalb Meter hohe Kopf wurde in einer einzigen Form gegossen – «der schwerelose Buddha von Nara» hatte Sōen Rōshi ihn 1973 genannt, als er seine Schüler zur Besichtigung der Statue losschickte.

Das Tōdai-ji, das um den schwarzen Daibutsu erbaut wurde, liegt im Osten am Fuß der Berge, die dieses ebene, fruchtbare Tal umgeben. Vor der roten Buddha-Halle liegt ein umfriedeter Hof von vielleicht hundert Metern im Quadrat, und das Ganze ist umgeben von einem mit hohen Kiefern bestandenen Wildpark. Mehr Menschen vielleicht, als zur Zeit der Ankunft des Buddhismus im Land Wa lebten, besuchen an diesem herrlichen Frühlingstag den Daibutsu. Bei dem kleinen, vergessenen Tempel des Mönchs Gyōgi,[5] der zwischen den scharfkantigen Strukturen der modernen Stadt in einem kleinen Park mit blühenden Bäumen und ungepflegten Gräbern sein Ende durch Feuer oder Verfall erwartet, sind wir jedoch die einzigen Besucher. Es heißt, in diesen braunen baufälligen Gebäuden mit ringsum geschlossenen Läden sei in Japan zum erstenmal Zazen geübt worden.

Kōfuku-ji, etwa eineinhalb Kilometer entfernt am anderen Ende des Wildparks, ist für seine fünfstöckige goldene Pagode bekannt, deren Errichtung der mächtige Fujiwara-Klan finanziert hatte; auch andere buddhistische Tempel des achten Jahrhunderts waren von reichen Gönnern abhängig. Mit den großen, vom kaiserlichen Hof verliehenen Ländereien und den großzügigen Geschenken neugewonnener Anhänger des Buddhismus wurden die reichen Klöster bald zu Zentren der Gelehrsamkeit und Kultur; es gab sogar wohltätige Einrichtungen, über die ein Teil des Wohlstands auch anderen zugute kam. Doch wie in China führte die Abhängigkeit der Priesterschaft von der Aristokratie bald zu Korruption und Verfall. Wenige der neuen Buddhisten scheinen die Lehre in ihrem tiefen nichtmateriellen Kern erfaßt zu haben, und offenbar gingen keine echten Meister aus der Bewegung hervor, obgleich die klassische Zeit des Ch'an-Buddhismus in China längst angebrochen war.

In der Nara-Zeit konnte auch der Kegon-(Hua-Yen-)Buddhismus in Japan Fuß fassen, aber der japanische Buddhismus blieb noch während der gesamten Blütezeit des Zen im China der T'ang-Dynastie relativ primitiv. Ganze Horden von Mönchen und Nonnen aus neuen Klöstern in entlegenen Landesteilen drängten zu den reicher gedeckten Tafeln von Nara, wo der wachsende Einfluß der Priesterschaft bei Hofe politischen Ehrgeiz weckte und Exzesse und Auflösungserscheinungen aller Art nach sich zog. Vielleicht führte diese ausufernde Korruption im Jahre 882 zu der Entscheidung, den Hof trotz des ungeheuren Aufwands etliche Kilometer nordwärts nach Nagaoka zu verlegen; wahrscheinlicher ist jedoch, daß der überstürzte Aufbruch auf Ränke des Fujiwara-Klans zurückzuführen ist, insbesondere auf den Einfluß Tanetsugus, eines Günstlings des Kaisers Kammu, der ermächtigt war, «über alle inneren und äußeren Angelegenheiten zu entscheiden». 785 wurde Tanetsugu von Prinz Saware, dem Bruder des Kaisers, ermordet, der wiederum mit seinem eigenen Leben für diese Tat bezahlte, und diese düsteren Ereignisse verhinderten die Durchführung von Tanetsugus Plan für die neue Hauptstadt; im Jahr 793 wurde sie statt dessen etwa dreißig Kilometer nordostwärts verlegt und erhielt den Namen Heian-kyō.

Die neue Hauptstadt, später Kyōto genannt, sollte eine der größten Städte der Welt werden; sie hatte möglicherweise eine halbe Million Einwohner, doch wie in Nara gab es hier wenig, was man «japanisch» nennen kann. Die Kultur war in allen Teilen, von der Architektur bis zur Etikette, eine minutiöse Imitation der chinesischen T'ang-Kultur. Die nächsten zwei Jahrhunderte beschäftigte sich die Heian-Aristokratie mit Kunst und Dichtung im chinesischen Stil, durchdrungen von Mujō, einem verfeinerten romantischen Empfinden für die Vergänglichkeit des Lebens, das häufig durch das Fallen der Kirschblüten im Frühling symbolisiert wurde.[6]

Die Gründung von Kyōto fiel zusammen mit einer bedrohlichen Invasion der Hauptinsel Honshu durch ein wildes, blauäugiges Volk namens Emishi (die «Haarigen Ainu») von der Nordinsel Hokkaidō, und so wurde 794 der erste Shōgun oder «General für die Unterwerfung der Barbaren» ernannt. Die buddhistischen Klöster standen nun ganz unter der Kontrolle des Kaiserhofs und des Fujiwara-Klans, die auch die abgabenfreien Ländereien vergaben und die

Tempel und Klöster erbauten. Nach 877, als ein Fujiwara zum ersten Minister oder Regenten ernannt wurde, riß diese rücksichtslose Familie auch die Macht des Kaisers allmählich an sich; stets waren es ihre Töchter, die mit den Kaisern und Prinzen verheiratet wurden, und niemand kam auf den Thron, der nicht durch Heirat mit den Fujiwara verbunden war. Die Klöster, denen es nach wie vor an echten Meistern mangelte, suchten Privilegien und immer mehr Land an sich zu bringen und wetteiferten um die Gunst der Aristokratie (die fast alle wichtigen Klosterämter innehatte). Zugleich verlegten sich die Priester auf okkulte Zeremonien und tantrische Praktiken der Shingon-Sekte, um sich das Interesse und die Treue des Volks zu sichern, das so gut wie nichts vom wahren Wesen des Buddhismus verstand.

Im Jahre 788 zog sich der am Tōdai-ji ordinierte achtzehnjährige Mönch Saichō aus Nara in die Wälder auf dem Berg Hiei westlich von Kyōto zurück, um den erstarrten Strukturen und der Korruption der Priesterschaft zu entgehen und Shākyamunis eigentliche Lehre, den Pfad des Sitzens in tiefer Versunkenheit, zu erneuern. Das Jahr 804 verbrachte er in China in einem Kloster am Berg T'ien-t'ai (jap. Tendai) und nahm von hier eine durch Zen-Elemente erweiterte buddhistische Lehre mit nach Hause, die seither Tendai genannt wird. Saichō entwickelte ein zwölfjähriges Schulungsprogramm, das den Berg Hiei zur größten religiösen Schule der Nation machte, und in seinem Tendai-Kloster, dem heutigen Enryaku-ji, nahmen die meisten späteren Schulen des Buddhismus ihren Anfang. Aber der japanische Buddhismus blieb ein blasser, von der Priesterschaft beherrschter Abklatsch chinesischer Schulen, denn die großen Übermittlungslinien der Lehre, die allein den Fortbestand des wahren Dharma sichern konnten, hatten den Weg über das Chinesische Meer noch nicht gefunden. Noch im zehnten Jahrhundert, und im Widerspruch zu den buddhistischen Geboten, unterhielten das Enryaku-ji und die großen Klöster von Nara stehende Heere, denn die Stärke eines Klosters hing nicht von der Kraft des Buddha-Dharma ab, sondern von den bewaffneten Mönchen, die sich in Kyōto mit den Mönchen anderer Klöster Straßenschlachten lieferten. An einer dieser Schlachten, Anfang des 11. Jahrhunderts, sollen um die 40 000 Mönche und Söldner teilgenommen haben.

Die Verunreinigung des Buddha-Dharma, gegen Ende der Nara-Zeit schon deutlich spürbar, erreichte um 1050 ihren Höhepunkt in einer Periode, die von den echten Anhängern des Buddha als «Zeitalter des Niedergangs des Gesetzes» bezeichnet wurde – es war gekennzeichnet von Seuchen, Erdbeben, Feuersbrünsten, Hungersnöten, Raub und Mord. Die Fujiwara, denen die kaiserliche Regierung Macht und Einfluß längst abgetreten hatte, geriet nun auf dem Höhepunkt der Macht in die Netze ihres eigenen Intrigenspiels. Die bewaffneten Mönche wurden zur Bedrohung ihrer Gönner, und schließlich mußte man die Feudalherren der umliegenden Provinzen mit ihren Armeen zu Hilfe rufen, um der Anarchie wieder Herr zu werden. Diesen Feudalherren – Abkömmlinge vertriebener Kaiser – war jedoch der dekadente Despotismus in Kyōto ein Dorn im Auge. Im Laufe der nächsten hundert Jahre wurden die Fujiwara von starken Provinzklanen herausgefordert und besiegt, allen voran die Taira und Heike, Nachkommen des Kaisers Kammu, der die Fujiwara dereinst an die Macht gebracht hatte.[7] Die Heike waren wiederum anderen Anfeindungen ausgesetzt, vor allem durch eine Allianz starker Klane, die sich um die Familie Minamoto gruppierten. In den fünf Jahren zwischen 1156 und 1160, die Macht der Fujiwara war bereits gebrochen, gewannen die Heike für einige Zeit die Oberhand über die Minamoto und setzten ihre eigenen Kaiser ein, aber innerhalb weniger Jahre wurden sie von Yoritomo Minamoto in einer Reihe großer Schlachten besiegt, endgültig schließlich 1185 in der legendären Küstenschlacht bei Dan-no-ura. In vier Jahren hatte Yoritomo den letzten Widerstand der Fujiwara in den östlichen Provinzen gebrochen.

Als Shōgun oder Militärregent richtete Yoritomo sein eigenes Hauptquartier etwa vierhundert Kilometer östlich von Kyōto in Kamakura ein. Auch hier bestand zwar noch ein praktisch machtloser Kaiserhof, doch die Heian-Zeit war zu Ende. In den nächsten siebenhundert Jahren sollte Japan von Shōgunen regiert werden, die überwiegend aus dem Haus Minamoto stammten und dem Kaiser nur noch nach außen hin huldigten.

Gegen Ende des 12. Jahrhunderts empfing ein Tendai-Priester namens Eisai bei seiner zweiten Pilgerreise nach China die Dharma-Übertragung in der Ōryō-Linie des Rinzai-Zen. In seinem Werk *Die Verbreitung des Zen zum Schutz des Landes* beklagt er, was inzwischen aus dem alten Buddhismus vom Berg Hiei geworden war. Seine Reformvorschläge fanden die Zustimmung des zweiten Minamoto-Shōgun, der auch den Bau des Klosters Kennin-ji in Kyōto ermöglichte.

Als Zugeständnis an die älteren Schulen des Tendai und Shingon wurden Untertempel im Kennin-ji eingerichtet, aber Meister Eisai kann dennoch als der erste Zen-Meister in Japan bezeichnet werden.

Erst ein Jahrhundert später konnte Meister Daiō die erste Rinzai-Schulungsstätte einrichten, die keine Rücksicht auf die älteren Schulen mehr zu nehmen brauchte. Daiōs «Gedicht» *Über Zen* wird heute noch von amerikanischen Rinzai-Schülern rezitiert:

> Es gibt eine Wirklichkeit, die selbst Himmel und Erde vorausgeht;
> fürwahr, sie hat keine Form, geschweige denn einen Namen;
> Augen können sie nicht sehen; sie hat keine Stimme, die das Ohr vernehmen könnte.
> Sie Geist oder Buddha zu nennen hieße, ihrem Wesen Gewalt anzutun ...[8]

Sein Nachfolger, Daitō (er hatte zuvor zwanzig Jahre lang mit den Bettlern unter den Brücken von Kyōto gelebt), gründete das große Rinzai-Kloster Daitoku-ji. Er war ein gefeierter Dichter und Schriftkunst-Meister und wurde von Kaiser Hanazono mit der Frage herausgefordert: «Ist es nicht ungeheuer, daß der Buddha-Dharma dem Kaiser des Staates Auge in Auge gegenübertreten darf?» Worauf Meister Daitō erwiderte: «Ist es nicht ungeheuer, daß der Kaiser des Staates dem Buddha-Dharma Auge in Auge gegenübertreten darf?» Tatsächlich traten sich die beiden recht häufig Auge in Auge gegenüber, zumindest in den «Fünf Bergen» (den fünf Hauptklöstern) des Rinzai-Zen in Kyōto, die der kaiserlichen Familie eng verbunden blieben. Wie Daiō vor ihm wurde auch Daitō vom Kaiser zum Kokushi oder «Meister der Nation» ernannt, und diese beiden, zusammen mit Daitōs Nachfolger Kanzan Egen, formten das japanische Rinzai-Zen, wie wir es heute kennen.

Daitō wies nachdrücklich darauf hin, daß es keine reale Existenz außerhalb des «von Augenblick zu Augenblick ledig werdenden Geistes» gibt, und in seiner letzten Unterweisung für seine Mönche stellt er die Bedeutung des Kenshō noch einmal heraus: «Manche von euch mögen großen und blühenden Tempeln mit prächtigen gold- und silberverzierten Buddha-Schreinen und Schriftrollen vorstehen. Ihr mögt die Sūtras rezitieren, euch in der Meditation üben und sogar euer tägliches Leben in strenger Übereinstimmung mit den Geboten führen. Doch wenn ihr in all dem fortfahrt, ohne das Kenshō-Auge zu besitzen, gehört jeder einzelne von euch dem Geschlecht der bösen Geister an. Setzt ihr es andererseits mit dem Kenshō-Auge fort, so mögt ihr in einer einsamen Hütte in der Wildnis leben, ein zerschlissenes Gewand tragen und nur gekochte

Wurzeln essen und seid doch der Mensch, der mir jeden Tag Auge in Auge gegenübersteht und mir vergilt, was ich tat.»[9] Eines seiner Gedichte beschreibt das Leben nach der Öffnung des Dharma-Auges, wenn «Augen, Ohren, Nase, Zunge, Körper und Geist» abgefallen sind:

> Wenn deine Ohren sehen und deine Augen hören,
> wirst du nicht einen Zweifel mehr hegen.
> Wie selbstverständlich der Regen von der Traufe tropft!

Im Zen gibt es das Sprichwort: «Sei nur bereit, und der Meister wird kommen.» Offenbar war das Land Wa nun bereit, denn während das Zen in China an Kraft verlor, traten hier nun die ersten wahren Meister hervor und begründeten starke Übermittlungslinien.

> Wenn du Speisen zubereitest, so schau nicht mit gewöhnlichen Augen und denke nicht mit gewöhnlichem Verstand ... Laß nicht den geringschätzigen Geist aufwallen, wenn du eine Brühe aus wilden Gräsern bereitest; laß nicht den Freudengeist aufwallen, wenn du eine feine Cremesuppe bereitest. Wo es kein Unterscheiden gibt, wie kann da ein Widerwille bestehen? Sei also nicht achtlos, auch wenn du mit dürftigen Rohstoffen zu arbeiten hast, und laß in deiner Achtsamkeit nicht nach, wenn du über die besten Rohstoffe verfügst. Verändere niemals deine Haltung gemäß den Dingen, mit denen du umgehst; tust du es aber, so ist es, als äußertest du dich unterschiedlich gegenüber verschiedenen Personen. Dann bist du keiner, der den Weg geht ...
> Eine feine Cremesuppe muß nicht unbedingt besser sein als ein Sud aus wilden Kräutern. Wenn du Wildkräuter sammelst und zubereitest, so mache sie mit deinem wahren Geist, deinem wahrhaftigen Geist, deinem reinen Geist einer feinen Cremesuppe gleich. Denn wenn du der Versammlung dienst, dem reinen Ozean des Buddha-Dharma, bemerkst du keinen Unterschied des Geschmacks mehr. Der große Ozean hat nur einen einzigen Geschmack. Um wieviel mehr, wenn *du* die Knopsen des Weges treibst und den heiligen Körper nährst. Feine Creme und wilde Kräuter sind gleich und nicht zwei.
>
> Eihei Dōgen, *Shōbōgenzō, Tenzo Kyōkun*

13

Kyōto wurde während des Zweiten Weltkriegs von der Bombardierung ausgenommen und ist heute gewiß eine der kostbarsten Städte der Welt. Bei meinem ersten Besuch im Juni 1973, damals noch als Rinzai-Schüler, wohnte ich in einem Studentenwohnheim nahe den hohen, dunklen Dächern des Daitoku-ji, das den wohl gewaltigsten Anblick aller japanischen Zen-Klöster bietet. Tag für Tag die Stadt durchstreifend, besuchte ich das Myōshin-ji (zu dessen Linie auch das Ryūtaku-ji gehört) mit dem Wasserfall-Steingarten des Taizo-in und den herrlichen Schiebetür-Gemälden von Gänsen und Falken, und das Tōfuku-ji, das einige Jahre nach Eisais Tod zum Sitz des Rinzai-Zen wurde und immer noch das größte Rinzai-Kloster Japans ist.[1] An einem Morgen hatte ich das seltene Glück, für fünfzehn Minuten ganz allein auf der hölzernen Plattform des Ryōan-ji zu sein, von wo aus man über den strengen, seltsam beunruhigenden Steingarten schaut, dessen alte Lehmmauer ebenso schön ist wie die Komposition der großen Steine. (Ein schlichtes Handwaschbecken trägt die Inschrift: «Ich kenne einzig Zufriedenheit.»)[2] Von dort aus begleiteten mich zwei japanische Studenten, die ihr Englisch erproben wollten, zum Koryū-ji und seinem wunderschönen Miroku Bosatsu,[3] von dem ich noch ein Foto an der Wand hängen habe. Ich bestaunte das Nanzen-ji mit seinen lebensechten Tiger-Wandschirmen, und Kinkaku-ji, den «Gold-Pavillon», dessen Garten mit seinen Teichen und Gehölzen von geradezu bildhauerischer Raffinesse ist. In keinem dieser Rinzai-Klöster bestand jedoch für Außenstehende Gelegenheit, Zazen zu üben. Das Antai-ji, ein kleines Dōjō (Meditationshalle) im Wald, wohin wir jeden Morgen zum Zazen gingen, war das einzige Sōtō-Kloster, das ich in Kyōto – nach wie vor eine Hochburg des Rinzai-Zen – besuchte.

Es heißt, man könne zehn Jahre lang jeden Tag einen anderen Tempel von Kyōto besuchen und hätte sie dann immer noch nicht alle gesehen. Nicht viele von ihnen sind auch nur halb so interessant wie die öffentlichen Bäder, die Antiquitätenläden, die Basare und das Gewühl der modernen Innenstadt, ganz zu schweigen von so harmonischen Orten wie dem Tawaraya Inn, der ländlich zurückgezogenen Einsiedelei Shisen-dō in den Hügeln östlich der Stadt und der Katsura-Villa inmitten ihres weiten Teich-Gartens. Vierzig Jahre dauerte der Bau dieser Villa und die Anlage des Gartens, der heute von fünfzehn Gärtnern und einer ganzen Schar weiblicher Helfer gepflegt wird. Katsura wurde vor allem für die kaiserliche Mondschau genutzt, die an nur vier Abenden im Jahr stattfand. Die vier über den Garten verstreuten Teehäuser, die alle gänzlich verschiedene Ausblicke bieten, sind so angelegt, daß man jeweils nur einen Teil des Gartenteichs sieht (ähnliches gilt für die Steine des Ryōan-ji) – das Verborgene schafft eine Atmosphäre des Geheimnisvollen, die Besucher dazu anstiftet, sich jedes Details innezuwerden. Die hölzernen Grundgerüste der Teehäuser sind drei Jahrhunderte alt, doch alles übrige muß alle zwanzig Jahre erneuert werden, auch die Zedernschindeln des Dachs mitsamt ihren Bambusnägeln.

Etwa zwanzig von den achtzig Untertempeln des Daitoku-ji existieren noch, und einer davon, Ryōko-in, fällt unter den anderen auf durch seine wunderbaren Moos- und Steingärten und seine vorzüglichen Gemälde im chinesischen Stil. Hier wurde uns im erlesenen Mittan-Teeraum (einem von zwei Teeräumen, die japanische Nationalschätze darstellen[4]) von Sōhaku Kōbōri Rōshi Tee serviert. Vor allem werden an diesem Raum die vollkommenen Proportionen bewundert, aber auch die Sumi-Malereien von wolkenverhangenen Berglandschaften und von Vögeln, die der Wind wie Blütenblätter aus einem Vogelschwarm, der sich in einem kahlen Baum niedergelassen hat, in die Lüfte fegt. Die Vögel bilden ein ebenso beeindrukkendes Muster auf dem Papier wie die Steine des Ryōan-ji in ihrem Bett aus Kieseln.

Kōbōri Rōshi, blitzende Goldzähne und Brillengläser in einem pfiffigen, klaren Gesicht, prüfte unser Begreifen in mildem Dharma-Gefecht und tadelte uns gutmütig für unsere typischen Zen-Antworten. Als aber einer von uns die Meinung äußerte, Zen und Psychotherapie seien von ähnlicher Wirkung für die Linderung des Leidens, gab der Rōshi schroff zurück, der Therapeut sei auch nichts weiter als ein Patient. (Psychotherapie beschäftigt sich mit den Zweigen, sagt Eido Rōshi, während Zen direkt an die Wurzel geht.) «Kann er diese Schale heilen? Diesen Tisch? Zen kann es.» Er deutete streng auf ein Paar amerikanischer Schuhe, die achtlos vor der Teeraumtür fallengelassen worden waren. «Wenn Sie ein Paar Schuhe ordentlich hinstellen, dann heilen Sie diese Schuhe.» Er deutete auf ein Gemälde. «Kann die Psychotherapie Vögel heilen? Oder vielleicht doch nur» – und die Goldzähne erstrahlten in der Vorfreude auf ein japanisches Aperçu, das in den Teehäusern der Katsura-Villa gewiß ein Nicken und ein Lächeln ausgelöst hätte – «eine Art ... Affen?»

Und die ganze Zeit bereiteten Kōbōris kernige Hände den Tee, den als erster Meister Eisai nach Japan gebracht hatte.

Der Tee-Weg, Chadō oder Cha-no-yū genannt, ist eine Ausprägung der Zen-Kultur, die im 16. Jahrhundert von Sen no Rikyū (1521–1591) entwickelt wurde; er gründete auch die Urasenke-Teeschule in Kyōto und erhielt noch zu Lebzeiten über dem großen Eingangstor des Daitoku-ji ein Denkmal gesetzt. Unseligerweise erregte dies das Mißvergnügen des Feudalherrn Toyotomi Hideyoshi, der sich weigerte, unter dem Bildnis eines gemeinen Mannes hindurchzugehen, und so vollzog Sen no Rikyū die rituelle Selbsttötung, um Hideyoshis Zorn nicht über seine Familie zu bringen.

Drei von uns waren Schüler der Urasenke-Schule von New York, und hier in Kyōto besuchten wir die Teeschule, die ebenfalls über einen hochberühmten Teeraum verfügt. Vor langer Zeit hatte hier ein früher Teemeister einmal einen Zen-Mönch zum Tee geladen; er wurde ärgerlich, als der Mönch sich verspätete, ging fort und hinterließ die Nachricht: «Bitte, kommt morgen.» Der Zen-Mönch schrieb dazu: «Säumiger Mönch kann morgen nicht kommen.» Der Teemeister schämte sich derart, daß er diesem Raum den Namen «Heute-Teeraum» gab.

An einem sonnigen Nachmittag nahmen wir mit Urasenke-Freunden an einer gewaltigen Freiluft-Teezeremonie beim Ōmi-Jingū-Schrein am Biwasee teil. Inmitten einer prunkvollen Versammlung weiß und schwarz gewandeter Shintō-Priester, unter den in der frischen Seebrise flatternden Fahnen, vollzog ein moderner Herr Sen[5] mit seinen Helfern ein ausgedehntes Ritual für die Shintō-Götter, wobei die anmutigen Bewegungen dezent übertrieben wurden, damit die Tausende hingerissener Zuschauer alles gut sehen konnten. Später aßen wir auf die freundliche Einladung von Herrn Sen in einem Hotel am See; er selbst ließ uns ausrichten, er wolle unserem ungezwungenen Vergnügen nicht durch seine Anwesenheit im Wege stehen.

Am zweiten Tag des 13. Jahrhunderts[6] wurde in Heian-Kyō, dem späteren Kyōto, ein Junge geboren, der sehr früh die Vergänglichkeit des Lebens erfahren sollte, denn er wurde bald zum Waisen. «Der Buddhist Dōgen, Familienname Minamoto, aus Kyōto, Angehöriger des Adelsstandes», so bezeichnet ihn der erste Hinweis auf seine Herkunft, den wir kennen[7], war anscheinend der Sohn des Edelmannes Kuga Michichika, Nachfahre des Kaisers Murakami (10. Jahrhundert) und Siegelbewahrer am kaiserlichen Hof. Er schied aus dem Leben, als Dōgen erst zwei Jahre alt war. Seine Mutter, eine Fujiwara, starb, als er acht Jahre alt war. «Bei der Bestattung seiner Mutter, den Duft von Räucherwerk gewahrend, ging ihm die Vergänglichkeit in der Welt der Lebewesen mit aller Deutlichkeit auf, und er wurde zutiefst von der Sehnsucht ergriffen, den Dharma zu suchen.»[8] Für den Rest seines Lebens ging es Dōgen Kigen um das Erwachen zum erleuchteten Zustand durch Einsicht in das wahre Wesen der Wirklichkeit und um das Freiwerden aus den Fesseln von Leben und Tod – gleich einem Fisch, der aus dem Netz entkommt, wie er selbst es umschrieb. «Mache keinen Augenblick von dem abhängig, was morgen sein mag», würde er einmal schreiben. «Denke nur an diesen Tag und diese Stunde und deine Treue zum Weg, denn der nächste Augenblick ist ungewiß und ungewußt.»

Nach dem Tod seiner Mutter wurde er von einem adligen Onkel adoptiert, aber nach einiger Zeit lief er fort zu ihrem jüngeren Bruder Ryōkan, einem Einsiedlermönch, der am Fuß des Berges Hiei lebte. Um ihm einen Platz im Leben zu sichern, hatte seine Mutter darauf bestanden, daß er in den Priesterstand eintreten solle, und so stapfte er im Jahr 1213 den Hiei hinauf zum Enryaku-ji, dem gewaltigen Tendai-Kloster an der Nordflanke des Berges, etwa 900 Meter oberhalb des Biwa-Sees gelegen. Hier empfing er von dem Tendai-Abt Kōen die Gebote und war fortan der Novize Buppō-bō Dōgen in einem kleinen Tempel auf einem bewaldeten Absatz unterhalb des Nordgipfels.

In Dōgens Zeit fanden am Enryaku-ji vor allem Rituale und aufwendige Zeremonien für die prächtig gekleidete Aristokratie von Kyōto statt, während auf die Praxis der Lehren des Buddha wenig Wert gelegt wurde. Gern führte man hier Shākyamunis Wort im Mund, daß alle Lebewesen Buddha-Wesen besitzen, denn das schien ja zu sagen, daß man sich eine beschwerliche Schulung ersparen konnte. Dōgen (der später lehren würde, die wahre Bedeutung dieses Satzes sei: Alle Wesen *sind* Buddha-Wesen) wollte von seinen Lehrern wissen, weshalb die Patriarchen dann so unermüdlich um Erleuchtung gerungen hätten. Er wußte bereits, daß priesterlicher Staat, rituelles Räuchern, Sakramente und Zeremonien, das Abschreiben und selbst das Rezitieren der Sūtras als bloße Andachtsübung völlig verfehlt waren; in den erstarrten Hierarchien auf dem Berg Hiei war kein Platz mehr für den kühnen Geist des Strebens nach Erleuchtung.

«All die Meister, denen ich begegnete, wiesen mich an zu studieren, bis ich so gelehrt war wie meine Vorgänger. Ich sollte mir einen Namen machen und das Ansehen der Welt gewinnen.»[9] Diese Lehrer waren nicht gerüstet, Antworten auf die bohrenden Fragen des jungen Mönchs zu geben, und nach einem Jahr stieg er wieder ab vom Hiei und wandte sich zum Mii-dera, einem anderen noch erhaltenen Kloster am Biwasee. Von hier aus schickte ihn ein Lehrer namens Kōin zu Eisai, dem Rinzai-Meister in Kyōto. «Mein Sinn für die Erleuchtung wurde geweckt durch die Vergänglichkeit, und ich fragte danach in allen Ecken der Welt. Endlich verließ ich den Berg Hiei, um den Weg zu ergründen, und vertraute mich dem Kennin-ji an. Bis dahin aber begegnete ich keinem authentischen Meister.»[10]

Dōgens Unrast war kennzeichnend für den wachsenden Widerstand gegen den dekadenten «aristokratischen» Buddhismus der Heian-Zeit. In Nara hatten die alten Schulen durch die Einführung einer strengen klösterlichen Schulung ein wenig neues Leben gewonnen, und die Halle des Großen Buddha beim Tōdai-ji, in den Bürgerkriegswirren des Jahres 1180 abgebrannt, war zehn Jahre später durch den Shōgun Yoritomo Minamoto wiederaufgebaut worden. In derselben Zeit gründete Hōnen Shōnin (1133–1212) das Jōdo-shū, die «Schule des Reinen Landes», in der es, wie er selbst sagte, um nichts weiter geht, «als den Namen des Buddha Amida endlos zu wiederholen, ohne jeden Zweifel an seinem Erbarmen, und so kann man Eingang finden in das Land der Vollkommenen Glückseligkeit.» Um diese anspruchslose Lehre (die eigentlich nicht im Widerspruch steht zu dem buddhistischen Gedanken der Befreiung aus eigener Kraft)[11] sammelten sich die Massen der Ungebildeten, die zu den esoterischen Schulen des Hiei keinen Zugang hatten, «wie Wolken am Himmel», und das führte zu einem wütenden Gegenangriff der Priesterschaft von Nara und Kyōto. Nach Hōnens Tod gewann die Schule schnell an Einfluß, insbesondere bei der Militärregierung. Der große Buddha des Grenzenlosen Lichts in Kamakura ist eine Amida-Figur, die 1252 von Hōnens Anhängern errichtet wurde.

Anscheinend konnte Meister Eisai einige von Dōgens Fragen beantworten, doch er starb schon ein Jahr nach Dōgens Ankunft, nachdem er die letzten Jahre seines Lebens größtenteils in Kamakura zugebracht hatte, wo er sich um die Protektion der Machthaber für seine neue Zen-Schule bemühte. Immer noch unbefriedigt, machte Dōgen sich für zwei Jahre auf die Wanderschaft, und als auch dies ergebnislos blieb, kehrte er ins Kennin-ji zurück, um sich unter Eisais erstem Dharma-Nachfolger, Myōzen, zu schulen.

1221 erhielt Dōgen von ihm die Gebote der Ōryō-Linie des Rinzai-Zen und begleitete ihn zwei Jahre danach auf eine Pilgerschaft zum Kloster T'ien-t'ung (jap. Tendō) nach China. Vor der Abreise wurde Myōzen von einem seiner früheren Lehrer, der im Sterben lag, gebeten, ihm beim Durchgang durch den Tod beizustehen. Die übrigen Schüler Myōzens fanden, man versäume nichts, wenn die Reise bis zum Tod des alten Mannes verschoben werde, doch Dōgen war gar nicht dieser Ansicht. «Wenn Ihr glaubt, Eure bislang erreichte Verwirklichung des Buddha-Dharma sei zufriedenstellend», sagte Dōgen, der dies offensichtlich bezweifelte, «so mögt Ihr bleiben.» Offenbar war Myōzen von dieser unbeugsamen Zielstrebigkeit beeindruckt, jedenfalls sagte er zu den anderen: «Um eines einzigen Menschen Willen Zeit zu vergeuden, ist gegen den Willen des Buddha ... Mein Entschluß lautet, daß wir jetzt aufbrechen.»[12]

1232 stachen Myōzen und seine Schüler von Hakata aus in See und segelten auf der «Westlichen Seestraße» nach China, dem «Land Sung». Dōgen hatte damals schon mit den ausgiebigen Aufzeichnungen begonnen, denen wir so viel über seinen Charakter und sein Leben entnehmen können; er beschreibt, wie ihn Seekrankheit und Durchfall ereilten, während er sein «flüchtiges Dasein den tosenden Wellen überantwortete».[13]

Im Land Sung war die buddhistische Priesterschaft ebenso in Politik, Geschäfte und höfische Angelegenheiten verstrickt wie im Land Wa. Die Zen-Schulen besaßen zwar noch Lebenskraft, aber der spirituelle Niedergang, von dem der chinesische Buddhismus sich nie wieder erholte, hatte bereits eingesetzt. Verachtete der junge Dōgen den japanischen Buddhismus wegen seiner Unreife,[14] so war er in China nun entsetzt über seine Altersschwäche. Besonders kritisch betrachtete er die Rinzai-Schule, der er selbst angehörte und die inzwischen alle anderen Zen-Schulen außer dem Sōtō-Zen aufgesogen hatte. Seiner Ansicht nach wurden die Lehren des Buddha entstellt, weil hier zuviel Wert auf das Kōan-Studium gelegt wurde und nicht nur die heiligen Texte, sondern auch das Zazen gänzlich ins Hintertreffen geraten waren. Obgleich er Myōzen sehr schätzte («... führender Schüler meines verstorbenen Meisters Eisai ..., unter seinen Mitschülern unerreicht an Gelehrsamkeit und Tugend»),[15] verlor er bald alle Hoffnung, einen wahren Meister von jener kompromißlosen Art zu finden, über die er in alten chinesischen Texten gelesen hatte.

Immerhin konnte er gleich an einem der ersten Tage nach der Landung in China feststellen, daß es den reinen Zen-Geist hier noch gab. Ein alter Klosterkoch kam ans Schiff, um japanische Pilze zu kaufen. Dōgen lud ihn ein, noch auf ein Gespräch zu bleiben, doch der Koch lehnte ab, denn er hatte in der Klosterküche die Essensvorbereitungen zu überwachen. Als Dōgen einwandte, es seien doch gewiß noch andere Köche da, die sich um diese Dinge kümmern könnten, sagte der alte Mann sanft, seine Arbeit als Tenzo oder Küchenmeister sei «meine Schulung in meinen alten Tagen. Wie kann ich das anderen überlassen?» Ungläubig rief Dōgen aus: «Ehrenwerter Herr! Weshalb übt Ihr nicht Zazen oder schult Euch mit den Kōan der alten Meister? Was habt Ihr davon, als Tenzo-Mönch so hart zu arbeiten?» Darauf lachte der Koch und bemerkte, der junge Japaner wisse offenbar nicht, was wahre Schulung sei, geschweige denn Buddhismus.

In dieser Zurechtweisung verbargen sich zwei Einsichten, die Dōgen später immer wieder hervorhob: daß Arbeit um ihrer selbst Willen von grundlegender Bedeutung für die Zen-Schulung ist und daß der Zustand der Erleuchtung sich auch in den allergewöhnlichsten alltäglichen Verrichtungen manifestiert. (Bei einer späteren Begegnung mit dem Koch fragte Dōgen: «Was ist der Weg?» Und der alte Mann antwortete: «Das ganze Universum hat ihn nie verhohlen.»)[16]

Nachdem Dōgen drei Monate an Bord des Schiffes gelebt hatte, besuchte er seinen Lehrer Myōzen im Kloster T'ien-t'ung, das unweit der Küste südlich des Yangtze liegt. T'ien-t'ung, wo Meister Eisai sich geschult hatte, war ein altes Heiligtum aus dem dritten Jahrhundert und inzwischen zu einem der fünf großen «Berge» (Hauptklöster des Zen) im südlichen Sung geworden. Dōgen erhielt eine untergeordnete Position in der Mönchshalle zugewiesen, obgleich er Myōzens Dharma-Nachfolger war. Und da er nie mit seiner Meinung hinter dem Berg hielt, schrieb er drei erboste Briefe an den Kaiser, worin er die Ansicht vertrat, die Stellung eines Mönchs solle von seinem wirklichen Rang und nicht von seiner Nationalität abhängen; der Kaiser intervenierte tatsächlich in diesem Sinne, was Dōgen einen gewissen Bekanntheitsgrad eintrug.

Im T'ien-t'ung erhielt er eine weitere Lektion von einem Tenzo. Dieser steinalte Mönch, der sich an einem Stock mühsam aufrecht hielt, trocknete Pilze in der sommerlichen Mittagshitze. Gefragt, weshalb er sich nicht der Hilfe anderer bediene, erwiderte er: «Andere sind nicht ich.» Dōgen sagte: «Aber die Sonne brennt doch fürchterlich! Weshalb müßt Ihr gerade jetzt arbeiten?» Und der alte Mann antwortete: «Wenn nicht jetzt, wann dann?»[17]

Zwischen 1223 und 1225 suchte Dōgen etliche der führenden Klöster in Südchina auf, doch er fand keinen Meister und beschloß schließlich, nach Japan zurückzukehren. Aber im T'ien-t'ung, wo er sich von Myōzen verabschieden wollte, war inzwischen ein Meister aus der Sōtō-Schule an die Stelle des alten Rinzai-Abtes getreten. Dieser neue Meister, Tendō Nyojō (T'ien-t'ung Ju-ching), war zweiundsechzig Jahre alt und hatte bis jetzt das Leben eines besitzlosen Wandermönchs geführt, fernab von allen Einflüssen der Regierung und des Hofs. Noch interessanter war für Dōgen jedoch, daß Tendō Nyojō das Pfründenwesen ablehnte und die strenge Shikantaza-Schulung über alles stellte. «Räucherwerk, Niederwerfungen, Anrufung der Buddhas, Buß-Zeremonien und Schriftenstudium – all dessen bedarf es nicht mehr; sitze nur treffend und befreie Körper und Geist.»[18]

Diese Praxis der «stillen Erleuchtung» in der Sōtō-Schule wurde von Rinzai-Meistern als passiv und uneffektiv verdammt, da keinerlei Streben nach Erleuchtung damit verbunden war. Für Tendō Nyojō repräsentierte Shikantaza selbst den erleuchteten Zustand, denn die Übung und die Verwirklichung des eigenen Buddha-Wesens, so sagte er, sind im Grunde ebensowenig zweierlei wie das Relative und das Absolute, das Flüchtige und das Zeitlose. Daß Übung und Verwirklichung nicht voneinander zu trennen sind, wurde auch zum innersten Bestand von Dōgens Lehren.

«Ich begegnete Meister Ju-ching von Angesicht zu Angesicht. Das war eine Begegnung zwischen einem Mann und einem Mann!» schrieb Dōgen, tief bewegt von diesem ersten Zusammentreffen (am 1. Mai 1225) mit einem strengen Meister, der Ruhm, feine Gewänder und materielle Privilegien ablehnte, der in seinem hohen Alter täglich bis tief in die Nacht Zazen übte und früh am Morgen damit begann und sich geschworen hatte, «einen diamantenen Sitz zu verschleißen». Dōgen zitiert ihn in seinen Tagebüchern mit den Worten: «Was hat es für einen Sinn, ins Kloster einzutreten, wenn man dort nur Zeit vergeudet? Leben und Tod sind die entscheidenden Fragen. Die flüchtige Welt vergeht schnell ... Wie töricht ist es, die knappe Zeit ... mit Schlafen zu vergeuden! Das ist es, was den Niedergang des Buddha-Dharma herbeiführt.» Dōgen, der kaum noch zu hoffen gewagt hatte, einen wahrhaft inspirierten Meister zu finden, erkannte diesen sofort als einen Meister, «der den rechten Dharma klar erfaßt und sich damit als ein wahrer Meister erweist ... Er ist einer, bei dem Leben und Begreifen einander entsprechen.» Zum ersten Mal in seinem Leben erkannte er in einem Meister die Verkörperung des wahren Dharma und war überglücklich. Nyojō seinerseits erkannte augenblicklich den Dharma in diesem hochbegabten Schüler[19] und wies ihn an, zum Dokusan zu kommen, so oft er wolle.

Dōgen verbrachte drei Jahre im T'ien-t'ung und widmete sich mit aller Kraft der strengen Zazen-Schulung. Eines Tages ermahnte Tendō Nyojō einen beim Zazen eingeschlafenen Mönch lautstark mit den Worten: «Zazen ist das Abfallen von Leib und Herz-Geist!» Bei Dōgen, der unmittelbar neben diesem Mönch saß, lösten die Worte «Abfallen von Leib und Herz-Geist» ein tiefes Kenshō aus. Er ging zum Abtszimmer, zündete in Ehrfurcht und Dankbarkeit ein Räucherstäbchen an, und nach einem kurzen Austausch bestätigte der Meister, daß dieser junge Japaner tatsächlich «Körper und Geist fallengelassen» hatte. Dōgen aber hielt ihm entgegen: «Das ist nur die Errungenschaft eines Moments. Der Meister sollte das nicht so rasch (voreilig) bestätigen.» Das war offenbar seine Art, den Meister zu bitten, ihn noch tiefer zu treiben; das tat Tendō,[20] und schließlich erhielt Dōgen von ihm die Dharma-Übertragung von Angesicht zu Angesicht, «und so wurde die große Frage meines Lebens gelöst». Er hatte erkannt, daß «Buddha-Wesen nicht irgendeine unwandelbare Wesenheit ist, sondern nichts anderes als die ewig entstehende und vergehende Wirklichkeit der Welt» – die wunderbare Soheit dieses gegenwärtigen Augenblicks, Augenblick für Augenblick – *Jetzt!* –, wie der alte Koch ihn gelehrt hatte.

Tendō drängte seinen Schüler nun, den wahren Dharma auch in seinem eigenen Land zu verbreiten. In einer Seidenhülle mit Pflaumenblütenmuster übergab er ihm weitere Zeugnisse seiner Nachfolge. Zugleich mahnte er ihn, «sich nicht mit Fragen der begrenzten Zeit und des begrenzten Lebens zu beschäftigen ... In dieser Weise sollte die Buddha-Nachfolge nicht betrachtet werden ... Von Kāshyapa ist der Dharma auf den Shākyamuni Buddha überkommen und von Shākyamuni Buddha auf Kāshyapa. Erst wenn wir es so betrachten, begreifen wir die Dharma-Nachfolge aller Buddhas und Patriarchen.»

Die Linie der Dharma-Nachfolge begann damit, daß Shākyamuni vor seinen versammelten Mönchen schweigend eine Blume hochhielt und Kāshyapa lächelte. Der Buddha sagte: «Ich habe das Schatzhaus-Auge des wahren Dharma [*Shōbōgenzō*], den unergründlichen Geist des Nirvāna. Ich vertraue ihn Kāshyapa an.» Tendō Nyojō (und später Dōgen) sagte nun, daß Kāshyapa den wahren Dharma gleichzeitig an Shākyamuni übermittelte, daß die «Linie» also eigentlich ein Kreis war und daß Buddhas oder voll Erwachte zwar nicht identisch, aber auch nicht verschieden sind. («Wer hindurchgegangen ist [durch die Schranke von Mu], kann nicht allein Jōshū von Angesicht zu Angesicht sehen, sondern er kann auch Hand in Hand mit der ganzen Reihe der Patriarchen gehen», heißt es in Mumons Kommentar zum Kōan «Jōshū, Hund».[21])

Tendō Nyojō übergab Dōgen ein Dokument, das seinen Platz in der zum Kreis geschlossenen Linie der Sōtō-Schule beurkundet: von Shākyamuni zu Bodhidharma und dem Sechsten chinesischen Patriarchen Daikan Enō; von diesem über seine Nachfolger zu Tendō Nyojō und Dōgen und Shākyamuni. Außerdem erhielt Dōgen ein Porträt von Tendō, sowie die beiden Schriften *Hōi Genketsu* und *Hōkyōzanmai* von Meister Tōzan Ryōkai und das *Sandōkai* von Meister Sekitō Kisen, die grundlegenden Werke des Sōtō-Zen.

«In aller Lauterkeit übergebe ich sie dir, einem fremdländischen Mönch. Ich hoffe, du wirst den wahren Buddhismus in deinem Land verbreiten und dadurch verblendete Menschen retten. Du solltest nicht in Städten oder an anderen von Menschen bewohnten Orten leben. Halte dich fern von Königen und Ministern, und zieh dich in die Berge und entlegenen Täler zurück, um die Essenz des Buddhismus zu übermitteln ...» Später schrieb Dōgen in Anlehnung an das *Hōkyōzanmei* dieses Gedicht:

Ein schneeweißer Kranich im Schnee.
Das Wintergras verborgen,
verbirgt sich in seiner eigenen Form.

Myōzen war inzwischen im Kloster T'ien-t'ung gestorben – in vollkommener Zazen-Haltung nach Aussagen seiner Schüler –, und Dōgen berichtet von wunderbaren Ereignissen, die eine Gedenkfeier für seinen verstorbenen Meister umgaben und dazu führten, daß man ihm auf dem Berg T'ien-t'ung eine Statue errichtete. 1227 brachte Dōgen die Asche seines Meisters heim ins Kennin-ji. Ansonsten brachte er aus China nichts weiter mit als die Erkenntnis, «daß die Augen waagerecht sind und die Nase senkrecht ist; so kann ich nicht mehr durch andere getäuscht werden ... Ich bin mit leeren Händen in mein Heimatland zurückgekehrt. Kein Haar Buddhismus ist mehr an mir. Jetzt verbringe ich meine Zeit ganz ungezwungen. Jeden Morgen geht die Sonne im Osten auf, und jeden Abend geht der Mond im Westen unter. Wenn die Wolken sich lichten, erscheinen die Umrisse der Berge, und wenn der Regen abzieht, beugen sich die umliegenden Berge. Was sonst hat es mit all dem auf sich?»[22]

Dōgen hatte sich von allen Ideen und vorgefaßten Meinungen über Buddhismus, Erleuchtung und das wahre Wesen der Wirklichkeit befreit; all das war «mit Leib und Herz-Geist abgefallen». Da waren nur noch einfache Tatsachen, die senkrechte Nase und die waagerechten Augen, Auf- und Untergang von Sonne und Mond, Augenblick für Augenblick, Tag für Tag. Mit der Öffnung seines wahren Dharma-Auges nahm er nun das Außerordentliche im Gewöhnlichen wahr und erkannte mit allen Buddhas und Patriarchen, daß alle Dinge überall und jederzeit «nichts Besonderes» sind, wie es im Zen heißt: alles ist ganz und vollkommen, so wie es ist.

Der Berg war wieder der Berg.

Seines eigenen Buddha-Wesens inne geworden, neigte Dōgen nun offenbar weniger zum Verurteilen und zu allzu hohen Ansprüchen. Auf die Frage, was er von jenseits des Meeres mitbringe, sagte er: «Nicht viel außer Sanftmütigkeit.»[23]

> Der Schüler kann einem guten Stück Werkholz verglichen werden und der Meister einem fähigen Zimmermann. Selbst hochwertiges Holz zeigt seine feine Maserung erst, wenn ein guter Zimmermann es bearbeitet. Selbst einem Stück Krummholz wird man bald ansehen, daß es in den Händen eines guten Zimmermanns war. Die Echtheit oder Unechtheit der Erleuchtung hängt davon ab, ob man einen wahren Meister hat ...
> In unserem Land jedoch hat es seit Urzeiten keine wahren Meister gegeben. Dies können wir an ihren Worten ablesen, wie wir den Ursprung eines Flusses noch weit unterhalb der Quelle am Wasser erkennen können ...
> Der wahre Buddhismus ist noch nicht in dieses entlegene kleine Land vorgedrungen, und wahre Meister müssen erst noch geboren werden. Wenn du keinen wahren Meister finden kannst, ist es besser, die buddhistische Schulung gar nicht erst zu beginnen.
>
> Eihei Dōgen, *Gakudo Yōjin-shu*

14

Tetsugen war schon mehrmals in Kyōto gewesen, doch die drei großen mit Dōgen Zenji verbundenen Klöster, die heute noch aktiv sind, hatte er noch nicht gesehen. Unter Führung von Yō Ishikawa Sensei (dessen Sohn Shō einer von Tetsugens Schülern in New York ist) fuhren wir den Hiei hinauf zum Enryaku-ji, das über zwölf Jahrhunderte das Hauptkloster des japanischen Tendai-Buddhismus geblieben ist. Im Eingangstempel hoch oben auf dem Berg erinnern große Porträts an Eisai, Dōgen, Nichiren und andere, die sich auf dem Berg Hiei schulten, bevor sie anderswo ihre eigenen Schulen begründeten. Hier rezitierten alte Mönche in steifem Brokat – rot, gold und purpurn – die Frage-und-Antwort-Lehre des *Lotos-Sūtra*. In einem Wäldchen liegt das riesige rote Kompon-chūdō, das 788 vom Gründer des Tendai erbaut wurde. Das Kompon-chūdō mit seinen goldenen Buddha-Figuren im Altarraum wurde 1642 nach einem Feuer wiederaufgebaut, aber die drei Bronzelaternen, die ein schwaches Licht in der Halle verbreiten, sollen von Saichō selbst entzündet worden sein und seither ohne eine Unterbrechung gebrannt haben.

Das ursprüngliche Yokawa-chūdō unten am Berg überdauerte weit über tausend Jahre und brannte 1942 vollständig nieder; da wir aber gar zu gern den Ort erleben wollten, an dem der Mönch Dōgen seine Ordination erhielt, führte uns ein gefälliger junger Priester auf stillen Waldpfaden hinunter zu den Überresten des alten Tempels, dessen Standort noch an einem mit Kiefernnadeln bedeckten Altar zu erkennen ist. Vielleicht standen einige der ehrwürdigen alten Nadelbäume hier schon, als jener dreizehnjährige Junge sein Mönchsgewand und die Schale vom Tendai-Abt Kōen entgegennahm. Weiter unten wird der blaue Wolkenspiegel des Sees geschimmert haben, und wenn es gerade Frühling war, werden die lavendelfarbenen Blüten der Waldazaleen sein Auge erfrischt haben, und zweifellos war auch ein Vorfahr des jetzt gerade rätschenden Blauhähers dabei, um lautstark auf die versammelten Priester in ihren strahlenden Gewändern einzuschimpfen.

Vom Enryaku-ji aus war Dōgen über Mii-dera (am Biwasee) zum Kennin-ji gewandert, das damals in einem bewaldeten Sumpfgebiet am Kamo-Fluß lag. Der Kamo wurde inzwischen begradigt, der Sumpf trockengelegt; eine moderne Stadt ist um das Kloster aufgeschossen, und wo sich einst verseuchtes Sumpfland erstreckte, liegt nun der Freudenbezirk von Gion.

Am Tag unseres Besuchs war im Kennin-ji gerade eine besondere Zeremonie im Gang. Vor dem Eingang zur Haupthalle fanden wir schwindelerregende Massen kleiner japanischer Schuhe vor, zu komplizierten Mustern gruppiert, so daß die Besitzer ihr eigenes Paar beim Verlassen der Halle leicht wiederfanden. Drinnen bewegten sich kleine Gestalten in leuchtenden Gewändern gemessen durch die sonnendurchflutete Halle. Durch offene Schiebetüren blickte man hinaus auf einen berühmten Steingarten – dem des Ryōan-ji zumindest ebenbürtig, wie ein amerikanischer Mönch uns versicherte, der sichtlich froh war, einmal mit Landsleuten sprechen zu können. Etliche weitere Steingärten gleichen Ranges, so sagte er, verbergen sich in abgeschlossenen Innenhöfen der zahllosen Tempel und Klöster Kyōtos.

Was hier gerade gefeiert wurde, war das Jahresfest der Einführung des grünen Tees durch Meister Eisai, der seinen Mönchen diesen Tee gegen die Müdigkeit beim Zazen gab. Unter den gestrengen Blicken eines älteren Rōshi wurde vier führenden Teemeistern, die jeder von acht Schülern begleitet waren, von den Priestern und Mönchen auf hochzeremonielle Weise Tee serviert; danach wurde zweihundert oder mehr mit Kämmen geschmückten und in farbige Seidengewänder gekleideten japanischen Frauen Tee gereicht. Winzige Füße in ihren weißen Tabi kiebitzten unter der Seide hervor, als die fröhlichen Damen mit geöffneten Fächern über die frischduftenden grünlichen Tatami-Matten schwebten.

Draußen im Steingarten eine Turteltaube. Ihre Flügel waren von der Bronzefarbe der Kirschblätter nach dem Blütengestöber des Frühlings. Ohne vom historischen Schauspiel der Menschen Notiz zu nehmen, stolzierte sie unter den roten Azaleenbüschen umher und suchte die frisch geharkte Erde nach Leckerbissen ab.

Der amerikanische Mönch[1] sagte, das Kennin-ji unter Leitung von Sadō Rōshi sei das rührigste Schulungszentrum des Rinzai-Zen in Kyōto und eines der letzten Klöster Japans, das an einem strengen Zazen-Tagesablauf festhielt. Jeden Tag, wie in der alten Zeit, beginnen die einunddreißig Mönche um vier Uhr morgens mit Zazen, um anschließend mit ihren «Bettelschalen»[2] in die Stadt zu gehen. Am Nachmittag gehen die Mönche ihren Pflichten im Kloster nach, um anschließend wieder bis tief in die Nacht zu sitzen. Außerdem finden jeden Tag um zwei Uhr – früh und nachmittags – Sūtra-Rezitationen statt.

Er führte uns zu Eisais Grab in einem hinter alten Mauern versteckten Steingarten. Ein Stückchen weiter lag Myōzens Grab, wo ein sehr alter, ganz in Weiß gekleideter Mann zwischen den Moospolstern hockte und den Gaijin keinerlei Beachtung schenkte. «Er war hier der Oberpriester», flüstert unser Führer. «Jetzt verbringt er seine Tage damit, in den Steingärten das Unkraut auszuzupfen.»

Als Dōgen 1228 mit Myōzens Asche aus China zurückkehrte, fiel ihm auf, daß das Kennin-ji nicht mehr das alte war. «In jedem Raum sah man nun eine Lackschatulle, und alle Mönche hatten ihre eigenen Einrichtungsstücke, liebten feine Kleidung und horteten Schätze ...» Dennoch blieb er drei Jahre lang hier und schrieb in dieser Zeit das *Fukan Zazengi (Allgemeine Darlegung der Prinzipien des Zazen),* das eigentlich ein Manifest des unverwässerten Zazen war und daher nicht nur für das Kennin-ji, sondern für die Priesterschaft im ganzen Land einen Affront darstellte.

> Muß ich den Buddha und seine eingeborene Weisheit erwähnen? Der Einfluß seiner sechs Jahre des aufrechten Sitzens ist noch spürbar. Oder Bodhidharmas Übermittlung des Geist-Siegels? Der Ruhm seines neunjährigen Sitzens der Wand gegenüber wird bis auf den heutigen Tag gefeiert ... Wollt ihr Soheit erlangen, so sollt ihr ohne Verzug Soheit üben.

«Im *Fukan Zazengi* zeigt sich Dōgens Wunsch, jedermann zu erreichen», sagt Tetsugen, der manchmal den gleichen Wunsch zu haben scheint. «Das mußte er sich dann später aus dem Kopf schlagen.» Nicht lange bevor Dōgen dieses Werk schrieb, war das Grab von Hōnen, dem Gründer der Jōdo-Schule, geschändet worden, und aus einem erhaltengebliebenen Brief aus dieser Zeit geht hervor, daß die Priester vom Hiei darüber diskutierten, ob man nicht Dōgens Haus zerstören und ihn selbst aus Kyōto vertreiben solle. Dōgen merkte, daß er sein Bestreben, den Dharma zu verbreiten, aufschieben mußte, bis die Zeit dazu reif war und dem Vorhaben Auftrieb geben würde. Da er sich im Kennin-ji nicht wohlfühlte (und dort gewiß auch nicht gern gesehen war), machte er sich nach Süden in den Fukakusa-Distrikt auf und baute dort das Anyō-in – später unter dem Namen Kannon-dōri bekannt –, eine verlassene Einsiedelei des mütterlichen Fujiwara-Klans, wieder auf.

> Geburten und Tode, Kommen und Gehen – wie jammervoll!
> Der Pfad der Unwissenheit, die Straße des Erwachens – ich gehe träumend!
> Eines aber bleibt, selbst im Wachen:
> Das Rauschen des Regens in einer Hütte in Fukakusa.[3]

Im Kannon-dōri nahm Dōgen Koun Ejō als seinen ersten Schüler an. Dieser in Fujiwara geborene Mönch hatte sich in der Nihon-Daruma-Schule (eine kurzlebige Seitenlinie des Rinzai-Zen) in Nara geschult, deren Tempel zweimal von den älteren Schulen niedergebrannt worden war. Er war zwei Jahre älter als Dōgen und hatte bereits von einem Rinzai-Meister das Siegel der Bestätigung erhalten, aber anscheinend gelangte er erst durch das Kōan «Ein einzelnes Haar (gleichzeitig) durch viele Löcher gehen lassen», mit dem Dōgen ihn bei ihrer ersten Begegnung im Kennin-ji auf die Probe gestellt hatte, zu wirklicher Erleuchtung. Eines Abends in Fukakusa geschah es. Er ging zu Dōgen, machte seine Verbeugungen und sagte: «Ich frage nicht nach dem einen Haar, (aber) was ist mit den vielen Löchern?» Dōgen lächelte ein wenig und sagte: «Du bist hindurchgegangen.»[4]

Von diesem Tag an war Koun Ejō sein Aufwärter und diente ihm bis ans Ende seines Lebens und bat sich aus, seine Asche möge am Fußende von Dōgens Grab beerdigt werden, damit er ihm auch jenseits des Todes noch dienen könne.

In dieser Zeit in Fukakusa verfaßte Dōgen das *Bendōwa,* das bereits die Hauptthemen seiner späteren Arbeit exponiert. Hier gibt er auch eine unmißverständliche Antwort auf die Frage, die ihn als Junge auf dem Berg Hiei bedrängt hatte: Das Buddha-Wesen, der erleuchtete Zustand «ist in jedem Menschen voll und ganz gegenwärtig, doch ohne Schulung wird es nicht manifest; erst durch Verwirklichung wird es erlangt».[5]

Im Jahre 1235, die Mönchshalle war fertiggestellt und Koun Ejō als erster Shuso oder Mönchsvorsteher eingesetzt, wurde das Kannon-dōri in Kōshō-Hōrin-ji umbenannt. Bei der Eröffnungszeremonie für die neue Mönchshalle, die ganz auf die Zwecke der Zazen-Übung zugeschnitten war, legte Dōgen dar, was ihm aus seiner Schulung in China erwachsen war, nämlich die Verwirklichung seines eigenen wahren Wesens oder Buddha-Wesens – jenseits aller Lehrer und Ideen, jenseits sogar der Erleuchtung selbst. Anschließend ordinierte er einige wenige neue Mönche. Hier in dieser friedlichen Abgeschiedenheit der Berge und des Uji-Flusses erarbeitete er in den nächsten zehn Jahren große Teile des *Shōbōgenzō,* darunter auch das berühmte *Genjō-kōan,* das die bekannteste Passage aus seinem Werk enthält:

Indem man Formen mit ganzem Körper und Geist sieht
und Klänge mit ganzem Körper und Geist hört,
begreift man sie innig.
Doch ist das nicht wie ein Spiegel mit Spiegelungen
noch wie Wasser unter dem Mond –
wenn eine Seite verwirklicht ist, ist die andere dunkel.

Den Buddha-Weg ergründen heißt das Ich ergründen.
Das Ich ergünden heißt das Ich vergessen.
Das Ich vergessen heißt von allen Dingen erleuchtet werden.
Von allen Dingen erleuchtet werden heißt vom eigenen Körper
und Geist und dem Körper und Geist anderer befreit werden.
Keine Spur der Erleuchtung bleibt, und diese spurlose
Erleuchtung dauert für immer an ...[6]

Im Kōshō-ji schrieb Dōgen auch das *Tenzo Kyōkun*, worin er die Bedeutung des Hauptkochs im Kloster erörtert – und damit implizit die wahre Bedeutung des Dharma, sagt Tetsugen. Das Mahl ist unser Leben, seine Zutaten sind die Mittel, die wir zur Verfügung haben. Jeder von uns ist Tenzo: Was für ein Mahl bereiten wir? Machen wir das Beste aus dem, was uns gegeben wurde, oder klagen wir darüber, daß die rechten Zutaten fehlen? Hier erzählt Dōgen auch die beiden dornigen Begegnungen mit den alten Tenzo im Lande Sung. Koun Ejō notierte in dieser Zeit Aussprüche und Unterweisungen seines Lehrers, und diese Sammlung ist uns heute unter dem Titel *Shōbōgenzō Zuimonki* bekannt.[7]

Auch Dōgen gab seinen Schülern Kōan, fand aber ansonsten, daß die meisten Zen-Linien, bei denen die Kōan-Schulung im Vordergrund stand – vor allem im Rinzai-Zen –, «tote Linien» geworden seien, die aufgehört hatten, das Wesen der Lehre weiterzutragen. Dennoch ist das *Shōbōbenzō* ein unerschöpfliches Kōan-Handbuch, dank Dōgens ausgiebiger Lektüre der alten Texte. Die Kōan-Sammlung des *Mumonkan* («die torlose Schranke») entstand während seiner Lebenszeit, der Sōtō-Meister Tendō Shōgaku hatte seine Kommentare zum *Shōyō-roku* («Buch des Gleichmuts») vorgelegt, und anscheinend kannte Dōgen auch das *Hekigan-roku* («Niederschrift von der blaugrünen Felswand», in deutscher Übersetzung unter dem Titel *Niederschrift von der smaragdenen Felswand* bekannt), das von Setchō Jūken aus der Ummon-Schule des Rinzai-Zen zusammengestellt wurde.

Gegenüber dem Byōdō-in (einer früheren Fujiwara-Villa am Rande der alten Stadt Uji) am anderen Ufer des Uji-Flusses liegt auf einem Hügel, kurz vor der Biegung, wo der Uji die Berge verläßt, das Kōshō-Hōrin-ji mit seinen weißen Mauern. Diese grandiose Umgebung war gewiß auch Inspiration für das *Sansuikyō* («Berge-und-Flüsse-Sūtra»), das die Manifestation des Buddha-Körpers in den Bergen und Flüssen und der großen Erde verherrlicht – ein altes Bild für die Identität aller Dinge, der flüchtigen wie der unvergänglichen, mit der Leere, dem Einen. «Ich habe klar erkannt: Geist ist nichts anderes denn Berge und Flüsse und die große weite Erde, als die Sonne, der Mond und die Sterne.» Diese Wendung aus einer frühen chinesischen Sammlung wird in der Kōan-Schulung angewendet und findet sich im *Shōbōgenzō* häufig zitiert; im 11. Kapitel wurde bereits beschrieben, wie Yamada Rōshi beim lesen dieses Satzes zu einem tiefen Erleuchtungserlebnis kam.[8]

Im *Sansuikyō* wendet Dōgen sich gegen jene chinesischen Meister, die (wie so viele der heutigen) behaupten, alle Rede, die mit dem Verstand zu erfassen sei, könne nicht wahre Zen-Äußerung der Buddhas und Patriarchen sein. «Im Lande Sung ist eine plumpe Anschauung im Schwange, und zwar inzwischen bei so vielen Menschen, daß man sie nicht mehr überwinden kann. Sie behaupten, eine Rede wie diese sei unbegreiflich. So meinen sie auch, daß Ōbakus Stock und Rinzais Schrei, da beides durch den Verstand weder begriffen noch erfaßt werden kann, ... unmöglich zu begreifen ist. Wer so spricht, ist nie einem wahren Meister begegnet, ihm fehlt das Auge der Schulung. Dies ist wahrhaft bedauerlich, denn es stellt den Niedergang des großen Weges der Buddhas und Patriarchen dar ... Was diese Klosterbrüder ‹unbegreifliche Rede› nennen, ist nur ihnen unbegreiflich, nicht aber den Buddhas und Patriarchen.»[9]

«Dōgen erprobte alle seit Shākyamuni bekanntgewordenen Theorien», sagt Tetsugen. «Er ließ sie fallen, sobald seine Schüler sich zu sehr in Theorien vertieften und dabei das Leben selbst vergaßen. Er sprach sich gegen Kōan-Schulung und Sūtra-Rezitation aus – eigentlich gegen alles außer Zazen –, aber nur gegen ihre stereotyp und leblos gewordene Anwendung. Deshalb hört man ihn die Kōan verdammen, während er sich ihrer doch selbst bediente.»

Insbesondere war Dōgen gegen eine Kōan-Schulung eingestellt, die das Sūtra-Studium ausschloß. «Im Lande Sung gibt es neuerdings solche, die sich Zen-Meister nennen ... Sie rezitieren ein paar Worte von Rinzai und Ummon und nehmen sie für die ganze Wahrheit des Buddhismus. Wäre der Buddhismus mit ein paar Worten von Ummon und Rinzai erschöpft, so hätte er nicht bis heute überleben können ... Diese beschränkten und törichten Leute können den Geist der Sūtras nicht begreifen; sie bringen sie in Verruf, wie es ihnen gerade paßt, und denken nicht daran, sie zu studieren.»[10]

Andererseits ist ihm jedoch überdeutlich bewußt, daß man über alle Worte und Lehren hinaus zur Sache selbst vordringen muß. «Die Worte zu lesen, uneingedenk der zu ihnen gehörenden Schulung, das ist, als läse man ein medizinisches Rezept, ohne sich um das Mischen der Ingredienzien zu kümmern – beides ist vollkommen wertlos. Deine Stimme zu endloser Rezitation erhebend, bist du nur wie ein Frosch im Reisfeld, der vom Morgen bis in die Nacht hinein quakt.»[11]

«Auf dem Großen Weg des Buddha-Dharma sind alle Sūtra-Kapitel des Universums in einem Staubkorn enthalten. Ein Grashalm, ein Blatt, sind der Geist und der Körper.»[12] – «Hunderte von Gräsern und Myriaden Formen – jede so erscheinend, wie sie ist – sind nichts als der wahre Dharma-Leib des Buddha.»[13]

«Dōgen absolvierte seine Kōan-Schulung unter Myōzen im Kennin-ji», sagt Tetsugen, «war also mit der im Rinzai-Zen praktizierten Kōan-Schulung vertraut. In China war Tendō Nyojō sein Lehrer, ein Sōtō-Meister, der nicht viel Wert auf Kōan-Schulung legte, sondern Shikantaza den Vorzug gab. Als Dōgen nach Japan zurückkehrte, fing er an, sich kritisch über die Kōan-Schulung zu äußern; wie sie in China praktiziert werde, so sagte er, sei sie stereotyp und leblos geworden. Die Kōan, selbst Ausdruck der Erleuchtung, wurden als Mittel zum Zweck mißbraucht in dem Streben, sie so schnell wie möglich abzuschließen und von einem Lehrer bestätigt zu werden, ohne unterwegs wirklich in die Tiefe dringen zu müssen. Die meisten Leute, auch die Gelehrten, lesen diese Kritik nur oberflächlich und nehmen an, Dōgen habe die Kōan als Methode der Zen-Schulung abgelehnt. Aber er selbst arbeitete weiterhin mit Kōan. Das *Shōbōgenzō* enthält sogar soviel Kōan-Kommentar, daß man mit der Kōan-Schulung wirklich vertraut sein muß, um es richtig lesen zu können. Das *Shōbōgenzō* ist selbst ein riesengroßes Kōan: Jedes Wort ist ein Ausdruck des Weges.»

Direkt gegenüber dem Tor des Kōshō-ji läßt sich ein Silberreiher auf einer vom reißenden, klaren Wasser umspülten Kiesbank nieder. Vom Flußufer her ist der Zugangsweg zum Kloster durch die Wand aus Flußfels gehauen und führt dann geradewegs den bewaldeten Hügel hinauf. Zu beiden Seiten rinnen kleine Bäche in ihren Steinbetten am Fuß der Mauer entlang. Koto wird dieser Ort genannt, weil das Murmeln der Bäche an dieses japanische Saiteninstrument erinnert. Sonnenlicht dringt durch den Baldachin zarter Ahornblätter herunter und liegt hier und da auf den gelben Rosen. Dann endet der Weg an einem weißen Torbogen in der Mauer des Klostervorhofs, der eine breite Stufe am Hang einnimmt. Ein Schild am Torbogen weist darauf hin, daß Kōshō-ji das erste Sōtō-Schulungszentrum in Japan ist. Jenseits dieses Tores, das so schlicht ist im Vergleich zu den hohen dunklen Dächern der gigantischen Eingangstore zu Rinzai-Klöstern, liegt ein Steingarten mit einer uralten Tempelglocke.

1233 vollendet, war das Kōshō-ji das erste Zen-Kloster in Japan, das gänzlich frei vom Einfluß anderer buddhistischer Schulen war – ausschließlich auf die Bedürfnisse der Zazen-Schulung ausgerichtet, wie Dōgen sie im *Fukan Zazengi* dargelegt hatte. Sieben Jahrhunderte später wird hier immer noch Zazen geübt. Im schlichten Zendō – das, wie der gegenwärtige Abt sagt, in seinem ursprünglichen Zustand erhalten wurde – finden vierzig Menschen Platz unter den Blicken eines eindrucksvollen Mañjushrî-Bodhisattva auf seinem Löwen, dessen Augen im schwachen Licht zu glühen scheinen. Die Gründerhalle beherrscht eine Dōgen-Darstellung mit untypisch harten Gesichtszügen. Ein zweites Bild zeigt ihn jedoch, wie wir ihn von den meisten anderen Darstellungen kennen, mit breiter hoher Stirn und einem kleinen Mund – ein Gesicht, das Milde und höchste Intelligenz ausstrahlt.

Tetsugen hatte nicht im Traum erwartet, hier noch ein solches Leben vorzufinden, und war tief berührt von dem Geist, den dieser Ort atmet. Er bedauerte, daß wir an diesem Morgen nicht wie sonst unsere schwarzen Mönchsgewänder trugen, und warf sich dreimal vor Dōgen Kigen nieder, mit dem rasierten Kopf den grauen Fliesenboden berührend.

Tetsugen ist sonst so ungezwungen, und so überrascht und bewegt mich dieser plötzliche und doch völlig natürlich wirkende Impuls ebenso, wie seine Strenge mich manchmal überrascht. Ein Stimmungswandel ging in diesem Kloster in ihm vor, und er schwieg länger als sonst, während wir die Anlage durchstreiften. Sein Geist war dabei allerdings so beschäftigt wie immer, und als er wieder sprach, steuerte er direkt und ohne Vorrede auf das Thema der Schulung für die Dharma-Übertragung und auf unsere Beziehung zu.

«Maezumi Rōshi hat mir oft erzählt, wie Dōgen mit seinem ersten Dharma-Nachfolger, Koun Ejō, die Shihō-Schulung entwickelte und für diese breit angelegte Schulung von Angesicht zu Angesicht so hohe Anforderungen festlegte. Meine Bewunderung für Dōgen rührt ursprünglich von diesem hohen Niveau der Shihō-Schulung her, die für die Sōtō-Schule charakteristisch ist und – zumindest in Japan – in der Hauptsache auf Dōgens Einfluß zurückgeht. Kōan-Schulung ist sehr wichtig für die Öffnung des Dharma-Auges und die Vertiefung des Begreifens, während es in der Shihō-Schulung mehr um die Beziehung zwischen Meister und Schüler geht, um ihre Nähe zueinander und schließlich ihr Verschmelzen. Das erste Shihō-Dokument enthält Angaben darüber, daß es für Meister und Schüler darauf ankommt, eins zu werden. Es sollte sich etwas bilden – das geschieht allerdings nicht immer –, was man Vater-Sohn-Beziehung nennen könnte. Was immer man tut, man wird wegen der Fehler, die man macht, nicht abgelehnt oder gar abgeschrieben.»

Tetsugen schaute mich ernst an, schmunzelte dann aber, als wollte er sagen: Du sitzt in der Falle! «Es ist gar nicht so einfach, einander so nahe zu kommen, nicht einmal für Eltern und Kinder. Deshalb gilt es als so wichtig, solchen Dingen wie Daiji – der ‹Großen Angelegenheit›, also Erleuchtung – ‹unter vier Augen› wahrhaft auf den Grund zu gehen. Aber einfach zusammen zu leben, zusammen zu sein, wie wir es auf dieser Reise tun, ist ebenfalls wichtig. Deshalb ist diese Reise für mich viel wichtiger als die Frage, wieviele Dokusan und wieviel Kōan-Schulung wir durchziehen können. Selbst wenn eigentlich gar nichts passiert, passiert eine ganze Menge.»

«Meister und Schüler in gemeinsamer Schulung, das ist das Einander-Umschlingen der Ranken der Buddha-Ahnen», sagte Dōgen.[14]

Als Tetsugens Jisha nickte ich pflichtschuldig und ließ ihn ungestört weitersprechen. Was er sagte, fand ich zwar faszinierend, fürchtete aber auch, daß es mir dazu noch an manchem fehlte. Der erste Shuso eines Zen-Meisters sollte eigentlich jünger sein als dieser und nicht zehn Jahre älter. Auch wußte ich, daß er mit Maezumi Rōshi in einer Weise und bis zu einem Grad eins geworden war, wie es in unserem Fall vermutlich nicht möglich sein würde; ich lebte nicht nur anderswo als seine Zen-Gemeinschaft (was bedeutete, daß wir außer bei solchen Gelegenheiten wie dieser Reise zuwenig Zeit miteinander verbrachten), sondern es kamen noch Unterschiede im Alter, Weltanschauung und Temperament hinzu, nicht zuletzt mein beharrlicher Widerstand gegen Autorität und ein profunder Mangel an Hingabebereitschaft. Nicht daß Tetsugen durch seine Ergebenheit blind geworden wäre für die menschlichen Schwächen seines Meisters, im Gegenteil; aber selbst wenn sie uneins waren, machte es nichts aus, ihre Kommunikation schien wie der innere Dialog einer einzigen Person zu sein. Im übrigen war Tetsugen der japanischen Zen-Tradition inniger verbunden, als ich es je sein würde und sein wollte (hätte ich unter den Indianern einen echten Meister gefunden, so wäre es durchaus möglich gewesen, daß ich diesen Weg einem asiatischen vorgezogen hätte). Stets an den von Maezumi vorgegebenen Maßstäben orientiert, war Tetsugen sehr konservativ und streng, was die Einhaltung der Sōtō-Gepflogenheiten unter seinen Mönchen anging – obgleich er mit seinem Meister weiterhin über die Bildung einer eigenen amerikanischen Zen-Schule diskutierte.

In Riverdale unterlief einem der Mönchsältesten einmal ein Fehler bei der Morgenrezitation, und in seiner Verlegenheit versuchte er, die Situation durch einen Witz zu überspielen. Es war wirklich eine sehr witzige Bemerkung, jedenfalls mußte ich das Lachen energisch unterdrücken; Tetsugen lief jedoch dunkelrot an und sagte nichts dazu. Nach der Rezitation herrschte er diesen Mönch mit eisiger Stimme an: «Bei einer solchen Gelegenheit derartige Witze zu reißen, ist eine Respektlosigkeit gegenüber unserer gesammelten Übung. Sie werden sich zur Entschuldigung dreimal vor dem Buddha niederwerfen.» Mit Schuldgefühlen und höchst unglücklich stand ich da, während der gedemütigte Mönch seine Verbeugungen machte.

Das war ein klärender Vorfall, denn er beseitigte gewisse unterschwellige Zweifel an Tetsugens Durchsetzungsvermögen, das hinter seiner ruhigen, etwas spöttischen Art so gut verborgen war. Er hat seinen Zorn stets unter Kontrolle, aber dieser «nette jüdische Kumpel aus Brooklyn» verfügt über eine gewaltige Stimme und ebensolche Kraft, und wenn er aufbraust (oder auch nur so tut), gibt er einen wahrhaft furchterregenden Dharma-Wächter ab.

«Im Rinzai wird die Intimität zwischen Meister und Schüler durch die Begegnung im Dokusan hergestellt», erläutert er, «und wenn die Zeit reif ist für Inka, sind Schüler und Meister eins. Die Zelle teilt sich, und danach können beide Dokusan geben. Der Meister ist das Zentrum des Kreises, der Schüler die Kreislinie, die kleiner und kleiner wird, bis beide ein Punkt sind. Im Sōtō geschieht dies durch die Shihō-Schulung. Es gibt viele Übereinstimmungen mit der Kōan-Schulung, und wenn Sie die Kōan begriffen haben, wird die Shihō-Schulung ganz unkompliziert sein. Es gibt drei Grunddokumente, die übermittelt werden, und Dōgen hat sie in China sehen können. Tatsächlich haben ihm etliche Meister ihren Dharma dargelegt, was selten vorkommt; er muß wirklich ein außerordentlich begabter Schüler gewesen sein. Dōgen war sehr beeindruckt und entwickelte auf der Grundlage dieser Dokumente sein eigenes Schulungssystem, das er bei Ejō, seinem Nachfolger, anwendete.

Andere Meister haben das System später weiter gefestigt. Aber als das Sōtō-Zen immer weitere Verbreitung fand, brauchte man Priester, und das weichte die strengen Maßstäbe auf, denn um Priester werden zu können, mußte man die Shihō-Schulung abgeschlossen haben. Das System verkam allmählich, und heute versuchen nur noch wenige Sōtō-Meister und jeweils nur mit ein paar Schülern, das von Dōgen intendierte hohe Niveau zu halten. Die meisten Sōtō-Priester erhalten Shihō, ohne sich ernsthaft geschult zu haben. Sie brauchen fast nur noch eine Form zu beherrschen, um sogenannte Dharma-Übertragung zu erhalten.»

> Es ist unmöglich, das Siegel der Verwirklichung zu geben, ohne ein Buddha zu sein, und es ist unmöglich, ein Buddha zu werden, ohne das Siegel der Verwirklichung von einem Buddha erhalten zu haben ... Wenn Chrysanthemen das Erbe von Chrysanthemen antreten und eine Kiefer einer Kiefer das Siegel der Verwirklichung gibt, ist die vorausgehende Chrysantheme eins mit der nachfolgenden Chrysantheme und die vorausgehende Kiefer eins mit der nachfolgenden Kiefer. Wer dies nicht versteht, dem nützt es auch nichts, die Worte «korrekte Übertragung von Buddha zu Buddha» zu hören, er versteht ihren Sinn nicht im mindesten ... Mein verstorbener Meister, Abt des Klosters T'ien-t'ung, untersagte seinen Schülern aufs Strengste, sich ungerechtfertigt der Dharma-Nachfolge zu rühmen.[15]

Sein-Zeit, jenes Werk, das Dōgen für Tetsugen so anziehend gemacht hatte, entstand im Jahre 1240 hier im Kōshō-ji. Unter den siebzehn Teilen des *Shōbōgenzō,* die Dōgen 1242 schrieb, befand sich auch ein Werk, das der Landedelmann Yoshishige Hatano aus der Provinz Echizen im fernen «Schneeland» (im Norden und Osten) in seiner Kyōtoer Residenz las. Hatano, ein dem Kamakura-Shōgunat verbundener Samurai, ist der Mann, der Dōgen dazu bewogen haben soll, die Gegend von Kyōto ganz zu verlassen.

Dōgens wachsender Ruf als Meister hatte nicht nur mehr Schüler angezogen, als das Kōshō-ji verkraften konnte, sondern auch der Verärgerung bei den anderen Schulen Nahrung gegeben. Dōgen hatte zwar dem Kaiser Gozaga einige seiner Schriften vorgelegt, aber anders als Eisai unternahm er offenbar keine Versuche, die Mächtigen auf seine Seite zu ziehen. Gegen Ende seiner Zeit im Kōshō-ji verstärkte er seine Angriffe auf das Rinzai-Zen und schrieb die Ideen, die er äußerte, seinem verstorbenen Lehrer, «dem alten Buddha» Tendō Nyojō, zu; er nannte ihn den größten chinesischen Meister «seit zwei oder drei Jahrhunderten», also seit dem Goldenen Zeitalter des Zen im China der T'ang-Dynastie. Nyojō selbst war allerdings nicht über die Rinzai-Schule hergezogen, sondern sprach sich wie Sekitō Kisen gegen alle sektiererischen Streitereien aus; er ignorierte die verschiedenen Schulen des Zen und das Zen selbst, sofern es sich als besondere Schule oder Sekte verstand, ebenfalls. Ihm ging es einzig und allein um den «Großen Weg Aller Buddhas» und um die Übermittlung der wahren Lehre von Buddha zu Buddha. Für ihn war es gegenstandslos, ob Zen nun, nach den Worten Bodhidharmas, «eine besondere Übermittlung außerhalb der Schriften» sei (oder nicht sei); der Große Weg, so sagte er, hat nichts mit «innerhalb» oder «außerhalb» zu tun.

Dōgens Groll auf die Rinzai-Schule kann durchaus damit zu tun gehabt haben, daß die Regierung das Tōfuku-ji, ein neues Rinzai-Kloster in Kyōto, finanzierte; jedenfalls kehrte er der Gegend wenige Wochen vor der Eröffnung des Tōfuku-ji endgültig den Rücken. (Seine Kritik an der Rinzai-Schule schmälerte übrigens nicht seine große Bewunderung für Meister Rinzai selbst, für den er nur Worte des Lobes kennt und den er sogar über den großen Sōtō-Meister Tokusan stellt. «Es ist gesagt worden, die besten der Patriarchen seien Rinzai und Tokusan gewesen, doch wie kann man Tokusan den gleichen Rang zuerkennen wie Rinzai? Der Zen-Mann Rinzai hatte wahrlich seinesgleichen nicht unter all den anderen.»[16])

Vielleicht behinderten seine politischen Schwierigkeiten die Arbeit am *Shōbōgenzō;* vielleicht merkte er aber auch, daß es an der Zeit war, dem Rat seines Meisters zu folgen: «Bleibe nicht in den Städten. Pflege keinen zu engen Umgang mit Königen und Ministern. Suche die Berge und tiefen Täler auf, um das wahre Wesen des Menschen zu verwirklichen.» Jedenfalls nahm er Hatanos Einladung an, sich im fernen Norden niederzulassen; dort wollte Hatano ihm ein neues Kloster erbauen. Er übergab die Leitung des Kōshō-ji seinem Schüler Gijun und brach 1243 ins Schneeland am Japanischen Meer auf. Nicht lange danach fiel das Kōshō-Hōrin-ji einem Brand zum Opfer – ob es ein Mißgeschick war oder Brandstiftung, weiß man nicht.[17]

> Der Leere ist bestimmt zu blühen, wie Hunderte von Kräutern blühen. Ursprünglich blütenlos, trägt sie nun Blüten. Sie ist gleichsam ein Pflaumenbaum, der vor Tagen keine Blüten besaß, aber aufblüht, wenn der Frühling kommt. Es ist die Zeit der Blüten, und Blüten sind nun da ... Das Erblühen der Pflaumen und Weiden geschieht den Pflaumen und Weiden; das der Pfirsiche und Damaszenerpflaumen den Pfirsichen und Damaszenerpflaumen. So auch öffnen sich die Blüten der Leere [jap. Kuge, wörtl. «Himmelsblüten», die illusionären Formen der relativen Welt].
>
> Eihei Dōgen, *Shōbōgenzō, Kuge*

15

Die Bahnstrecke führt nördlich von Kyōto am Biwa-See entlang. Die grauen Ziegeldächer der Dörfer und die grauen Wasser des Sees geben dem dunstigen Licht einen matten Glanz. Wir fragen uns, ob Dōgen bei seiner Reise in die Provinz Echizen wohl auch hier am Westufer entlanggewandert ist unter den steilen Abhängen des Berges Hiei, der sich damals wohl in einem klaren blauen See spiegelte. Gewiß inspirierte ihn der See zu dem Gedicht «Über ein Porträt von mir», in dem er uns das «Ur-Antlitz» unseres Buddha-Wesens zeigt:

Kalter See, Tausende von Schritten lang,
saugt Himmelsfarbe auf.
Abendstille: ein Fisch in Schuppenbrokat
sinkt zum Grund hinab,
wendet sie hierhin, dahin.
Die Pfeilkerbe spaltet sich:
endlose Wasserfläche, Mondlicht, Glanz.[1]

Hinter den alten Dörfern ziehen sich kleine Gärten in Terrassen hinauf bis an den Rand des Nadelwaldes, der sich weiter oben im Dunst des Hiei verliert. Wilde Azaleen sind als lavendelblaue Farbwolken in das Grün eingesprengt. Zum Nordende des über sechzig Kilometer langen Sees hin durchfährt der Zug ein Gebiet schroffer Gipfel und unwirtlicher Schluchten. Dann öffnet und senkt sich das Land hinunter zu der Küstenstadt Tsuruga. Die blaue Ferne ist schon das große Japanische Meer.

Schließlich erreichen wir Fukui, eine Stadt in der Nähe von Dōgens erstem Wohnsitz im Schneeland. Im Tempel Yoshimine unweit der Küste vollendete er in kaum mehr als einem Jahr an die dreißig Kapitel des *Shōbōgenzō*. Hier war es auch, «in drei Fuß hohem Schnee», daß er zum erstenmal das *Baika* («Pflaumenblüten») als Teishō vorlegte. Der Einleitungsvers, der Tendō Nyojō zugeschrieben wird, erinnert auch stark an Dōgen selbst:

Alter Pflaumenbaum, gebeugt und knorrig,
öffnet unversehens eine Blüte, zwei Blüten,
drei, vier, fünf Blüten, unzählige Blüten,
nicht stolz auf Reinheit,
nicht stolz auf Duft;
fallend, werden sie Frühling,
wehen über Gras und Bäume,
entlößen das Haupt eines flickengewandeten Mönchs,
wirbeln, werden zu Wind, unbändigem Regen,
fallen, Schnee, über die ganze Erde.
Der alte Pflaumenbaum ist grenzenlos.
Harte Kälte beißt in der Nase.

Aufgrund dessen, was Dōgen als Zenki bezeichnet (etwa: «das gesamte Wirken» – das uneingeschränkte, spontane *Sein,* das in dem Augenblick, da es sich ereignet, zugleich umfassender Ausdruck des Universums ist), zeigen sich das Absolute und das Relative, das Flüchtige und das Ewige zugleich in den Blüten und dem Stamm des alten Baumes: «Wenn der alte Pflaumenbaum sich plötzlich öffnet, ersteht die Welt der aufgesprungenen Blüten. Und mit der Welt der aufgesprungenen Blüten ersteht der Frühling. Da ist eine einzige Blüte, die fünf Blüten öffnet. In diesem Augenblick einer einzigen Blüte sind drei, vier und fünf Blüten – unzählige Blüten ... Das Blühen ist die Opfergabe des alten Pflaumenbaums.»[2]

Am 5. Juni 1246 wanderte Dōgen landeinwärts zum Daibutsu-ji, dem von Hatano erbauten neuen Kloster unterhalb des Berges Kichijō. Nach der Fertigstellung wurde das Kloster in Eihei-ji umbenannt, das «Kloster des ewigen Friedens», das Dōgen als ein irdisches Buddha-Paradies ansah. «Die Berglandschaft ist der Klang der Bäche, alles ist Shākyamunis Gestalt und Wort», heißt es in einem Gedicht, das er in diesem wilden Land der Hirsche und Bären schrieb. Das Leben in dem neuen Kloster orientierte sich an Gesichtspunkten, die der chinesische Meister Hyakujō in den ersten Jahren des neunten Jahrhunderts niedergelegt hatte. Ebenso wie Dōgen hatte auch er schon die körperliche Arbeit als wesentlichen Bestandteil der Zen-Praxis aufgefaßt. «Ein Tag ohne Arbeit, ein Tag ohne Essen», sagte er und weigerte sich zu essen, als seine Mönche einmal seine Hacke versteckt hatten, weil sie fanden, er sei für die Feldarbeit zu alt. Das Eihei-ji war so gelegen, wie es schon Hyakujō als ideal bezeichnet hatte, «im Busen der Berge und Gewässer».

Gegen Ende seiner Wanderung *Auf schmalen Pfaden durchs Hinterland* erreicht der Dichter Bashō das Eihei-ji «in einem Schlupfwinkel schattiger Berge. Hier seine Spuren in der Welt zu hinterlassen – das ist Grund genug, ihm [Dōgen] höchsten Repsekt zu erweisen». Heute fährt man mit einer kleinen Elektrobahn von Fukui aus sechzehn Kilometer landeinwärts, den Fluß des neunköpfigen Drachen entlang hinauf bis zu dem am Steilhang liegenden Dorf, das sich im Lauf der Jahrhunderte um die Tore des Eihei-ji gebildet hat. Hier liest man auf einer kleinen Holztafel in chinesischen Schriftzeichen: «Hier trete nur ein, wem es um die Frage von Leben und Tod zu tun ist.» Nach einem Brand im 15. Jahrhundert wiederaufgebaut, besteht das Eihei-ji heute aus siebzehn Gebäuden, aber dieser gewaltige Komplex wirkt doch gänzlich eingebettet in den hoch aufragenden alten Zedernwald und das Rauschen des Wassers. Dōgen schrieb:

Ich mag nicht einmal am Bach im Tal halt machen.
Mein Schatten, fürchte ich, könnte in die Welt hinausströmen.

In der Gästehalle werden wir von Hirano Sensei, dem Gast-Mönch des Eihei-ji, einem ruhigen, urbanen, gutaussehenden Priester, zeremoniell mit Tee bewirtet; er war vor Jahren Leiter einer Zen-Gruppe in Seattle gewesen und hatte in dieser Zeit einmal das Zen-Zentrum von Los Angeles besucht. Anschließend führen uns zwei Novizen oder Unsui[3] zum Bad und bringen uns dann ein einfaches Essen aufs Zimmer. Tetsugen staunt über die Gastfreundschaft, die uns an diesem Ort der Strenge entgegengebracht wird. «Maezumi Rōshi muß von Tōkyō aus angerufen haben», ist schließlich seine Lösung des Rätsels. «Er genießt hier in Japan hohes Ansehen; das erkennen Sie schon an der Behandlung, die wir überall erfahren.»

Dennoch fühle ich mich hier etwas deplaziert, ein Gaijin oder Barbar von auffälliger Größe und der einzige Mönch im ganzen Kloster, dessen Schädel nicht glattrasiert ist (wenn er das Haar auch sehr kurz trägt). Als wir uns am Flughafen von Los Angeles trafen, hatte Maezumi Rōshi (der einmal im Jahr nach Japan fliegt) eine säuerliche Bemerkung über mein Haar fallenlassen, die endgültige Entscheidung aber taktvoll Tetsugen überlassen, der sie wiederum vertrauensvoll an mich weiterreichte. Natürlich wollte ich meinen Meistern keine Peinlichkeiten bereiten und sagte Tetsugen, ich würde meinen Kopf bereitwillig scheren, wenn es ihm sehr wichtig sei, zöge es persönlich jedoch vor, es nicht zu tun. Ich lebe nicht in einer Zen-Gemeinschaft, sondern bin viel draußen in der Welt unterwegs, und meine Arbeit führt mich zur Zeit häufig zu den Indianern und den Berufsfischern. Ein kahlgeschorener Kopf würde nur unnötig Aufsehen erregen; ich würde damit bei den Leuten nur Hemmungen erzeugen und mein «Zen» auf eine Weise zur Schau tragen, die ich überhaupt nicht mag. Wahr ist allerdings auch, daß ich eitel bin, zu sehr auf meine Wirkung auf andere bedacht.

Für amerikanische Zen-Schüler, die sich entschließen, Mönch zu werden, beinhaltet dieses «in-der-Welt-Sein» ernste und gänzlich unmönchische Probleme; in meinem Fall sind das nicht nur die Ansprüche einer großen Familie und die Bedeutung des Geldes, sondern auch mein chronisches soziales Engagement – die Umwelt- und Friedensbewegung, die wandernden Farmarbeiter, die Indianer. Weltliche Aktivität steht auch in Japan nicht im Widerspruch zur Zen-Schulung, da es im Zen wichtig ist, der zu sein, der man ist (Shunryū Suzuki Rōshi war wie viele andere Meister in Vergangenheit und Gegenwart ein entschiedener Pazifist); Eido Rōshi pflegte andererseits zu sagen, solange das Dharma-Auge nicht geöffnet sei, könnten solche Aktivitäten nicht mehr bedeuten, als daß «Blinde von Blinden geführt» werden.

In den Tagen des «Beat-Zen» ist das amerikanische Zen zwar in den Ruf gekommen, der Gegenkultur anzugehören, aber auch hier verschreibt sich keine Gruppe einer Sache, die sie zu anderen Gruppen in Gegensatz bringt, oder engagiert sich in Innen- oder Außenpolitik. Tetsugen hat sich nie in dieser Weise engagiert, hofft allerdings, das Zen-Zentrum von New York an einem sozialen Fürsorgeprogramm in der Nachbarschaft der Zen-Bäckerei beteiligen zu können, die mit der Hilfe von Richard Baker Rōshi und dem Zen-Zentrum von San Francisco zu einer Einnahmequelle für unsere Zen-Gemeinschaft werden soll. Dagegen ist beispielsweise Robert Aitken Rōshi seit den sechziger Jahren ein aktiver Kriegsgegner, und Baker Rōshi beteiligt sich seit einigen Jahren an Aktionen der Atomwaffengegner. Mir geht es wie ihnen. Da das Absolute und das Relative vom Standpunkt des Zen aus gesehen nicht verschieden sind, kann ich nicht in der absoluten Ruhe meines schwarzen Kissens verharren und das an den Zendō-Türen vorbeitosende Chaos der relativen Welt ignorieren.

Dann sind da noch meine «literarischen Unternehmungen» aus fast vierzig Jahren, die mich nach den Worten des Rinzai-Meisters Musō Soseki (1275–1351) augenblicklich in die Kategorie der hoffnungslosen Fälle unter den Zen-Schülern verweisen. Musō zählte drei Klassen von Schülern auf und sagt abschließend: «Die ihren Geist in nicht-buddhistische Werke verstricken und ihre Anstrengungen auf literarische Unternehmungen richten, sind nichts als kahlgeschorene Laien und können nicht einmal der niedrigsten Klasse zugerechnet werden.»

Vermutlich wettert Meister Musō hier gegen Dilettanten und nicht gegen wahre Dichter – wenngleich beider Arbeit ein Ausdruck ihres Buddha-Wesens ist. Das Leben selbst ist der Grund des Zen, und so sind weder Mörder noch Dichter ausgeschlossen.

Eihei Dōgen Zenji – der Name «Eihei» ging von diesem Kloster auf Dōgen über, mit dem er so eng verbunden war und das bis heute die strikteste Disziplin in der ganzen Sōtō-Schule aufrechterhält. «Makellose Übung», sagt Maezumi Rōshi, «das ist der Geist des *Shōbōgenzō*, und diese Art der Übung ist im Eihei-ji noch lebendig. Um drei Uhr früh klopft ein Mönch leise an unsere Schiebetür, und wir sind kaum in unseren Gewändern, als auch schon Hirano Senseis Jisha erscheint, um uns durch alte, feuchte Gänge zu den Hallen hinaufzuführen. Außenstehende dürfen das Zendō nicht betreten. Die Novizen schlafen und essen hier und üben Zazen auf ihrer neunzig mal einhundertachtzig Zentimeter großen Tatami-Matte, die während langer Jahre harter Schulung ihr Zuhause ist. Wir erhalten auf dem Gang vor dem Zendō Plätze auf einer erhöhten Plattform zugewiesen.

Es ist noch dunkel und in dieser Jahreszeit (April) so hoch in den Bergen empfindlich kalt. Eine Glocke weckt die Unsui, und wir hören das leise Hantieren vieler Hände, die die Schlafmatten zusammenfalten und in den kleinen Fächern der Tatami-Plattform verstauen. Binnen zehn Minuten sind alle angekleidet und sitzen auf ihren Kissen, und bald macht der Mönchsälteste seine Runde mit dem flachen Stock, der das Verblendung-durchtrennende Schwert des Mañjushrī repräsentiert. Von den alten Holzwänden hallt das monotone Klatschen der Schulterschläge wider. Der finstere Priester läßt auch die Gaijin nicht aus – *paff!* – der Schmerz summt mir in den Ohren. Dann hat er die Runde beendet, es wird still, und die schwarzen Gestalten sitzen regungslos da, sich selbst überlassen, vielmehr «dem Wirklichen in uns selbst», wie Maezumi Rōshi sagt.

Am Ende der Zazen-Periode legen wir, noch sitzend, das togaartige Buddha-Gewand namens Kesa an und streifen uns weiße Bessu (Stoffschuhe) über die nackten Füße; danach steigen wir die Treppe zur Haupthalle hinauf. Bis zum Beginn der Morgenrezitation bleiben wir draußen auf einer Plattform stehen und betrachten von dieser erhöhten Warte aus den Klosterkomplex. Der Morgen dämmert, und es ist immer noch sehr kalt. Die grauen Ziegeldächer liegen undeutlich noch in den Nachtschatten, doch über den Himmel hinter den überwucherten Vorsprüngen in den Seitenwänden des Tals zieht ein fahles Licht herauf, und im Wald singt schon ein einsamer Vogel.

«Ich empfinde nicht nur tiefe Hochachtung vor Dōgen», flüstert Tetsugen, der nicht müde wird, über Dōgen zu sprechen, seit wir hier sind, «sondern so etwas wie Verwandtschaft zu ihm. Seine Universalität berührt mich besonders, das Fühlen und Denken hinter seiner Überzeugtheit vom einzigen Dharma, dem Alles-wie-es-jetzt-ist – und nicht im oberflächlichen Sinne, sondern als wahrer Ausdruck des Dharma oder Gesetzes in jedem Augenblick, jedem Ding, jedem Phänomen geistiger und materieller Art.

Für Dōgen ist das Zen unseres alltäglichen Lebens, Augenblick für Augenblick, der wahre Erleuchtungsweg. Diesen Gedanken spricht er immer wieder aus, aber zugleich *lebt* er ihn mit solcher Aufrichtigkeit, daß er für andere zum Vorbild wird. Dōgens große Leistung war die Einsicht, daß gesammelt gelebter Alltag und Erleuchtung ein und dasselbe sind – und mit seinem eigenen Leben setzte er dafür ein Beispiel. Deshalb die starke Ritualisierung des Tagesablaufs hier im Eihei-ji: Alles Leben und Sein sollte hier zum Modell werden für das Leben, wie es eigentlich sein muß. Mit der Ritualisierung des Eihei-ji – und die Auswirkungen gehen ja über dieses Kloster hinaus weiter, da Dōgen das gesamte japanische Sōtō-

Zen entscheidend prägte – verfolgte Dōgen unter anderem die Absicht, die Bedeutung des Alltags, der Arbeit und der persönlichen Lebensführung gegenüber Kōan-Schulung, Teishō und Dokusan aufzuwerten. So viele Meister sagen: ‹Alles ist der Dharma›, aber man hat nicht das Gefühl, daß sie es sehr ernst damit meinen und entsprechend leben.

Wahrhaft universal kann man nur sein, wenn man wahrhaft ins einzelne geht, Augenblick für Augenblick, Detail für Detail. Wenn man ausschließlich universal ist, verliert man die Tuchfühlung mit dem Leben, man wird abstrakt, ja oberflächlich. Alles ist Dharma, alles ist Erleuchtung! Oder wie es im Beat-Zen heißt: Alles ist okay! Hier ist der Sinn fürs einzelne ganz verlorengegangen. Richten wir unseren Sinn andererseits zu sehr auf die Einzelheiten des Alltags, so geht unserem Leben die religiöse Kraft des Universellen verloren. Mit einem Fuß in jeder der beiden Welten zu wandern – das war Dōgens Weg und Dōgens Leben. In ein und demselben Satz sprach er von beiden Standpunkten aus, dem absoluten und dem relativen, dem universalen und dem besonderen. Es genügt nicht zu sagen, er sei in beiden Bereichen zu Hause gewesen: Er wechselte so schnell hin und her, daß er in keinem von beiden war. Er war vollkommen frei! Form *ist* Leere, Leere *ist* Form. Relativ *ist* absolut, absolut *ist* relativ. Aber die Gesamtheit des Wirklichen ist in dem *Ist* – im *Jetzt* dieses Augenblicks! Im Allgemeinen ziehen wir einen Bereich dem anderen vor, aber unser wirkliches Sein ist dieses *Ist.*»

In der großen Halle reihen wir uns unter die goldgewandeten Priester und schwarzgewandeten Mönche ein. Die Rezitationen und Anrufungen dauern fast zwei Stunden, und den größten Teil dieser Zeit verbringen wir kniend, auf den Fersen sitzend. Diese Haltung, den Japanern durch lebenslange Übung zur Gewohnheit geworden, wird für die Menschen des Westens im allgemeinen nach kurzer Zeit recht schmerzhaft. (Amerikanische Schüler bleiben nie sehr lang im Eihei-ji, denn hier hat man wenig Verständnis für mangelnde Zähigkeit. Jahrelang wurden Amerikaner hier überhaupt nicht zugelassen, weil es einfach nicht lohnte, sich mit ihren Klagen abzugeben.) Vor dem Hintergrund des goldenen Altars, der Kaskaden kleiner goldener Glocken und den roten Teppichen auf den Tatami wird das Dröhnen der Rezitation zum Klang der alten Trommeln zu einer mitreißenden Erfahrung, und bei den Teilen, die wir selbst auf Japanisch zu rezitieren gelernt haben, stimmen wir ein: das *Herz-Sūtra* (Wesen oder «Herzstück» des großen *Prajñāpāramitā-Sūtra* des Mahāyāna-Buddhismus), das *Sandōkai* («Identität des Relativen und Absoluten», dem chinesischen Ahnherrn des Sōtō, Sekitō Kisen, zugeschrieben), die Namen der Patriarchen und das *Daihishin Dharani,* Huldigung des Bodhisattva Avalokiteshvara. Gegen Ende winkt uns ein alter Priester, und ich folge Tetsugen zum Hauptaltar, wo wir uns verbeugen und Räucherstäbchen anzünden.

Später suchen wir eine Felsplatte oberhalb der tieferliegenden Gebäude auf, wo Dōgen Kigen im Freien Zazen geübt haben soll. Selbst die helle Morgensonne vermag die Kraft nicht zu überlagern, die dieser Ort ausstrahlt. Die meisten Klöster liegen am Fuß eines Berges, doch hier kauern die alten Gebäude weit oben in dem Tal, durch das der Fluß des neunköpfigen Drachen fließt, dicht gedrängt im steilen Einschnitt der Schlucht. In seiner durch die Lage bedingten Dichte und Geschlossenheit der Bauweise übt das Eihei-ji selbst Zazen, so sagt Dōgen; mit jedem Schlag der alten Berg-Glocke schleudert es seine Kraft durch die Schlucht hinaus in die Welt. Diese Glocke muß jeder neue Mönch anschlagen, wenn er Einlaß begehrt. («Was willst du hier?» wird er barsch gefragt, die erste Prüfung seiner Entschlossenheit.) Von diesem Tag an laufen die Unsui barfuß von Pflicht zu Pflicht, von Arbeit zu Arbeit. («Ein Mönch ist wie die Wolken und hat keine feste Bleibe; wie das fließende Wasser hat er nichts, worauf er sich stützen kann.»)[4] In schwarzer Arbeitskleidung, ein weißes Tuch um den kahlen Kopf gebunden, machen sie sich in Gruppen über die Säuberungsarbeiten auf Treppen und Gängen her, unterbrechen ihre Arbeit zu einer tiefen Verbeugung, sobald irgendein höhergestellter vorbeikommt, um sofort ihre mühsame und immer gleiche Arbeit wieder aufzunehmen, stets barfuß, auch im Winter.

Meinem Meister widerstrebt die «militärische» Schulung im Eihei-ji; für das amerikanische Zen findet er sie völlig ungeeignet. Die Lage des Klosters in dieser dunklen Schlucht im nördlichen Schneeland verstärkt die Strenge der Atmosphäre noch. Im Winter, sagt Hiranos Jisha, liegt der Schnee hier so tief, daß man selbst an der hangabwärts gelegenen Seite der Gebäude über die Schneeverwehungen auf die Dächer steigen kann, und die Verbindungsgänge zwischen den Gebäuden sind so tief eingeschneit, daß es in ihnen auch tagsüber dunkel bleibt.

Da wirkt das Holzfries über dem Altar in der Buddha-Halle sehr passend: Der Mönch Jinkō, der die ganze Nacht wartend im Schnee gestanden hat, schneidet sich schließlich einen Arm ab, um Bodhidharma, der als zusammengekauerte Gestalt, der Wand zugekehrt Zazen übend, dargestellt wird, seine Entschlossenheit zu beweisen.

Das berühmte Kōan, das auf dieser Begebenheit beruht – das einundvierzigste Beispiel des *Mumonkan* –, ist zufällig auch gerade meine Übung an diesem Tag. Der Überlieferung nach war der einzige Text, den Bodhidharma seinen Schülern zugestand, das *Lankāvatāra-Sūtra* («Die Dinge sind nicht, was sie zu sein scheinen, noch sind sie etwas anderes ... Taten sind vorhanden, doch ist kein Täter zu finden»); es wurde später zum Haupttext der Kegon-Schule des Buddhismus, und Jinkō erhielt es von Bodhidharma, als er dessen Dharma-Nachfolger wurde. Dōgen schrieb:

> Schneetreiben wie beim Kloster Shōrin in der alten Zeit.
> Ganzer Himmel, ganze Erde, ganzer Frühling – neu.
> Das Gewand erben, das Mark erlangen –
> Um sich den Alten anzuschließen,
> Wer würde da nicht die ganze Nacht im Schnee stehenbleiben?

Tetsugen glaubt, Bodhidharma habe wegen seines hohen Alters kein Kloster und keine Schule mehr in China gründen können. Er war grimmig und streng, um die Schulung auf hohem Stand zu halten und starke Schüler wie diesen Jinkō anzuziehen, der sich den Arm abschnitt, um den alten Mann auf sich aufmerksam zu machen. Der Überlieferung nach fand Bodhidharma nur vier Nachfolger, von denen Jinkō der beste war. (Du hast meine Haut, du mein Fleisch, du meine Knochen, sagt er zu den anderen drei Schülern, die seine Lehre begreifen; zu Jinkō sagt er: Du hast mein Mark – womit er aber nicht zum Ausdruck bringen will, daß Mark «besser» sei als Haut.) Und ständig, so heißt es, versuchten zwei feindselige Mönche anderer Schulen, den blauäugigen alten Mönch zu ermorden; sie benutzten Gifte, so stark, daß sie ihm die Zähne fortätzten – daher der ruinöse Zustand der Zähne, den man auf manchen Porträts sehen kann. Beim sechsten Anschlag auf sein Leben hatte er inzwischen Jinkō zu seinem Nachfolger erwählt und beschlossen, seiner Ermordung keinen Widerstand mehr entgegenzusetzen; er soll um das Jahr 536 in guter Zazen-Haltung gestorben sein. Jinkō (der Zweite Patriarch, Taisō Eka) wurde ebenfalls wegen seiner unorthodoxen Zen-Lehren verfolgt, doch auch er konnte den Dharma weitergeben, bevor es gelang, ihn zu töten.

Die Sonne blinzelt über den Ostrand der Schlucht herunter und entzündet silberne Feuer im Bach oberhalb des Klosters; zwei Bachstelzen machen sich mit wippenden Schritten auf glänzenden schwarzen Flußsteinen zu schaffen, an denen rosafarbene Blütenblätter kleben; eine Wasseramsel flattert über das funkelnde Wasser hin und verschwindet um eine Biegung. Dieser Fluß taucht auch in einer Lehrgeschichte des Eihei-ji auf.[5] Darin gießt ein junger Mönch ungebrauchtes Wasser achtlos über die Uferböschung aus und wird daraufhin von Dōgen bestraft. Das Flußwasser besitzt Inochi oder «Lebens-Unantastbarkeit» und sollte deshalb mit Dankbarkeit und ohne jede Verschwendung dem Fluß zurückgegeben werden. (Ebenso wie ein Indianer, der noch der indianischen Lebensweise verbunden ist, selbst einen Kiesel an die Stelle zurücklegt, an die er gehört.)

«Immer mehr von Dōgens Werk wird uns in europäischen Sprachen zugänglich», sagt mein Meister, «und so können wir sein Denken immer besser würdigen, etwa das, was ein Autor ‹kosmische Resonanz› genannt hat.[6] Das ist letztlich die Kegon-Anschauung von Indras Netz – dem Einen Körper –, die zu verstehen so wichtig ist. Diese ‹kosmische Resonanz› ist das, was Dōgen selbst als Einheit des Universums bezeichnete: In dem Augenblick, in dem ich Erleuchtung finde, werden auch Berge und Flüsse erleuchtet – und anders herum. Shākyamuni sagte es als erster: ‹Über den Himmeln, unter den Himmeln bin ich allein erhaben.› Und Dōgen setzte es in die Praxis um: Während ich meiner spirituellen Übung nachgehe, übt alles. Sobald man dies erkennt, gewinnt jeder Augenblick des Lebens große Bedeutung. Dieser Augenblick ist nicht nur für ‹uns› und nicht nur jetzt von Bedeutung, sondern für allen Raum und alle Zeit. Wenn wir dessen wirklich gewahr werden, dann *spüren* wir, wie die Bäume und Felsen in ihre Übung vertieft sind.»

Und die Bachstelzen, denke ich. Aber es ist schwierig, Tetsugen für Bachstelzen zu interessieren – es sei denn als Ausdruck des Einen.

Auf dem mit Aprilsonnenlicht übersprenkelten Friedhof verbeugen wir uns vor Dōgen Zenjis Gedenkstein, einem einfachen Felsstein in einer kleinen Schutzhütte. Bald darauf erscheinen zwei Unsui mit einer Opfergabe von frischen gelben Blüten.[7] Seit über siebenhundert Jahren wird Dōgens «Allgemeine Darlegung der Prinzipien des Zazen» *(Fukan-Zazengi)* hier im Eihei-ji jeden Abend zur Inspiration der Mönche rezitiert, und nur die Priester, die Shihō oder Dharma-Übertragung erhalten haben, dürfen jeden Morgen um zwei Uhr aufstehen, um das stille Gesicht der Dōgen-Statue in der Gründerhalle zu reinigen. In ihren goldenen Kesas bieten sie diesem Buddha grünen Tee und getrocknete Pflaumen dar und Kayanüsse aus den umliegenden Wäldern.

Mein Leben lang trügerisch und wirklich, richtig und falsch ineinander verstrickt.
Mit dem Mond spielen, den Wind verlachen, den Vögeln lauschen.
Viele Jahre vergebens den Berg schneebedeckt gesehen.
In diesem Winter geht mir plötzlich auf, daß Schnee den Berg zum Berg macht.

In einem anderen Gedicht aus dieser Zeit spricht Dōgen vom «wahren Buddha-Geist, hervorleuchtend überall auf der Welt». Aber die mühevolle Gründungsphase des Eihei-ji verzögerte die Arbeit am *Shōbōgenzō*, und seit seiner Ankunft hatte er kaum acht Kapitel fertigstellen können.

1247, offenbar in dem Bestreben, den Autoritäten die Gründung seiner neuen Schule nachträglich plausibel zu machen, nahm Dōgen einen Ruf an, in der militärischen Hauptstadt Kamakura zu lehren. Ausgegangen war dieser Ruf vom neuen Regenten, Tokiyori Hōjō; angesichts der Tatsache, daß die Sōtō-Schule in Japan noch nicht etabliert war und die Rinzai-Schule in Kamakura sehr stark war, zeugt dieser Ruf von Dōgens Ansehen als Meister. Als Dōgen diese Stadt sieben Monate später wieder verließ, hatte Tokiyori, ein ernsthafter Schüler, die buddhistischen Gebote von ihm erhalten.[8] Außerdem schenkte Dōgen einer Hofdame zehn kleine Gedichte, darunter «Ur-Antlitz» (nach dem klassischen Kōan: «Was ist dein Gesicht vor der Geburt deiner Eltern?»)

Frühlingsblüten.
Sommerkuckuck.
Herbstmond.
Winterschnee.
Kühl. Heiter, gelassen.

Er kehrte im März des Jahres 1248 ins Schneeland zurück; er sollte das Eihei-ji erst im letzten Monat seines Lebens wieder verlassen. 1249 verfaßte er ein Gedicht zu seinem bekanntesten Porträt, «Bildnis Dōgens, den Mond betrachtend»:

Frischer klarer Geist liegt auf dem alten Bergmönch diesen Herbst.
Ein Esel starrt an die Himmelsdecke; glühend weißer Mond schwebt ...

Frohgemut, ausgelassen, satt von Suppe, satt von Reis,
schüttelt sich alles vom Kopf bis zum Schwanz.
Droben Himmel, drunten Himmel, Wolken-Ich,
Wasser-Ursprung.

Im Jahre 1250 ließ Dōgen sich dazu überreden, die purpurne Ehren-Kesa vom Kaiser Gosaga in Kyōto entgegenzunehmen, aber wie Tendō Nyojō (der von seinem Meister ein Brokatgewand geerbt hatte) weigerte er sich, ein Gewand zu tragen, das für das Streben nach Ruhm und Gewinn stand: «Trüge der alte Mönch hier ein purpurnes Gewand, so würde er zum Gespött der Affen und Kraniche.»

Zwei Jahre darauf erkrankte Dōgen, an Herzbeschwerden, wie es scheint. Im Januar des folgenden Jahres schrieb er *Die acht Aspekte des Erleuchteten,* worin er seinen Schülern die letzten Worte des Buddha erläutert. Es war der fünfundneunzigste und letzte Teil des *Shōbōgenzō*. («Leider besitzen wir keine Fassung von hundert Kapiteln [wie von Dōgen geplant]», sagt Koun Ejō. «Das ist tief bedauerlich.»)

Gegen Ende seines Lebens kehrte Dōgen Kigen zum Motiv des flüchtigen Daseins (Mujō) zurück, das heraufbeschworen wird vom ewigen Wind, vom ewigen Mond:

Auf einem Grashalm, der Morgensonne harrend,
schmilzt dahin der Tau.
Herbstwind, streiche noch nicht so bald übers Feld!

Was könnte man diese Welt vergleichen? –
Mondlicht in einem Tautropfen,
der vom Schnabel einer Ente fällt.[9]

Im Sommer verschlimmert sich Dōgens Krankheit und er folgt dem dringenden Rat seines Gönners Hatano, in Kyōto medizinischen Rat zu suchen. Vor dem Aufbruch setzte er Koun Ejō als nächsten Abt des Eihei-ji ein und schenkte ihm ein Gewand, das er selbst angefertigt hatte. Ejō begleitete ihn nach Kyōto. Am 15. August,[10] unter dem vollen Mond, der ihm so oft als Symbol für den Zustand des Erwachtseins gedient hatte («der Mond, der inmitten des befriedeten Geistes ruht»),[11] schrieb er sein letztes Gedicht:

Auch wenn ich ihn im Herbst wiederzusehen hoffe,
wie könnte ich an diesem Abend
schlafen unter solch einem Mond?

Der Überlieferung nach starb Dōgen am 28. August 1253 im Seidō-in oder Sōnen-in, einem heute nicht mehr existierenden Tempel im Takatsuji-Distrikt, doch Hirano-Sensei erzählt uns, er sei im Haus seines Schülers Kakunen gestorben, irgendwo am Rande des heutigen Maruyama-Parks.

Das Entstehen der Berge und Flüsse und der Erde beruht ganz und gar auf dem Buddha-Wesen. Berge und Flüsse sehen heißt daher, das Buddha-Wesen sehen. Das Buddha-Wesen sehen heißt die Backe eines Esels oder das Maul eines Pferdes sehen ...
Die Vergänglichkeit von Gras und Baum, Dickicht und Wald, ist das Buddha-Wesen. Die Vergänglichkeit von Mensch und Ding, Körper und Geist, ist das Buddha-Wesen. Nationen und Länder, Berge und Flüsse sind vergänglich, weil sie das Buddha-Wesen sind. Höchste und vollständige Erleuchtung, da sie das Buddha-Wesen ist, ist vergänglich ...
Unser gegenwärtiges Tun von Augenblick zu Augenblick ist das Öffnen eines Tores ... Wenn wir das Leben vollständig nutzen, kann es uns nicht aufhalten. Wenn wir den Tod vollständig nutzen, kann er uns nicht schrecken. Haltet nicht am Leben fest. Fürchte den Tod nicht zu sehr. Sie sind da, wo das Buddha-Wesen ist.
Durch unendliche Kalpas haben törichte Menschen in großer Zahl geglaubt, das spirituelle Bewußtsein des Menschen sei Buddha-Wesen oder sei des Menschen Urzustand der Soheit – wie lachhaft und abwegig! ... Buddha-Wesen ist ein Zaun, eine Mauer, ein Ziegel, ein Kiesel.

Eihei Dōgen, *Shōbōgenzō, Busshō*

16

Eihei Dōgen, unter diesem Namen wurde er bekannt, hatte zu einer Religion gefunden, die ihre Kraft aus unmittelbarer Einsicht und Hingabe schöpfte anstatt aus verwässerter Nachahmung der chinesischen Tradition, wie sie bis dahin für den japanischen Buddhismus kennzeichnend war. Dennoch blieb diese Religion zu «chinesisch», um bei der breiten Bevölkerung Anklang zu finden. Koun Ejō, Dōgens loyaler Nachfolger als Abt des Eihei-ji, zeichnete die Worte seines Lehrers im *Shōbōgenzō Zuimonki* auf und erhielt sie so der

Nachwelt. Der dritte Abt, Tetsu Gikai, setzte sich für die Verbreitung der Lehren ein, die in den ersten Jahren nach Dōgens Tod außerhalb des Eihei-ji kaum bekannt waren.

Wie Ejō war auch Gikai schon im Kōshō-ji Dōgens Schüler gewesen; er war erwacht, als er Dōgen sagen hörte: «Diese absolute Wahrheit weilt in der Welt der objektiven Wirklichkeit ... Im Frühling sind die hundert Blüten rot; Tauben gurren in den Weiden.»[1] Gikai gründete ein Zen-Kloster nahe dem Daijō-ji, einem schlichten, wunderschönen Tempel auf einer bewaldeten Anhöhe oberhalb von Kanazawa (dem Geburtsort von D. T. Suzuki) an der Nordküste. Am Nachmittag unseres Besuchs liegt hartes Küstenlicht über den Kiefern im inneren Garten des Daijō-ji, wird jedoch gemildert vom Dunstschleier der Kirschblüten und der schweren Wärme des alten Holzes. Ein einsamer Mönch, der die Moospolster von Unkraut säuberte, schaute weder auf, noch grüßte er die einzigen Besucher, er erinnerte mich an den alten Mönchsvorsteher, der Myōzens Grab im Kennin-ji pflegte, und an den alten Mönch aus Eido Rōshis Erzählung, der Laub zusammenharkte und tiefe Verwirklichung erlangt hatte, ohne jemals ein Kenshō zu erfahren.

Schon in der Feudalzeit war Kanazawa eine reiche Stadt gewesen, und Überreste der großen Burg des Maeda-Klans sind heute noch zu sehen. Kenroku-en, eine Miniaturlandschaft aus Bächen und Teichen, Brücken und Pfaden, Steinlaternen und blühenden Bäumen, entstand im Laufe zweier Jahrhunderte und gilt heute als einer der schönsten Gärten des Landes. Singvögeln sind wir auf unserer Reise bisher selten begegnet, und so freue ich mich um so mehr, als wir am späten Nachmittag im Kenroku-en eine kleine Schar von Meisen antreffen, die neue Insekten aus den alten, kunstvoll geformten Bäumen picken.

Die Sōtō-Priester sagen, wenn man Dōgen als den Vater des japanischen Sōtō-Zen bezeichne, so sei Keizan Jōkin (1268–1325) seine Mutter. Wie Gikai (der ihn einmal auf den Mund schlug, als er um eine Antwort auf die Kōan-Frage «Kannst du mir den ursprünglichen Geist zeigen?» rang) gründete auch Keizan ein Kloster, das Yōkō-ji, das in Kanazawa heute noch existiert. Im Jahre 1321 wurde er Abt eines anderen Klosters auf der Halbinsel Noto fern im Nordosten. Mit diesem Kloster, das er in Sōji-ji umbenannte, verbindet sich die Verbreitung des Sōtō-Zen. Wie Dōgen selbst hatte sich Kaizan unter einem vorzüglichen Rinzai-Meister geschult, und dessen Nachfolger kam nun wiederum zu Kaizan nach Kanazawa, um hier seine Schulung fortzusetzen. Ein Jahrzehnt später erschien eben dieser Mönch mit zehn Dharma-Fragen des Kaisers Godaigi im Sōji-ji. Der Kaiser, offenbar höchst entzückt von Keizans Antworten, machte das Sōji-ji zum kaiserlich anerkannten Kloster und schenkte seinem Abt ein purpurnes Gewand. Gegen Ende seines Lebens soll Keizan, einem alten Bericht zufolge, «mit löchrigem Regenhut und einem dünnen Wanderstab» umhergezogen sein; «wohin er auch ging, schloß er Bekanntschaft mit den Menschen, und sie ergaben sich ihm in hellen Scharen.»[2]

In ihrem Bestreben, dem japanischen Volk Dōgens «chinesische» Lehre nahezubringen, hielten Kaizan und seine Nachfolger es für ratsam, dieser Lehre einen Namen zu geben. Wie Tendō Nyojō hatte auch Dōgen sehr viel mehr Wert auf den Weg des erleuchteten Alltags gelegt als auf die Unterscheidung der Zen-Schulen und ihrer verschiedenen Zweige. Seine Nachfolger jedoch, die ihn für sich reklamieren wollten, verschafften seiner Lehre eine Sonderstellung, indem sie eine japanische Sōtō-Schule schufen und als deren Begründer Dōgen und Kaizan benannten. Dōgen selbst wäre diese Sektiererei gewiß ein Greuel gewesen – ganz zu schweigen von den Versuchen, das Sōtō-Zen durch esoterische Gebete und tantrische Beschwörungen attraktiver zu machen. Dennoch: ohne Keizan und andere Missionare hätten das japanische Sōtō und Dōgens Lehren vielleicht nicht bis auf den heutigen Tag überlebt.

«Mit Dōgens Ritualisierung der Zen-Schulung im Eihei-ji war dasselbe Risiko verbunden wie mit der Systematisierung der Kōan-Schulung», sagt Tetsugen. «Das Ritual kann seine Lebendigkeit verlieren, und dann ist nur noch die Struktur da. Dennoch ist die Struktur sehr wichtig. Im Judentum gab es glänzende Mystiker, aber ihre Lehren besaßen keine Struktur, und so ist die jüdische Mystik ausgestorben. Etwas ähnliches geschah den Gnostikern, die sich auch jeder Struktur widersetzten. Die christlichen Kirchen haben andererseits ihre Struktur behalten und dafür ihre Lebendigkeit eingebüßt. Es geht also um das Gleichgewicht zwischen Struktur und schöpferischer Freiheit – beide sind notwendig. Dōgen war der Keim des Neuen, aber ohne die von Keizan etablierte Struktur gäbe es heute vielleicht kein Sōtō mehr.

Ich sehe das als endlosen Dualismus zweier ineinander verflochtener Aspekte, wobei der eine die Struktur zu wahren sucht und der andere ihre Versteinerung verhindern möchte; wenn eine dieser beiden Kräfte versagt, stirbt das Ganze. Deshalb ist es von so entscheidender Bedeutung, die Übermittlungslinie nicht abreißen zu lassen und die Lehre fortzuführen in dem Wissen, daß immer wieder mal ein Dōgen erscheinen wird, um neue Lebensimpulse zu geben.»

Zu der Zeit, als Dōgen starb, war die buddhistische Priesterschaft von Nara und Kyōto nach wie vor bestrebt, die Zen-Lehre zu unterdrücken – zumal es im Zen keine Sonderprivilegien für Priesterschaft und Aristokratie gab. Hier arbeiteten die Äbte mit den Mönchen zusammen in Garten und Küche, und der Tenzo war häufig die zweitwichtigste Gestalt in einem Kloster. Zu allem Überfluß wagte die Sōtō-Schule zu behaupten, Buddhas wahre Lehre könne auch den Ungebildeten vermittelt werden, und das ohne Weihrauch, Zeremonien und Sūtras und erst recht ohne den priesterlichen Hokuspokus, mit dem die älteren Schulen ihre Macht abgesichert hatten.

Die immer populärer werdende Ablehnung des Aristokraten-Buddhismus fiel zeitlich zusammen mit dem Aufstieg der Militärregierung im Kamakura. Die neue Kriegerklasse, die sich als Alternative zum Heian-Hof verstand, fühlte sich vom kargen, auf Selbständigkeit bedachten Stil des Zen angezogen, von seinem Desinteresse an Ruhm und weltlichen Dingen, an esoterischen Lehren und abstrusen Praktiken, und nicht zuletzt von seiner Ethik, die unausgesprochen eine Ablehnung der Korruption in den älteren buddhistischen Schulen darstellte. Die Haltung des Zen gegenüber Leben und Tod wurde zu einem starken Impuls für die Bildung der Kriegerklasse der Samurai und prägte auch den stoischen Kodex des Bushidō («Weg des Kriegers»).

Der Kampf zwischen volkstümlichem und esoterischem Buddhismus verstärkte sich noch durch das Auftreten eines Neuerers, der entschieden nationalistische Anschauungen vertrat und die Hokke- oder Lotos-Schule begründete. Dieser Mönch namens Nichiren (1222–1282) hatte sich, wie Eisai und Dōgen vor ihm, am Enryaku-ji unter einem Tendai-Priester geschult und verwarf später die von höfischen Belangen unterwanderte Lehre; zunächst aber attackierte er die Schulen von Nara, das Zazen und die Jōdo-Schule, deren einfältiges *Nembutsu*-Rezitieren («Verehrung dem Amida-Buddha») er durch ebenso einfältiges Rezitieren der Worte *Namu Myōhō Renge-kyō* («Verehrung dem Sūtra des Lotos des guten Gesetzes») ersetzen wollte. Seine düsteren Voraussagen über die Zukunft des von Irrlehren verseuchten Landes erfüllten sich 1257–58, als Japan von Überschwemmungen, Erdbeben, Hungersnöten, Seuchen und Verbrechen verheert wurde. Von Kamakura aus, wohin er sich 1260 zurückzog, beschimpfte er das Zen als Ausgeburt teuflischer Mächte, und den anderen Schulen erging es nicht besser.

In dieser an Schwierigkeiten reichen Zeit faßte der Kublai Khan in China den Plan, das Land Wa zu unterwerfen. Als die Gesandten des großen Khan 1275 auf Anordnung der Regierung in Kamakura hingerichtet wurden, kommentierte Nichiren: «Es ist ein Jammer, daß sie diesen unschuldigen Mongolen die Köpfe abschlagen müssen, aber die Priester von Jōdo, Shingon, Zen und Ritsu, die wahren Feinde Japans, ungeschoren lassen.» (Das war gar nicht so abwegig, wie es zunächst klingen mag. Im Jahr zuvor, während die Regierung sich bemühte, den Widerstand gegen die mongolische Invasion zu organisieren, zogen bewaffnete Mönche plündernd durch Kyōto, um den Besitzstand des Tōfuku-ji zu mehren; und in Nara gingen einige Jahre später, kurz vor der zweiten Mongoleninvasion, ähnliche Übergriffe vom Enryaku-ji aus.) Als dann aber die Mongolenflotte im Sturm (dem «Götterwind» oder Kamikaze) unterging, schrieb man das nicht etwa Nichiren zu, sondern den alten Shintō-Gottheiten. Nichiren, der sein Ziel, die Lotos-Schule zur Nationalreligion zu machen, in unerreichbare Ferne gerückt sah, zog sich in eine Bergeinsiedelei zurück, wo er bald darauf starb. Dem inspirierten und couragierten Neuerer wurde durch den Namen seiner Schule (Nichiren-Buddhismus) ein Denkmal gesetzt, und er gilt heute noch als eine der großen historischen Gestalten Japans.

Die Tendai-Schule, nach wie vor sehr stark, war der ärgste Feind der Nichiren-Schule, und 1337 fand in Kyōto eine große Schlacht statt, bei der alle Tempel der Lotos-Schule niedergebrannt wurden. Die Nichiren-Bewegung gewann ihre frühere Kraft nie mehr zurück, aber auch der Tendai-Buddhismus geriet ins Wanken. Heute besitzt diese Schule kaum noch einen Einfluß außerhalb ihrer großen Tempel. Jōdo und Zen wurden nun die führenden Kräfte, zusammen mit dem Shintō, dem man vertrauensvoll die Kraft zuschrieb, mit den Naturkatastrophen, der Anarchie und den häufigen Kriegen fertigzuwerden, die die alte Ordnung zu zerstören drohten. Doch auch in den Zen-Schulen hatte ein Niedergang eingesetzt, der dreihundert Jahre lang anhalten sollte.

Mit dem Tod des Regenten Tokimune begann der Kräfteverfall der Regierung von Kamakura, die sich dem Ästhetizismus des Heian-Hofs zu sehr angenähert hatte; 1333 wurde sie mit der Unterstützung einiger unzufriedener Mitglieder der Minamoto-Familie von Kaiser Go-Daigo gestürzt. Einer der Minamoto-Zweige, der Ashikaga-Klan, beseitigte prompt den kaiserlichen Verbündeten, um einer Minamoto-Dynastie den Thron zu sichern, und dies gelang tatsächlich nach einem halben Jahrhundert des Kampfs, das als die Zeit der Nördlichen und Südlichen Dynastie (1336–1392) in die Geschichtsbücher einging. Nun wurde Kyōto wieder Regierungssitz und Hauptstadt; ein neuer Hof wurde von den Ashikaga-Shōgunen in einem Stadtbezirk eingerichtet, der den nächsten zwei Jahrhunderten der japanischen Geschichte ihren Namen gab: Muromachi-Zeit. Die Ashikaga-Shōgune und der kaiserliche Hof waren engagierte Förderer des Rinzai-Zen, das fünf «Berge» oder Haupttempel in Kyōto aufgebaut hatte. Die kulturbeflissenen Priester verbrachten allerdings weniger Zeit mit Zazen als mit dem Erdichten geschraubter chinesischer Verse, doch sie waren nützlich als Berater in Fragen des Geschmacks und bei den diplomatischen Beziehungen mit den Ländern des asiatischen Festlands.

Keiner der Ashikaga wurde ein echter Zen-Schüler, aber sie interessierten sich für Dichtung und Malerei, und gerade hier gewann das Zen – mehr als die anderen buddhistischen Schulen – «einen so subtilen und nachhaltigen Einfluß, daß es zur Essenz der größten kulturellen Leistungen Japans wurde».[3] Hatten Dōgens Lehren die Naturnähe betont, die das Wesen japanischen Feingefühls ausmacht, so verhalf das Rinzai-Zen der Tuschemalerei und Schriftkunst, dem Tee-Weg und dem Blumen-Weg, den Steingärten, dem Nō-Theater und der Haiku-Dichtung zu ihrer unübertroffenen Größe. Meister Eisai führte den grünen Tee ein und Daiō Kokushi begründete den japanischen Tee-Weg, der später von Meister Ikkyū gelehrt, von seinem Schüler Shukō weiterentwickelt und von Sen no Rikyū, dem berühmtesten Teemeister Japans, vollendet wurde. «Insbesondere in seinen moralischen und ästhetischen Aspekten», schreibt D.T. Suzuki, «entspricht Zen dem Charakter des japanischen Volks so sehr, daß es das japanische Leben in mehr Bereichen und tiefer prägen konnte als das chinesische.»[4]

Die Auswirkung der Zen-Künste auf das Zen selbst war dagegen nicht so segensreich. Viele Mönche und Priester, wenn nicht gar die meisten, waren in erster Linie Maler und Schrift-Meister, Teemeister und Dichter – häufig sogar all das zugleich. Daitō Kokushi – vielleicht durch das 1228 erschienene *Mumonkan* inspiriert – hatte eine eigene Kōan-Sammlung erarbeitet, aber schon im nächsten Jahrhundert verkam die Kōan-Schulung, deren wichtigster Teil die vertrauliche Begegnung von Meister und Schüler im Dokusan ist, zu bloßer literarischer Analyse. Zazen wurde kaum noch erwähnt, und in den folgenden drei Jahrhunderten waren all die Zen-Meister, deren Name heute noch einen Klang hat, Häretiker, die etwas anstrebten, was zur Zeit nicht gefragt war: die Rückkehr zu Zazen und dem wahren Geist des Dharma.

Der erste von ihnen war der Dichter und Schrift-Meister Jakuhitsu (gest. 1367), der sehnsuchtsvoll vom Buddha-Wesen schrieb, das überall «in greifbarer Nähe» sei, wenn unser Auge sich nur öffnen wollte und wir sehen könnten:

> Sagte ich dir nicht, es ist hier?
> Du hättest es finden können, ungehindert.
> Der Südwind ist warm, die Sonne scheint friedlich …

Ein anderer war Ikkyū (gest. 1481), unehelicher Sohn des Kaisers, Dichter, bettelarm, zwei Selbstmordversuche, schließlich Zen-Meister, nachdem er beim rauhen Schrei einer Krähe Erleuchtung gefunden hatte. Mit einundachtzig Jahren wurde er vom Kaiserhaus zum Abt des Daitoku-ji berufen. («Fünfzig Jahre lang war ich ein Mann, der einen Regenmantel und einen Schirmhut aus Stroh trug; ich empfinde Trauer und Scham über dieses purpurne Gewand.») Sein «verrücktes» Verhalten stellte vielleicht seinen Versuch dar, das verkommene und schwächliche Zen, von dem er sich allenthalben umgeben sah, zu zerschlagen:

> Ein Wirbelwind,
> so fege ich umher
> und mache Wind.
> Zuhause
> in Schenken und Freudenhäusern –
> Von den gelahrten Mönchen
> wer käme da,
> mich zu begrüßen –
> Norden, Süden,
> Osten, Westen,
> ich bin nicht festzunageln.[5]

Er sagte auch: «Da ich keinen Zielort habe, verlaufe ich mich nie.» Für R. Y. Blyth ist er «der erstaunlichste Mönch in der Geschichte des japanischen Buddhismus, der einzige Japaner, der sich mit großen chinesischen Zen-Meistern wie Jōshū, Rinzai und Ummon vergleichen kann».[6] Ikkyū fand keinen Schüler, den er als Dharma-Nachfolger bestätigen konnte. Noch zu seinen Lebzeiten brachten innere Wirren die Stadt Kyōto an den Rand des Untergangs, und die Rinzai-Schule mußte die dekadente Hauptstadt notgedrungen verlassen, um sich wie das Sōtō-Zen in ländlichen Gegenden neu zu etablieren.

In den dreihundert Jahren nach Dōgens Tod errichtete die Rinzai-Schule immer neue Klöster in Kyōto und Kamakura, aber schließlich wurde ihr die beherrschende Stellung doch durch das Sōtō-Zen streitig gemacht, das im Norden und Westen große Verbreitung gefunden hatte. Auch Keizans Nachfolger waren der von Dōgen ausgehenden Tradition treu geblieben, die Institutionalisierung des Zen zu meiden und statt dessen die Abgeschiedenheit der Berge zu suchen und den einfachen Menschen den Zugang zum Weg zu zeigen. Dōgens symbolische Gleichsetzung der «Berge und Flüsse und der großen Erde» mit dem Buddha-Wesen kam den animistischen Vorstellungen der Landbevölkerung und der traditionellen Shugendō-Religion der Berge entgegen. Dabei war Dōgens respektvolle Beziehung zu allen Dingen in der Natur natürlich alles andere als Animismus oder Pantheismus oder Naturmystik, sondern einfach Ausdruck seiner tiefen Einsicht in die absolute Einheit aller Dinge, vom Staubkorn bis zum Berg, von der Himmels-Blüte bis zum Traum.

In der Mitte des 16. Jahrhunderts erreichten die ersten Händler aus Europa Kyōto, das damals schon eine Stadt von 96 000 Häusern und einer halben Million Einwohnern war. Wie üblich folgten die christlichen Missionare dichtauf. Spanische Jesuiten, die 1549 erschienen, beuteten den Geschmack, den die in Japan noch sehr einfach lebenden Menschen an europäischen Manufakturerzeugnissen fanden, weidlich aus und nahmen die Militärregierung nicht nur gegen andere Europäer ein, sondern auch gegen den Buddhismus. 1571 begannen die Angriffe auf sämtliche buddhistische Schulen, und gegen Ende des Jahrhunderts hatte der Buddhismus sein Ansehen und seine Macht in der Hauptstadt fast gänzlich eingebüßt. Aber im Jahre 1612 wurde die Ausübung des Christentums, das in wenigen Jahrzehnten an die 300 000 Japaner auf seine Seite gezogen hatte, durch Ieyasu, den ersten Tokugawa-Shōgun, verboten. Ieyasu hatte den Regierungssitz bereits nach Edo (dem heutigen Tōkyō) verlegt, das damals eine von sumpfreichem Hinterland geschützte kleine Küstensiedlung war; mit der Konsolidierung seiner Macht, gestützt auf den Loyalitätseid örtlicher Lehensmänner und ihrer Samurai, gewann auch der Buddhismus seinen alten Status zurück. (Diese wild bewegte Epoche ist ein beliebtes Sujet japanischer Theaterstükke und Filme.)

Dennoch zeigte das Zen ernste Anzeichen von Altersschwäche. Im Jahre 1620, noch auf der Höhe seiner Kraft, legte der Zen-Meister Takuan, Dichter und Maler, Meister des Schrift-Weges, der Schwertkunst, des Tee-Weges und des Ikebana, sein Amt als Abt des Daitoku-ji nieder, weil er nicht bereit war, «dem Reichtum zu huldigen, den Buddhismus zum Zweck des Lebenserwerbs feilzubieten und die Lehren der Patriarchen in den Schmutz zu ziehen».[7]

Während der Tokugawa-Zeit konnten sich die Zen-Schulen wieder festigen und ihren Einfluß ausdehnen. Dōgens erstes Kloster, das Kōshō-Hōrin-ji, wurde wiederaufgebaut, und die von Ingen Ryūki (1592–1673) gegründete Ōbaku-Schule des Zen etablierte sich etwas weiter nördlich stromabwärts am Uji-Fluß. Eine Welle der Christenverfolgung gipfelte 1638 in einem allgemeinen Massaker; zwei Jahre später wurden einige portugiesische Handelsmissionare enthauptet. In den nächsten beiden Jahrhunderten verfolgten die Tokugawa eine nationale Politik, die ausländische Einflüsse fast vollständig ausschloß.

Von Kanazawa aus nordostwärts zur Halbinsel Noto fährt der Zug durch eine zwischen Bergen liegende Ebene von Reisfeldern. Von diesem Hintergrund aus feuchtbraunen oder grünen Flächen heben sich vereinzelte Silberreiher wie Wachtposten ab. Der Frühling kommt spät in diese nördliche Gegend, und die einzelnen Anbauflächen liegen in ganz verschiedenen Stadien da: rissige Wintererde mit grauen alten Stengeln neben dunklen Rechtecken froschreichen Wassers, und hier und da schon Flächen von saftigem, frischem Grün. Die Felder werden hier zunächst mit kleinen Motorpflügen, dann mit der Hand und schweren Breithacken bearbeitet, bevor man sie flutet. Die älteren Bauern auf den Feldern tragen altmodische kegelförmige Strohhüte, die alten Frauen weiße Hauben; die jüngeren Männer an den kleinen roten Pflügen sind dagegen mehr für weiße Overalls und Schirmkappen. Bemerkenswert ist an dieser bäuerlichen Gegend das fast völlige Fehlen von Vieh – Kühe, Pferde, Schafe, Schweine, Ziegen oder auch nur Hühner sind kaum zu sehen, sogar Hunde und Katzen sind rar.

Hinter Nanao an der Noto-Bucht folgt die Strecke der Küstenlinie und durchquert eine Reihe kleiner Fischerstädte, die den schmalen Küstenstreifen zwischen Meer und Hügeln einnehmen. Kleine Reisfelder gehen bis an die Deiche oder Strände, und eines von kaum sechs Metern Breite ist sogar zwischen den Bahndamm und die Kiefern am Rande der Klippen gezwängt. Nach Nordosten hin liegt das offene Meer, aber eine Reihe ferner Inseln schützt die stillen Wasser der Noto-Bucht; ganze Felder von Trockenstangen deuten auf intensive Tang- (Nori-) und Austernzucht hin. Von kleinen Booten aus werden diese Anlagen gepflegt, während alte Frauen, die einer ganz anderen Zeit anzugehören scheinen, tief gebeugt unter großen Körben und bis an die Hüften im Wasser stehend, die Gezeitenfelsen nach Muscheln absuchen. Ein kleines stilles Boot weit draußen in der Bucht auf dem silbrigen Wasser vor den Inseln ruft jene zeitlose Einsamkeit wach, die den Malern und Dichtern des Ostens schon immer so viel bedeutet hat.

Die Wellen legen sich.
Nicht einmal der Wind kümmert sich um ein kleines, verlassenes Boot.
Der Mond – eine klare Bake der Mitternacht.

Noch einmal das Flüchtige und das Universale; Dōgen nannte dieses Gedicht «Über das Schatzhaus-Auge des wahren Dharma», als wollte er sagen, daß diese schlichten Zeilen die ganze Aussage seines gewaltigen Werks enthalten.

Kleine Schwärme von Uferläufern, unterwegs zur Kamtschatka-Halbinsel und in die sibirische Tundra, streichen über die glitzernden Felder hin, und ein japanischer Fasan flattert über einen Wassergraben, verhält kurz und verschwindet im schmalen Pflanzensaum des Grabens. Ein Mann stapft in leuchtend gelben Stiefeln über sein frisch gewässertes Feld und sät in breiten Würfen den Reis; die Körnerwolken kräuseln die glatte Wasseroberfläche wie leichte Windböen und schrecken eine Schar sibirischer Ammern auf; entlang der Grasstreifen zwischen den gefluteten Rechtecken huschen sie davon. Aber es geht kein Wind, und sobald der Mann wieder fort ist, liegt das Reisfeld vollkommen glatt und spiegelt weiße Schönwetterwolken wider.

Der Zug hält in Anamizu. Von hier aus erklimmt ein kleiner Bus mit dröhnendem Motor einen Bergrücken, und auf der anderen Seite geht es mit pfeifenden Bremsen wieder abwärts ins Tal des Haka-Flusses. Hier liegt am Fuß eines kleinen Berges das Kloster, das Keizan 1321, in seinem letzten Lebensjahr, gründete. Inzwischen hat sich das Dorf Monzen um dieses Kloster gebildet, und das Delta des Haka wurde zu einer weiten Reisanbaufläche. Das Kloster, ein offener, luftiger Bau um einen langen Innenhof, wurde nach dem letzten Brand gegen Ende des 19. Jahrhunderts wiederaufgebaut. Es wird jetzt So-in Sōji-ji oder «Altes Sōji-ji» genannt,[8] denn 1907 wurde das Sōji-ji als eines der beiden Hauptklöster des Sōtō-Zen offiziell nach Yokohama verlegt.

Der Abt war nicht zugegen, aber sein Vertreter und eine Handvoll Mönche, die sich um das alte Kloster kümmern, nahmen uns gastfreundlich auf und boten uns im Gästezimmer, von dem aus man auf einen Innengarten mit Ilex und kleinen Kiefern blickt, grünen Tee und Nori-Gebäck an. Im Eihei-ji hatten wir kaum Kontakt zu den Unsui gehabt, eigentlich nur zu denen, die uns bedienten, aber hier schlürften wir im geräuschvollen japanischen Stil dünne Nudeln an der Mönchstafel und nahmen auch am nächsten Morgen nach dem Zazen und der Sūtra-Rezitation das Morgenmahl mit ihnen ein.

Am Nachmittag spazierten wir das Flußtal hinunter ans Meer. Möwen, Seeschwalben, Reiher und ein Fischadler hatten sich am stillen Wasser eines Gezeitentümpels versammelt, und direkt an der Mündung lag ein hübsches Fischerdorf – aber der Strand war übersät von Plastik und industriellem Treibgut, das selbst hier, fernab der Städte, nach jeder Flut im Sand zurückbleibt. Der geschäftige Materialismus dieses kleinen, dicht bevölkerten Landes hat das Delta des Haka seiner «Lebens-Integrität» beraubt – und doch, vom Standpunkt des Zen aus gesehen, kann diese Meeresküste, die immer hier war, durch so flüchtige Phänomene wie Mensch und Plastik so wenig verändert werden wie dieser Meereshimmel durch den Atompilz von Hiroshima.

Hinter dem Kloster führt ein steiler Pfad bergauf an zahlreichen Bodhisattva-Schreinen vorbei, die mich an die Stationen eines Kreuzwegs erinnern. Die Einsamkeit suchend, ging ich den Pfad weit hinauf und folgte dem süßen Gesang eines unbekannten Vogels. Der Wind zauste die Wipfel der hohen Zedern, aber unten am Fuß der Bäume war es ganz still, und in den Wiesen beiderseits des Weges sah ich fremde und doch vertraute Frühlingsblumen – Hahnenfuß, Minze, Veilchen, Fingerkraut und Senf, eurasische Arten, die den heimatlichen Formen nicht ganz gleich, aber doch sehr ähnlich waren. Auch die Bäume wirkten vertraut, und als paläarktische Verwandte der amerikanischen Arten waren sie es natürlich auch. Ich sah Ammern und eine Drossel und gelbe Kernbeißer, doch den geheimnisvollen Sänger konnte ich nicht ausmachen.

Ohne Makel sein, das ist wie wenn man einem Menschen begegnet, ohne in Betracht zu ziehen, wie er aussieht. Es ist auch: beim Betrachten von Blüten oder dem Mond nicht nach mehr Farbe oder Helligkeit zu verlangen. Frühling hat die Gestimmtheit von Frühling und Herbst das Erscheinungsbild von Herbst, daran ist nicht vorbeizukommen. Wenn du also Frühling und Herbst anders haben möchtest, als sie sind, so bedenke, daß sie nur so sein können, wie sie sind. Und wenn du möchtest, daß Frühling und Herbst so bleiben, wie sie sind, so bedenke, daß sie keine unwandelbare Natur haben.

Eihei Dōgen, *Shōbōgenzō, Yuibutsu Yobutsu*

17

Es gibt eine sehr beliebte japanische Geschichte, in der ein schönes Mädchen seinen erzürnten Eltern nicht sagen will, wer sie geschwängert hat. Schließlich deutet sie auf einen alten, von jedermann verehrten Zen-Meister, der bis dahin für seinen reinen Lebenswandel bekannt gewesen war. Von den Eltern zur Rede gestellt, erwiderte dieser alte Mann nur: «Ist das so?» Als das Kind geboren wurde, nahm er es bei sich auf und pflegte und versorgte es, ohne sich um seinen guten Ruf zu bekümmern. Es dauerte ein ganzes Jahr, bis das Mädchen seinen Eltern reuevoll gestand, daß der gute alte Mann vollständig unschuldig und der wirkliche Vater ein junger Mann vom Fischmarkt sei. In größter Verlegenheit eilten die Eltern, das Kind abzuholen; sie entschuldigten sich bei dem alten Meister und baten ihn um Vergebung für das große Unrecht, das sie ihm angetan hatten. Er aber sagte darauf wiederum nur: «Ist das so?»[1]

Dies ist eine von vielen Geschichten über Hakuin Ekaku, der 1686 am Fuß des Fuji in dem Dorf Hara geboren wurde, das an der alten Tōkaidō-Landstraße zwischen Kyōto und der Tokugawa-Festung Edo lag. Wie Dōgen fast fünf Jahrhunderte vor ihm, hatte

Hakuin sich mit ganzer Kraft auf die Zen-Schulung in der Tradition der großen Meister geworfen und den Zen-Schulen nach Jahrhunderten des Niedergangs zu neuem Ansehen verholfen. Einmal geriet er auf einem Schiff in einen schweren Sturm, war aber so intensiv auf Mu gesammelt, daß er die ganze Zeit in tiefer Versunkenheit verharrte, während die übrigen Mitreisenden, sofern sie nicht entsetzlich seekrank waren, den Himmel um Gnade anflehten. Der Schiffer fuhr ihn später an: «Mein Leben lang ist mir kein solcher Lump wie du untergekommen!» Hakuin hatte eine Reihe tiefer Erweckungserfahrungen, deren erste durch das Zirpen einer Grille ausgelöst wurde. («Die Grille ist einfach eine Grille, und der Vogel ist einfach ein Vogel – nichts sonst», sagt Sōen Rōshi. «Die Grille tut nichts weiter als zirpen. Unser großer Meister Hakuin war der Grille sehr dankbar.»)

Durch das Vorbild des Sōtō inspiriert, legte Hakuin großen Wert auf Feld- und Küchenarbeit und gab dem Rinzai-Zen neue Lebensimpulse, weil er es den einfachen Leuten zugänglich machte. Er empfahl seinen Schülern das Studium des *Hōkyō Zanmai* («[Gesang vom] Schatzhaus-Spiegel-Samādhi»), «jenes kostbaren Schatzes des Mahāyāna», obgleich dessen Urheber, von Sekitō Kisen bis Tōzan Ryōkai, Patriarchen der Sōtō-Schule gewesen waren: «In den vergangenen acht oder neun Jahren habe ich euch, die ihr eure Suppe über demselben Feuer kocht wie ich, für das gründliche Studium dieser großen Sache zu erwärmen versucht, doch im allgemeinen nehmt ihr sie als die Lehre eines anderen Hauses und übergeht sie gleichgültig.» Dann unternahm er es, Dōgens Dharma darzulegen, wozu die Sōtō-Priester nicht mehr in der Lage waren: «Eihei hat gesagt: ‹Den vielfältigen Dharma durch den Gebrauch des Ich erfahren zu wollen, ist Verblendung; die Erfahrung des Ich durch das Kommen des vielfältigen Dharma ist Satori.› Eben dies habe ich immer gesagt. Dies ist der Zustand des ‹Herz-Geist und Leib fallengelassen, fallengelassen Herz-Geist und Leib›. Es ist wie zwei Spiegel, die nichts als einander widerspiegeln, nicht der Schatten eines Bildes zwischen ihnen. Das Bewußtsein und die Gegenstände des Bewußtseins sind dasselbe Ding; die Dinge und man selbst sind nicht zwei. Ein weißes Pferd tritt zwischen die Schilfblüten ... Schnee, aufgehäuft in einer Silberschale. Dies nennt man Spiegel-Samādhi.»[2]

In Hakuins *Zazen Wasan* («Preisgesang des Zazen») heißt es:

Nicht wissend, wie nah ihnen die Wahrheit ist,
suchen die Geschöpfe sie in der Ferne – welch Jammer!
Sie gleichen denen, die im Wasser
nach Wasser schrei'n vor Durst.
Sie gleichen dem Sohn des Reichen,
der unter Armen seinen Weg verlor ...

In diesem Augenblick – was mangelt dir?
Nirvāna zeigt sich dir.
Dort, wo du stehst, ist das Land der Reinheit,
deine Person der Körper des Buddha.[3]

Im Jahre 1760 gründete Hakuin, nur wenige Kilometer östlich seiners Klosters Shō-in in Hara, das Ryūtaku-ji oder «Drachensumpf-Kloster». Er war jetzt bereits einer der größten Maler und Schriftmeister seiner Zeit (von ihm stammen die bekanntesten Darstellungen Bodhidharmas), aber seine größte Leistung war die Erneuerung der Kōan-Schulung, die sowohl in der Rinzai- als auch in der Sōtō-Schule so weitgehend zu bloßem Formalismus erstarrt war, daß selbst Mönche, die nur halben Herzens bei der Sache waren, sich für die Zen-Priesterschaft qualifizieren konnten. («Der Garten der Ahnen liegt wüst, die Lehre wird niedergetreten.»)[4] Hakuin maß der Kōan-Schulung überragende Bedeutung bei, und seine Schüler erhielten von ihm das Koan Mu und das von ihm eingeführte Sekishu (wörtl. «eine Hand»), das berühmte Kōan: «Was ist der Ton des Klatschens *einer* Hand?» («Ich habe jedermann aufgefordert, dem Ton der einen Hand zu lauschen.»)[5] Diese machtvollen Kōan, die den Winkelzügen des Intellekts keinerlei Spielraum lassen, trieben jeden ernsthaften Schüler direkt vor die eiserne Wand. Hunderte weiterer Kōan folgten, und die schrittweise Vertiefung der Einsicht wurde durch Dokusan und Teishō begleitet und gesichert. Seine Schüler formten diese Methoden zu einem System aus, das bis heute die Grundlage der Kōan-Schulung im Rinzai-Zen bildet.

«In Hakuins Zeit», sagt Tetsugen, «stand es schlecht um das Zen und die Kōan-Schulung. D. T. Suzuki sagt, Hakuins System habe die Kōan-Schulung wiederbelebt, und das stimmt auch, aber das führte natürlich auf lange Sicht wieder zu neuen Schablonen und erneutem Verfall. Es war ein wunderbares System, aber die gleichen Probleme, von denen Dōgen schon fünf Jahrhunderte früher gesprochen hatte, zeigten sich unweigerlich auch hier wieder.»

Auch in Hakuins Zeit blieb Dōgens *Shōbōgenzō* bei der Sōtō-

Priesterschaft noch weitgehend unbeachtet. Erst um 1690 ordnete Kōzen, der fünfunddreißigste Abt des Eihei-ji, die Teile des Werks nach den verschiedenen erhaltengebliebenen Fassungen chronologisch zu seiner heutigen Form von fünfundneunzig Abschnitten. Aber auch in dieser Form scheint das Werk keine weitere Verbreitung gefunden zu haben, denn der erste Kommentar seit dem 14. Jahrhundert fußte noch auf einer früheren, unvollständigen Fassung. Der Zen-Meister, der mit der Auffassung der Priesterschaft aufräumte, Dōgens Meisterwerk sei zu esoterisch und tiefschürfend, als daß man es erklären könnte, war Tenkei Denson (1648–1735), ein Zeitgenosse von Hakuin Zenji, der bereits eine äußerst scharfsinnige Analyse des *Herz-Sūtra* verfaßt hatte. Tenkei Denson war, wie Maezumi Rōshi sagt, «einer der brillantesten Meister unserer Linie. Da er nicht über alle Originaltexte verfügte, machte er einige Fehler bei der Interpretation des *Shōbōgenzō*,[6] das nur Dōgens unmittelbare Nachfolger wirklich verstanden, aber jedenfalls versuchte er es freizusetzen und an die frische Luft zu bringen. Drei Jahre kostete ihn diese Arbeit, und als er sie abschloß, war er achtzig Jahre alt! Ein sehr energischer und tiefer Mensch.»

Um die Tokugawa-Regierung, die Dōgens Werk wegen seiner kritischen Haltung gegenüber dem Rinzai-Zen nicht gerade schätzte, nicht unnötig zu reizen, behinderte die Sōtō-Priesterschaft die Verbreitung des *Shōbōgenzō* noch für weitere sechzig Jahre nach Tenkeis Tod. Eine 1796 begonnene Druckfassung wurde erst 1811 abgeschlossen, und inzwischen hatte das Zen wiederum einen Tiefpunkt erreicht. Die dumpfe, lastende Schwere japanischer Feudaladministration unterstützte die Neigung der Sōtō-Priesterschaft zu Orthodoxie, Reaktion und schlichter Trägheit, und wieder einmal wurde aus der längst fälligen ernsthaften Auseinandersetzung mit dem *Shōbōgenzō* nichts weiter als bloße Reliquienverehrung.

In einem Gedicht mit dem Titel «Beim Lesen von Dōgens Lebensgeschichte» beklagte der Zen-Mönch Ryōkan (ca. 1758–1831) vergeblich die Mißachtung von Dōgens Werk:

Mitten in einer düsteren Frühlingsnacht,
als Schneeregen auf den Bambus im Garten klatscht,
will meine Einsamkeit ich lindern,
doch es gelingt mir nicht...

Ich denke an alte Zeiten, als ich im Entsū-Kloster lebte,
und mein verstorbener Meister über das Shōbōgenzō sprach...

In diesen Darlegungen mangelt es an nichts ...
Niemand stellte die Frage, ob es ein Juwel, ein Kiesel ist.
Fünfhundert Jahre schon ist es von Staub bedeckt ...
Wem fruchtet sein beredtes Zeugnis?
Voll Sehnsucht nach der alten Zeit und Kummer übers Heute,
beginnt mein Kopf zu schwimmen.[7]

Das Kloster, das sich mit dem Namen Tenkei Denson verbindet, ist das Jōgo-ji, vor fünfhundert Jahren im Teeanbaugebiet von Shimbara südwestlich des Fuji erbaut. Auf kleinen, einzeln daliegenden Hügeln, säuberlich terrassiert, steht der Tee in grünen, gestutzten Hecken, und zwischen diesen steifen Teehainen wiegt sich hoher, gelb-grüner asiatischer Bambus in Wellen mit den Frühlingswinden vom Pazifik.[8]

Eine bemalte Statue Dōgens steht hier im Jōgo-ji auf dem Altar in der Gründerhalle – rosiges Gesicht, markante Brauen und ein kleiner, ausdrucksvoller Mund, so wie wir Dōgen von den meisten der bekannteren Darstellungen kennen. Tenkei Denson wirkt dagegen finster in seinem Ingrimm, ein Mann, der sich noch mit achtzig Jahren einer erstarrten Sōtō-Schule entgegenstellte und den mutigen, aber vergeblichen Versuch unternahm, einen verborgenen Schatz wieder ans Licht zu heben. Etwas weiter hangaufwärts steht ein ungewöhnliches Sūtra-Schatzhaus; in seinem Innern befindet sich ein riesiger Zylinder mit zahllosen Schubladen, in denen Sūtra-Rollen aufbewahrt werden. Wie die Gebetsmühlen Tibets läßt sich auch diese Trommel drehen, damit die Vajrayāna-Lehren, die sie enthält, sich über die Welt verbreiten – eine der vielen tantrischen Neuerungen, die die Shingon-Schule («Schule des Wahren Wortes») im neunten Jahrhundert nach Japan brachte und die später die Sōtō-Schule übernahm, um ihre Anhängerschaft zu vergrößern.

Die Gärten sind erfüllt vom Summen getigerter Wespen, und von einem verlassenen Reisfeld hinter dem Tempel tönen die Stimmen der Frösche wie ein hölzernes Knarren herüber. Ein blaßbrauner Falke im Blau des Himmels winkelt die Flügel an und verschwindet in steilem Gleitflug hinter den Hügeln. Sonst sind keine Vögel zu sehen, nur der eine, den ich nie zu Gesicht bekommen kann, singt einsam sein wunderschönes Lied. «Das ist Uguisu, die Nachtigall», sagt unser Führer, Hōichi Suzuki Sensei. Da die Nachtigall aber im Land Wa nicht vorkommt, bin ich so klug wie zuvor. Suzuki Sensei pfeift das Lied dieses scheuen Vogels. «Es geht *Ho-ho-ke-kyō* – das ist der Name der *Lotos-Sūtra*.»

Suzuki Sensei ist der Sohn von Shunryū Suzuki Rōshi, dem früheren Abt des Rinsō-in in Yaizu an der Südküste, der später das Zen-Zentrum von San Francisco gründete. In Tassajara, der Meditationsklause des Zentrums tief in den Küstenbergen, arbeitete ich 1971 für einige Tage als Helfer des Zimmermannsmönchs, der das Dach von Suzuki Rōshis Hütte erneuerte. Das Leben des Rōshi ging zu Ende, aber er zeigte größtes Interesse am Fortgang unserer Arbeit, und dieses Interesse gab mir Gelegenheit, das Kommen und Gehen dieses gütigen Meisters zu verfolgen, der an den Abenden immer noch Teishō gab. Er war sehr schwach, und eines Tages setzte seine Jisha, die gerade sein Zimmer säuberte, seine Teeschale etwas zu hart ab, um ihm an der Tür zur Hilfe zu eilen. «Geben Sie acht auf meine Schale!» mahnte er sanft, und als sie einwandte, sie wolle sich doch nur um ihren Meister kümmern, erwiderte er: «Wenn Sie sich um meine Schale kümmern, kümmern Sie sich um mich.»

Der Zimmermannsmönch verlobte sich mit dieser jungen und reichen Frau. Da er selbst stets besitzlos gewesen war, beunruhigte ihn die Aussicht auf Geld, und er erzählte mir, wie er Suzuki Rōshi von diesen Sorgen berichtet hatte. «Reich oder arm spielt keine Rolle», erwiderte der Rōshi. «Es kommt nur darauf an, ob Sie sich daran klammern, reich zu sein – oder arm», lächelte er mahnend. Der Mönch nickte unsicher und sagte, er habe verstanden. «Da Sie verstehen», sagte der Rōshi, «können Sie ebensogut auch reich sein.»

«Mein Vater wünschte sich, das Zazen auch in andere Länder bringen zu können», erzählte Suzuki Sensei, ein anziehender Mann mit einem traurigen Gesicht, das gerne lacht. Er hatte uns am Vorabend im Rinsō-in willkommen geheißen. Der April-Nachtwind vom Nordpazifik her war feucht und kalt, und wir waren dankbar, als Hōichi-san uns mit grünem Tee, Gebäck und französischem Cognac aufwartete. Er äußerte sein Bedauern, daß er nicht so gut Englisch sprach wie sein Vater, und spielte mit Tetsugen Sensei eine Partie Go, die er gewann. «Zuerst ging mein Vater nach China, aber unter der dortigen Regierung kehren die Menschen nur ganz langsam zum Buddhismus zurück, und es ist noch keine fruchtbare Arbeit möglich. So schlug die Sōtō-Führung in Tōkyō San Francisco vor, und mein Vater willigte ein. Er hatte auf der Mittelschule etwas Englisch gelernt und wollte es vielleicht gern einmal anwenden. In San Francisco hat er dann nur ein kleines Kärtchen vor die Tür gehängt. Darauf stand: ‹Jedermann ist willkommen, hier Zazen zu üben.›

Das war, glaube ich, 1962. Und es entwickelte sich sehr langsam, ganz natürlich.»

Sieben junge japanische Studenten waren zu Besuch im Rinsō-in, und am nächsten Morgen gab Suzuki Sensei ihnen in einem der wenigen noch aktiven Zendō Japans Zazen-Unterweisungen. Nach der Morgenrezitation (an der nur Tetsugen und ich teilnahmen) genossen wir ein vergnügliches Frühstück mit seiner netten Familie. Danach spielte ich im Klosterhof Fangen mit Shungo, der vielleicht sechs Jahre alt war und ein blaues T-Shirt mit der Aufschrift «Boston Sports» trug. Er schleppte seinen Gummi-Baseball und den Fanghandschuh mit in die Gründerhalle, wo Tetsugen und ich eine ungewöhnliche Bodhidharma-Statue inspizierten – das erste gutmütig wirkende Bildnis des grimmigen Wandbeschauers, das wir je gesehen hatten. Während wir uns verbeugten, rollte unser Baseball-Buddha seinen Ball gegen den Altar, kletterte dann selbst hinauf, um sich vor die Statue des Tempelgründers[9] zu hocken, machte einen lauten Ton der einen Hand und schlug den Ball klatschend in seinen Fanghandschuh.

Zusammen mit Maezumi Rōshi, der einige Jahre früher nach Amerika kam, wird Shunryū Suzuki Rōshi als Begründer der Sōtō-Zenschulung in den Vereinigten Staaten verehrt, und seine Teishō, gesammelt unter dem Titel *Zen-Geist, Anfänger-Geist,* haben unter den Zen-Schülern des Westens eine große Leserschaft gefunden. Im Dezember 1971, einige Monate nach meinem Besuch in Tassajara, starb dieser wunderbare Meister an Krebs. Eido Rōshi, der nicht lange vor seinem Tod nach Kalifornien gereist war, um ihn zu pflegen, zeigte sich tief beeindruckt. «Shunryū Suzuki war ein *waaahrer* Rō-shi», sagte er bei seiner Rückkehr nach New York zu seinen Schülern.

Suzuki Rōshis Grab liegt etwas bachaufwärts in dem kleinen bewaldeten Tal hinter dem Rinsō-in, einem reizenden kleinen Tempel aus dem 15. Jahrhundert, unter immergrünen Bäumen. Große Orchideenblüten, blau und gelb, bilden lichte Flecken an den schattigen Bachrändern. Wir zünden Räucherstäbchen an im Frühlingsmorgenlicht. Schwalbenschwanzfalter fliegen rote Arabesken, bieten sorglos die auffallend roten Flecken an der Unterseite ihrer schwarzen Flügel dar.

Seit 1907, dem Jahr seiner Verlegung von der Halbinsel Noto nach Yokohama, nimmt das Sōji-ji die frühere Stellung des Eihei-ji als größtes Kloster der Sōtō-Schule ein. In einer freundlichen, offenen parkähnlichen Gegend einer Großstadt gelegen, strahlt dieses Kloster natürlich nicht die Kraft des Eihei-ji in seinem Bergtal am Fluß des Neunköpfigen Drachen aus. Die Atmosphäre ist weniger streng, und alle außer den Novizen dürfen sogar grüßen und lächeln. Aber der zweihundert Schritt lange Korridor zwischen Kloster und Eingangsgebäude wird wie im Eihei-ji täglich von den Scharen der Unsui geputzt und poliert, und auch hier müssen sie in tiefer Verbeugung verharren, wenn ein Höhergestellter vorbeigeht.

Mit ihren eintausend Tatami (90 mal 180 Zentimeter) ist die Haupthalle des Sōji-ji die größte in ganz Japan. Zur Rezitation erklingen Trommeln und Glocken und ein gewaltiger Mokugyō oder Holzfisch; ein Mönch muß sich auf eine Plattform stellen und mächtig den Klöppel schwingen, um diesem Instrument den richtigen Klang zu entlocken. Die Haupttrommel auf einem Podest in einer Ecke der Halle wird von drei Männern gleichzeitig geschlagen. Die roten Teppiche und goldenen Glockenbaldachine, das Gelb, Weiß, Rot, Grün und Dunkelblau der Vorhänge und Banner hebt sich ab gegen die glühende Kornfarbe der neuen Matten, die den Duft von trocknendem Heu auf einer Wiese in die Schwaden des Räucherwerks mischen.

Auf einem Elfenbeinsitz in einem Reliquienschrein hinter dem Altar der alten Rezitationshalle befindet sich der mumifizierte Leichnam von Sekitō Kisen, dem großen chinesischen Ahnherrn der Sōtō-Linie, der im achten Jahrhundert lebte und vermutlich Urheber der Schrift *Identität des Relativen und Absoluten* ist. Zu Lebzeiten über zwei Meter groß, so informiert uns ein Priester, rettete Sekitō einst einen Ochsen vor dem Opfertod und versuchte später vergeblich, die durch die Schüler des Sechsten Patriarchen herbeigeführte Zersplitterung der Zen-Schule rückgängig zu machen. Heute sitzt er mit eingesunkenen Augen und eingesunkenem Körper in einer Art endgültigem Zazen, braunglänzende Hände schauen aus verblichenen bambusfarbenen Gewändern hervor. Sekitō sagte: «Ein Weiser hat kein Ich, aber es gibt nichts, das nicht er ist.»[10] Sein schwarzes Gesicht hat sich zu einem Lächeln oder einer Grimasse zusammengezogen, als wüßte er, daß die unnötig hochgespielten Differenzen zwischen Rinzai und Sōtō elf Jahrhunderte später von einer uneinsichtigen Priesterschaft immer noch emsig gepflegt würden.

Einst saß Yakusan, und Sekitō sah ihn und fragte: «Was tust du hier?»
Yakusan sagte: «Ich tue gar nichts.»
Sekitō sagte: «Dann sitzt du also einfach müßig da.»
Yakusan sagte: «Säße ich müßig da, so hieße das etwas tun.»
Sekitō sagte: «Du sagst, du tust nicht. Was tust du nicht?»
Yakusan sagte: «Selbst die Heiligen wissen es nicht.»[11]

Am Abend unseres ersten Besuchstages erhielten vierzig neue Mönche, eine Nonne und über hundert Laien (Frauen und Männer) im Rahmen einer imposanten Jukai-Zeremonie die buddhistischen Gebote. Sechs Rōshi in roten Roben saßen beiderseits des Altars, und auf dem Altar selbst die alles überragende Gestalt des ausführenden Zenji[12] oder Klosteroberhaupts (der eigentliche Zenji, so wurde uns gesagt, sei zu alt und gebrechlich, um eine solche Massenzeremonie zu leiten). Nun wurden die Empfänger der Gebote in den genannten vier Gruppen von Mönchen die schmalen Stufen zum Altar hinaufgeführt, um sich mit Shākyamuni, Bodhidharma, Dōgen, Keizan und den anderen Patriarchen im Kreis der Buddhas zu vereinigen. Danach umschritten die sechs Rōshi, vom Zenji angeführt, den erhöhten Altar. «Buddha wird Buddha!» sangen die roten Gestalten zum Schlag des Zenji-Stabes. «Buddha verbeugt sich vor dem Buddha!» Mit vor der Brust zusammengelegten Händen verbeugten sich die neuen Buddhas und gingen die Stufen wieder hinunter – die Mönche, dann die einzelne Nonne,[13] die Männer, die Frauen, einer nach dem anderen.

Die Laien waren mit wenigen Ausnahmen alte Leute mit klaren Augen, gegerbten Gesichtern und gebeugtem Rücken, die sich schlurfenden Schrittes und mit Verbeugungen von den Priestern zu ihren Plätzen geleiten ließen. Im flackernden Kerzenlicht und zu den Klängen eines schönen, traurigen Gesangs stiegen sie vom Altar von Nicht-Geburt und Nicht-Tod hinab ins Dunkel. Aber es gab hier nichts Trauriges, nur stille Freude, denn in diesem Augenblick waren Alltagsleben und Nirvāna nicht verschieden. Jetzt reihten sich die Gestalten wieder kniend auf die Tatami ein, so selbstverständlich und dichtgedrängt, wie Schwalben sich für den Flug nach Süden sammeln.

Vor Tagesanbruch wurden wir von einem alten Mönch geweckt und im Schein einer Handlaterne zum Gäste-Zendō gegenüber der Mönchshalle geführt. Dem Morgen-Zazen folgte die Rezitation im

Hondō, wo Tetsugen und ich, in den schwarz und golden gewandeten Reihen kniend, die ausgefeilte Präzision des Rituals verfolgen konnten. Flinke Mönche liefen vom Altar aus nach hinten, kamen ebenso flink mit Sūtra-Büchern zurück, um sie den Mönchen zu überreichen, die nun – als symbolische Lesung der heiligen Texte – mit großer Gebärde die safranfarbenen Seiten aufflammen ließen. An diesem Altar hatte Tetsugen Sensei vor fünf Jahren die Morgenrezitation geleitet, nachdem man ihn am Vorabend als zeitweiligen Abt des Sōji-ji eingesetzt hatte. Im Eihei-ji wurde diese Zuise-Zeremonie wiederholt, und damit war seine Priesterausbildung in der Sōtō-Schule abgeschlossen.

In Begleitung der neuen Nonne (einer jungen Frau von beeindrukkender Erscheinung) wurde uns im herrlichen Steingarten des Abts Tee gereicht. Zu diesem Garten gehört auch ein künstlerisch gestalteter Felsenteich, in dem farbige Karpfen leben – jene übergroßen «Goldfische» in Schwarz oder Weiß oder Rot und Gold, die japanischen Sammlern so kostbar sind wie wertvolle Teeschalen oder besonders schöne Flußfelsen. Solch eine illustre Kreatur kann mehr kosten als ein kleines Familienauto.

In der sonnigen Frische, die dem Aprilregen folgt, suchen japanische Drosseln in der aufgeweichten Erde nach Würmern, immer wieder ein Stückchen laufend und dann mit schrägem Kopf auf Bewegungen im Erdreich lauschend. Scharen von Schulkindern in roten und gelben Kappen tobten und lachten zwischen den Gebäuden. Drinnen hatten sich die Mönche und die Teilnehmer an der Zeremonie zum «Dharma-Gefecht» versammelt. Wer immer vom Dharma des Zenji profitieren wollte, konnte dem Zenji nun Auge in Auge zwischen den Reihen der Priester gegenübertreten. Jeder rief seine Frage, und der Zenji antwortete in ruhigem, gemessenem Ton; dann stieß er seinen Stab auf, und der Frager zog sich mit einem lauten Ruf des Dankes vom Altar zurück.

Üblicherweise wird die letzte Frage dieses Dharma-Gefechts vom Shuso gestellt, dem Mönchsältesten, der die Schulung leitet, und ich «schaute mit den Ohren, lauschte mit den Augen» in der Hoffnung, ein paar Anhaltspunkte aufzuschnappen. Im Herbst werde ich selbst Shuso sein, und am Ende meiner dreimonatigen Schulungszeit wird mein erster Dharma-Vortrag auf der Grundlage eines Kōan stehen. Daran wird ein Dharma-Gefecht anschließen, bei dem andere Schüler mit beinharten Fragen auf mich losgehen werden, um mein Begreifen auf die Probe zu stellen.

Hier im Sōji-ji bezieht sich die Frage des Shuso stets auf die Unterredung Bodhidharmas mit dem Kaiser Wu, und sowohl Frage als auch Antwort sind allen Teilnehmern im voraus bekannt, denn das Rad des Dharma soll ja nicht ins Stocken geraten. In diesem Baseball-begeisterten Land werden die Fragen in weichem Schwung zugeworfen, und der Shuso schlägt sie eine nach der anderen fröhlich vom Spielfeld. Und das ist wohl auch angemessen, denn japanische Mönche besitzen in der Regel nicht den Ehrgeiz, Zen-Meister zu werden, sondern sind zufrieden, wenn sie als buddhistische Priester den heimatlichen Familientempel übernehmen können. Dieses rituelle Gefecht, das nichts mit Zen zu tun hat, läßt alle Beteiligten im besten Licht erscheinen und ist zweifellos auch höchst befriedigend für die Verwandten, die zu diesem großen Anlaß vielleicht von weither angereist sind. Auch ich werde mein Begreifen eines Kōan darzulegen haben,[14] aber das anschließende Dharma-Gefecht wird ohne vorherige Proben ablaufen.

Maezumi Rōshi und seine Brüder sind im Sōji-ji bestens bekannt, denn hier absolvierten alle vier ihre Schulung, und hier war ihr Vater ein hoher Würdenträger gewesen.[15] Einer dieser Brüder, Takeshi Sensei, ein tatkräftiger, kultivierter Mann, sehr an Kunst und Musik interessiert, wird gewiß hier am Sōji-ji in die Fußstapfen seines Vaters treten. Gegenwärtig ist er Abt des Zenkō-ji, eines großen neuen Klosters am Fuß eines Hügels in Yokohama. Takeshi Sensei bot den Schülern seines Bruders in großzügigster Weise die Gastfreundschaft seines Hauses an, und dazu gehörte auch ein festliches Mahl mit Sushi und Sashimi in einer erstaunlichen Vielfalt von Zubereitungsarten, eigens aus einem Restaurant in Yokohama besorgt, «dem besten Sashimi-Restaurant auf der ganzen Welt».

Zur Zeit der Eröffnung dieses Hauptklosters der Sōtō-Schule (1907) war von Dōgens *Shōbōgenzō* nicht mehr übriggeblieben als eine Anthologie leicht verdaulicher «Prinzipien», die einige Jahre zuvor von der Priesterschaft zusammengestellt worden war. Daß dieses Werk nach wie vor vergeblich seiner Wiederentdeckung harrte, lag auch daran, daß selbst die intellektuellen Kreise von Tōkyō und Kyōto sich fast ausschließlich mit dem Rinzai-Zen beschäftigten und das Sōtō-Zen, wenngleich es weiter verbreitet war, als eine ländlich-kleinstädtische Abart des Zen betrachteten. Die Wende zeichnete sich erst ab, als Tetsurō Watsuji, einer der bedeutendsten japanischen Philosophen, zufällig auf Koun Ejōs *Shōbōgenzō Zuimonki* stieß, ein längst nicht so kraftvolles und aufregendes Werk wie das *Shōbōgenzō* selbst. Dennoch scheint Watsuji sehr beeindruckt gewesen zu sein. Zwischen 1920 und 1923 veröffentlichte er eine Serie von Artikeln unter dem Titel «Mönch Dōgen», und darin stellt er knapp und sehr deutlich fest, daß «Dōgen in der Sōtō-Schule bislang buchstäblich totgeschwiegen wurde». Einige Jahre später stellte der Philosoph Hajime Tanabe diesen «großen metaphysischen Denker» als den Wegbereiter japanischer Philosophie dar. Seit dieser Zeit wetteifern die japanischen Gelehrten in ihren Lobeshymnen auf Dōgen, und in den letzten zwanzig Jahren erschienen vier Übersetzungen des *Shōbōgenzō* ins Neujapanische.

«Wenden wir jedoch den Blick nach Westen», so schreibt der koreanische Gelehrte Hee-jin Kim, «so stellen wir fest, daß Dōgen hier praktisch noch unbekannt ist. Das liegt offenbar daran, daß die Schule, die er begründete, das Sōtō-Zen, hier noch kaum zur Kenntnis genommen wurde. Die im Westen stattfindende Auseinandersetzung mit dem Zen-Buddhismus fußt in erster Linie auf D. T. Suzukis brillanter Einführung in viele unschätzbar wertvolle Texte, doch er selbst interpretierte diese Texte aus der Perspektive des Rinzai-Zen, in dessen Tradition er steht. Suzukis überragender Könnerschaft und seinem Ruf ist wohl der Umstand zuzuschreiben, daß die Sōtō-Tradition im Westen wie ein Stiefkind des Zen behandelt wird. Zudem ist es außerordentlich schwierig, Dōgens Denken in einer für das westliche Bewußtsein nachvollziehbaren Form darzustellen. Sein Denken und seine Sprache sind in ihrer Tiefe und Subtilität schier unzugänglich und doch von unwiderstehlicher Faszination: Wer sich Dōgen zu nähern versucht, wird sich hin und her gerissen fühlen zwischen Hoffnung und Verzweiflung.»[16]

Tetsugen sagt: «Das *Shōbōgenzō* besteht fast ausschließlich aus Teishō, die Dōgen vor seinen Mönchen hielt; kein Wunder, daß akademische Gelehrte, die selbst nicht in der Schulung sind, solche Schwierigkeiten mit diesen Texten haben. Einem Teishō zuzuhören, hat nichts mit analytischem Verstehen des Gesagten zu tun; man muß einfach an Körper und Geist offen und aufnahmebereit bleiben und mit allem, was man ist, zuhören. Wenn die Worte in einem Funken schlagen und etwas auslösen, ist das natürlich schön, aber wenn es nicht passiert, ist das auch in Ordnung. Der Fehler besteht darin, das, was ‹hereinkommt›, unbedingt analysieren zu wollen. Teishō ist wie Zazen: Was auch kommen mag und aus welcher Richtung auch immer, von den fünf Sinnen her oder aus dem Bewußtsein, laß es kommen, laß es gehen – Spiegel-Bewußtsein. So soll man auch einem Teishō zuhören. Die Worte fließen durch uns hindurch. Wir heften uns nicht an sie in der Angst, daß uns etwas entgeht, und wir versuchen nicht, zu ‹verstehen›. Wir lassen die Worte durch alle Sinne hereinkommen, hören sie mit den Augen ebenso wie mit den Ohren, mit dem ganzen Körper – nur nicht mit dem Gehirn. So wollte Dōgen seine Worte empfangen wissen; an intellektueller Beschäftigung mit ihnen war ihm überhaupt nicht gelegen.

Alles am *Shōbōgenzō* spricht von der Einheit des Absoluten und Relativen, der universalen Sphäre des unterschiedslosen Einsseins und der Sphäre der von Augenblick zu Augenblick verschiedenen Phänomene. Seine Sätze bewegen sich auf beiden Ebenen, und wenn man dem intellektuell zu folgen versucht, ist man hoffnungslos verloren.

Man kann nur mit Dōgen sein, indem man sich frei mit seinen Worten fließen läßt, indem man jeder dieser Sätze *wird,* so wie Sie auch Ihr Kōan werden müssen, um es gänzlich zu durchdringen. Dōgen lebte gleichzeitig im Relativen und Absoluten, und wir müssen ihm in beide Welten folgen, wenn wir erfahren wollen, was Leben wirklich ist – aber nicht mal in diese und mal in jene Welt, sondern in beide zugleich müssen wir ihm folgen.»

Die erste englische Dōgen-Übersetzung war *The Sōtō Approach to Zen,* eine Übertragung des *Shōbōgenzō Zuimonki* durch Reihō Masunaga, der von Dōgens «unvergleichlicher Tiefe des Denkens» sprach.

Einige Jahre später vertrat Heinrich Dumoulin in seinem Buch *Zen – Geschichte und Gestalt* die Auffassung, Dōgen gehöre «zu den großen schöpferischen Gestalten der Menschheit». 1968 sprach der Schriftsteller Yasunari Kawabata (Autor von *Schneeland, Tausend Kraniche* und anderen Werken) in seiner Nobelpreisrede über den Einfluß Dōgens auf die Dichtkunst Ryōkans, dessen letztes Gedicht ein Echo auf Dōgens «Ur-Antlitz» war, ein direktes Hindeuten auf die gewöhnlichen Wunder des täglichen Lebens: «Was soll meine Hinterlassenschaft sein? Die Frühlingsblüten. Der Kukkuck in den Hügeln. Die Herbstblätter.»

In den letzten zehn Jahren sind viele Teile des *Shōbōgenzō* verstreut in englischsprachigen Büchern erschienen, die sich mit dem Zen-Buddhismus befassen. In jüngster Zeit haben Maezumi Rōshi und das Zen-Zentrum des Kuroda Institute in Los Angeles zwei Dōgen-Konferenzen ausgerichtet. Wissenschaftler haben begonnen, sich Dōgen zu nähern, und ziehen Vergleiche zu Heidegger und Whitehead. Aber die erste wirklich fundierte westliche Darstellung wird, wie Tetsugen sagt, wohl aus der Hand eines Zen-Schülers stammen, der gründliche Erfahrung mit der Kōan-Schulung und der Stille des Zazen besitzt, denn auch Dōgens Schaffen stammt aus dieser Quelle.

Wisse, daß es in den unzähligen Dingen, die in dir sind, Leben gibt und Tod ... Leben ist wie das Fahren in einem Boot. Du heißt das Segel und legst dich in die Riemen. Du ruderst zwar, doch das Boot ermöglicht dir die Fahrt, und ohne das Boot könnte niemand fahren. Hinwiederum macht dein Fahren das Boot erst zu dem, was es ist. In solch einem Augenblick ist da nichts als die Welt des Bootes. Der ganze Himmel, alles Wasser und jegliches Ufer sind die gleiche Welt des Bootes ...
Wenn du in einem Boot fährst, sind dein Körper und dein Geist und die Umgebung zusammen das gesamte Wirken des Bootes. Die ganze Erde und der ganze Himmel zusammen sind das gesamte Wirken des Bootes. So ist Leben nichts als du, und du bist nichts als Leben. Die ganze Erde und der ganze Himmel erscheinen im Leben sowohl wie im Tod.

Eihei Dōgen, *Shōbōgenzō, Zenki*

18

Zu Anfang unseres Jahrhunderts entstand in japanischen Zen-Kreisen ein großer Skandal durch die Veröffentlichung von Hunderten der bekanntesten Kōan in einer Sammlung, die sich von allen anderen dadurch unterschied, daß sie die «Antworten» auf die Kōan mitlieferte. Ihr unbekannter Autor wurde beschuldigt, das Kōan-System zerstören und das Zen insgesamt lächerlich machen zu wollen. Seine Verteidiger glaubten ausmachen zu können, daß hier nicht das wahre Zen angegriffen wurde, sondern die «tote» Kōan-Schulung, bei der die stereotypen Antworten gleichgültiger Schüler von unqualifizierten Lehrern akzeptiert werden und das Ganze kaum noch mehr bedeutet als ein oberflächliches Examinieren von Kandidaten für die Zen-Priesterschaft. Kritiker und Verteidiger stimmten jedoch darin überein, daß der Autor dieser Sammlung ein wirklicher Meister sein müsse, und der Meister, dessen Name am häufigsten genannt wurde, war Harada Sōgaku Rōshi (1871–1961), Sōtō-Abt des Hosshin-ji, eines entlegenen Klosters in der Nähe von Obama an der Küste nördlich von Kyōto.

Mit zwanzig Jahren, nach dreizehn Novizenjahren in einem Kloster der Sōtō-Schule, hatte Harada Sōgaku noch keinen erleuchteten Meister gefunden. Tief unbefriedigt trat er in ein Rinzai-Kloster ein, wo er sieben Jahre lang blieb; anschließend besuchte er die Komazawa-Sōtō-Universität in Tōkyō und setzte seine buddhistischen Studien noch etwa sechs Jahre nach der Graduierung fort. Doch auch das brachte ihm keine Erfüllung, und so suchte er verschiedene Zen-Meister auf, um sie über die große Frage von Leben und Tod zu befragen. Im Engaku-ji von Kamakura sagte Sōen Shaku zu ihm: «Wenn Sie Kenshō erfahren, wird Ihre Frage sich ganz von selbst beantworten.» Entschlossen, seine Kōan-Schulung fortzusetzen, wandte Harada sich an Toyota Dokutan Rōshi im Nanzen-ji (Kyōto), einen der energischsten Rinzai-Meister jener Zeit. Hier wurde sein Auge geöffnet, und schließlich erhielt er von Dokutan das Siegel der Bestätigung.

Nunmehr gründlich in Hakuins Kōan-System geschult, lehrte Harada Rōshi zwölf Jahre lang an der Komazawa-Universität. Er wurde ordentlicher Professor, leitete den Sommer über Sesshin und schrieb einen ausgezeichneten Kommentar zu der 1890 erschienenen Sammlung von Dōgen-Worten, der viel dazu beitrug, Dōgen wieder ans Licht zu bringen.[1] 1921, in seinem fünfzigsten Jahr, übernahm er das Amt des Abts im Hosshin-ji, wo er weitere vierzig Jahre bis zu seinem Tod lehrte.

Schon nach kurzer Zeit umgab dieses kleine Kloster an der düsteren und unwirtlichen Nordküste der Ruf, das strengste im ganzen Land zu sein. Hier hatte sich das Beste aus den Traditionen des Sōtō- und des Rinzai-Zen zu einer neuen, frischen Manifestation des wahren Dharma gefügt. «Niemand hat seit Dōgen Zenji wahrhaft Shikantaza geübt», erklärte Harada und ermahnte seine Schüler nachdrücklich, alle sektiererischen Dispute zu ignorieren und das rigorose Zazen durch die in der Sōtō-Schule fast ausgestorbene Kōan-Schulung zu intensivieren.

Da Harada Rōshi in Maezumis Linie (sie gründet sich auf die Lehrmethoden, die Yasutani Rōshi aus Haradas Lehrmethoden ableitete)[2] verehrt wird, besuchten Tetsugen und ich das Hosshin-ji. Von Tsuruga aus fuhr der Zug westwärts am Fuß einzeln liegender Berge entlang, die den Gebirgszügen im Landesinneren vorgelagert sind und sich verstreut hinunterziehen bis an die blauen Buchten der

Küste. In Obama am Japanischen Meer wurde uns Tee serviert von Harada Rōshis letztem Dharma-Nachfolger, Harada Tangen Rōshi, Abt des Bukkō-ji, eines kleinen Klosters am Fuß des steilen Hügels hinter der Stadt. Hier hatte Harada Sōgaku als Junge gelebt und im Alter von sieben Jahren die Mönchsordination erhalten. Tangen, ein warmherziger, spontaner Mann, mit dem wir gern mehr Zeit verbracht hätten, war Schüler, Freund und jüngerer Dharma-Bruder Yasutanis gewesen. Er ließ seinen Jisha kommen, der uns zum gut einen Kilometer entfernten Hosshin-ji begleitete.

Im frühen 16. Jahrhundert erbaut, ist das Hosshin-ji um einen schönen Innenhof mit Steinlaternen und Kiefern angelegt. Über einen mit Steinen eingefaßten Kanal führt eine steinerne Brücke. Das Kloster hat zur Zeit zwanzig Schüler, und fünf von ihnen sind Ausländer. Der kanadische Mönch, der uns bei der Besichtigung führte, erschien uns freudig erregt, aber zugleich auch bedrückt, so als könnten die heimatlichen Stimmen all das zunichte machen, wofür er so weit gereist war.

In der alten Zeit erhielten die Novizen im Hosshin-ji, ebenso wie in anderen Klöstern, keinerlei einführende Unterweisungen. Der Unsui hatte den Blick gesenkt zu halten und nichts anzuschauen, und mußte doch aller Vorgänge um ihn her so vollkommen gewahr sein, daß er jederzeit in der Lage war, jede Pflicht zu erfüllen und jede Hilfsposition einzunehmen, selbst in komplizierten Ritualen. Ohne jede Hilfestellung für sein Zazen, ohne vorbereitende Anleitungen zur Kōan-Schulung, hatte er die Teishō als einzige Anhaltspunkte, und häufig wurde er beim Dokusan jahrelang ein ums andere Mal schroff abgewiesen und fortgeschickt.

Harada kam zu der Auffassung, daß die noch vorhandenen Reste echten buddhistischen Geistes der unnachsichtigen Strenge der alten Methoden nicht mehr gewachsen waren. Folglich mußte die Zen-Schulung durch einführende Unterweisungen und Erklärungen erhellt werden: Sie sollte weniger verbissen und mechanisch sein und dafür inspirierter und lebendiger. Gleichzeitig war er jedoch außerordentlich streng. Er benutzte den Kyosaku als Mañjushrīs Verblendung-durchschlagendes Schwert und ließ ihn schonungslos auf die Schultern seiner Schüler niedersausen – ein Brauch, den seine Schüler mit Begeisterung übernahmen. (Tetsugen glaubt, daß der Gebrauch des Kyosaku – und vielleicht die intensive Sesshin-Schulung überhaupt – in Dōgens Zeit begann, als jener furchtbare innere Drang, der die Suchenden früherer Zeiten getrieben hatte, unter den Zen-Schülern allmählich nachließ.)

«Harada sprach viel über das Zuhören», sagte Tetsugen zu mir, als wir durch den Hofgarten des Hosshin-ji spazierten. «Wenn man zum Teishō geht, soll man der einzige Zuhörer im Raum sein. Wenn nur Sie und der Meister da sind, werden Sie zuhören; ansonsten neigen Sie eher dazu, sich Unaufmerksamkeit zu erlauben. Und wenn Sie wirklich lauschen, Zazen übend, werden nicht mehr zwei Leute im Raum sein, kein Subjekt und Objekt mehr, nur das Eine. So muß man auch Dōgen Zenji lesen.»

Aufgrund dieser Neuerungen kann man Harada Rōshi als den ersten modernen Zen-Meister bezeichnen. Da es bei ihm eine Vorbereitung auf die Kōan-Schulung gab – nie zuvor hatte man dergleichen gehört –, unternahmen die resoluteren Zen-Schüler aus ganz Japan winterliche Pilgerschaften zum Hosshin-ji, um am alljährlichen Rōhatsu-Sesshin teilzunehmen. Da die Zazen-Halle nur etwa fünfunddreißig Plätze hat, saßen die Menschen zu Hunderten, und manchmal im Schnee, bis weit in den Hof hinaus. Solche Umstände erschienen dem Meister ideal; er schätzte den Wind und die Kälte hier an der Nordküste, den endlosen Regen, den alles zudeckenden Schnee, die schwarzen Taifune, die brüllend vom Japanischen Meer heranfegten. Rauhes Wetter, fand er, eignet sich bestens zur Introspektion, zum »Ergründen des Universums im eigenen Bauch«, das schließlich zum Loslassen vom Ich führt. Sehr viele seiner Schüler erlebten einen Durchbruch, was unter diesen Umständen nicht verwunderlich ist.

Auf einem Berghang dem Hosshin-ji gegenüber liegt die kleine Einsiedelei, wo der Rōshi von seinem achtzigsten Jahr an lebte. Sein Grab, etwas weiter oben auf einer mit Kirschblüten übersäten moosgrünen Kuppe gelegen, ist mit gelben Narzissen bepflanzt. Harada Sōgaku starb am 12. Dezember 1961, und der Augenblick seines Todes fiel mit dem mittleren Niedrigwasser zusammen, als sei er mit den Wassern des Ozeans verebbt. Bei der Beerdigungsfeier hing eine Pinselschrift am Altar, die er Jahre zuvor geschaffen hatte:

> Vierzig Jahre lang habe ich Wasser
> am Ufer des Flusses verkauft. Ho, ho!
> Meine Mühen waren ganz ohne Verdienst.

Harada hat einmal gesagt, Zazen kläre die Knochen. Seine eigenen Knochen, so sagt Etsudō Nishiwaki Rōshi (einer von Haradas vier noch lebenden Nachfolgern), der die Einäscherung vornahm, waren von reinem Weiß. Als Nishiwaki mit zwanzig Jahren zum Rōhatsu-

Sesshin ins Hosshin-ji kam, sagte ihm der Schulungsleiter, sein Gesicht sei zu weich, er solle versuchen, ihm einen härteren Ausdruck zu geben. Am Ende des Sesshin hatte Harada jedoch gesagt: «Ihr Gesicht ist zu ernst. Legen Sie diesen Nachdruck lieber in Ihr Zazen.» Der Meister selbst war bis über sein siebzigstes Lebensjahr hinaus sehr streng, aber in seinen letzten Jahren war er sanft und gütig und versuchte seinen Schülern all sein Nicht-Wissen zu vermitteln.

Harada schickte Nishiwaki zur weiteren Schulung ins Kennin-ji, und Nishiwaki erinnert sich mit Genugtuung des rigorosen Schulungsprogramms (zu dem auch fünf Dokusan täglich gehörten) in diesem Rinzai-Kloster. Als Nishiwaki später Schulungsleiter des Sōji-ji wurde, führte er hier das viele Jahre vernachlässigte Dokusan wieder ein. Nishiwaki ist der Ansicht, die Kōan-Schulung habe dem Sōtō-Zen neue Lebensimpulse gegeben, und dies ist vor allem Harada und zwei seiner Schüler zu verdanken: Watanabe, der die Kōan-Schulung im Sōji-ji etablierte, und Iida Tōin, den Harada trotz seines Alkoholismus besonders schätzte. Iida Tōin hatte bereits von zwei Meistern Inka erhalten, darunter ein hervorrangender Rinzai-Meister, fühlte sich jedoch immer noch «unfertig» und kam deswegen zu Harada. Für Harada war dieser Laie der einzige unter seinen Schülern, der wirklich «den Durchbruch geschafft» hatte, der klarer sah als er selbst. Iida Tōin bewohnte ein schauderhaftes kleines Zimmer, lebte von Sake und altem Salzfisch, der von den Deckenbalken hing, und seine Gedichte und Papiere lagen über den ganzen Boden verstreut. Einmal (so erzählt Nishiwaki Rōshi) erschien Harada unverhofft in der Tür, und Iida Tōin schämte sich derart, daß er sich unter einem Papierhaufen versteckte. Im Alter von einundsechzig Jahren erhielt er von Harada das Siegel der Bestätigung.

Harada Rōshis Schüler sind einmütig der Ansicht, daß ihr Meister, der den Zentren der Macht im Sōji-ji und Eihei-ji niemals nahegestanden hatte, der bisher größte Zen-Meister des 20. Jahrhunderts war, und nicht nur wegen der überragenden Klarheit seiner Lehre, sondern weil er auch frei von jenen Charakterschwächen war, die häufig verhindern, daß große Lehren im Bewußtsein eines Menschen Wurzeln schlagen können. Für Harada – wie für Dōgen und Hakuin – war die Verwirklichung des Buddha-Weges nichts, was außerhalb des Wirrwarrs und der Versuchungen des täglichen Lebens stattzufinden hatte. Und weil Harada mitten in diesem Leben von so beispielhafter Charakterstärke war, ist so vieles möglich geworden, fügt Nishiwaki hinzu.

«Solche Meister sind selten», seufzt Tetsugen und vergleicht Harada mit anderen Meistern, die zwar von unübertroffener Klarheit der Einsicht sein mögen, durch ihre privaten Schwächen – meist Alkohol oder Frauen – jedoch die idealistisch gesinnten Schüler verprellen; manch einer hat schon dem Zen den Rücken gekehrt, der seinen wirklichen Meister nicht mit seiner Vorstellung von einem «wahren» spirituellen Führer in Einklang bringen konnte. «Sie wollen ihrem Meister alles Menschliche nehmen, damit er ein Spiegelbild ihrer persönlichen Vorstellung von Gottähnlichkeit wird.» Tetsugen lächelt. «Wir versuchen, uns ein wenig zu bessern, aber wir sind, was wir sind.»

Wenn Harada Rōshi auch nie die Drohung wahrmachte, aus der Priesterschaft auszuscheiden, so gab er doch nie den Kampf mit der Sōtō-Bürokratie auf, die mit ihren endlosen Disputen um Nebensächlichkeiten und ihrem starren Festhalten an Formen und Strukturen nach wie vor Dōgens Lehre überschattete und die Zen-Schulung unnötig behinderte. Schon dadurch, daß er so großen Wert auf die «Rinzai»-Kōan-Schulung legte, erregte er Anstoß bei der Sōtō-Priesterschaft, und überdies verhehlte er nicht seine Ansicht über die zu bloßen Formeln erstarrten «Antworten», die die Kōan-Schulung zur Farce machten. Einer seiner Schüler, Nakagawa Sōen, sagte gern: «Wenn die Antworten auf die Kōan alles sind, was Sie interessiert, dann bringen Sie einfach Stift und Papier mit ins Dokusan, und ich werde sie Ihnen diktieren.» Noch als Sōen Rōshi bereits Abt des Ryūtaku-ji geworden war, zögerte er keinen Moment, sein altes Mönchsgewand anzulegen und quer durchs Land zum Hosshin-ji zu reisen, um dort – zum großen Mißvergnügen der Rinzai-Hierarchie – seine Schulung unter Harada Rōshi fortzusetzen.

Nishiwaki Rōshi erzählt, Sōen habe Harada Rōshi das erstemal gebeten, ihn als Schüler anzunehmen, als er Anfang der dreißiger Jahre noch Einsiedler auf dem Berg Dai Bosatsu in der Nähe des Fuji war. Da es im Sōtō aber die lange und ehrenwerte Rinzai-Tradition der «Exzentriker» nicht gab, hatte Harada diesen bärtigen Propheten abgelehnt.[3] Statt dessen schulte Sōen sich unter Yamamoto Gempō Rōshi im Kloster Ryūtaku-ji, doch selbst als er Inka erhalten hatte, fühlte er sich (wie Iida Tōin) noch «unfertig». Schließlich kehrte er zu Harada Rōshi zurück, dem die Kraft in der Stimme des jungen Rinzai-Abtes gefiel, und der sagte, er werde weit kommen. Auch Nishiwaki, der zu jener Zeit Mönchsvorsteher des Hosshin-ji war, «mochte ihn sehr». Nach Harada Rōshis Tod nahm

Sōen seine Kōan-Schulung bei Hakuun Yasutani, einem Dharma-Nachfolger Haradas, mit dem Kōan Mu wieder auf. Erst nach Abschluß dieser Schulung fühlte er sich bereit, als Meister zu wirken, und er gab keinem seiner Schüler ein Kōan, das er nicht selbst gelöst hatte.

Yasutani war zwar schon mit dreizehn Jahren ein Sōtō-Novize geworden, doch dann folgten vier Jahre als Familienvater und Schullehrer, in denen er sich stets nach einem wahren Meister sehnte. Erst im Alter von vierzig Jahren begegnete er Harada Rōshi, und bei seinem ersten Sesshin unter Harada (1925) erlangte er Kenshō mit dem Kōan Mu. Er erinnert sich der Zeit, bevor er Harada fand: «Ich war ganz und gar blind und mein Geist noch nicht zur Ruhe gekommen. Ich befand mich auf dem Höhepunkt der Selbstzerquälung. Als ich spürte, daß ich es nicht ertragen würde, mich selbst und andere mit unwahrhaftigen Lehren zu täuschen und durch Teishō, die ich gar nicht verantworten konnte, da öffnete sich mein Karma, und ich konnte Harada Sōgaku Rōshi begegnen. Zu meiner tiefen Freude leuchtete in dunkler Nacht das Licht einer Laterne auf.»

Im Hosshin-ji lernte Yasutani einige Jahre später Nakagawa Sōen kennen, der inzwischen Verbindung zu Nyōgen Senzaki in Los Angeles aufgenommen und sich mit der Arbeit D. T. Suzukis vertraut gemacht hatte. Er überzeugte Yasutani, daß Zen in den Westen reisen müsse, und Yasutani war es ja inzwischen, der Haradas Dharma an Sōen und Eido, Yamada und Maezumi, Aitken und Tetsugen weitergab. So wurde Harada Sōgaku Rōshi, dessen Lehren das Beste beider Zen-Schulen in sich vereinigten und von diesen Dharma-Nachfolgern in die Neue Welt getragen wurden, zum spirituellen Ahnherrn des amerikanischen Zen.

Nach Auffassung von Nishiwaki Rōshi, der nach dem Tod seines Meisters Schulungsleiter des Eihei-ji und des Sōji-ji wurde, war die Sōtō-Schule in den letzten beiden Jahrhunderten vor Harada tot gewesen, und auch heute hegt er seine Zweifel an Zen-Meistern, die nicht Haradas Linie angehören. Mit Yasutani und Yamada ist er sich darin einig, daß die meisten japanischen «Meister» und Schüler nicht ernsthaft bei der Sache sind und gar nicht daran denken, sich einer strengen Schulung zu unterziehen. Anstatt ernsthaft zu suchen, stellen die Mönche Fragen wie etwa: «Wie leite ich meinen Tempel?» – Fragen, die Nishiwaki Rōshi mit dreißig schnellen Stockschlägen beantworten würde.

Von der Halbinsel Noto fährt der Zug ostwärts die Küste entlang durch eine Reisebene, die zwischen dem Japanischen Meer und dem Gebirge im Landesinnern liegt. Auch Blumen werden hier angebaut, und westlich von Uozu mischen sich im dunstigen Licht vor den blaßblauen Schneehängen des Shironia rote und gelbe Tulpenflächen in das bläuliche Grün der frisch bepflanzten Reisfelder. In Itoigawa spazieren wir im frostigen Zwielicht an der felsigen Küste entlang, beobachten Möwen (Bashō schrieb über diese Gegend: «Seedunkelheit, die Schreie der Möwen sind fahlweiß») und sammeln Strandsteine, vom Erdfeuer gefärbt, vom Ozean geglättet. Nach dem Dampfbad und einem Fisch-Abendessen sehen wir uns eines der Samurai-Dramen an, die im japanischen Fernsehen fast ständig laufen. Japan ist nach seinen Nationalepen mindestens ebenso süchtig, wie Amerika es nach seinen Western war.

Am nächsten Morgen auf dem Bahnhof von Naoetsu, Blumenkästen mit Tulpen und Stiefmütterchen auf dem Bahnsteig, verbeugen sich die Bahnsteighändler in Reih und Glied vor den Reisenden, als der Zug abfährt. Da die Züge so sauber sind und so häufig und pünktlich verkehren, daß man die Uhr nach ihnen stellen kann, ist die Bahn das Reisemittel der Welt für die meisten Japaner, die darauf aus zu sein scheinen, so viele Sehenswürdigkeiten ihres Landes zu sehen, wie im Laufe eines Lebens nur irgend möglich ist.

Von hier aus geht es landeinwärts, denn wir verlassen jetzt die Küste des Japanischen Meeres und kehren quer durch die Hauptinsel Honshū zum Pazifik zurück. Der Zug klettert eine lange Steigung durch ein breites Tal zu den bewaldeten Hügeln vor dem Berg Myōkō hinauf. Weiter oben sind die Bäume noch kahl, und die Erde ist dunkel, aber im Tal von Nagano ist es heiß, als wir aussteigen, um das Zenkō-ji zu besuchen, ein gewaltiges Kloster der Tendai-Jōdo-Schule am oberen Ende der Hauptstraße, hinter dem die Berge aufragen.

Die Anschauungen des Tendai-Jōdo vom Leben nach dem Tode machen das Zenkō-ji – obgleich diese beiden Schulen des Buddhismus im Verfall begriffen sind – zum Wallfahrtsort für jährlich acht Millionen Japaner. Der Oberpriester des Tendai und die Oberpriesterin des Jōdo leben im Zenkō-ji, und an diesem Aprilmorgen leiten sie zusammen eine gewaltige Feier für die Tausende, die in Formationen die Hauptstraße heraufkommen und in endlosen wohlgeordneten Schlangen an den weihrauchspuckenden Drachenhund-Wächtern vorbeiströmen. Eine junge Frau hilft ihrer Mutter oder Großmutter die steile Treppe hinauf. Für heutige Verhältnisse von durchschnittlicher Größe, ist sie jedoch mindestens doppelt so groß wie die winzige alte Frau neben ihr. In den zehn Jahren seit meiner ersten Japanreise hat die Durchschnittsgröße der jüngeren Generation so rapide zugenommen, daß ich die Fahrgäste im Bus oder in der U-Bahn längst nicht mehr so turmhoch überrage wie einst.

Am Tempeleingang bleiben die Pilger kurz stehen, um die Holzstatue des Hōnen zu berühren, die nach Jahrhunderten der Anbetung völlig glatt ist. Eine Frau berührt sein Herz und seinen Kopf, dann die Brust ihres Sohnes und ihren Kopf. Einige junge Männer lachen überlaut, als sie über die Lenden der Statue streichen und dann über ihre eigenen.

Am Spätnachmittag überqueren wir die zentrale Gebirgskette, und dann beginnt der lange Abstieg zur Pazifikküste hin. Über dem Asama steht eine hohe weiße Rauchwolke, und noch am selben Tag bricht er das erstemal seit Jahren wieder aus. Der Berg Myōgi, westlich von Yokokawa, reckt seine unförmigen Türme in den sonnigen Dunst; ein Mann steigt auf den Sitz und wechselt die Hose, um sich stadtfein zu machen. Der Zug erreicht die weite Kantō-Ebene, die sich südostwärts erstreckt bis hin zur alten Tokugawa-Hauptstadt Edo, die seit der Abdankung des letzten Shōgun und der Wiedereinsetzung des Kaiserhauses in der Meiji-Restauration (1868), dem Beginn der japanischen Moderne, Tōkyō genannt wird.

In dieser Zeit des blinden Glaubens an westlichen «Fortschritt» wurden die Kultur des Landes und seine Wertvorstellungen ausgehöhlt, und es wurde sogar öffentlich diskutiert, ob so archaische Traditionen wie der Zen-Buddhismus im neuen Japan überhaupt eine Lebensberechtigung hätten. Aber Eido Rōshi erzählt, daß ein Zen-Mönch, der das gesamte *Diamant-Sūtra* rezitierte, den Beamten staunende Bewunderung abverlangte, sogar denen «mit großem Kopf und kleinem Hara», die ihr Zeremonialschwert über westlicher Kleidung tragen.

Im Tōshō-ji in Tōkyō kann man eine eindrucksvolle Holzstatue von Harada Rōshi sehen. Wir besuchten das Kloster mit Maezumi Rōshi, dem wir in Kyōto kurz begegnet waren und mit dem wir uns verabredungsgemäß in Tōkyō wieder getroffen hatten. Das Tōshō-ji, von Harada vor dem Zweiten Weltkrieg gegründet, wird jetzt von dem zweiundsiebzigjährigen Tetsugyū Ban Rōshi geleitet, der einer der vier noch lebenden Schüler von Harada Rōshi ist. Ban, ein kleiner, lustiger Mann mit großen falschen Zähnen, erzählt, der Schöpfer dieser Statue[4] habe ebenfalls unter Harada Zazen geübt und habe einmal die ganzen acht Tage des Rōhatsu schlaflos durchgestanden, bis er am Ende bewußtlos geworden sei. Ban Rōshi besitzt eine stattliche Sammlung von Kyosaku, die er auf den Schultern seiner Schüler zerbrochen hat, und mit seiner Geschichte wollte er uns offensichtlich sagen, daß dies der richtige Mann für die Aufgabe gewesen sei. Harada ist hier schmallippig und streng dargestellt; wie Maezumi sagt, soll er jedoch in seinen späteren Jahren für sein Mitgefühl und seine Güte bekannt gewesen sein und den spielerischen Umgang mit Hunden und Kindern geliebt haben.

Harada war nach Tōkyō gekommen, um hier eine Schule zu gründen, wo die Kinder im wahren Geist des Zen erzogen werden konnten; da er sich aber weigerte, um finanzielle Unterstützung zu bitten, mußte die erste Schule schon im ersten Jahr wieder geschlossen werden; mehrere neue Ansätze und Fehlschläge waren noch nötig, bis die Schule endlich an ihrer jetzigen Stelle einen sicheren Standort fand. Yasutani und zwei andere Schüler opferten einen großen Teil ihrer Zeit für diesen Traum ihres Meisters, aber es schien alles nichts zu nützen. Offenbar hatte Harada angenommen, hier mitten in Tōkyō – damals die größte Stadt der Welt – könne man ebenso verfahren wie in Obama, wo das Kloster sich größtenteils selbst trug, weil ein Garten zur Verfügung stand und die Mönche mit ihren Sammelschalen zum Takuhatsu (Bittgang) ausgehen konnten. «Er hatte einen wunderbaren Dharma-Geist!» lachte Ban Rōshi, der selbst auch diesen Geist ausstrahlt. «Aber sein Sinn für Geschäftsführung war nur sehr schwach entwickelt.»

Als dieses Kloster 1940 gebaut wurde, war Harada Rōshi immer noch nicht bereit, sich für die Finanzierung nach Hilfe umzusehen, aber während des Krieges geriet das Hosshin-ji selbst in Schulden, und so beauftragte er endlich Ban, sich der Sache anzunehmen. Der junge Schüler, der der zweite Abt des Tōshō-ji wurde, rief sofort ein Programm zur Geldbeschaffung ins Leben. Schließlich, nach vielen Jahren, in denen er um drei Uhr morgens aufstand, die Morgenrezitation leitete, den ganzen Tag zum Takuhatsu unterwegs war und am Spätnachmittag zum Abend-Zazen zurückkehrte, gelang es ihm, das Kloster auf eigene Füße zu stellen. Nach neun Uhr abends widmete er noch einige Stunden der Überarbeitung von Haradas Schriften und anderen Pflichten. In all diesen Jahren lebte er überwiegend von eingelegtem Gemüse.

Maezumi Rōshi, der uns Ban Rōshis Erzählung übersetzte, war

hocherfreut, hier aus erster Hand hören zu können, mit welcher Kühnheit Harada sowohl die Schulung als auch die Lehre erneuert hatte. Er sah an Harada seinen Eindruck bestätigt, daß die besten Zen-Meister seit der Zeit Dōgens fast durchweg mit beiden Schulungsarten wohlvertraut waren: Kōan-Schulung und Shikantaza. Sie kümmerten sich wenig oder gar nicht um die maßlos hochgespielten Differenzen zwischen Rinzai und Sōtō; für sie war der wahre Meister einer, der dem Dharma neue Lebensimpulse gab und dieses Leben aufrechterhalten konnte. Die beiden Meister Maezumis, Kōryū und Yasutani, hatten sich stets dagegen verwahrt, in diese blamable Auseinandersetzung hineingezogen zu werden, und Maezumi dachte nun auch schon seit einiger Zeit daran, seine eigene Linie als Eckpfeiler des amerikanischen Sōtō-Zen zu gründen.

Ban Rōshi erinnert sich mit diebischer Freude und blitzenden Zähnen an Yasutanis Ansicht, daß unter den Hunderten sogenannter Zen-Meister in Japan, im Rinazi- und Sōtō-Zen gleichermaßen, kaum zehn den Titel Rōshi wirklich verdienten. Ban hatte Yasutani tief bewundert; als er 1931 als Novize ins Hosshin-ji kam, hatte Yasutani dort in der Mönchshalle gelehrt, und zweiundvierzig Jahre später, im Todesjahr Yasutanis, empfing Ban seine letzte Lehre von ihm. In seinem Gedicht auf Yasutanis Tod sagt Ban: «Welch ein ungeheurer Schritt, aus solchen Fußstapfen zu treten! Ihr wechseltet Euren Ort, um in der Neuen Welt zu lehren.» Zu Tetsugen sagte er: «Baut euren eigenen Honzan [Ursprungsberg, Ursprungskloster] in Amerika.»

(«Haradas Geist ist nun bei Maezumi Rōshi und Tetsugen Rōshi in den Vereinigten Staaten», sagt Bans Dharma-Bruder, Nishiwaki Rōshi, der im Juni 1982, beim ersten seiner jährlichen Besuche, als leitender Priester an Tetsugens Abteinsetzung teilnehmen würde.[5] «Wir hoffen, daß dieser Geist sich über das ganze Land und über die ganze Welt ausbreiten wird.» Harada hatte Nishiwaki «ein letztes Kōan» gegeben, das dieser an Maezumi weitergeben möchte. «Wir verdanken uns selbst unserem Rōshi und sind ihm dafür verpflichtet, aber wir müssen uns auch selbst kennen. Wir müssen es verstehen, unser eigenes Zen zu machen.»)

In Japan winkt man, bis die Freunde nicht mehr zu sehen sind, und Ban Rōshi blieb in der schmalen Straße von Tōkyō stehen, bis wir die nächste Ecke erreicht hatten. Dort drehten wir uns um zu unserer Abschiedsverbeugung, und auch er verbeugte sich.

Wisse, daß der ganze Himmel und die ganze Erde die Wurzeln, der Stamm, die Zweige und die Blätter des langen Bambus sind. So sind denn Himmel und Erde zeitlos ... ein hölzerner Gehstock ist alt und nicht alt zugleich.
Eine Bananenstaude hat Erde, Wasser, Feuer, Wind, Leere, auch Geist, Bewußtsein und Weisheit als seine Wurzeln, Stengel, Zweige und Blätter oder als seine Blüten, Früchte, Farben und Formen. So trägt sie den Herbstwind und wird gezaust vom Herbstwind. Wir wissen, daß sie rein und klar ist und nicht der kleinste Teil ausgeschlossen bleibt.

Eihei Dōgen, *Shōbōgenzō, Gabyō*

19

Vom Bahnhof Ueno im Norden Tōkyōs aus durchquert der Zug die große Kantō-Ebene, eine sehr dicht besiedelte Region mit kleinen Häusern und gepflegten Gärten, winzigen Heuhaufen und flachen Plastik-Gewächshäusern. Auf jedem Stückchen Erde zwischen Straße und Bahndamm, umgeben von Fabriken und Schloten, Türmen und Hochspannungsmasten, hacken die barfüßigen Hausbesitzer, die Hosen bis zu den Knien aufgerollt, mit den seit Jahrhunderten gebräuchlichen schweren Breithacken die dunkle Frühlingserde. Auf den Fabrikhöfen, an denen der Zug vorbeirollt, spielen die Arbeiter in der Mittagspause Baseball, denn dieses unheimlich anpassungsfähige Land übernahm sehr schnell das Nationalspiel der großen Gaijn, die Tausende seiner Bürger zu atomaren Schatten auf den geborstenen Mauern von Hiroshima und Nagasaki zerstrahlt hatten. Die flinken Feldspieler und wendigen Schläger solcher Mannschaften wie den Hiroshima Carps oder Tōkyō Giants sind gefeierte Helden, und so ist das Baseball-Motiv allgegenwärtig, in der Werbung ebenso wie in der Kindermode.

Die Flüsse dieser Region, durch Industrie und Landwirtschaft stark beansprucht, führen selbst in dieser Frühlingszeit der Schneeschmelze auffallend wenig Wasser, aber dann sehen wir irgendwo am Ufer einen Silberreiher stehen, diesen eleganten Vogel, den die Künstler des Orients so sehr lieben. Selbst vom Zug aus erkennt man im seichten Wasser auf den Flußkieseln die gelben Füße an den schwarzen Beinen. Hier und dort steht ein Angler ein paar Schritte vom Ufer entfernt, vollkommen still wie der einsame Vogel. Die Bewegungslosigkeit der menschlichen Gestalt und die Länge der dünnen Angelrute deuten darauf hin, daß die letzten Fische in diesen ausgebluteten Gewässern selten und scheu sind. Der kleine japanische Lachs sprang einst die Ströme von Honshū hinauf, doch heute müssen sich diese schönen silbernen Fische ebenso wie der japanische Kranich und die letzten wildlebenden Bären mit der nördlichen Insel Hokkaidō begnügen – ebenso wie die letzten Ureinwohner Japans, die Ainu, jene großen, blauäugigen, bärtigen Sammler und Jäger, die früher für eine Restpopulation des Cro-Magnon-Menschen gehalten wurden.

Im 17. Jahrhundert gab es in dieser endlosen Ebene offenbar nichts Bemerkenswertes, denn in Bashōs letztem und bestem Werk, *Auf schmalen Pfaden durchs Hinterland*, hören wir kurz nach dem Aufbruch des Dichters von seiner heimatlichen Hütte zwar noch vom Gipfel des Fuji, der sich «dem Auge nur vage zu erkennen» gibt, von den «Blüten von Ueno und Yanaka», doch als nächste Station der Reise nennt er dann bereits den «ehrwürdigen Tempel-Berg von Nikkō», an die 150 Kilometer weiter nördlich. Der Anfang des neunten Jahrhunderts auf Initiative von Kōbō Daishi, dem Begründer der Shingon Schule, errichtete Tempel wurde 1636 Ieyasu, dem ersten Tokuwaga-Shōgun, gewidmet. Einige der gewaltigen Zedern, die vor dreihundert Jahren gepflanzt wurden, müssen hier schon gestanden haben, als Bashō den Ort besichtigte. Der Kurokami-Berg, den der Dichter so bewunderte, war an diesem Tag in Wolken und Regenschleier gehüllt, aber wir schauten uns den Tōshōgū-Schrein an, der sich in gutem Zustand befand, ebenso wie Bashōs großer Wasserfall: «Von oberhalb einer Felsgrotte stürzt er hundert Fuß tief in einen grün-blau leuchtenden Bergsee, der von Tausenden von Felsen eingefaßt ist.» Auf einem dieser Felsen saß wippend eine Wasseramsel. Noch im April haften letzte Schneereste in den tiefen, dunklen Falten der Schlucht.

Von Nikkō aus wanderte der Dichter ostwärts weiter nach Kurobane am Naka-Fluß, in einem sanften Tal unweit der Hügel gelegen, die Yamizo-Berge genannt werden. Offenbar mochte Bashō diese Gegend, denn er hielt sich eine ganze Weile hier auf. Zeugnisse seiner Wanderungen sind die hier und da errichteten flachen Steine, in die seine Haiku eingeschlagen wurden. Im Dayo-Tempel, einem alten, riedgedeckten Gebäude, das sich Jahr um Jahr tiefer ins Grün des Waldes zurückzieht, erzählte der Wärter uns, daß Bashō hier für vierzehn Tage verweilt hatte.

Der Garten in den Hügeln –
Ein Kranich nahm ihn sich
als Sommer-Wohnstube.

Während wir die Inschrift auf diesem Gedenkstein lasen, schoß ein Habicht mit rotbrauner Brust im Kirschblütenlicht zwischen den Obstbäumen hindurch und verschwand im Dunkel des Kiefernwaldes. Vielleicht hatte er es auf diesen so melodisch singenden Vogel abgesehen, den ich einen Augenblick zuvor gehört hatte und den wir in der Eile unserer Reise nie zu Gesicht bekamen.

Bashō besuchte auch das Ungan-ji, ein Rinzai-Kloster des späten 13. Jahrhunderts, das wie das Engaku-ji in ein Wäldchen vor einem Berg hineingebaut ist und dem Betrachter heute noch fast ebenso erscheint, wie er es beschrieb: «Tief ins Gebirge hinein schlängelte sich ein Pfad den Talgrund entlang. Er verlor sich zwischen schwarzen Zedern und Kiefern ins Dunkle. Überall troff es vom Moos herab. Unter dem Himmel dieses vierten Monats war es immer noch kalt ... Wir überschritten ... eine Brücke und passierten das Eingangstor zum Tempelbezirk.» Das Tor des Ungan-ji ist strahlend rot, sammelt das Licht aus dem Wald, und der Bergbach zwischen Tor und Tempel ist klar und stark, ganz anders als die ermatteten Flüsse unten im Flachland.

Fünfzehn Kilometer weiter südlich, jenseits der Stadt Ōtawara am Jabi-Fluß liegt Maezumi Rōshis Familienkloster, das Kōshin-ji. Im 16. Jahrhundert erbaut, wurde es 1933 unter der Leitung von Baian Hakujun Kuroda Rōshi vollständig restauriert. Ein großer Komplex von Klostergebäuden umgibt nach drei Seiten hin einen knapp hundert Meter langen und halb so breiten Hof, der abgesehen von ein paar Steinfiguren und Steinlaternen und großen immergrünen Bäumen leer ist. Nach vier Jahrhunderten wird der Hang hinter dem Kloster größtenteils von Gräbern eingenommen.

Tetsugen Sensei, der Baian Hakujun 1970 kennenlernte, war sehr beeindruckt: «Er legte großen Wert auf Aigo – liebevolle Worte. Es kam sehr selten vor, daß er jemanden anfuhr. Er hatte stets Gäste in seinem Kloster, denen er und seine Familie jederzeit zur Verfügung standen. Die Privatsphäre wurde nie zum Problem, denn sie hatten keine; ihr Leben war ein Leben des Gebens und Dienens. Er häufte nie Geld an, sondern gab es für die Angehörigen und Gäste des Klosters aus. Geld war einfach eine Energiequelle, die fließen mußte. Diese Art von gelebter Geduld und gelebter Fürsorglichkeit ist sehr selten. Ich empfinde eine besondere Verbundenheit mit Baian Hakujun. Seine Lehre war sein Leben, in jeder Alltagssituation lebendig; das ist jene undramatische Art, Schüler zu unterweisen, die ihnen in Blut und Mark übergeht und sie wandelt. Natürlich braucht dieser Wandel viele Jahre, aber er ist die Weitergabe des wahren Dharma.»

Obwohl Baian Hakujun (Maezumis Honshi oder «Wurzel-Meister», der den Stil seines Sohns stark beeinflußte) ein hoher Sōtō-Würdenträger war, hatte er nicht gezögert, Rinzai-Meister einzuladen, hier in seinem Kloster in Ōtawara Sesshin zu leiten. Einer dieser Meister, Jōkō Rōshi, hatte den Bürokratismus der Rinzai-Priesterschaft dermaßen satt, daß er nicht nur bereit war, in einem Sōtō-Kloster zu wirken, sondern überhaupt die institutionalisierte Rinzai-Schulung zugunsten kleinerer Dōjō oder Schulungszentren (von denen wir eines in der Nähe von Nikkō besucht hatten) aufzugeben. Heute werden diese Dōjō von Jōkōs Schüler Ōsaka Kōryū Rōshi geleitet, den der amerikanische Mönch im Kennin-ji als den «besten Laien-Meister der Rinzai-Schule in ganz Japan» bezeichnet hatte. Maezumis älterer Bruder Kōjun wurde Kōryū Rōshis Hauptschüler, und Maezumi selbst brach im Alter von fünfzehn Jahren nach Tōkyō auf, um bei diesem großen Meister seine Schulung fortzusetzen.

Vier Jahre blieb er bei Kōryū Rōshi, um dann an der Kamazawa-Sōtō-Universität in Tōkyō zu studieren. Schließlich gelangte er dann ins Sōji-ji, dessen Abt damals Watanabe Rōshi war. Hier wurde er gebeten, nach Los Angeles zu gehen und sich um den Sōtō-Tempel zu kümmern, der dort in den zwanziger Jahren gegründet worden war. Da sein Bruder Kōjun den Familientempel übernehmen würde, unterstützte sein Vater die Idee, und Maezumi selbst wollte den Auftrag gern annehmen. So brach er 1956 im Alter von fünfundzwanzig Jahren auf. Da es im Tempel von Los Angeles keine ernsthafte Zen-Schulung gab, war er froh, als er vom «schwebenden Zendō» erfuhr, das von Nyōgen Senzaki geführt wurde. Bis zu Nyōgens Tod im Jahre 1958 war er dessen Schüler.

Als Yasutani Rōshi 1962 nach Los Angeles kam, erkannte der junge Mönch Maezumi schon nach wenigen Fragen, «daß ich sein Schüler werden mußte». Yasutani berichtete Maezumi, was Harada Rōshi ihm mitgeteilt hatte – daß er *nicht* der Autor des «Antworten-Buchs» war, sondern es im Gegenteil entschieden mißbilligte. Harada war zwar überzeugt, daß die nachlässige Kōan-Schulung großen Schaden stiftete, aber dieses Buch, so sagte er, vergrößerte diesen Schaden nur, da es den Zen-Schülern noch mehr vorgefaßte Ideen auflud, anstatt ihnen zu ermöglichen, von allen Ideen loszulassen.

Seit Baian Hakujuns Tod (1979) steht das Kōshin-ji unter der Leitung von Kōjun Kuroda Rōshi, einem kräftigen, breitschultrigen Mann mit dicken Nackenwülsten, der mehr wie ein Sumo-Ringer oder Bauer aussieht als wie ein Zen-Meister. Er spricht kein Englisch, aber seine ganze Gutmütigkeit ist ihm trotz des eher zurückhaltenden Auftretens deutlich anzumerken. Wie sein Vater wird er in Ōtawara sehr geliebt, und einmal wurde ihm sogar das Amt des Bürgermeisters angetragen; er füllt für die Leute den Platz des ehemaligen Feudalherrn oder Daimyō aus, der damals, als das Kōshin-ji erbaut wurde, in einer Burg auf dem Nachbarhügel lebte. Hakujuns Frau, Miyoko, eine hübsche Frau von stillem, aber kraftvollem Auftreten und mit anziehendem Lachen, leitet die neben dem Kloster gelegene Schule von Ōtawara.

Als zweiter Sohn nahm Maezumi Rōshi den Familiennamen seiner Mutter an – ein alter Brauch, der verhindern soll, daß eine Familie ausstirbt –, aber er betrachtet dennoch dieses Kloster als sein Zuhause. Zusammen mit Kuroda Rōshis Familie und Baian Hakujuns lebhafter Witwe, Obāchan (Großmutter) genannt, machten wir es uns bei einem köstlichen Willkommensmahl behaglich und feierten unser Zusammenkommen im Kōshin-ji mit Strömen von Sake. Dann wollte auch die Übertragung des Buddhismus nach Amerika, Europa und Israel – ein Ereignis, dem man eines Tages gewiß historische Bedeutung beimessen wird – noch gebührend gefeiert werden.

Nach dem Essen führte Maezumi Rōshi mich im Kōshin-ji herum, dessen durch lange Korridore verbundene Gebäude sich um zwei Haupthallen gruppieren. Neben der üblichen Klosterausstattung fällt hier eine esoterische Atmosphäre auf, die auf Kurodas Interesse für tantrische Praktiken zurückzuführen ist, und Maezumi erläuterte mir alle Einzelheiten mit großem Vergnügen. Ich hatte diesen distanzierten Mann mit seinem traurigen Gesicht noch nie so angeregt und gelöst erlebt. «Mein Vater hat es völlig umgebaut, als er gerade dreißig war, ist das nicht allerhand? Niemand glaubte, daß sein Sangha die Mittel aufbringen würde, aber sie schafften es. Er war es auch, der diese tantrische Halle eingerichtet hat; sie ist ... kühner? ... als die andere.» Er ging weiter und schaute sich um. «Als Kind bin ich durch diese Hallen gerannt, auf die Dächer geklettert – ich war ein richtiger Tunichtgut.» Seine Mutter, die sich uns inzwischen angeschlossen hatte, bestätigte das, und Maezumi lachte vergnügt über ihren Gesichtsausdruck. Um zu beweisen, daß er immer noch ein Tunichtgut war, machte er ihr Stirnrunzeln und sogar ihre gebeugte Haltung nach, als sie zusammen den Gang hinuntergingen. «Schau!» rief Taizan Maezumi. «Schau, Obāchan!»

Einem Familienbrauch folgend (den die Kuroda-Brüder in Sōtō-Kreisen berühmt gemacht haben), feierte Maezumi bis nach Mitternacht mit Sake und Whisky – um dann am nächsten Morgen vor Tagesanbruch wieder aufzustehen. Er verhehlte nicht seine Verdrossenheit über die Tatsache, daß seine amerikanischen Schüler nicht zum Morgen-Zazen erschienen waren. Als ich vorsichtig zu bedenken gab, daß unsere Trägheit vielleicht mit dem vielen Alkohol zu tun habe, bellte er: «Sake ist *eine* Sache, und Zazen ist eine andere! Sie haben nichts miteinander zu tun!»

Kuroda Rōshi leitete eine kunstvoll durchgestaltete Morgenfeier, während der er von Altar zu Altar, von Halle zu Halle ging. Ein junger Schüler führte die schnellen tantrischen Rezitationen aus, und Kuroda schlug dazu mit harten, schnellen Schlägen die Trommel. Anschließend gingen wir nach draußen und erstiegen den Hügel über der alten Stadt, wo das Grab von Baian Hakujun liegt. Obāchan, ebenfalls früh auf den Beinen, um Narzissen zu schneiden, humpelte schwerfällig hinter uns her den Hang hinauf, und Maezumi Rōshi, inzwischen wieder bester Laune, rief seiner wackeren Mutter ein fröhliches «Ho, Obāchan!» zu.

Am Grab brachten wir Wasser, Räucherstäbchen und Blumen dar. Der Nordwind der letzten Tage hatte sich gelegt, und der klare Himmel schien sich zu einem Wetterumschwung zu verdichten. Den ganzen Weg bis hinauf zum Waldrand hing weiches Licht in den Kirschblütenwolken am Hang. Veilchenblüten leuchteten wie blaue Tupfer auf der Erde, und durch das zarte Rosa der Kirschblüten leuchteten hier und da blutrote und weiße Kamelienblüten. Lärmende Schwärme von Bülbüls, dazwischen einige Häher, zogen über die hohen Bäume hin, und Wildtauben beklagten tiefer im Wald ihre Ahnen.

Im Wald, bei einem alten, von Steinfüchsen bewachten Shintō-Schrein, schlugen die drei in goldene Gewänder gehüllten Meister die Glocke an, die böse Geister vertreibt. Von hier oben aus schienen die blühenden Baumkronen in Wellen zum Jabi-Fluß und der Stadt hinunterzufließen, und Maezumi breitete die Arme aus und rief: «Die Bäume haben jetzt ihre beste Zeit.»

Dōgen sagte:

> Wie gewöhnlich
> blühen die Kirschbäume an meinem Geburtsort –
> ihre Farbe unverändert.[1]

Aus dem Dickicht drang der melodische, süße Gesang jenes unbekannten Vogels, und Maezumi Rōshi, der sich mit seinem Bruder unterhalten hatte, während wir gingen, drehte sich zu mir um, als ahnte er meine Frage. «Das ist die Nachtigall», informierte er mich, und ich nickte matt in meinem nutzlosen Wissen, daß es Nachtigallen hier nicht gibt.

Im Zug, auf der Rückfahrt nach Tōkyō, analysierte Tetsugen das System der Kōan-Schulung, mit dem wir arbeiten. Vor Hakuin Zenji wurden die Kōan mehr oder weniger willkürlich zugeteilt. Hakuin faßte die Kōan zu Gruppen zusammen, die sich mit bestimmten Fragen befaßten und nach ihrem Schwierigkeitsgrad abgestuft waren. Hakuins System ist heute noch allgemein in Gebrauch, doch er hatte zwei «Dharma-Enkel» von ganz unterschiedlichem Temperament, die verschiedene Traditionen begründeten – und Maezumi war in beiden geschult worden. Ōsaka Kōryū Rōshi stand in der einen Tradition und Yasutani, ein Schüler von Harada Rōshi (der sich unter zwei Rinzai-Meistern schulte, aber auch aus der Sōtō-Tradition schöpfte) in der anderen. Sie setzten bei der Kōan-Schulung unterschiedliche Schwerpunkte. Yasutani bestand auf sorgfältigster Durchleuchtung des Kōan und überprüfte die Fortschritte des Schülers aufs Genaueste; Kōryū ging es um den Geist des Kōan, nicht um die ins einzelne gehende «Analyse» (womit natürlich bei keinem von beiden *intellektuelle* Analyse gemeint war). Natürlich gab es Stimmen, die sagten, bei Yasutani verbringe man zuviel Zeit im Dokusan-Raum, während es auf der anderen Seite hieß, Kōryū und andere Rinzai-Meister vernachlässigten die wahre Durchdringung des Kōan. Beide Ansätze, so meint Tetsugen, sind praktikabel und wirksam, solange man nur einen guten Meister hat. Viel hinge vom Naturell des Schülers und von der Urteilskraft des Meisters ab.

Maezumi und Tetsugen gehen zwar von Kōryūs Gedanken aus, aber ihre Methode der Schulung ist deutlich an das Harada-Yasutani-System angelehnt, das mit fünfzig einleitenden Kōan beginnt, gefolgt von den achtundvierzig Kōan des *Mumonkan* («Torlose Schranke»). Dann folgt das *Hekigan-roku* («Niederschrift von der blaugrünen Felswand»), das *Shōyō-roku* («Buch des Gleichmuts»), das *Denkō-roku* («Die Weitergabe des Lichts»),[2] die Go-i Kōan,[3] und die Kōan der Regeln und Gebote – alles in allem um die fünfhundert Kōan. Viele dieser Kōan finden sich auch in dem System, nach dem man in Kōryū Rōshis Linie vorgeht.

Yasutani war achtundvierzig, als er mit der Kōan-Schulung unter Harada Rōshi begann, und Ende fünfzig, als er sie abschloß. Noch nachdem er selbst Rōshi geworden war, 1943, blieb er für einige Jahre im Hosshin-ji und arbeitete Haradas einführende Unterweisungen aus.[4] «Von Maezumis drei Meistern», sagt Tetsugen, «übte Yasutani den größten Einfluß auf unseren Schulungsstil im Dokusan-Raum aus, und dieser Stil geht auf Harada Rōshi zurück. Harada und Yasutani gaben sich niemals mit halb durchschauten Kōan zufrieden, und das werden auch Maezumi und seine Schüler nicht tun.»

Wie Maezumi ist auch Tetsugen stets darum bemüht zu verhindern, daß seine Schüler anfangen, sich auf irgendwelchen scheinbaren Lorbeeren auszuruhen, und er schenkt mir am Schluß seiner Ausführungen ein abgründiges Buddha-Lächeln. Ich jedoch bin froh um seine strenge Grundhaltung. Wenn es den amerikanischen Meistern nicht gelingt, das höchste Niveau zu halten, kann das amerikanische Zen keine starken Wurzeln treiben und wird nach ein paar Generationen tot sein.

Der Kirigaya-ji, wo wir bei unseren zahlreichen Aufenthalten in Tōkyō wohnten, ist ein alter Tempel, der in den fünfziger Jahren durch das Wirken von Maezumis Vater zu neuem Ansehen gelangt war und nun von Junpu Sensei geführt wurde, dem jüngsten der vier Kuroda-Brüder, die in der Sōtō-Priesterschaft von Bedeutung sind. Junpu Sensei, ein schmächtiger, jungenhafter Mann mit einem schelmischen Lächeln, seine Frau Tamiko, die netten Tanten und entzückenden Kinder seines Haushalts waren von unermüdlicher Gastfreundschaft und erwiesen uns die ungewöhnliche Ehre, uns in ihr Familienleben einzubeziehen. Unser luftiges Zimmer mit seinen

Shōji (Papierschiebewänden), Tatami und den bequemen Futon (Schlafmatten, die tagsüber in Schränken verstaut werden) öffnete sich zum Krematorium hin und zum Friedhof mit seinen lärmenden Staren, seinen kahlen winterlichen Bäumen und den alten Stein-Buddhas. Hungrige Geister klappern im frischen Frühlingswind leise mit den hölzernen Gedenktafeln.

In Tōkyō besuchten wir Zen-Meister, kauften Zendō-Bedarf für das Zen-Zentrum von New York, schauten uns eine Aufführung im Kabuki-Theater an und genossen in Bädern und guten Restaurants die überaus großzügige Gastfreundlichkeit unserer Gastgeber. An einem Nachmittag besuchten wir den 1612 erbauten Sengaku-ji; der Tempel liegt auf einer Art Schanze aus Fels und Kiefernwald, die wie eine Wurzel des alten Edo durch die chemiegefärbte Kruste von Tōkyō bricht. Wenn man unter dem alten, dunklen Dach des mächtigen Eingangstors hindurchgeht, läßt man die Stadt hinter sich zurück und tritt in ein anderes Jahrhundert ein. Unter den hohen Kiefern, dort, wo das Granitgestein des Hügels offen zutage tritt, liegen die Gräber der siebenundvierzig Rōnin um die Gedenkstätte ihres Anführers, des jungen Herrn Asano. An der kleinen, von Farn umringten Quelle im Fels, erzählt Maezumi Rōshi, wurde das Haupt von Asanos Verfolger vom Blut gesäubert, bevor man es auf Asanos Grab-Altar darbrachte.

Zur Zeit der rituellen Selbsttötung der siebenundvierzig Rōnin (1702) gehörte der Sengaku-ji zum Palast der Tokugawa-Shōgune; zu seinen Tempelschätzen, die am Tag unseres Besuchs gerade ausgestellt waren, gehören wunderbare Rollbilder, Zeichnungen und Gemälde. Ein Gemälde stammte von dem berühmten Sesshu, und zwei der Zeichnungen von Hakuin Zenji. Sonne und Schauer und fallende nasse Blütenblätter an diesem Frühlingstag; die Besucher bringen Räucherwerk und Gänseblümchen an die Gräber; Kinder opfern kleine Bonbonpäckchen, und die unnatürlichen Farben rinnen im Regenwasser.

Maezumi Rōshi möchte seinen letzten noch lebenden Meister, Ōsaka Kōryū Rōshi, besuchen, der im Hannya-Dōjō lebt, einem Schulungs-Zentrum des Zen, das vor einem halben Jahrhundert in der Gegend des nördlichen Tōkyō erbaut wurde, wo heute der Inogashira-Park liegt. Das unscheinbare Gebäude liegt wie eine Einsiedelei halb versteckt im dunklen Wald, der einen kleinen Teich umgibt. Im Alter von achtzig Jahren ist Kōryū Rōshi nach wie vor für seine kraftvollen Teishō und Dokusan bekannt und wahrt strenge Disziplin unter seinen Schülern. Im November 1981 stürzte er schwer und muß seither von einem Stuhl aus seine Teishō und Dokusan geben. Auch ist er inzwischen fast erblindet, da seine Augen dem Atomblitz von Hiroshima ausgesetzt waren, der auch sein Haar verbrannte, bevor er mit einem Sprung in Deckung gehen konnte. «Meine Augen haben vielleicht etwas abbekommen, denn ich sah diese grelle Explosion und spürte die Hitze», erzählte er leise mit einem scheuen Lächeln; sein Lächeln erinnert mich an Berichte von Hiroshima-Opfern, höflich noch im Todeskampf, die Vorbeigehende baten, doch bitte die Trümmer abzuheben, unter denen sie erdrückt wurden.

Kōryū Rōshi schreibt sein Überleben in Hiroshima seiner täglichen Huldigung einer Kannon-Statue zu, die ihm zum Schutz anvertraut worden war; der Tempel, in dem die Figur gestanden hatte, fiel dem atomaren Höllenfeuer zum Opfer. Von einem Altar, der mit gelben Chrysanthemen geschmückt ist, schaut diese geheimnisvolle Gottheit erbarmend auf uns herunter, als wir uns zu Kōryū Rōshi an eine niedrige Tafel setzen. Links neben dem Rōshi an der Wand des kleinen Zimmers hängt ein Rollbild eines Nachtreihers, der geduckt auf einem toten Ast hockt und den Abend erwartet. Vogelschatten huschen über die blassen Shōji, und vom Park tönt der Ruf einer Turteltaube herüber.

Munter erzählt der alte Meister, wie sein Musterschüler Taizan Maezumi die 60 000 Bände der Dōjō-Bibliothek katalogisierte. Die weiche Stimme senkt und hebt sich wie der Frühlingswind, der sich leise an dem alten Holzhaus zu schaffen macht, während Kōryūs Frau eine leichte Mahlzeit von Sashimi (rohem Fisch) serviert – Seebarsch, Tunfisch, Makrele, Panzerkrebs, Rogen und Tintenfisch, angerichtet mit Soyasoße, grünem Senf, Rettich und frischem Ingwer und garniert mit eingelegtem Blumenkohl und Karotten, Sentōfu, Nori und ersten Erdbeeren.

Kōryūs Jisha bringt ein altes Manuskript der Kōan-Sammlung *Hekigan-roku*. Das Manuskript enthält Anmerkungen, Kommentare und Ergänzungen, die von Hakuin Zenji und anderen bedeutenden Rinzai-Meistern hineingeschrieben wurden. Diese unersetzliche Kostbarkeit, flüstert der Rōshi, wurde einst von einem Zen-Meister aus den Flammen gerettet, der dabei schwere Verbrennungen riskierte und auch davontrug. In den letzten Jahren wurde eine Kopie davon angefertigt, die Maezumi Rōshi nun verwahrt.

«Als die Kōan entstanden, ging es um den Versuch, das Ganze des Buddhismus in einem einzigen Ausdruck unterzubringen», hat

Kōryū Rōshi einmal gesagt. «Was ist der Buddha? Was ist Bodhidharmas fundamentaler Geist? Warum kam der Patriarch aus dem Westen? ... Zen versucht, die Gesamtheit der Lehre des Buddha mit einem einzigen Ausdruck zu fassen ... Aber der Geruch von ‹Buddhismus› haftet solchen Fragen noch an ... Hakuin streckte nur eine Hand aus und sagte: ‹Höre *dies!*› *Dies* wird uns darin direkt vorgelegt, gänzlich losgelöst von allem ‹Buddhistischen›. Damit wir den Ton der einen Hand hören können, muß unser Wesenskern bloßgelegt werden. Ohne das Wort ‹Buddha› zu gebrauchen, ohne das Wort ‹Zen› zu gebrauchen, werfen wir uns direkt in die Tiefen des Geistes.»[5]

Dem Gebot seines Meisters, Jōkō Rōshi, folgend, hat Kōryū sich nie der Rinzai-Priesterschaft angeschlossen. Er stimmt mit anderen nicht an irgendwelche Schulen gebundenen Meistern darin überein, daß die japanische Priesterschaft, welcher Richtung auch immer, ihr bestes getan hat, den wahren Zen-Geist zu ersticken. Doch als Kōryū Rōshi schon fast siebzig war, dachte er daran, ein Sōtō-Mönch zu werden; ernsthaft erwog er die Möglichkeit, sich von seinem Schüler Maezumi ordinieren und den Kopf scheren zu lassen.

Diese Geschichte berührt mich sehr. Meine eigene Ordination durch Maezumi (1981), mochte sie für mich auch von großer Tragweite sein, erschien mir als geradezu verspielt im Vergleich mit so einem Schritt. Ich erinnere mich noch des törichten Hochgefühls, das ich in meinem frisch geschorenen Kopf empfand – aber nicht umsonst heißt es, es seien die Haare auf der *Innen*seite des Schädels, die man am schwersten loswird. Nach Jahren der Zen-Schulung bin ich längst noch nicht frei von «Ärger, Gier und Torheit», von denen das Gāthā der Läuterung spricht, nach wie vor weit entfernt von jener «Armut des Geistes» und Offenheit des Herzens, die manchem anderen ganz ursprünglich zu eigen sind, selbst wenn er nie auch nur von Zen gehört hat.

Tetsugen Sensei läßt keinen Zweifel daran, daß er von mir erwartet, eines Tages ein Meister zu sein. Ich fühle mich nicht reif dazu. («Wenn dir der Buddha-Dharma noch nicht hinreichend klar geworden ist», sagt Dōgen, «sollst du ihn nicht vorschnell und unbesonnen anderen predigen.»)[6] «Seien Sie einfacher», hat Sōen Rōshi so oft gesagt – und wie sehne ich mich danach, einfacher zu werden! Das Geheimnis wahren Wohlbefindens ist die Einfachheit, die sich in jedem Atemzug für uns bereithält und doch so schwer zu fassen ist wie die Luft.

Sanftbraunes Licht legt sich über den Raum, wie durchtränkt von der Farbe der alten Gewänder des Meisters. Still, fast bewegungslos sitzt er da, die schwachen Augen hinter den dicken Brillengläsern wie mit Tränen gefüllt, die niedrig an seinem Kopf sitzenden Ohren, das kurzgeschnittene, aber nicht rasierte Haar, die großen Hände, durch welche die Holzperlen gleiten.

«Die Saat des Zen wurde in Indien gesät, in China erblühte es, und in Japan trug es Frucht», hat Kōryū Rōshi gesagt. «In Japan kosten wir das Zen in sehr vielen Dingen. Blumengestecke bringen die Natur in diesen Raum, und wenn wir die Schiebetüren öffnen, liegt der Garten vor uns. Ständig wird die Natur einbezogen . . . Die Große Welt in das Kleine einzubringen,das ist, glaube ich, der ‹wundersame Duft› des Zen.»[7]

(Kōryū Rōshi starb am 27. Juli 1985.)

Der Buddha-Ahnen Herz und Worte sind der Buddha-Ahnen täglicher Tee und Reis. Gewöhnlicher grober Tee und schlichter Reis sind das Herz der Buddhas und der Ahnen Worte ... Du solltest über die Spitze der Frage springen: «Gibt es außer Tee und Reis noch Worte oder Ausdruck der Unterweisung?» Sieh einfach zu, ob der Sprung möglich ist oder nicht ...
Jedes noch so ungewöhnliche Tun ist nichts als Reis essen. Allein auf dem Gipfel des Dai Yūhō zu sitzen, ist einfach Reis essen ... Dich sattessen heißt den Reis erkennen ... Was ist nun der Napf des Mönchs? Ich würde sagen, er ist nicht Holz und er ist nicht schwarzer Lack ... Er ist bodenlos ... Ein Bissen verschluckt den weiten Himmel. Er nimmt den weiten Himmel mit zusammengelegten Händen an ...
Das Wesens-Wissen der Buddhas zu erben, ist die Verwirklichung des Reisessens ... Man kann nie wissen, wieviele Schichten dunstigerWolken dieses Sitzen durchdringt. Selbst wenn brüllend der Donner rollt – im Frühling sind Aprikosenblüten einfach rot.

Eihei Dōgen, *Shōbōgenzō*, *Kajō*

20

Bei seinem letzten Besuch in den Vereinigten Staaten (1975) hatte Sōen Rōshi mir seine Adresse im Ryūtaku-ji auf ein Stück Papier gekritzelt. Ob ich ihn darum gebeten hatte oder ob er sie mir einfach gab, weiß ich nicht mehr. Auf ein anderes Stück Papier schrieb er mir in eiligen japanischen Schriftzeichen eines seiner Haiku:

Im Blütenlicht
wandere ich
allein des Wanderns wegen.

1981 hatten Eido Rōshi und eine Gruppe amerikanischer Schüler das Ryūtaku-ji besucht, doch Sōen Roshi hatte sie nicht empfangen.

Anfang 1982 schrieb ich meinem alten Meister, ich würde ihn gern im April besuchen, erhielt jedoch keine Antwort. Einer seiner Schüler, Kyūdō Rōshi (der mich 1972 als Mönch Dōkyū in meinem Haus besucht hatte, später eine Zen-Gruppe in Israel leitete und nun in New York Schüler annahm), versicherte mir, sein Meister werde niemanden empfangen. Sōchu Rōshi, Sōens Nachfolger als Abt des Ryūtaku-ji, hatte Maezumi Rōshi (der von Tōkyō aus anrief) mitgeteilt, sein alter Meister lebe völlig abgeschieden in seiner Klause hoch über dem Kloster, lasse sein Haar und seinen Bart wachsen wie in seinen Einsiedlertagen auf dem Dai-Bosatsu-Berg und lasse sich mitunter wochenlang nicht blicken. Dieser wolkenverhangene Stand der Dinge wurde in Kamakura von Sōens Freund Kōun Yamada Rōshi bestätigt. Dennoch gab mein Instinkt mir ein, meinen alten Meister zu besuchen, «einfach nur, um meinen alten Meister zu besuchen». Wenn er uns nicht empfing, war das auch in Ordnung.

Bei Tetsugen spüre ich gemischte Gefühle zu diesem Besuch, doch er möchte dem Vorhaben nicht im Weg sein. Durch Sōen Rōshis sporadisches Erscheinen und seine langen Perioden der Zurückgezogenheit ist seinen Schülern die Kontinuität der Schulung verwehrt, die Sōtō-Meister für so wichtig erachten, und so zweifelt Tetsugen, ob er letztlich tatsächlich ein guter Zen-Meister sei. «Er entflammt seine Schüler, aber dann unterhält er das Feuer nicht weiter. Er war seit 1975 nicht in Amerika, und Leute, die ins Ryūtaku-ji kommen, um sich unter seiner Leitung zu schulen, bekommen ihn manchmal erst nach Jahren zu Gesicht.» Dennoch bewundert er Sōen als großen exzentrischen Meister, «im traditionellen Sinne vielleicht der größte Zen-Meister der Gegenwart».

Auf unseren Reisen in Japan haben wir meist in Klöstern und Tempeln gewohnt, da wir aber als ein Sōtō-Meister und sein Jisha reisen, erscheint es uns unangebracht, im Ryūtaku-ji um Unterkunft zu bitten. Dafür werden wir im Fuji Hannya Dōjō wohnen, einem der Zazen-Zentren für Laien, die von Jōkō Rōshi eingerichtet wurden; Kōryū Rōshi kommt gelegentlich noch hierher, um Sesshin abzuhalten.

Chidō Sensei, der Leiter dieses Dōjō, war ein Freund des verstorbenen R. H. Blyth, jenes bedeutenden britischen Übersetzers und Interpreten japanischer Literatur,[1] der im Zweiten Weltkrieg als japanischer Kriegsgefangener interniert war (zusammen mit Robert Aitken, den er auf den Pfad des Zen führte) und danach für eine Weile in diesem Dōjō gelebt hatte. Gelehrt, brillant, verschroben und schulmeisterlich, hatte Blyth verfügt, die vier größten Zen-Mönche Japans seien Ikkyū, Takuan, Hakuin und Ryōkan – allesamt Dichter; Ikkyū ging ihm über alle anderen. «Ich lasse Dōgen aus», teilt er trocken mit, «weil er für mich überspannt, wirrköpfig und unerfreulich ist.» Grobschlächtige Urteile wie dieses, die zwar Leben, aber kein Licht in Blyths Aussagen bringen, zieren ein Buch,[2] das er D. T. Suzuki widmete, «dem einzigen Menschen, der über Zen schreiben kann, ohne daß es mir davon graust». (Diese Anschauung ist gar nicht mal so falsch, denn alles *über* Zen Geschriebene – Blyths zahlreiche Werke und das vorliegende eingeschlossen – bedeutet unweigerlich eine Abspaltung vom «Augenblicks-Geist» des Zen.)

Chidō Sensei ist ein kleiner, stämmiger Mann mit buschigen Brauen und einem freundlichen, wettergegerbten Gesicht, und seine schlichte Kleidung, ein dunkelblauer Trainingsanzug und eine schwarze Baskenmütze, scheint zu unterstreichen, wie fern er der Priesterschaft steht. Zusammen mit seiner Tochter und den niedlichen Enkelkindern lebt er inmitten verwilderter Gärten voller üppiger Rosenstöcke, das rastlose Rauschen des Windes in den hohen Bäumen, und vom Kise-Fluß herauf das beruhigende Geräusch des Wassers.

Der Kise kommt vom Osthang des Fuji-san[3] herunter, wie dieser strahlende Vulkan, Symbol des Ewigen Geistes, von den Japanern genannt wird. «Oh! Dieser wunderschöne Fuji-san! Ich bin so froh, in seiner Nähe zu leben!» ruft Herr Sakuma, Chidō Senseis Freund, der auch einmal Sōen Rōshis Schüler im Ryūtaku-ji war. Auch Chidō Sensei kennt Sōen seit vielen Jahren. Wie alle Freunde und Schüler Sōens haben er und Herr Sakuma viele Erinnerungen an diesen immer zu Überraschungen aufgelegten und von allen geliebten Meister, und sie lachen voll tiefer Zuneigung über die alten Geschichten. «Er vergräbt sich jetzt», sagt Herr Sakuma, mit einem höflichen Seufzen wieder ernst werdend. «Ich habe ihn seit einigen Jahren nicht mehr gesehen.»

Am Abend wurde ich, die Knie an den Leib gepreßt wie ein Fötus, in einem Holzbottich gesotten, unter dem Chidō Sensei ein qualmendes Holzfeuer schürte. Im Morgengrauen führte unser Gastgeber uns zum Zazen in das kleine Zendō, und danach brachten wir Blumen zu Jōkō Rōshis Grab auf einer bewaldeten Anhöhe über dem Kise. Seine Tochter servierte uns ein ländliches Frühstück, und anschließend lud Chidō Sensei uns zur Teezeremonie. Er reichte den Tee mit genauen und korrekten Bewegungen, dabei aber ganz schlicht, ohne alles Gekünstelte, das zerschlissene Tuch lag klein in seiner rauhen, braunen Hand. Sein Tee war «gewöhnlich» in dem Sinne, der Zen-Meistern so sehr am Herzen liegt, ohne alle Effekthascherei, «nichts Besonderes», nichts, was Aufmerksamkeit auf sich ziehen wollte. («Seien Sie gewöhnlicher», sagte Sōen Rōshi gern, wenn meine Kōan-Antworten zu literarisch ausfielen.)

Ein frischer Wind vom Fuji-san herunter fuhr rauschend in den Bambus und die hohen Zedern, und nur ein Geräusch konnte sich noch gegen Wind und Fluß durchsetzen, der helle, süße Gesang jenes noch nicht erblickten Vogels, der jetzt irgendwo da oben im Ahorn sitzen mußte. Einen Augenblick später bekam ich ihn endlich zu Gesicht. Von den magischen Farben, mit denen ich ihn mir in meiner Vorstellung ausgemalt hatte, keine Spur. «Nichts Besonderes.» Er war klein und schmucklos und braun, der Uguisu (eine Singvogelart, die von Englisch sprechenden Japanern «Nachtigall» genannt wird). Ryōkan schrieb:

Verblendung und Erleuchtung? Zwei Seiten einer Münze.
Das Allgemeine und das Besondere? Kein Unterschied.
Den ganzen Tag lang lese ich das Sūtra ohne Worte,
die ganze Nacht kein Gedanke an die Zen-Übung.
Die Uguisu singt in den Weiden am Flußufer,
Hunde im Dorf bellen hinauf zum Mond.[4]

Chidō Senseis Tochter und die Kinder begleiteten uns bis zur Hauptstraße, um uns zu winken. *Sayonara!* – von Kinderstimmen gerufen, klingt dieses Wort besonders schön. Unter der Brücke segelten große weiße Hausgänse über windgekräuselte Ufertümpel zwischen glänzenden grauen Steinen, die das Frühlings-Schmelzwasser des Fuji-san im Lauf der Jahrhunderte geglättet hat.

Vom Dorf aus fährt ein kleiner Bus durch dieses terrassierte Akkerbaugebiet weiter hinauf zu kleinen Ortschaften am Rand des Bergwaldes, der bis zur Schneegrenze die Hänge des Fuji bedeckt. Während der ganzen Fahrt durch Felder, Obstgärten und Kiefernwälder tauchte immer wieder der große weiße Kegel des Fuji auf, immer höher in den blauen Himmel ragend. Schnee wehte hinter den weißen Wolken vom Gipfel herunter. In dieser Höhe war der Frühling noch ganz neu. Wilde Kirschen und Andromedabüsche begannen eben erst zu blühen, und die niedrigen Sträucher waren noch kahl. Strohfarben stand das Gras, nur hier und da unterbrochen durch kleine einheimische Bambuspflanzen mit gelb geränderten Blättern. Die kalte Erde hatte noch keine Blüten hervorgebracht, doch über jedem Bergdörfchen hingen, Windsäcken ähnlich, große röhrenförmige himmelsfarbene Stoffkarpfen an hohen Masten, schwangen, sprangen und tanzten im Bergwind. Wolkenrosa und himmelblau, schwammen diese riesigen Fische wie Drachen vor dem Schnee und dem Himmel.

Die Straße führte an einem noch geschlossenen Vergnügungspark vorbei – schmutzige pastellfarbene Wände, vom Wind verbeult. Ein Plastik-Eisbär war der König einer Plastik-Eisscholle mitten in einem großen Plastik-Becken. Noch weiter oben, im «Fuji-Safari-Park», schlugen ein paar fröstelnde Golfer ihre Bälle über die Anfänger-Schipiste des letzten Winters. Ein gutes Stück unterhalb der Schneegrenze, bei einem durch eine Tafel als «Wildreservat» ausgewiesenen Wäldchen, endete die Straße. Von Wild allerdings keine Spur. Vergebens suchte ich den schweigenden Wald nach Vögeln ab, während Tetsugen, der so mühelos und ausdauernd spricht, wie die Uguisu singt, mir angeregt etwas auseinandersetzte. Chidō Sensei ging voran, die Hände hinter dem Rücken verschränkt, und als ich ihn so vor den Bäumen und dem Schneegipfel sah, fiel mir eine Geschichte ein, die Sōen Rōshi einmal erzählt hatte, um zu zeigen, wie Worte sich der Natürlichkeit der Dinge in den Weg stellen.

Eines Tages hatte ein junger Mönch im Ryūtaku-ji ein Kenshō, und sein Meister, der seine Erfahrung noch vertiefen wollte, nahm ihn mit auf einen Spaziergang den Fuji hinauf. Der Mönch hatte den großen Schneeberg natürlich schon viele Male gesehen, aber jetzt nahm er ihn zum erstenmal richtig wahr und erging sich ununterbrochen in entzückten Ausrufen über Harmonie und Farben der Blüten, über die Vogelschwärme, das Morgenlicht im frischen Grün, den heiligen weißen Berg, der in machtvoller Stille zum Himmel aufragte. «Schauen Sie, Rōshi, dieser Kiefernzapfen! Und dieser Stein, der ist so ... so *Stein!* Ist er nicht wunderschön? Hören Sie die Uguisu. Ein Wunder! Oh! Fuji-san!»

Grummelnd humpelte der alte Meister weiter, bis dem Schüler schließlich sein langes Schweigen auffiel und er rief: «Ist es nicht so? Sind diese Berge und die Flüsse und die große Erde nicht wunderbar? Ist es nicht wunderschön?» Der alte Mann wandte sich zu ihm um. «Ja!» schnaubte er. «Aber was für ein Jammer, es auszusprechen!»[5]

Auf dem Rückweg mit dem Bus stiegen wir bei einem kleinen Museum aus. Der freundliche Kurator unternahm den Versuch, uns die geologischen Mysterien des Vulkans zu erschließen, aber die

Sprachbarriere verhinderte es, und so schenkte er mir eine kleine transparente Pfeilspitze, vor drei- bis fünftausend Jahren von den Ureinwohnern des Landes, den Jōmon, aufs Feinste zurechtgehauen. Aus Verehrung für Chidō Sensei, so erschien es mir, fuhr er uns anschließend das letzte Stück den Berg hinunter und dann nach Mishima an der Suruga-Bucht.

Am frühen Nachmittag, nach einem köstlichen Mittagessen, gebakkener Aal und kühles Bier, zeigte Chidō Sensei uns den Botanischen Garten, den Kinderpark und den Zoo seiner schönen Stadt. Ein Käfig mit sibirischen Kranichen (die im Winter nach Japan ziehen) wurde von einem Wärter ziemlich rücksichtslos mit dem Schlauch ausgespritzt, und die großen Vögel drückten sich völlig kopflos an die Gitter und hoben entsetzt Flügel und Füße. Hier in Mishima war 1973 mein schmerzendes Knie von zwei alten Akupunkteuren behandelt worden, einem Mann und einer Frau, beide blind. Bevor sie die langen, dünnen Nadeln einstachen, hatten sie mich zuerst ohne jedes Anzeichen von Scham genau abgetastet, jeden Quadratzentimeter, und sich unschuldig zirpend über ihre Befunde verständigt. Als ich ins Ryūtaku-ji zurückkehrte, fragte Sōen Rōshi: «Sind sie gepunktet worden?»

Das Ryūtaku-ji oder «Drachensumpf-Kloster» liegt auf einem mit Moos und immergrünem Wald bewachsenen steilen Südhang in den Vorbergen des Fuji. (Der Drachen symbolisiert das eigene wahre Wesen oder Buddha-Wesen; so mahnt auch Dōgen: «Fürchte dich nicht vor dem wahren Drachen!») Am Eingangstor sagte ein Mönch: «Sōen Rōshi ist nicht gesund; mal geht es auf, mal ab. Aber heute fühlt er sich recht gut und wird Sie empfangen.» Chidō Sensei übersetzte diese Worte, aber da sein Englisch etwas unberechenbar war, hatten wir Zweifel, ob er nicht das Gegenteil meinte.

Nach unseren Verbeugungen in der Haupthalle, wo ich 1973 an einem Sesshin teilgenommen hatte, gingen wir in die Gründerhalle, um Hakuin Ekaku unsere Ehrerbietung zu erweisen, dessen Kraft und Intensität noch jetzt in einer alten Holzstatue leben, die sich vorbeugt und dem Betrachter in die Augen starrt. «Er ist eine außerordentliche Erscheinung, er funkelt die Menschen an wie ein Tiger, er geht wie ein Bulle; seine Kraft ist wild und heftig, und schwer ist es, sich ihr zu nähern», schrieb Hakuins Schüler Tōrei Enji, der das Kloster im Jahr 1761 an diese Stelle verlegte, in dem Jahr, als Hakuin hierher kam, um zu lehren. Zwei Jahrhunderte später hatte Sōen Rōshi hier bei seiner Abtseinsetzung die Gewänder Hakuins getragen.

Sōchu Rōshi, Sōens Nachfolger, hatte vor sechs Jahren bei dem Sesshin, das der Eröffnung des Dai Bosatsu vorausging, Dokusan gegeben, aber an unserer Begegnung hatte es nichts Bemerkenswertes gegeben. Ich erinnere mich seiner vor allem als eines der Rädelsführer bei jener Ruderboot-Zitterpartie zur Buddhastatue am anderen Ufer des Beecher Lake – und er hatte überhaupt keinen Grund, sich an mich zu erinnern. Ebenso groß, rundlich und kräftig, wie Sōen klein und drahtig ist, ähnelt er seinem Meister, doch in seiner Unerbittlichkeit gegenüber allem Unsinn, seinem hintergründigen Humor und seinen fast schon schäbig zu nennenden braunen Gewändern. Ohne sich lange mit Begrüßung und Bekanntmachung aufzuhalten, ging er gleich voraus zu einer Besichtigung des neuen Zendō, das sich noch im Bau befand. Das Holz war noch unbehandelt und roch aromatisch, und auf dem Dach glänzten die neuen Kupferschindeln. Beim Tee im alten Klosterbüro hatte Sōchu Rōshi so gut wie nichts zu sagen, und nach kurzer Zeit stand er abrupt auf und verließ uns.

Und als hätte er im Gang auf diesen Moment gewartet, stand plötzlich ein alter Mönch in einfachem schwarzem Gewand vor uns. Er trug kein Zeichen der Ordination, aber sein Gewand war sauber, sein Kopf frisch rasiert, und er stand aufrecht in jener Autorität ausstrahlenden Haltung, die ihn stets größer erscheinen ließ, als er tatsächlich war. Betroffen, da wir einen ungepflegten alten Mann mit langem Haar und Bart erwartet hatten, verbeugten wir uns stumm. Auch er verbeugte sich knapp und sagte barsch: «Alle aufstehen, mir folgen.» Dann wandte er sich um und ging auf die schmale Treppe zu, die den Hügel hinauf zu den Abtsräumen und schließlich zu seiner kleinen Privatklause führte.

An dieser alten Treppe, am Fuß des bemoosten Hügels hinter dem Kloster, liegt ein kleiner Goldfischtümpel, der mich – vielleicht, weil mein alter Meister die Gedichte von Bashō so sehr liebt – an das wohl berühmteste aller Haiku erinnert:

Alter Weiher,
ein Frosch springt hinein –
Das Geräusch des Wassers.

Bashō war ein Zen-Schüler, und sein alter Weiher ist die leere Weite, das Ewige. Der Frosch ist das kurze Aufblitzen des flüchtigen Lebens. Das Platschen ist das Jetzt, in dem Ewiges und Vergängliches eins sind.[6]

1973, nach unserem Kyōto-Ausflug, waren wir in den Hügeln spazierengegangen, aber der Fuji-san blieb in den Wolken verborgen, deren Schleier bis hinunter zu den Gänseblümchen und Heckenrosen auf den Hügelterrassen reichten. Beim Tee schenkte Sōen Rōshi uns rote Dämonengemälde, und auf einem dieser Shikishi fand ich die Inschrift: «Nowhere is now here. Sōen.» (Diese Worte verblüfften mich, denn sie tauchten bereits in einem meiner Romane auf, der vor acht Jahren erschienen war; wie Sōen darauf kam, habe ich nie gefragt.) Die Abend-Rezitation war eine Gedenkfeier für seinen Meister, Gempō Rōshi. Am nächsten Morgen um halb vier begann das Sesshin.

An jenem Morgen, als gerade der erste Lichtstrahl den Teich hinter dem alten Kloster traf, führte Sōen Rōshi seine amerikanischen Schüler während der frühen Sitzrunden aus der Zazen-Halle. Am Fuß der Treppe deutete er schweigend auf eine Libellen-Nymphe, die durch Seerosenblätter und Schlamm an Land gekrochen war, um sich hier an den Treppenpfosten zu heften. Diese Nymphen sind schlammfarbene Wasserbewohner, sehr unansehnlich und stets auf Raub aus. Sie ernähren sich von kleinen Fischen und anderen Lebewesen, bis der Tag kommt, da sie ihren schweren Körper aus dem Wasser schleppen, sich an Holz oder Stein heften und unter großen Mühen ihre schwere Schale abstreifen, damit ihre durchscheinende, sonnendurchstrahlte Libellennatur sich aufschwingen kann.

Bei Sonnenaufgang war die neue Libelle schon fast frei, ein wunderschönes goldenes Wesen, taubestäubt; sie ruhte sich ein wenig aus, zuckte mit den durchsichtigen Flügeln, konnte sich aber noch nicht ganz aus der plumpen Rüstung ihres früheren Daseins lösen. Als auch ich, ähnlich dem jungen Mönch auf dem Berg, in meinem atemlosen Staunen einen entzückten Kommentar nicht unterdrükken konnte, deutete Sōen Rōshi streng auf die Zazen-Halle: «Und jetzt – tun Sie Ihr *Bestes!*»

Am ersten Tag hatte ich große Schmerzen und eine große Schwäche in meinem Knie, aber schon bald – es erschien mir damals wie ein Wunder – begann die Akupunkturbehandlung zu wirken. Zwar hatte ich nach wie vor Schmerzen, aber ich brauchte nicht mehr zu fürchten, die weite Reise zu diesem Sesshin umsonst unternommen zu haben. Im Dokusan sagte der Rōshi: «In jedem Geschehen, in jedem Augenblick und an jedem Ort kann nichts etwas anderes sein als die wunderbare Offenbarung von Mu. Wenn Ihr Knie wehtut – wo ist Mu?» – «Mu ist einfach MU!» – verkündete ich, und er erwiderte scharf: «Ach was, Mu! Wenn Ihr Knie wehtut, dann ist da nur AUTSCH! Wenn Ihr Auto kaputtgeht, dann ist da nur KRACKS! Ist das klar?»

Wenn ein Frosch springt, dann ist da nur PLATSCH: ist das klar?

Beim nächsten Dokusan bat ich um ein Kōan, aber der Rōshi war nicht zu erweichen. «Mu ist genug Kōan. Sie werden einmal sterben. Was ist Mu am Tag Ihres Todes? Sie müssen entschlossener, aufrichtiger, *vollständiger* Mu üben.»

Ich war noch ein neuer Schüler und schämte mich meiner schwächlichen und törichten Antworten. Beim Samu säuberte ich Hakuins Altar, wich aber dem Blick dieser Augen aus; an einem anderen Tag schälte ich in der Sonne Zwiebeln. Später in diesem Sesshin, als mein Geist klarer wurde, erhob sich aus der großen Stille des Zazen das unwiderlegbare Nichtwissen, daß Hakuins Augen, der Zwiebelgeruch, Knieschmerz, Teegeschmack, Windflüstern in den Kiefern, das Flattern der Tempeltauben, Staub im Sonnenlicht nichts anderes waren als ich selbst, alles eins, alles ewiges Mu. Kniegeschmack, Teeschmerz, Staubflattern, alles eins, alles ewiges Mu.

Beim Teishō für die Japaner hörten wir uns oben die Tonbandaufzeichnung eines englischen Teishō an – aber das ist natürlich eigentlich gar kein Teishō, denn zu einem wirklichen Teishō gehört lebendige Buddha-Präsenz. Lebendiges Teishō gab es dagegen von den quarrenden Fröschen im Tempelteich, dem plötzlichen Verstummen beim Nahen eines Reihers – harter Blick, feuchtes Funkeln auf dem stoßbereiten Schnabel; der Frosch, das Zustoßen, das silbrige Aufspritzen des Wassers, alles eins; das wirbelnde Blut und der Geschmack und der Schmerz sind nicht getrennt von diesem überschwenglichen Schüler, der seine Froschgeschichten ins Dokusan trug. Sōen Rōshi nickte lebhaft. «Es wird, es wird! Gehen Sie unbeirrt weiter. Erwarten Sie nichts!»

Mondglitzern auf einem Reiherschnabel.
. . .iip!
Silbernis.

Beim Zazen macht der Rōshi mit seinem Verblendung-durchtrennenden Schwert die Runde und versetzt mir (obwohl ich nicht darum bitte) zwei deftige Schläge. Dann sagt er zu uns: «Es gibt nur eines zu gewinnen, und Sie alle können es in diesem Sesshin gewinnen!»

Im Dokusan will er wieder wissen: «Was ist Mu am Tag Ihres Todes?» Ich falle mit einem verebbenden Todesseufzer hintenüber, und er nickt. Leise sagt er: «*Dieses* Mu ist wahre Erleuchtung.»

Jetzt, 1982, im selben Empfangsraum, rezitierte Sōen Rōshi wieder mit uns das *Kannon-Sūtra.* Immer noch von fast abweisender Strenge erhob der alte Meister sich, und wir folgten ihm die Treppe hinauf zu seiner kleinen Kammer über dem alten Fischteich und dem alten Kloster am bemoosten Hang. Wieder machte ich meine Verbeugungen vor der herrlichen tausendarmigen, tausendäugigen Kannon-Figur, ein Nationalschatz, die seinerzeit nach Amerika ins Dai Bosatsu hatte übersiedeln sollen. Wieder rezitierten wir die Vier Gelübde und das Reinigungs-Gāthā.

Erst dann lösten sich die Züge des Rōshi zum Willkommen. Er begrüßte uns einen nach dem anderen reihum, lächelte, lachte endlich in kindlicher Freude. Als ich an der Reihe war, nahm er meine Hände, drückte sie dreimal ganz fest, Tränen in den Augen, und umarmte mich. Er lachte mit Tetsugen und strahlte seinen alten Freund Chidō Sensei an. Noch einmal kam er zu jedem einzelnen von uns, berührte segnend unsere Köpfe, und dann – genau wie früher – befahl er uns, ihm ordentlich auf das rasierte Haupt zu schlagen, damit ein bißchen Vernunft hineinkäme.All seine schrulligen Späße fielen uns wieder ein, und wir lachten ausgelassen.

Dann, als seien seine Augen gestorben, nahm sein Gesicht den entrückten Ausdruck an, der mir aus dem Dokusan noch so gut in Erinnerung war, sein Mund wurde maskenhaft, die Augen verschwanden hinter zwei Schlitzen. Ohne ein Wort stand er auf, verneigte sich und führte uns die Treppe hinunter. Am Eingang nahm er seinen langen Gehstock und ging voraus, die Waldpfade des Ryūtaku-ji entlang hinunter zur Straße, wo unser Taxi wartete.

Neun Jahre vorher waren Sōens Schüler zusammen mit ihrem Meister von diesem Ort aufgebrochen. Wir machten einen Ausflug nach Atami an der Küste, und der Inhaber unseres Hotels ließ nicht zu, daß die Schüler eines so berühmten Zen-Meisters, Dichters und Schriftmeisters für irgend etwas bezahlten. Wir verschlangen frischen Fisch, schwitzten in den heißen Quellen, tanzten im Morgengrauen auf dem Hoteldach und verbeugten uns vor der aufgehenden Sonne. In einem Haus oben auf einem Felsvorsprung, zwischen Baumwipfeln, erhielten wir von einer alten Schülerin Sōens eine Shiatsu-Massage der Füße, ein heißes Gesichtstuch und einen köstlichen kalten Sesamtrunk – Vorbereitung auf die Teezeremonie in einem Strohmattenraum, der fast schwebend wie ein Sonnenlampion in den alten dunklen Ästen zu hängen schien. In der langen Juni-Abenddämmerung drang flötender Vogelgesang aus dem Blätterdach. Auf meine Frage sagte der Rōshi: «Das ist die Nachtigall.»

Eine silberne Sake-Flasche, silberne Trinkschalen. In alte Gewänder gekleidet reichte uns die Mandarin-Dame in schwarzen Schalen die delikaten Gänge des Kaiseki-Abendessens – heiße und kalte Suppen, Eier-Tōfu, Seetang, Tempura aus Lotosknollen und Fliederwurzeln. Anschließend improvisierten wir einen Tanz auf den Tatami, bis der Rōshi die Hand hob und Schweigen gebot. Er deutete auf den Sonnenuntergang über dem Meer hinter den Bäumen. «Schauen Sie», sagte er leise. «Drachenwolken.»

An einem Nachmittag besuchten wir einen Tempel in den Hügeln oberhalb von Atami und dem Meer. Auf einem der Dächer um den Tempelhof saß eine bunte Schar von um die hundert Straßentauben. Inmitten dieser scheckigen Menge leuchtete ein einzelner weißer Vogel. Der Rōshi gab dem Taxifahrer noch Anweisung, während seine Gäste schon den Platz überquerten und drüben auf ihn warteten. Als die kleine braune Gestalt auf uns zukam, ließen sich die Tauben, die alle zugleich brausend aufgeflattert waren, als wir den Wagen verließen, nach einigen Runden über dem Platz ebenso gleichzeitig wieder auf dem Dach nieder – alle außer einer. Nur der weiße Vogel drehte weiter seine Runden über Sōens Kopf.

Sōen Rōshi brauchte gar nicht unseren Blicken nach oben zu folgen, lächelte nur über unsere von Ehrfurcht ergriffenen Gesichter. «Wun-derbar! Wun-derbar!» murmelte er und ging an uns vorbei in den Tempel.

Neun Jahre später, auf dem Waldpfad, erlebten wir ihn nach wie vor voll dankbarer Anerkennung für sein Leben; ein spät blühender Kirschbaum entlockte ihm einen Ausruf des Entzückens, und dann deutete er mit dem Stock auf die Sonne: «Die Sonne, der Mond, sind Buddhas, alle Menschen auf dieser Erde sind Buddhas, *alles* ist Buddha! Alles und jeder ist ein Meister. Manchmal sind *Sie* meine Meister, *Sie* sind sogenannte Rōshi. Jeder ist sogenannter Rōshi, ja? Alles ist erleuchtet, so-wie-es-jetzt-ist!»

Alle sind nichts als Blüten
in einem blühenden Universum.[7]

Ein kleiner Junge kam mit gesenktem Kopf den Pfad heraufgelaufen, erschrak, als er mit uns zusammenstieß, und erschrak noch mehr, als der Rōshi mit seinem langen Stab auf ihn wies und rief: «Monju! Hier ist Monju!» Monju ist Mañjushrī, der Bodhisattva der Großen Weisheit. Damit forderte der Rōshi uns auf, den Bodhisattva in dem klaren, unverstellten Blick des kleinen Jungen zu sehen. Aber dann erkannte dieses Kind, daß es hier Fremde vor sich hatte, und Bestürzung kam in seinen Blick. Der alte Mann strich ihm segnend über den Kopf und sagte traurig: «Nein, es ist doch nicht Monju.» Der Junge lief davon, und der Rōshi ging schweigend weiter.

Unten an der Straße, wo das Taxi wartete, war Sōen Rōshi höflich und still. Er neigte den Kopf als Antwort auf unsere Abschiedsworte, war schon nicht mehr bei uns, wollte nur noch zurück in seine Abgeschiedenheit. Noch einmal den Kontakt suchend, sagte ich ihm, wie sehr seine amerikanischen Schüler sich über einen Besuch von ihm freuen würden. Eido Rōshi ließ ich unerwähnt, und auch er sprach nicht von ihm. «Vielleicht», sagte er, «werde ich bald in New York sein, aber das ist kein Versprechen.» Er hob seinen Stock und hielt ihn erhoben, solange wir ihn durch das Rückfenster sehen konnten, eine kleine, schwarze Gestalt am Ende des Weges, der hinauf in den Wald führte.

Schon vor unserer Ankunft in Japan war ich voller Zuversicht gewesen, daß Sōen Rōshi uns empfangen würde, und an diesem Morgen, während unserer Fahrt zum Fuji, hatte ich es als Gewißheit empfunden. Tetsugen war einigermaßen überrascht, daß alles sich so einfach gefügt hatte, trotz der vielen Hindernisse und pessimistischen Stimmen. Auch Tetsugen spürt an Sōen Rōshi dieses Urzeitliche und Unirdische, eine Kraft wie die eines alten Schamanen aus der Wüste Gobi, um dessen Kommen und Gehen niemand weiß. Eido Rōshi sieht ihn als «mein größtes Kōan, wahrhaft unfaßlich». Sōen Rōshi sagte: «Wenn ich gefaßt werde, ist das mein Ende.»

Mit seinen fünfundsiebzig Jahren wirkte Sōen Rōshi nach wie vor lebendig und rege, aber Tetsugen fand – und ich mußte ihm zustimmen –, daß hierfür Disziplin und der Rückgriff auf Gewesenes die Hauptrolle spielten, nicht mehr die wilde, spontane Inspiriertheit von einst. «Er war fast wie ein Gespenst», sagte Tetsugen, als unsere Hochstimmung während der Rückfahrt langsam abflaute, «der perfekte Geist von Sōen Rōshi, wie ein Geist im Nō-Drama, der aus irgendeinem Grund wieder auftaucht.»[8]

In der Traurigkeit, die unseren Besuch begleitete, lag auch Freiheit. Die wunderbaren Meister, die den Dharma von Asien in den Westen gebracht hatten, würden nicht wieder erscheinen, aber andererseits würden sie für immer bei uns sein. Auch im Westen mag der Buddha-Weg Jahrhunderte brauchen, bis er seinen festen Platz gefunden hat, und je eher wir uns an die dazu erforderliche Arbeit machten, desto besser. Es war an der Zeit, weiterzugehen von der Spitze des hundert Fuß hohen Pfostens – an der Seite dieses in Amerika geborenen Buddha, dessen Schüler ich sein darf und der hier neben mir sitzt in diesem gegenwärtigen, ersten und letzten, vergangenen und künftigen Augenblick meines Lebens.

Danksagung

Besonderen Dank schulde ich meinen Meistern – dem verstorbenen Nakagawa Sōen Rōshi sowie Shimano Eido Rōshi, Maezumi Taizan Rōshi und Tetsugen Glassman Sensei –, deren Einsicht und deren Verkörperung der Lehren das Kraftzentrum dieses Buchs bilden. Tetsugen Senseis Unterstützung, Beratung und Ermutigung erleichterten die Zusammenstellung und Bearbeitung der Notizen und Tagebuchaufzeichnungen.

Helen Glassman, Lou Nordstrom und Ken Wilber steuerten ausgezeichnete Ideen für Streichungen und Texterweiterungen bei, und Dr. Nordstrom erarbeitete darüber hinaus das Glossar. Etliche Zen-Schüler, vor allem Wendy Megerman, Bryan Rich, Janet Skelton und Lana McCalley kümmerten sich bereitwillig um das Tippen und Weiterverarbeiten der zahllosen Neufassungen – mein herzlicher Dank an diese Freunde.

Schließlich gebührt mein aufrichtiger Dank der Lektorin des Buchs, Emily Hilburn Sell, die das Projekt mit ihrer klugen und geduldigen Arbeit vor dem Abgleiten ins Chaos bewahrte.

Quellen der Kapitel-Motti

1. *Fukan Zazengi*, übersetzt nach Masao Abe und Norman Waddell, deren Übertragungen verschiedener Werke Dōgens zwischen 1971 und 1975 in der Zeitschrift *Eastern Buddhist* erschienen. Das *Fukan Zazengi* trägt bei ihnen den Titel «A Universal Promotion of the Principles of Zazen».

2. *Shōbōgenzō, Genjō-kōan*, übers. nach Taizan Maezumi: «Actualization of the Kōan», in: *The Way of Everyday Life*, Los Angeles (Center Publications) 1978.

3. *Shōbōgenzō, Shōji*, übers. nach «Birth and Death», Abe und Waddell a. a. O.

4. *Shōbōgenzō, Ikka Myōju*, übers. nach «One Bright Pearl», Abe und Waddell a. a. O.

5. *Shōbōgenzō, Bendōwa*, übers. nach Kazuaki Tanahashi: «On the Endeavor of the Way», in: *Moon in a Dewdrop*, Berkeley/Kalif. (North Point Press) 1985.

6. *Shōbōgenzō, Gyōji*, übers. nach Francis Dōjun Cook: «Continuous Practice», in: *How to Raise an Ox*, Los Angeles (Center Publications) 1978.

7. *Shōbōgenzō, Sansuikyō*, übers. nach Carl Bielefeldt: «Mountains and Rivers Sutra», in: *The Mountain Spirit*, hrsg. von M. Tobias und H. Drasdo, Woodstock/New York (Overlook Press) 1979.

8. *Shōbōgenzō, Hotsu Mujōshin*, übers. nach F. D. Cook: «Arousing the Supreme Mind», a. a. O.

9. *Shōbōgenzō, Shinjin Gakudō*, übers. nach «Body and Mind Study of the Way», Tanahashi a. a. O.

10. *Shōbōgenzō, Henzan*, übers. nach «All-Inclusive Study», Tanahashi, a. a. O.

11. *Shōbōgenzō, Raihai Tokuzui*, übers. nach «Paying Homage and Acquiring the Essence», in Cook, a. a. O.

12. *Shōbōgenzō, Jinshin Inga*, übers. nach Cook, a. a. O.

13. *Shōbōgenzō, Tenzo Kyōkun,* übers. nach «Instructions for the Tenzo», Tanahashi, a. a. O.

14. *Gakudo Yōjin-shu,* übers. nach Yuho Yokoi: «Points to Watch in Buddhist Training», in: *Zen Master Dōgen,* New York, Tōkyō (Weatherhill) 1976.

15. *Shōbōgenzō, Kuge,* übers. nach Hee-jin Kim: «Sky-Flowers», in: *Dogen Kigen – Mystical Realist,* Tucson (University of Arizona Press) 1980.

16. *Shōbōgenzō, Busshō,* übers. nach «Buddha-Nature», Abe und Waddell, a. a. O.

17. *Shōbōgenzō, Yuibutsu Yobutsu,* übers. nach «Only Between Buddhas and Buddhas», Tanahashi, a. a. O.

18. *Shōbōgenzō, Zenki,* übers. nach «Concerted Activity», Tanahashi a. a. O.

19. *Shōbōgenzō, Gabyō,* übers. nach «Painting of a Rice Cake», Tanahashi a. a. O.

20. *Shōbōgenzō, Kajō,* übers. nach «Everyday Activity», Tanahashi a. a. O.

Anmerkungen

1. Kapitel

1 Das Zen-Kloster von Tassajara, Kalifornien, entstand aus vorhandenen Gebäuden.
2 Sōen Shaku: *Sermons of a Buddhist Abbot,* übers. v. D. T. Suzuki, New York (Samuel Weiser) 1971.
3 Nach dem *Diamant-Sūtra:* «Alle zusammengesetzten Dinge sind einem Traum gleich, einem Trugbild.»
4 «Da Zen ausschließlich mit erfahrbarer Wirklichkeit zu tun hat und keine Religion im herkömmlichen Sinn des Wortes ist, läßt sich das amerikanische Bewußtsein mit seinem Hang zum Naturwissenschaftlichen bereitwillig darauf ein ... Anders als der europäische Buddhismus ist der amerikanische Buddhismus nicht von scholastischem Charakter ... das amerikanische Bewußtsein neigt mehr zu praktischem Tun als zu philosophischer Spekulation ... Moderne Amerikaner streben nach dem Geist des Buddha, indem sie die praktischen Schritte tun, die auch der Buddha tat, um Erleuchtung zu finden. Zen ist der Geist des Buddhismus, sein schlagendes, pochendes Herz ... es kann nur erreicht werden durch praktisches Handeln bei den täglichen Aufgaben ... Unabhängigkeit und Selbst-Verwirklichung zieht Zen der Abhängigkeit von der übernatürlichen Kraft eines Gottes oder Buddha vor. Deshalb ist Zen die einzige Schule des japanischen Buddhismus, die überhaupt Chancen hat, auf amerikanischem Boden zu gedeihen: für die Amerikaner ist Unabhängigkeit das Wesen ihres ‹Way of life›.» Nyōgen Senzaki: *Namu Dai Bosa,* New York (Theatre Art Books) 1976, S. 89–91.
5 Sōen Shaku, a. a. O.
6 Ruth Fuller Sasaki, Sōkei-Ans Frau, brachte ihn schließlich doch dazu, seine amerikanischen Schüler Zazen üben zu lassen.
7 Snyder, der eine Zeit als Zen-Schüler im Daitoku-ji (Kyōto) verbrachte, übt auch heute noch Zazen und leitet seine eigene Zen-Gemeinschaft in Kalifornien; Ginsberg hat sich dem tibetischen Buddhismus zugewendet. Weitere namhafte Dichter und Schüler des Zen sind Jim Harrison und William Merwin. Merwin ist Schüler von Robert Aitken Rōshi und arbeitet mit ihm und Kazuaki Tanahashi und anderen an neuen Zen-Übersetzungen.
8 Eugen Herrigels *Zen in der Kunst des Bogenschießens* und andere von einem klaren Blick gekennzeichnete Einführungen in den Zen-Buddhismus wurden von egozentrischen und anmaßenden Imitationen und einer ganzen

Schwemme billiger Do-it-Yourself-Anleitungen zu Zen-Kunst und Zen-Sport in den Hintergrund gedrängt.

9 Daiō Kokushi: *On Zen,* übers. v. D. T. Suzuki, in: *Daily Sūtras,* New York (Zen Studies Society) o. J.

10 «Wenn ich Dr. Suzuki recht verstehe, so ist es das, was ich in all meinen Schriften zu sagen versuchte.» Martin Heidegger, zititert im Vorwort zu *Die drei Pfeiler des Zen,* hrsg. v. Philip Kapleau, Bern (O. W. Barth) ^{5}1981, S. 13.

11 Zu diesem Ausdruck siehe *Rinzai Roku (The Record of Master Rinzai),* übers. v. Ruth Fuller Sasaki und Dana Fraser, New York (Zen Studies Society) o. J.

12 Diese Wünsche erinnern an die letzten Anweisungen, die der japanische Zen-Meister Takuan (1573–1645) seinen Schülern gab: «Rezitiert keine Sutras ... Macht keine Bildnisse von mir. Begrabt einfach nur meinen Körper draußen in den Bergen. Es genügt, daß ihr mich mit Erde bedeckt.»

4. Kapitel

1 Aus: *Die drei Pfeiler des Zen,* hrsg. v. Philip Kapleau, Bern (O. W. Barth) ^{5}1981, S. 59–61.

5. Kapitel

1 *The Record of Master Rinzai,* übers. von D. T. Suzuki, in: *Daily Sūtras,* New York (Zen Studies Society) o. J.

6. Kapitel

1 Tanka Shijun, ein Sōtō-Meister des 11. Jahrhunderts.

2 Von Dōgen Kigen in seinem *Shōbōgenzō, Raihai Tokuzui* zitiert. Siehe Francis Cook: *How to Raise an Ox,* Los Angeles (Center Publications) 1978, S. 134.

3 Rick Fields: *How the Swans Came to the Lake,* Boulder, Colorado, (Shambhala) 1981.

7. Kapitel

1 Lama Anagarika Govinda: *Der Weg der weißen Wolken,* Bern (Scherz) ^{5}1978.

2 David Snellgrove: *Himalayan Pilgrimage,* Oxford (Cassierer) 1961.

3 Es wurde vermutet, daß der Yoga sich aus einer Synthese der asketischen Lebensführung der Arier mit den ausgefeilten übersinnlichen Überlieferungen der Drawiden entwickelte. Er hat nichts zu tun mit dem passiven Fatalis-

mus, der den östlichen Religionen von westlichen Beobachtern so oft vorgeworfen wird, sondern eher mit einem Annehmen jedes Augenblicks, mit Ruhe und Gelassenheit, einer Gelassenheit im Handeln und einer Intensität in der Ruhe. Der in Meditation sitzende Yogi wurde deshalb auch «die Flamme am windgeschützten Ort, die nicht flackert», genannt. (A. K. Coomaraswamy: *Buddha and the Gospel of Buddhism,* New York 1964.)

4 Laotse: *Tao te king,* Düsseldorf/Köln (Diederichs) 1978.

5 *Rigveda.*

6 Werner Heisenberg, zitiert von Lawrence LeShan in: «How Can You Tell a Physicist from a Mystic?», *Intellectual Digest,* Februar 1972.

7 Lama Anagarika Govinda: *Der Weg der weißen Wolken,* a. a. O.

8 Carl Sagan in: I. S. Shklovsky und Carl Sagan: *Intelligent Life in the Universe,* San Francisco (Holden & Day) 1966.

9 Harlow Shapley: *Beyond the Observatory,* New York (Scribner's) 1967.

10 W. Y. Evans-Wentz: *Milarepa – Tibets großer Yogi,* Bern (O. W. Barth) 1978.

11 Da wir in unserer Sprache keine adäquaten Begriffe kennen, müssen wir in diesem Zusammenhang auf die Sanskrit-Termini zurückgreifen, die allerdings zum Teil von Hindus und Buddhisten unterschiedlich definiert werden: Samādhi (Sammlung, Einswerdung) kann zur Erfahrung von Shūnyatā (Leerheit) führen, welche in einer plötzlichen Satori-oder Kenshō- Erfahrung (jap. für «Einblick in die wahre Wirklichkeit») aufbrechen kann, aus der sich Prajñā (transzendente Weisheit) entwickeln mag. Prajñā führt letztlich zum Zustand des Nirvāna (jenseits von Verblendung, Zeit und Raum, Leben und Tod, Werden und Vergehen) und kann als ein andauernder Samādhi-Zustand verstanden werden. Damit schließt sich der Kreis, jede dieser Erfahrungen ist von allen anderen abhängig, und sie alle werden in der Meditation aktualisiert, die in sich eine Verwirklichung des «Weges» ist.

12 W. Y. Evans-Wentz: *Yoga und Geheimlehre Tibets,* München-Planegg (O. W. Barth) 1937.

8. Kapitel

1 Thomas Traherne: *Centuries of Meditation* (17. Jh.), London 1927.

2 Ebenda.

3 Chögyam Trungpa: *Spiritueller Materialismus,* Freiburg i. Br. (Aurum) 1975).

4 Dōgen Zenji: *Shōbōgenzō. Die Schatzkammer der Erkenntnis des wahren Dharma,* Theseus, o. J.

5 *Bhagavadgita.*

9. Kapitel

1 Zen-Meister der Sōtō-Schule führen weiterhin ihren Familiennamen, dem der Titel «Rōshi» angehängt wird, während Rinzai-Meister wie Sōen Rōshi und Eido Rōshi ihren Dharma-Namen benutzen.

2 Siehe hierzu Ruth Benedict: *The Chrysanthemum and the Sword: Patterns of Japanese Culture*, New York (New American Library) 1974.

3 «Beim Shikantaza», sagt Yasutani Rōshi, «darf man nicht gehetzten Sinnes sein, sondern muß so fest verwurzelt und massiv in sich gesammelt sein wie, sagen wir, der Fujiyama. Dabei aber müssen Sie geistig wachsam sein und gespannt wie eine Bogensehne. So ist Shikantaza ein Zustand erhöhter, konzentrierter Geistes-Gegenwart, in dem man weder überspannt noch in Eile und natürlich niemals schlaff ist. Es ist die Geisteshaltung eines Menschen angesichts des Todes ... Anfangs ist eine übermäßige Anspannung unvermeidlich, aber mit zunehmender Erfahrung geht dieser allzu gespannte Zustand in einen ausgeglichenen über, wobei man jedoch mit voller Aufmerksamkeit Zazen sitzt. Und ebenso wie ein Fechtmeister sein Schwert im Notfall mühelos zieht und zielbewußt angreift, so sitzt auch ein im Shikantaza Erfahrener ohne Anstrengung, wach und voller Aufmerksamkeit. Aber glauben Sie ja nicht, daß solches Sitzen erreicht werden kann, ohne daß man lange und hingebungsvoll übt.» Philip Kapleau (Hrsg.): *Die drei Pfeiler des Zen*, Bern (O. W. Barth) [5]1981, S. 90f.

4 Die traditionelle Gleichsetzung der Südlichen und der Nördlichen Schule des frühen chinesischen Zen mit einer Lehre der «plötzlichen» beziehungsweise der «allmählichen» Erleuchtung war vielleicht schon immer mehr politischer als philosophischer Art. Jedenfalls starb die Nördliche Schule später aus, und die von Rinzai und Sōtō repräsentierten Parteien des «Plötzlichen» beziehungsweise «Allmählichen» haben beide ihren Ursprung in Enōs Südlicher Schule, aus der alle heute noch lebendigen Zen-Linien hervorgingen.

5 Thomas Cleary: *Timeless Spring*, San Francisco (Weelwright/Weatherhill) 1980.

6 Vermutlich spielte diese Rivalität für die Priesterschaft – die «Bürokratie» – eine größere Rolle als für die Lehrer. Ein Meister der Sōtō-Schule (Rōshi Gisei) war eigentlich Rinzai-Schüler gewesen, fand sich jedoch bereit, Dharma-Nachfolger des Sōtō-Meisters Taiyō Kyōgen zu werden, damit diese Sōtō-Linie erhalten blieb. Der Sōtō-Meister Tendō Shōgaku (12. Jahrhundert) war enger persönlicher Freund des Rinzai-Meisters Daei, eines führenden Vertreters der «plötzlichen» Lehre. Dieser Tendō Shōgaku schuf auch die große Kōan-Sammlung *Shōyō-roku* («Buch des Gleichmuts»), das in der Sōtō-Schule noch in Gebrauch ist und im Stil einer im 10. Jahrhundert von Meister Setchō zusammengestellten Kōan-Sammlung ähnelt, dem *Hekigan-roku* («Niederschrift von der blaugrünen Felswand»). Eine dritte bekannte Sammlung, das *Mumonkan* («Torlose Schranke»), im 13. Jahrhundert von Meister Mumon zusammengestellt, enthält viele Kōan, die in beiden Schulen wohlbekannt sind.

7 Ausgezeichnete Teishō-Sammlungen, die in englischer Sprache und zum Teil in deutscher Übersetzung vorliegen, sind: Kōun Yamada: *Gateless Gate*, Los Angeles (Center Publications) 1979; Shunryū Suzuki: *Zen-Geist, Anfänger-Geist*, Zürich (Theseus) [4]1983; Eido Shimano: *Der Weg der wolkenlosen Klarheit*, Bern (O. W. Barth) 1982.
8 Sensei bedeutet «Lehrer»; ein Rōshi ist ein «alter (verehrungswürdiger) Meister». In einer Zen-Gemeinschaft werden die Lehrer für gewöhnlich mit diesen Titeln angesprochen oder bezeichnet.
9 Siehe hierzu die Ochsenbilder in *Die drei Pfeiler des Zen*.

10. Kapitel

1 *Muryō*, wörtlich: «zahllos», jedoch auch im Sinne von «unermeßlich» oder «unbegrenzt» gebraucht.
2 Nach *Hekigan-roku*, 26. Beispiel: Ein Mönch fragte Hyakujō : «Was gibt es außerordentliches?» Hyakujō sagte: «Hier auf dem Dai Yūhō allein zu sitzen.» (Dōgen Zenji merkt dazu an: «Auf dem Dai Yūhō allein zu sitzen, ist dasselbe wie Reis essen und Tee trinken.» Siehe Francis Cook: *How to Raise an Ox*, S. 207.)
3 Übersetzt von Hakuun Yasutani Rōshi und Kōun Yamada Rōshi in: *Die drei Pfeiler des Zen*, S. 404 ff.
4 Vorwort zu *How to Raise an Ox*, S. xi.
5 Francis Cook, Vorwort zu *How to Raise an Ox*.
6 Dōgen Zenji: *Shōbōgenzō, Genjōkōan*, in: Taizan Maezumi: *The Way of Everyday Life*, Los Angeles (Center Publications) 1978.

11. Kapitel

1 Paul Reps (Hrsg.): *Ohne Worte – ohne Schweigen*, Bern (O. W. Barth) 1976, S. 50.
2 Kōun Yamada Rōshi hat Dōgens *Sein-Zeit* und viele andere Passagen des (hier immer wieder zitierten) Buchs *Die drei Pfeiler des Zen*, ins Englische übersetzt; er ist außerdem Autor der (ebenfalls schon genannten) Teishō-Sammlung *Gateless Gate*.
3 Im Kōgaku-ji, dem Kloster des großen Meisters Bassui am Dai Bosatsu Berg (nach dem das erste in Amerika erbaute Zen-Kloster benannt wurde).
4 *Die drei Pfeiler des Zen*, S. 285–288.
5 *Gateless Gate*, Vorwort.
6 Adachi Rōshi, Miyazaki Rōshi und Kubota Rōshi.
7 Nyōgen Senzaki, Sōen Nakagawa, Eido Shimano: *Namu Dai Bosa*, hrsg. v. Louis Nordstrom, New York (Theatre Arts Books) 1976.

12. Kapitel

1 Bashō: *The Narrow Road to the Deep North and Other Travel Sketches*, Harmondsworth, England (Penguin) 1970.

2 Andere Gebäude der Hakuhō-Zeit in Nara und anderswo sind Nachbildungen der Originale, und das gilt für die meisten großen Tempel-Bauwerke Japans. Alle paar Jahrhunderte fällt mal eine Kerze um, oder der Blitz schlägt ein, und die alten Holzgebäude gehen in Flammen auf.

3 In diesen frühen Tempeln war der Yakushi Nyōrai oder «Heilende Buddha» von großer Bedeutung bei Heilungszeremonien, die aus dem Shintō übernommen wurden; ebenso Nikkō und Gakkō, die Bodhisattvas von Sonne und Mond, deren Einfluß allerdings nachließ, als das Shintō mehr und mehr zu einem bloßen Kult wurde.

4 Die buddhistische Priesterschaft wiederum nahm an Shintō-Riten teil und übernahm damit die Funktion der traditionellen heiligen Männer. Im Jahre 765 erklärte die Kaiserin bei einer von ihr geleiteten shintōistischen Feier zur Verehrung der Naturgottheiten, ihre Pflichten seien «zuerst, den Drei Kostbarkeiten [Buddha, Dharma und Sangha] zu dienen, sodann, die Shintō-Götter anzubeten und schließlich, dem Volke zugetan zu sein». Bis auf den heutigen Tag werden viele japanische Buddhisten (Eido Rōshi ist einer von ihnen) in einer Shintō-Zeremonie getraut. Siehe George Bailey Sansom: *Japan: A Short Cultural History,* New York (Appleton Century Crofts) 1962, S. 132. Vgl. auch das historische Material in Hee-Jin Kim: *Dōgen Kigen – Mystical Realist,* Tucson (University of Arizona Press) 1975, und Yuhō Yokoi: *Zen Master Dōgen,* New York (Weatherhill) 1976.

5 Genkō-ji.

6 Das *Genji Monogatari* der Hofdame Shikibu Murasaki, ein Roman aus dem 11. Jahrhundert, bietet ein farbenprächtiges Bild des verfeinerten höfischen Lebens in der Heian-Zeit. Deutsche Ausgabe: *Die Geschichte vom Prinzen Genji,* Zürich (Manesse) 1966.

7 Das *Heike Monogatari,* anonym im 13. Jahrhundert geschrieben, ist das große Kriegsepos Japans, Vorlage zahlloser Schauspiele und Samurai-Filme.

8 Aus *Daily Sūtras,* übers. von D. T. Suzuki, New York (Zen Studies Society) o. J.

9 Zitiert in Ruth Fuller Sasaki und Isshū Miura: *The Zen Kōan,* New York (Harcourt Brace) 1965, S. 38.

13. Kapitel

1 Bis zu tausend Menschen übten gemeinsam Zazen im großen Zendō des Tōfuku-ji; dieses Zendō stellt einen Nationalschatz dar.

2 Matsakura, der Abt des Toyan-ji, schreibt: «Im Zen ist alles, selbst ein Grashalm, Ausdruck der höchsten Wirklichkeit. So weist auch dieser Garten uns auf das Absolute hin ... man könnte ihn ebensogut Mutei nennen, Garten der Leere ... Wir können diese Komposition als eine Gruppe von Felsen-

inseln in einem Ozean betrachten oder als Berggipfel über dem Wolkenmeer. Wir können den Garten als ein Bild in einem Lehmmauer-Rahmen betrachten ... oder auch die Wahrheit dieses endlos sich erstreckenden Meeres erspüren.»

3 Maitreya, den man als den zukünftigen Buddha bezeichnet.

4 Der andere ist der Sen no Rikyu Teeraum der Urasenke-Teeschule von Kyōto.

5 Sen Soshitsu.

6 Im alten Japan fiel der Neujahrstag nach dem Mondkalender auf einen der ersten Februartage und wechselte von Jahr zu Jahr. Die Datumsangaben für Dōgens Leben gelten daher nur näherungsweise.

7 *Genkō Shakushō* (1322). Biographische Schilderungen finden sich in verschiedenen Teilen des *Shōbōgenzō* und in dem von Dōgens Schüler Koun Ejō zusammengetragenen *Shōbōgenzō Zuimonki.* Siehe auch die Werke von Hee-Jin Kim, Kazuaki Tanahashi und Yuhō Yokoi (bibliographische Angaben im Quellenverzeichnis der Kapitelmotti), sowie T. J. Kodera: *Dōgen's Formative Years in China,* Boulder, Colorado (Prajna Press) 1980.

8 *Gendō Shakushō.*

9 *Shōbōgenzō Zuimonki,* zitiert in Yokoi, a. a. O., S. 28.

10 *Shōbōgenzō Zuimonki,* zitiert in Kodera, a. a. O.

11 Siehe D. T. Suzuki: *Amida – Der Buddha der Liebe,* Bern (O.W. Barth) 1974. (Neuausgabe 1979 unter dem Titel: *Die Kraft des inneren Glaubens.*)

12 *Shōbōgenzō Zuimonki,* zitiert in Kodera, a. a. O.

13 Aus dem *Hōkyō-ki,* Dōgens China-Tagebuch, zitiert in Kodera, a. a. O.

14 «Japan ist sehr weit entfernt von anderen Ländern, und die Menschen hier sind überaus verblendet. Seit alter Zeit und bis heute sind hier keine Heiligen geboren worden, noch hat es mit natürlicher Intelligenz begabte Menschen gegeben. Fast erübrigt es sich zu sagen, daß der Weg des Buddha hier noch keine wahren Nacheiferer gefunden hat.» Aus dem *Shōbōgenzō, Keisei Sanshoku,* zitiert in Cook, a. a. O., S. 108.

15 *Shōbōgenzō, Bendōwa,* zitiert in Yokoi, a. a. O., S. 28.

16 *Shōbōgenzō, Tenzo Kyokun,* zitiert in Yokoi, a. a. O., S. 29 f.

17 *Shōbōgenzō, Tenzo Kyokun,* zitiert in Kodera, a. a. O., S. 38.

18 Zitiert in Thomas Cleary: *Timeless Spring,* San Francisco (Weelwright/Weatherhill) 1980, S. 26.

19 Im *Shōbōgenzō, Menju* schrieb Dōgen, er habe am selben Tag, an dem er seinen Meister traf, die Dharma-Übertragung erhalten. Das dürfte weniger «dichterische Freiheit» sein als vielmehr ein Ausdruck des gegenseitigen Erkennens.

20 *Denkō-roku,* 51. Beispiel.

21 Ph. Kapleau: *Die drei Pfeiler des Zen,* S. 114.

22 Kōun Yamada: *Gateless Gate,* S. 179. Siehe auch *Shōbōgenzō, Juundō-shiki,* zitiert in Yokoi, a. a. O., S. 34 ff.

23 D. T. Suzuki: *Zen und die Kultur Japans,* Reinbek bei Hamburg (Rowohlt, rde Bd. 66) 1967, S. 67.

14, Kapitel

1 Thomas Kirchner, Shaku Yuhō.
2 Takuhatsu hat nichts mit Betteln zu tun. Die Bürger unterstützen die spirituelle Praxis, indem sie Nahrungsmittel oder Geld in die Schalen legen, aber es gibt keinen Geber und keinen Empfänger und keinen Dank: Mönch und Laie verbeugen sich gleichzeitig voreinander.
3 Aus dem *Eihei Kōroku,* einer Sammlung von Dōgens Aussprüchen und Unterweisungen, die nach seinem Tod von seinen Schülern herausgegeben wurde.
4 *Denkō-roku,* 52. Beispiel.
5 Abe und Waddell (Übers.) in: *Eastern Buddhist* 4, Nr. 1, S. 124.
6 Taizan Maezumi: *The Way of Everyday Life,* Los Angeles (Center Publications) 1978.
7 Siehe Reihō Masunaga: *A Primer of Sōtō Zen,* Honolulu (East-West Center Press) 1971.
8 Vgl. auch das 60. Beispiel des Hekigan-roku: Ummon nahm seinen Stab, zeigte ihn den Mönchen und sagte: «Dieser Stab verwandelt sich und wird ein Drache. Er verschluckt das Weltall. Berge, Flüsse, die weite Erde – woher kommen sie?» (Siehe auch das 100. Beispiel des *Shōyō-roku.*)

«Leere ist ein Name für Nichtsein, für Unfaßlichkeit, ein Name für Berge, Flüsse, die ganze Erde. Sie wird auch die wahre Form genannt [so heißt es etwa im *Herz-Sūtra:* ‹Leere ist nichts anderes als Form, Form ist nichts anderes als Leere›]. Im Grün der Kiefern, den Windungen der Dornenranken ist kein Gehen und Kommen; im Rot der Blüten, im Weiß des Schnees ist keine Geburt und kein Tod.» (Meister Ryūsui)
9 Carl Bielefeldt: «Mountains and Rivers Sutra», in: *The Mountain Spirit,* hrsg. v. M. Tobias und H. Drasdo, Woodstock, N. Y. (Overlook Press) 1979, S. 43 f.
10 *Meeting the Buddhas,* in Hee-jin Kim, a. a. O., S. 35.
11 *The Practice of the Way,* Abe und Waddell, *Eastern Buddhist* 4, Nr. 1, S. 139.
12 *Arousing the Supreme Thought,* in Francis Cook, a. a. O., S. 119.
13 *The Moon,* in Tanahashi, a. a. O., S. 178 ff.
14 *Twining Vines,* ebenda, S. 237–40.
15 *Document of Heritage,* ebenda, S. 263 f.
16 *Unbroken Practice,* in Cook, a. a. O., S. 197.
17 1649 wurde es in der heutigen Gestalt wiederaufgebaut.

15. Kapitel

1 Die meisten der in diesem Buch zitierten Gedichte Dōgens sind Übersetzungen von Kazuaki Tanahashi (oder an seine Übersetzungen angelehnt); sein schon mehrfach angeführtes Buch *Moon in a Dewdrop* ist eine ausgezeichnete Sammlung von Dōgens Schriften.
2 Ebenda.

3 Unsui bedeutet wörtlich «Wolken-Wasser». Dieses Wort bringt zum Ausdruck, was man unter einem Leben im Geist des Zen versteht: sich absichtslos und frei bilden und umbilden gemäß den äußeren Gegebenheiten.
4 *Shōbōgenzō Zuimonki,* zitiert in Kim, a. a. O.
5 Vielleicht eine apokryphe Erzählung; sie taucht erst ab dem 16. Jahrhundert in den Texten auf.
6 Kim, a. a. O.
7 Der jüngste Grabstein (April 1982) auf dem Friedhof des Eihei-ji ist der von Yamada Reiun Zenji, einem bekannten Dōgen-Gelehrten, der Abt des Sōtō-Tempels von Los Angeles war, als dort 1958 ein junger Mönch namens Taizan Maezumi auftauchte.
8 Tokiyoris Sohn ordnete den Bau des Engaku-ji an, dem später Sōen Shaku Rōshi vorstand.
9 Aus Dōgens gesammelten Waka-Gedichten; Nr. 50 und Nr. 60.
10 Wie gesagt, ein ungefähres Datum; der solare Kalender war im Japan des 13. Jahrhunderts unbekannt.
11 Aus einem Gedicht Dōgens mit dem Titel «Zazen-Übung».

16. Kapitel

1 Zitiert in Thomas Cleary: *Timeless Spring,* San Francisco (Weelwright/Weatherhill) 1980, S. 108.
2 Ebenda, S. 112.
3 G. B. Samson: Japan, *A Short Cultural History,* New York (Appleton-Century Crofts) 1962, S. 335.
4 D. T. Suzuki: *Zen and Japanese Culture,* Princeton (Princeton University Press) 1959, S. 346.
5 Ikkyū Sōjun: *Im Garten der schönen Shin,* Die lästerlichen Gedichte des Zen-Meisters «Verrückte Wolke», Düsseldorf/Köln (Diederichs) 1979.
6 R. Y. Blyth: *Zen and Zen Classics,* Bd. 5, Tōkyō (Hokuseidō Press) 1962, S. 156.
7 Ōmori Sōgen: «Zen Sword», in: *Chanoyū Quarterly* Nr. 30.
8 *So* bedeutet «Großvater» oder «Patriarch»; *in* bedeutet «Halle» oder «Haus» mit dem Nebensinn «Heiligtum».

17. Kapitel

1 Nach Paul Reps: *Ohne Worte – ohne Schweigen,* Bern (O. W. Barth) 1976, S. 24.
2 Zitiert in Ruth Fuller Sasaki und Isshū Miura: *The Zen Kōan,* New York (Harcourt Brace) 1965, S. 63–69.
3 Zenkei Shibayama: *Zen in Gleichnis und Bild,* Bern (O. W. Barth) 1974, S. 57 f.
4 Zitiert in K. Tanahashi: *Penetrating Laughter,* Woodstock, N. Y. (Overlook Press) 1984.
5 Ebenda.
6 Tenkei Denson in *Benchū,* 1730.

7 Nach der Übersetzung von K. Tanahashi in *Moon in a Dewdrop,* a. a. O.
8 Der Bambus wurde im 17. Jahrhundert von Meister Ingen, dem Gründer der Ōbaku-Schule des Zen, aus China mitgebracht.
9 Kenchū Hantetsu.
10 Zu Sekitōs Lehre vgl.: «Everyday Life» in Francis Cook, a. a. O., S. 206.
11 Cleary, a. a. O., S. 35.
12 In der Sōtō-Tradition bleibt der Titel Zenji den Äbten des Eihei-ji und Sōji-ji, der beiden Hauptklöster oder «Berge» der Sōtō-Schule, vorbehalten und wird sonst nur noch für Patriarchen oder andere große Gestalten der Linie wie etwa Sekitō und Tōzan gebraucht. Kein anderer Sōtō-Meister würde sich diesen Ehrentitel anmaßen.
13 Dōgens kritische Worte über Vorurteile gegenüber Frauen (im *Shōbōgenzō, Raihai Tokuzui*) werden offenbar immer noch nicht beherzigt, denn Nonnen sind rar.
14 Nämlich das 1. Beispiel des *Hekigan-roku* (identisch mit dem 2. Beispiel des *Shōyō-roku*). Von dem im Sōji-ji geübten Brauch auf sonderbare Weise inspiriert, wählte ich gerade dieses Kōan als Grundlage meines ersten Dharma-Vortrags und Dharma-Gefechts im November 1982.
15 Ein fünfter Bruder, Yoshikatsu Kuroda, ist Bildhauer.
16 Kim, a. a. O.

18. Kapitel

1 *Shusho-gi,* «Die Bedeutung von Übung-Erleuchtung».
2 Siehe hierzu *Die drei Pfeiler des Zen.*
3 Eido Rōshi sagt, die «Exzentrik» seines Lehrers habe mit einer Kopfverletzung Anfang der sechziger Jahre begonnen. Was wirklich geschah – ein Fall oder ein Schlag –, weiß offenbar niemand genau zu sagen, aber man macht den Unfall gern für Sōens oft launisches Verhalten verantwortlich.
4 Homyō Shimada.
5 Im Zenshin-ji der Zen-Gemeinschaft von New York.

19. Kapitel

1 Zitiert in K. Tanahashi: *Moon in a Dewdrop.*
2 Das *Denkō-roku* («Weitergabe des Lichts») darf nicht verwechselt werden mit dem *Dentō-roku* («Weitergabe der Leuchte»), einem im Jahre 1004 zusammengetragenen chinesischen Werk, das Kurzbiographien und zahlreiche Anekdoten aus dem Leben der frühen Meister des Zen enthält.
3 Die «Fünf Grade (der Erleuchtung») von Meister Tōzan Ryōkai, niedergelegt in den von Hakuin Zenji so hochgelobten Werken *Goi Kenketsu* und *Hōkyō Zanmai.* Siehe Ruth Fuller Sasaki und Isshū Miura, a. a. O., Kap. 7.
4 Dieses Material bildet die Grundlage des schon häufig zitierten Buchs *Die drei Pfeiler des Zen.*

5 «Japanese Zen: A Symposium», in: *Eastern Buddhist* 2, Nr. 2 (Okt. 1977).
6 Zitiert in Cook, a. a. O., S. 163.
7 «Japanese Zen: A Symposium».

20. Kapitel

1 Siehe R. H. Blyth: *Zen and Zen Classics,* 5 Bände, Tōkyō (Hokuseidō Press) 1962; außerdem seine vier Bände über Haiku-Dichtung und sein *Zen in English Literature and Oriental Classics,* Tōkyō *Hokuseidō* Press) 1975.
2 *Zen and Zen Classics,* Bd. 5, S. 144.
3 *San* bedeutet hier «Berg», anders als das an Personennamen angehängte *san,* das Hochachtung zum Ausdruck bringt.
4 Nach der Übersetzung von John Stevens in *One Robe, One Bowl,* New York (Weatherhill) 1977, S. 59.
5 Vgl. auch die Geschichte von Chōkei und Hōfuku im *Hekigan-roku.*
6 Zu diesem Haiku siehe Robert Aitken: *A Zen Wave,* New York, Tōkyō (Weatherhill) 1978, 1. Kapitel.
7 Ein Haiku von Nakagawa Sōen Rōshi.
8 Im Sommer 1982 kam Sōen Rōshi zu seinem letzten Besuch nach Amerika, und wir konnten ihn bei einer Kabuki-Aufführung in New York kurz begrüßen. Am vierten Juli, auf den Tag genau sechs Jahre nach der Eröffnung des Dai Bosatsu, gab er seinen amerikanischen Schülern sein letztes Teishō:

«Es gibt so viele Freuden im Leben! Kochen, essen, schlafen, jedes Tun im alltäglichen Leben ist nichts als Diese Große Sache. Realisieren Sie das! So begegnen wir mit liebevoller Fürsorge und andachtsvollem Herzen auch solchen Wesen wie Tieren und Vögeln – aber nicht nur den Tieren, nicht nur den Vögeln, auch den Insekten, ja? Selbst dem Gras, ja einem Grashalm, selbst dem Staub, ja einem einzigen Staubkorn. Manchmal verneige ich mich vor dem Staub ...»

Nakagawa Sōen Rōshi starb im März 1984 in den Bädern des Ryūtaku-ji. Eido Rōshi erwähnte die früheren Schwierigkeiten mit seinem Lehrer nicht mehr und erzählte, bei jenem letzten Besuch sei Sōen Rōshi mit Tränen der Dankbarkeit auf die Knie gesunken, als Eido Rōshi vorschlug, ein Teil seiner Knochen sollte in Amerika begraben werden.

Im Herbst 1984 besuchte Etsudō Nishiwaki Rōshi Sōen Rōshis Grab in der Neuen Welt (die übrigen Knochen Sōen Rōshis befinden sich im Ryūtaku-ji). Weinend verneigte er sich und küßte den Stein und rief: «Mein alter Freund! Mein alter Freund!»

*Glossar**

Ango: Eine dreimonatige intensive Schulungsperiode, an deren Ende der Mönchsvorsteher (Shuso) seinen ersten Dharma-Vortrag hält und ein «Dharma-Gefecht» bestreitet, eine Prüfungs- und Einweihungszeremonie, nach der er ein Mönchsältester ist.

Bessu: Weiße Fußbekleidung, die von Sōtō-Mönchen bei zeremoniellen Anlässen getragen wird.

Bushidō: Wörtlich «der Weg des Kriegers», des Samurai; auch die spirituelle Essenz der Kampfkünste.

Chanoyu: Wörtlich «heißes Teewasser» oder einfach «Tee». Die übliche Übersetzung «Teezeremonie» ist unzutreffend; der «Tee-Weg» ist vielmehr einer der vom Zen geprägten geistig-praktischen Schulungswege Japans.

Dai-Kenshō: Näherungsweise übersetzbar als «großer Durchbruch», nach dem– anders als bei einem mehr oberflächlichen Kenshō – keine Spur von Zweifel zurückbleibt und keine Frage offenbleibt.

Dōjō: Übungshalle für die geistig-praktischen Schulungswege (Dō) Japans; auch Synonym für Zendō.

Dokusan: In der Rinzai-Tradition auch Sanzen genannt. Die Begegnung eines Zen-Schülers mit seinem Meister unter vier Augen. Von großer Bedeutung für die Zen-Schulung.

Gaijin: Mit diesem Wort werden Nicht-Japaner bezeichnet.

Gasshō: Wörtlich «zusammengelegte Handflächen»; Geste der Achtung, Verehrung und Dankbarkeit; selbst schon ein Ausdruck des Wesens.

Honzan: Wörtlich «Wurzel-Berg»; bezeichnet ein Haupt- oder Ursprungs-Kloster einer Zen-Schule. Für die Sōtō-Schule sind es das Sōji-ji und das Eihei-ji.

Inka-Shōmei, auch einfach *Inka:* Das Siegel der Bestätigung. In der Rinzai-Tradition ist Inka gleichbedeutend mit Dharma-Übertragung und wird nach dem Abschluß der formalen Schulung verliehen; in Maezumi Rōshis Linie wird zwischen Dharma-Übertragung (Shihō) und formeller Bestätigung (Inka) unterschieden, wobei letztere normalerweise beträchtlich später stattfindet.

Inochi: Die Lebens-Integrität eines jeden Dinges oder Wesens.

* Ausführliche Definitionen und Erklärungen der wichtigsten Begriffe des Buddhismus und des Zen finden sich im *Lexikon der östlichen Weisheitslehren,* Bern (O. W. Barth) 1986.

Jihatsu: Die Schale, die einem buddhistischen Mönch als Eß- oder Bettelschale dient.

Jisha: Persönlicher Aufwärter eines Sensei oder Rōshi.

Junkei: Der Mönch, der beim Zazen den Kyosaku oder «Erweckungs-Stock» handhabt.

Kaiseki: Eine leichte Mahlzeit.

Keisaku (Kyosaku): Langer, flacher «Erweckungs-Stock», mit dem auf die Schultern geschlagen wird; er vertreibt Müdigkeit und Verspannung und intensiviert die Zazen-Übung.

Kenshō: Wörtlich «Wesensschau», häufig auch «Selbst-Wesensschau». Erleuchtungserfahrung oder Durchbruch, das Sich-öffnen des Buddha-Auges; noch nicht große Erleuchtung, denn dazu muß diese Erfahrung erst noch vertieft werden, und man muß vor allem vollkommen von ihr loslassen.

Kesa: Das formelle Gewand buddhistischer Mönche, Priester oder Lehrer. Im Zen ist daneben eine stilisierte, Brustlatz-ähnliche Form dieses Kleidungsstückes üblich, das Rakusu (s. dort).

Kinhin: Zen-Übung im Gehen zwischen den einzelnen Sitzrunden; auch Ausdruck des für das Zen charakteristischen Prinzips, daß die meditative Sammlung auch im äußeren Tun erhaltenbleiben muß.

Kokushi: Wörtl. «Lehrer der Nation»; Ehrentitel für den buddhistischen Lehrer eines japanischen Meister.

Kōan: Wörtl. «öffentlicher Aushang»; für gewöhnlich ein Mondō (Dialog oder Austausch zwischen einem Zen-Lehrer und seinem Schüler oder zwischen zwei Zen-Lehrern), eine Anekdote aus dem Leben eines Meisters oder irgendeine Aussage, zum Beispiel aus einem Sūtra – wesentlich ist, daß in diesem «Aushang» auf die letzte Wahrheit hingedeutet wird, und zwar in einer «paradoxen», also für das diskursive Denken nicht nachvollziehbaren Weise. Zur «Lösung» des Kōan bedarf es daher eines Sprungs auf eine ganz andere Ebene des Begreifens.

Mokugyō: Fischförmiges oder rundes, hölzernes Schlaginstrument, das in den buddhistischen Klöstern Japans bei der Sūtra-Rezitation angeschlagen wird.

Muji: Wörtlich «Schriftzeichen ‹Mu›»; Bezeichnung für die Zazen-Übung mit Jōshūs Mu aus dem ersten Beispiel des *Mumonkan*, «Jōshū, Hund».

Mujō : Vergänglichkeit; eines der drei Kennzeichen aller «zusammengesetzten Dinge» oder Phänomene. Häufig verbunden mit der Vorstellung der Erweckung des Erleuchtungsgedankens.

Nembutsu: Rezitation und Anrufung des Namens des Amida Buddha («Namu Amida Butsu»); Meditationsübung der Schule des Reinen Landes, die zur Wiedergeburt im Reinen Land des Amida führen soll.

Prajñā: Dieses Sanskritwort (jap. Hannya), mit «Weisheit» übersetzt, bezeichnet die unmittelbare Einsicht in das wahre Wesen aller Dinge, die Leere, ist also nicht zu verwechseln mit begrifflich-intellektuellem Wissen.

Rakusu: Kleines, Brustlatz-artiges Kleidungsstück, welches das Flickengewand von Shākyamuni-Buddha und seinen Jüngern symbolisiert. In der Sōtō-Tradition wird das Kesa häufiger getragen als das Rakusu, während es in der Rinzai-Tradition besonderen Anlässen vorbehalten bleibt.

Rōshi: Wörtl. «Alter Meister»; in der Rinzai-Tradition erhält man diesen Titel nach der Dharma-Übertragung, während er in der Sōtō-Tradition im allgemeinen den älteren Lehrern vorbehalten bleibt.

Samādhi: Tiefe Sammlung; ein nicht-dualistischer Bewußtseinszustand, in dem das Bewußtsein des erfahrenden «Subjekts» mit dem erfahrenen «Objekt» eins wird.

Samsāra: Die relative, phänomenale Welt von Geburt, Tod und Wiedergeburt, die Welt des Leidens (jap. Shōji, «Geburt-Tod»). Demgegenüber bezeichnet Nirvāna den Zustand des Nicht-Leidens. Im Zen sagt man, Samsāra *ist* Nirvāna und Nirvāna *ist* Samsāra, sie sind letztlich eins, so wie Befreiung und Unfreiheit letztlich eins sind; man sagt auch, es gibt kein Samsāra, da eben dieser Augenblick – worin auch immer er bestehen mag – in Wirklichkeit ein Augenblick vollkommener Erleuchtung ist. Nur: dies zu realisieren, dazu bedarf es normalerweise einer langen Schulung.

Samu: Die körperliche Arbeit, die zum Alltag in einem Zen-Kloster gehört, insbesondere die Arbeitsperioden während eines Sesshin, bei denen die Kōan-Übung ungebrochen weitergeführt werden soll.

Satori: Ausdruck für die Erleuchtungserfahrung, häufig synonym mit Kenshō gebraucht.

Sensei: Lehrer; in Maezumi Rōshis Linie bezeichnet das Wort jemanden, der seine formale Schulung abgeschlossen und Shihō erhalten hat, aber noch nicht Inka und den Titel eines Rōshi.

Sesshin: Wörtl. «Sammeln des Herz-Geistes»; Tage besonders intensiver, strenger Zazen-Schulung.

Shihō: Dharma-Übertragung; dabei wird einem Schüler durch den Meister bestätigt, daß er die Lehren verwirklicht hat.

Shikantaza: Wörtl. «nichts als treffend sitzen»; eine Form der Zazen-Übung, bei der es keine Hilfsmittel wie die Zählung der Atemzüge oder ein Kōan mehr gibt und wo jede Ausrichtung auf ein Ziel, jedes Interesse, etwas zu erreichen, abfällt. Als ein Zustand gedankenfreier, hellwacher Aufmerksamkeit, die auf kein Objekt gerichtet ist, stellt Shikantaza eine Manifestation dessen dar, was «ursprüngliche Erleuchtung» genannt wird.

Shuso: Mönchsvorsteher oder Schulungsleiter für eine Schulungsperiode (Ango).

Takahatsu: Wörtl. «bitten mit der Eßschale»; der tägliche Bittgang der Zen-Mönche, der mit «Betteln» im gewöhnlichen Sinn des Wortes nichts zu tun hat.

Teishō: Die «Darlegung» der Zen-Erfahrung durch einen Zen-Meister. Meist hat das Teishō äußerlich die Form einesVortrags, aber im weiteren Sinne kann damit jede lebendige und unmittelbare Darlegung des Buddha-Dharma gemeint sein, die das Haften des Schülers an Ideen und Meinungen zu erschüttern vermag.

Tenzo: Der «Küchenmeister» in einem Zen-Kloster; seine Aufgabe gilt als besonders verantwortungsvoll und wird daher im allgemeinen fortgeschrittenen älteren Mönchen übertragen.

Tokudo: Die Zeremonie der Mönchs-Ordination.

Unsui: Bezeichnung für die Novizen in einem Zen-Kloster.

Wato: Das Kernstück eines Kōan, das aus einem Wort oder einer längeren Aussage bestehen kann; ein Kōan kann ein oder mehrere Wato haben.

Zazen: Wörtl: «Sitzen (in) Versunkenheit»; Auslöschung der Trennung von Subjekt und Objekt; die Vereinigung von Körper, Atem und Bewußtsein.

Zazen-Kai: Eine Zusammenkunft von Menschen zu gemeinsamer Zazen-Übung.

Zenji: Wörtl. «Zen-Meister»; Ehrentitel für große und berühmte Zen-Meister, der im allgemeinen posthum verliehen wird. In der Sōtō-Schule werden auch die Äbte der beiden Hauptklöster, Sōji-ji und Eihei-ji, Zenji genannt.

Zuise: In der Sōtō-Tradition eine Zeremonie, die im Eihei-ji und im Sōji-ji abgehalten wird für Schüler, die ihre formale Schulung abgeschlossen und Dharma-Übertragung erhalten haben.